经典战史回眸　抗战系列

鏖战鲁苏

徐州会战

童屹立　著

WUHAN UNIVERSITY PRESS
武汉大学出版社

图书在版编目(CIP)数据

鏖战鲁苏:徐州会战/童屹立著.—武汉:武汉大学出版社,2017.9
经典战史回眸.抗战系列
ISBN 978-7-307-19709-1

Ⅰ.鏖… Ⅱ.童… Ⅲ.徐州会战(1938)—史料 Ⅳ.K265.210.6

中国版本图书馆 CIP 数据核字(2017)第 226132 号

责任编辑:王军风　　责任校对:鄢春梅　　版式设计:马　佳

出版发行:**武汉大学出版社**　(430072　武昌　珞珈山)
(电子邮件:cbs22@whu.edu.cn　网址:www.wdp.com.cn)
印刷:武汉中科兴业印务有限公司
开本:720×1000　1/16　印张:24.75　字数:503 千字
版次:2017 年 9 月第 1 版　2017 年 9 月第 1 次印刷
ISBN 978-7-307-19709-1　定价:60.00 元

目　　录

第一章　鲁南反击战

日军侵占山东大部地区

日军华中方面军于1937年12月13日攻占南京后，日本陆军首脑的侵略气焰更为嚣张，同意了华北方面军提出的立即向山东发起进攻的意见。12月18日，日军参谋本部正式命令华北方面军进攻济南。23日晚，该方面军第2军以第10师团及本川旅团渡过黄河，突破守军黄河防线，进攻济南。当时，守卫山东的中国守军为韩复榘的第3集团军。第3集团军总司令韩复榘面对日军的凶猛攻势，自知不敌，便决定放弃济南，并命令第3集团军各部向南撤退，以保存实力。他本人于24日由济南退往泰安，第3集团军主力也纷纷南撤，26日日军攻占济南。

日军第2军发现第3集团军主力向济南以南后撤后，认为其已丧失战斗意志。这样，该军攻占济南后，继续以本川旅团及第10师团向济宁－蒙阴一线追击。此时，蒋介石电令韩务必将第3集团军主力分布于泰安到临沂一带，尽力迟滞日军，但韩并未依令行事，继续后撤。这样日军的攻击进展较为顺利，本川旅团顺着济南东面地区南下，1938年1月4日占领蒙阴，5日又占领历山；第10师团沿着津浦线南下，1938年1月1日攻占肥城、泰安，4日攻占兖州、曲阜。随后，该师团又以步兵第63联队沿津浦路干线向邹县追击。由于第3

▲第五战区副司令长官兼第3集团军总司令韩复榘上将。

集团军舍弃津浦路，向鲁西南撤退，致使津浦路正面大门洞开。这样第63联队进攻异常顺利，几乎没受到任何抵抗即于1月6日占领邹县。

矶谷廉介

日本兵库县人，1886年9月3日出生。1904年10月24日毕业于日本陆军军官学校第16期，1915年12月11日陆军大学第27期毕业。1967年4月26日亡故。

1916年8月18日	参谋本部附勤务
1917年2月15日	参谋本部员
1917年8月6日	参谋本部附
1918年12月25日	参谋本部员
1920年8月10日	晋升陆军步兵少佐
1921年4月20日	步兵第13联队附
1922年8月15日	步兵第13联队大队长
1924年2月4日	第1师团参谋
1924年8月20日	晋升陆军步兵中佐
1925年8月7日	参谋本部附
1928年5月16日	临时第6师团司令部附
1928年8月10日	晋升陆军步兵大佐，步兵第7联队长
1930年3月6日	第1师团参谋长
1931年8月1日	教育总监部第2课长
1932年4月11日	陆军省人事局补任课长
1932年9月17日	兼陆军兵器本厂附
1933年3月18日	晋升陆军少将，陆军兵器本长附
1933年8月1日	参谋本部第2部长
1935年3月15日	中国公使馆附武官
1935年5月17日	中国大使馆附武官
1936年3月23日	陆军省军务局长兼军事参议院干事长
1936年4月25日	兼军事调查部长
1936年12月1日	晋升陆军中将
1937年3月1日	第10师团长
1938年6月18日	关东军参谋长

1939年9月7日	参谋本部附
1939年11月15日	待命
1939年12月1日	转为预备役
1942年1月19日	香港占领地总督
1944年12月16日	召集解除

中国抗战时期，他参与的侵略作战有津浦线作战、山东作战、徐州会战等。1939年9月23日获得勋一等瑞宝章，1940年4月29日获得勋一等旭日大绶章。

7日早晨，日军第10师团第39联队主力（欠第3大队（欠第11、12中队））也从兖州出发，沿兖济支线向运河前方的重要据点济宁攻击前进。此时第3集团军已将主力撤至成武、单县、曹县一带，其辎重也运往河南漯河、舞阳附近，仅以第74师和第29师的一个旅守卫济宁及其附近的运河一线。8日晚，第39联队第1大队从西北角的缺口攻入济宁城内，却受到守军的持续反击，伤亡较大，只得退到城外的村落休整，准备而后的攻击。11日下午，第39联队主力在绝对优势的炮兵、航空兵支援下，再次攻入济宁城内。守军孤立无援，渐渐顶不住了，被迫退至金乡，济宁遂落入了日军手中。当晚第39联队第3大队也赶到济宁。17日下午，该大队第10中队（配属1个重机枪小队）占领汶上。

随后，日军第2军停止在济宁－邹县－凤凰山－历山－蒙阴一线，以第10师团确保黄河以南、邹县以北的津浦线两侧地区；以刚从保定附近调来的第5师团确保周村以东的胶济线两侧地区；本川旅团等临时配属部队则返回原部队归建。

据日军《第2军状况概要》记载，1937年12月下旬的黄河渡河作战中，第10师团战死44人，负伤113人，计伤亡157人；本川旅团战死16人，负伤53人，计伤亡69人；第2军直属部队战死6人，负伤23人，计伤亡29人。日军合计战死66人，负伤189人，计伤亡255人。1937年12月下旬至1938年1月中旬的向曲阜、蒙阴一线追击战中，第10师团战死31人，负伤129人，计伤亡160人；本川旅团战死17人，负伤28人，计伤亡45人；第2军直属部队战死7人，负伤15人，计伤亡22人。日军合计战死55人，负伤172人，计伤亡227人。

津浦线方面形势的变化

当时，山东省属于第五战区的管辖地区。第五战区司令长官为李宗仁，副司令长官为韩复榘，长官部设于徐州，管辖地区为津浦线两侧及山东省，下属部队有第3集团军、第11集团军、第51军以及位于鲁南、苏北、豫东、皖北各地的军事单位和海军陆战队等。

第3集团军主力退往鲁西南，致使津

▲第五战区司令长官李宗仁上将。

浦线大门洞开。日军第63联队乘虚沿津浦线南下，占领邹县，并处于随时可以进攻的态势，但此时津浦路北段直至徐州，完全空虚，第五战区几乎无兵防守，徐州受到严重威胁。鉴于形势严峻，国民政府军事委员会于1938年1月中旬从第一及第三战区增调第22、第24集团军等部队至第五战区，分别加强了鲁南、苏北的防御力量。而蒋介石于1月11日在开封将韩复榘免职，令第51军军长于学忠继任第3集团军总司令，第12军军长孙桐萱兼任副总司令。于学忠接任第3集团军总司令后，带了数十名随员到达曹县集团军总司令部就任，但他在该集团军没有任何根基，难以指挥韩复榘旧部，不久就回第51军去了。此后实际由孙桐萱代行集团军总司令一职。这期间，韩复榘被送到武汉，提交军法审判，以违抗命令、擅自撤退罪，依法处以死刑，1月24日执行。

川军第22集团军调到第五战区后，随即奉命开赴滕县南北地区布防，担任津浦路正面的掩护，阻止日军南下。该集团军以第45军为第一线部队，在界河东西香城、九山、王福庄、张庄、后圪、金山之线占领阵地，构筑工事；第41军为第二线部队，集团军总司令部设临城（今薛城）。恰好此时，沿津浦路进攻的日军第63联队也停了下来，在邹县附近构筑工事，转为防御。此后，双方在邹县以南的两下店东西一线保持对峙状态。

当津浦路北段的形势刚缓和，津浦路南段的日军又开始蠢动了。1938年1月15日，日军华中方面军的第13师团一部，由滁县沿津浦路向北进攻明光。明光以南，为湖沼和小山交错的地区，易于防守，可是，该地守军第11集团军第31军是新组建的部队，战斗力较弱，面对日军的凶猛攻势，抵挡不住，逐次退守池河西岸，日军于18日占领明光。1月28日，日军第13师团又兵分三路，大举进攻，相继突破池河防线，进至西岸。守军第31军按李宗仁的命令，将主力西撤至蚌埠西淮南铁路一带，待命侧击北进之敌，以一部兵力在淮河、池河之间进行逐次抗击。

2月1日早晨，日军第116联队继续沿津浦线北上，途中没有遇到像样的抵抗，上午11时30分攻占临淮关。次日早晨，第58、104联队又开始向凤阳发起进攻，经过几个小时的激烈战斗，守军渐渐顶不住了，被迫撤退，11时日军占领凤阳。随后，日军从东、西、南三个方向包围攻击蚌埠，中午12时30分蚌埠沦陷。2月3日下午，第116联队又占领怀远。

因日军攻势迅猛，第31军节节败退，津浦路南段告急。2月2日，李宗仁令第51军军长于学忠率部开往淮河北岸，接替第31军防务，阻止日军前进。第51军于2月4日到达指定位置布防，东起怀远，西达五河，防线长达百余里。于学忠随即分配战斗任务，第113师固守蚌埠北岸一线，第114师固守临淮关对岸一线，第679团为军预备队。此时，淮河北岸日军已占领怀远，有了立足点，仅因涡河屏障，使第51军可据淮、涡两河防守。

从2月8日起，日军开始渡河北上，却遭到第51军的顽强抵抗，双方在小蚌埠一带进行反复争夺，伤亡均大。战至11日晚，鉴于小蚌埠、临淮关等处河岸阵地多被日军突破，第51军各部伤亡甚重，有的部队已失去控制，于学忠被迫下令所部向淝河附近之何集、新马桥一线撤退。13日，张自忠的第59军赶来增援，在固镇附近占领阵地，阻止日军北进，并接应后撤的第51军部队，这才稳住阵脚。

这时，第五战区又下令新到合肥的第7军，配合第31军对淮河以南上窑、定远等地日军进行侧击，迫使进攻淮河北岸的日军第13师团以一部迅速转到南岸增援，第59军乘机反攻，淮河以北日军在遭受第59军痛击后，又顾忌其侧后威胁，陆续撤回南岸。战至2月20日，第59军基本夺回淮河北岸原阵地。当晚，由于津浦路北段的形势发生了变化，第59军奉命将淮河北岸防务移交给第51军，然后由固镇东运北调。随后，日军第13师团与北岸中国军队隔河对峙，直至当年5月。

汶上附近的战斗

1938年2月上旬，当南线战场中日两军正在蚌埠地区淮河南岸进行激烈的渡河攻守战斗时，第五战区为防止北线日军乘机南下，遵照军事委员会的意图，采取以攻为守的战术，于2月6日命令第3集团军向济宁、第22集团军向邹县发动攻势。各部分别进行反击的准备。

第3集团军代总司令孙桐萱接受的任务主要是以主力攻占济宁；以一部攻占汶上，并向济宁、兖州间实施侧击，策应主力作战。目的是确保陇海铁路的安全和切断津浦铁路北段之交通。

当时，该集团军辖第12军（第22、第20、第81师及独立第28旅）及第55军（第29师及第74师），集团军总司令部驻曹县，第12军驻城武、定陶、嘉祥附近地区，第55军驻金乡附近地区，另有集团军总司令部直属之刘耀庭部游击队在汶上以北的袁口、铁庙镇一带活动。

孙桐萱于2月10日下令，谷良民第22师由定陶大长沟渡过运河，迂回至济宁以北的二十里铺附近，而后向济宁北门进攻；曹福林第55军由金乡渡过运河，向济宁南关进攻，协同第22师收复全城。展书

孙桐萱抗战简历

陆军中将。字荫亭，河北省交河县人。1895年出生，1978年病逝。全面抗战爆发时，任第20师师长。

1937年8月19日	第12军军长兼第20师师长
1938年1月12日	第3集团军副总司令兼第12军军长
1938年6月7日	第3集团军总司令兼第12军军长
1939年	兼任豫皖边区游击总指挥
1942年12月	被撤职

他参加的战役有津浦线作战、鲁南反击战、徐州会战、武汉会战、1939年冬季攻势作战和1941年的豫南会战等。

堂第81师由开河镇渡过运河，攻击汶上之敌。

此时，济宁日军为步兵第39联队主力（欠第1大队及第5、10中队）及步兵第40联队第1大队（欠第3、4中队），还有一些配属部队，兵力较为雄厚；汶上日军为第39联队第10中队（配属重机枪1个小队、野炮兵第8中队），兵力较为薄弱。而在11日早晨，刘耀庭游击队突然袭击了汶上城的西门。日军汶上守备队虽打退了这次进攻，但游击队并未退去，就在汶上附近与日军对峙。这时，日军还得到情报，有2个师的中国军队正向汶上附近迫近。

步兵第39联队长沼田多稼藏大佐得知情况后，感到汶上的守备过于薄弱了，当晚便派第3大队（欠第9、10中队）、第7中队及联队炮中队前去增援。这些增援部队于12日凌晨0时从济宁出发，途中没有遇到中国军队，下午3时进入汶上城。

12日夜，第81师由开河镇渡过运河，并选派部队准备趁夜登城。13日凌晨，该师巧妙地利用日军各城门警戒部队的间隙，用2个营分由汶上城西南角、西北角、东北角三面攀登城垣，进行偷袭。至凌晨5时30分，2个营已全部进入汶上城内，同日军展开激烈巷战。而第81师在城外的部队则将汶上城完全包围。

第3大队长堀尾茂光少佐得知中国军队攻入城内，立即以一部担任城内要点的守备，同时以主力反击入城的第81师部队。以下将西南角、西北角、东北角附近的战斗经过分别叙述。

首先说一下西南角附近的战况。第81

沼田多稼藏

日本广岛县人，生卒年不详。1912年5月28日毕业于日本陆军军官学校第24期，1919年11月26日陆军大学第31期毕业。

1932年12月18日	关东军参谋
1934年5月7日	驻意大利武官
1935年8月1日	晋升陆军步兵大佐
1936年8月1日	参谋本部附
1936年12月1日	步兵第39联队长
1938年6月22日	第11军参谋副长
1938年7月15日	晋升陆军少将
1939年1月31日	第11军参谋长
1939年8月1日	企画院第1部长
1941年3月1日	晋升陆军中将
1941年4月1日	第3军参谋长
1942年8月1日	第12师团长
1943年10月29日	第2方面军参谋长
1944年12月26日	南方军总参谋长

中国抗战时期，他参与的侵略作战有津浦线作战、山东作战、徐州会战、武汉会战等。

师一部由西南角爬上城墙以后，除留部分人守西南角外，其他的人兵分两部，一路向西门攻击前进，一路向南门攻击前进。

城内东南部的日军第7中队得知中国军队入城后，即以1个小队掩护炮兵，另外各以1个小队，分别对南门及东门方向出击。但向南门附近出击的第7中队第3小队，还是晚了一步，让第81师部队抢先占领了南门。该小队因兵力单薄，无力夺占南门，随后就一直和南门附近的第81师部队对峙。当天下午4时，第7中队主力在东门的战斗告一段落后，转进到南门附近，合并指挥第3小队，在机枪1个小队、1门联队炮的火力支援下，猛攻南门附近的第81师部队，在14日凌晨3时30分以前将其歼灭。

另一方面，守卫西门的第10中队轻机枪1个分队发现中国军队攻上来了，担任指挥的辻曹长立即拿起1挺轻机枪顶在腰部射击，可是中国军队仍利用其射击的死角逐步逼近，双方随即展开激烈的白刃战。混战中，突然一颗手榴弹落在辻曹长身边爆炸，他被当场炸死。剩下的日本兵则拼死顽抗，好不容易才打退了中国兵，保住了西门。

城内西南部的日军第10中队主力得知西门的状况后，便向西门方向前进，但途中却受到来自西面城墙上机枪的猛烈射击，前进受阻。机枪中队主力见状，在其宿营地南侧附近占领阵地，直接协同第10中队，另以一部推进到城墙上。第10中队在机枪中队的火力支援下，终于将西面城墙及西南角的约100多个中国兵驱逐到城外。随后，第10中队以2个小队确保守备

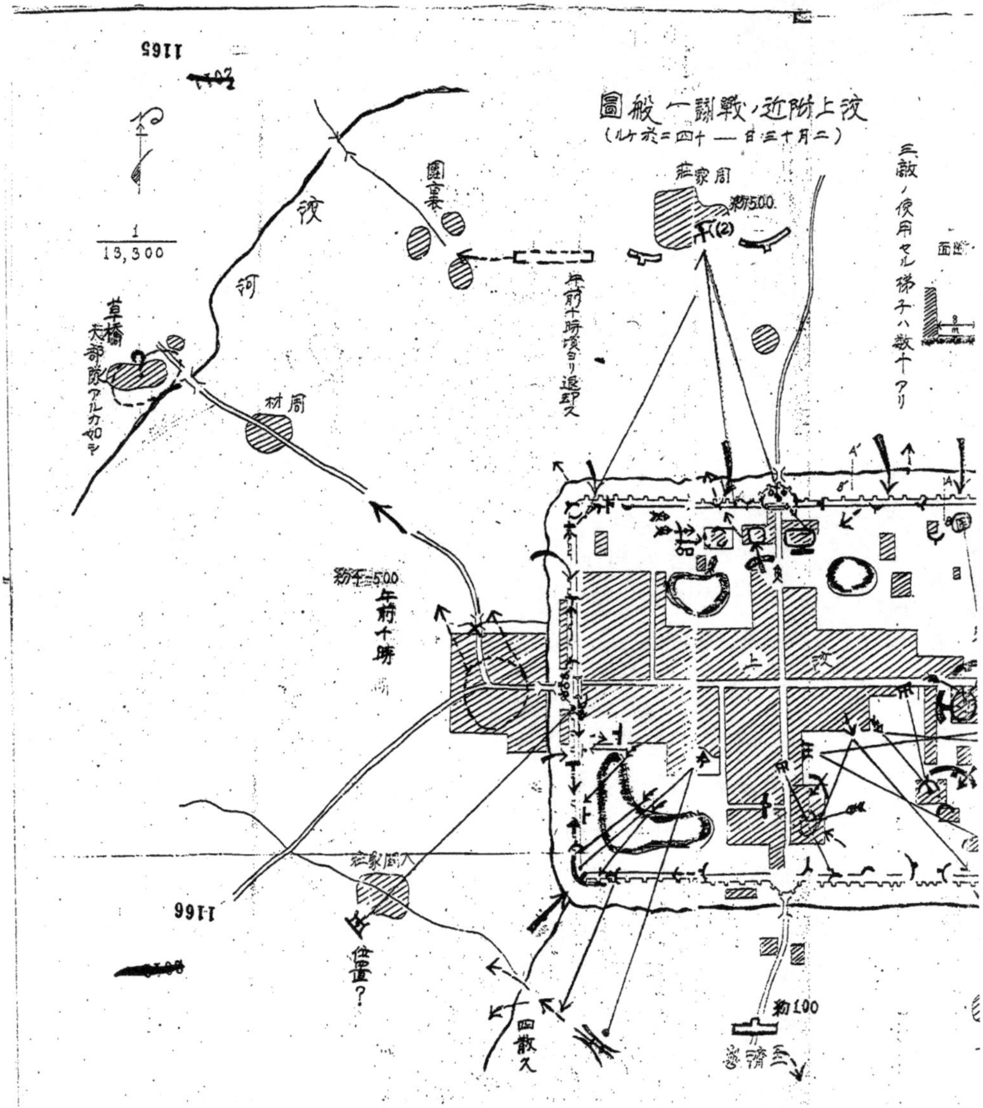

▲日军步兵第39联队第3大队汶上附近战斗要图（部分）。

区域的城墙，另以一部配合第11中队方面的战斗。机枪中队主力也转进到第11中队方面。

西北角附近的战斗也很激烈。汶上县城西北隅的宝相寺内有座太子灵踪塔。第81师一部由西北角爬上城墙以后，除留部分人守西北角外，其他的人兵分两部，一路占领塔北侧的民房群，一路占领北门。城西北的日军第11中队得报，便以第3小队向北门附近攻击，以第1小队向西北角攻击，同时以主力攻击占领塔北侧民房群的中国军队。中国军队依托民房、城墙顽强抵抗，并得到城外北方周家庄炮兵营的火力支援，这样尽管日军伤亡很大，却迟迟不能取得进展。配合第11中队进攻北门的冈本机枪小队见状，便借助地形地物的掩护，偷偷地摸到北门西侧的城墙上占领阵地，架好2挺92式重机枪向中国军队猛烈射击。中国军队发现这股日军后，立即通报在城外周家庄的第81师炮兵营。随即一发发炮弹呼啸着直扑向日军，“轰隆”、“轰隆”……随着一阵阵惊心动魄的爆炸声，砖石、瓦块、血肉、弹片横崩乱飞，城墙附近形成一片火海，机枪小队死伤狼藉。小队长冈本少尉看到部下有些动摇，站起身来大声呵斥，却被一枪爆头而亡。可惜的是，炮兵营的炮弹很快便告罄了。第11中队和机枪小队趁机缓过劲来，重新调整了部署，“以一部击灭西北角之敌，以一部固守城墙，以主力攻击城内之敌”。下午3时以后，堀尾大队长、第10中队的1个小队、机枪中队主力、联队炮1个小队及大队炮小队相继赶来增援。堀尾即以机枪中队从正面、第11中队及大队炮小队从左翼、联队炮1门从两者的中间一起发起进攻。西北角附近的第81师部队在日军的猛攻之下，渐渐支持不住，被迫于当晚撤到城外。

最后说说东北角附近的战况。第81师一部由东北角爬上城墙以后，除留部分人守东北角外，其他人占领东门望楼以及东门附近的民房群。城内东北部的日军第12中队得知中国军队入城并占领东门后，立即向东门附近的第81师部队发起猛攻。不久，第7中队的1个小队也赶来支援。可是，第81师部队凭借民房、望楼的掩护，不断向日军射击，使其难以靠近。这时东北角的第81师部队也向第12中队猛烈开火，使其翼侧大受威胁。堀尾大队长得知第12中队战况不佳，便以1门92式步兵炮配合该中队进攻，对东北角实施炮击，同时小行李给第12中队补充了手榴弹。

天亮的时候，日军联队炮中队在东门附近占领阵地，向东门望楼及东门附近的民房猛烈开火。东门附近的第81师部队在日军炮火下，伤亡很大，无法在这里支撑下去，便陆续向东南角附近的民房群转移。早晨7时，日军发现第81师部队的行动。联队炮中队即向其射击。这时，东门附近的第81师部队大部已转移至东南角附近的民房群，但还有约80人没来得转移，退路就被炮火切断了，被迫留在东门附近抵抗。与此同时，日军野炮兵第8中队也开始搜寻城墙上的中国机枪，只要发现一

▲日军在侵华战争期间作为联队炮使用的41式山炮。

处，立即大举炮击。

第12中队趁势于7时30分完全占领东门，接着以一部攻击东北角，并以主力包围了占领东门附近民房的约80名中国兵。随后，该中队在进攻东门附近民房的时候，施放了大型发烟筒。毒烟弥漫中，日军突入中国军队阵地，俘虏了45名已基本丧失战斗力的中国兵。

从下午1时许开始，日军又以第12中队主力为右翼、第7中队的1个小队为左翼，开始对据守城内东南角民房群的中国军队实施攻击。可是，中国军队在民房墙壁上到处开设枪眼，常常从日军意想不到的位置射击。为此日军大吃苦头，尤其是第7中队的1个分队在行动中，突然受到中国军队猛烈的侧射，全员死伤。第7中队长得报，立即率部救援，但在枪林弹雨中，寸步难行。鉴于这种情况，日军联队炮1个小队将阵地推进到距中国军队阵地70米远的地方，和大队炮、野炮一起向东南角民房群猛烈射击。若干发炮弹落在民房群中，到处硝烟弥漫，土飞石起，房屋倒塌。民房群顿时成为一片瓦砾场，残垣断壁的废墟中到处横竖着中国官兵的尸体。下午3时许，第7中队的1个小队（欠1个分队）利用炮击效果，占领东南角民房群的一角。但其北侧还有五六十名中国兵顽强抵抗，为此堀尾大队长以第12中队留下来继续对付他们，大队炮小队及联队炮的一部则转进北门，配合第11中队的战斗。第12中队和这支顽强的中国部队一直打到14日凌晨3时30分，才完全占领东南角民房群，这里的中国兵全部战死。这之前，第12中队的1个小队在部分本部传令兵及1门92式步兵炮的配合下，于下午5时以前肃清了在东北角坚持抵抗的数十名中国兵。

经过一天一夜的战斗，双方伤亡均

▲日军在侵华战争期间作为大队炮使用的92式步兵炮。

重。战至14日凌晨3时30分，第81师入城部队除一部退出城外，其余大部战死，第一次攻城战斗失利。第81师主力随即撤到汶上西方的村落进行休整，伺机再次攻城。日军《步兵第39联队作战日志》记载，此次战斗日军战死冈本政哉少尉以下28人，负伤堀尾稔少尉以下75人，而第81师遗尸不下500具。由于日军伤员过多，而军医、卫生兵不足，只得以特务兵替代其职能，夜以继日地进行应急抢救。此次战斗日军还消耗大量的弹药，于是向上级发出急电，要求补给弹药及派出汽车后送伤员。第10师团司令部接到电报后，于14日以内藤中尉指挥的卡车16辆，向汶上守备队补给了弹药、粮秣，还增派了军医和卫生兵。

16日凌晨，第81师部队约200人在炮兵营掩护下，从汶上的北面城墙入城，再次同日军展开巷战。但终因力量过于悬殊，攻击未能奏效，战至当晚8时30分，入城的200名勇士几乎全部战死，第二次攻城战斗仍告失败。据日军《步兵第39联队作战日志》记载，此次战斗日军战死6名，负伤32名。

17日晨，第81师得知日军已由泰安、兖州、宁阳驰援约二千人以上。由于该师已同汶上日军激战多时，两次浴血登城，官兵伤亡很大，不得已之下，只好向开河镇附近运河之线撤退，汶上附近的战斗至此结束。

展书堂抗战简历

陆军少将。字秀文，河南省西华县人。1899年出生，1941年2月3日病逝。行伍出身。全面抗战爆发时，任第81师师长。1939年2月失去军职。他参加的战役有津浦线作战、鲁南反击战、徐州会战、武汉会战等。

济宁附近的战斗

当步兵第39联队向汶上派出增援部队后，留在济宁的该联队主力仅剩下联队本部、第2大队（欠第5、7中队）、速射炮中队，但加上步兵第40联队第1大队（欠第3、4中队）和一些配属部队，日军在济宁的守备力量还是较为可观。

当第81师部队第一次进攻汶上的战斗接近尾声的时候，曹福林的第55军也开始进攻济宁。13日晚11时，该军仅以29师171团、74师439团各一部约300人渡河，向济宁火车站等地进行袭扰，未以主力出击，不久即无功而返。

14日，日军又得到情报："敌人约2个师为夺回济宁，已迫近到济宁西南方三四里的无名河流之线。"因此加强了各城门的守备。上述情报提到的中国军队2个师应为谷良民的第22师。该师奉命收复济宁后，即从定陶县出发，为避免被日军发现，昼伏夜行，经巨野、嘉祥各县于当日到达济宁运河西岸。谷良民随即作出部署：以第64旅为主攻部队，第66旅为预备队，随师部控制于运河西岸。

当晚，第64旅旅长时同然率领第127、128、129三个团以及配属的山炮连，由济宁西北之大长沟强渡运河，趁月夜经二十里铺到达进攻准备位置。根据事先探明的济宁守敌情况，第64旅决定奇袭济宁城，预定在次日凌晨以第128、129团强行登城。随后，时同然把担任攻城任务的第128团及第129团配置在北关两侧小村庄，准备攻城；又以第127团在二十里铺布防，维护后方交通和阻截汶上日军救援。他本人则率少数随员，于济宁北门

谷良民抗战简历

陆军中将。字敬轩，山东省巨野县人。1889年出生，1975年3月20日在北京协和医院病逝。全面抗战爆发时，任第22师师长。

1937年8月19日　　第56军军长兼第22师师长

1938年6月30日　　军事参议院中将参议（不久去职）

他参加的战役有：津浦线作战、鲁南反击战、徐州会战等。

东北约3华里处树林内设前敌指挥所。副旅长刘青浦率领2名随员，携带电台进入城北约七八里的小村内，专门从事上下左右之间的联络。

午夜过后，第128、129团开始行动，抬着云梯衔枚疾走，向济宁北门进发。凌晨5时左右，两团以北门为界，开始奋勇登城，随后向东门方向扩张战果，拂晓前爬进城约五六个连。可天明后城门楼上的日军加强了戒备，在日军的机枪扫射下，第64旅攻击部队已不能继续爬城。第128团傅副营长带1排人强袭城门楼据点时战死。这时，山炮连为配合第64旅攻城，向城内的日军轰击。可是，山炮连仅有的2门炮是旧架腿式炮，连瞄准器都没有，炮弹年久受潮，许多都不能用，难以命中日军据点，仅能起到鼓舞士气的作用。

日军第39联队长沼田多稼藏得知中国军队入城，即以主力向第64旅入城部队发起反击。双方在北大街及其周围展开激烈的巷战，逐屋争夺。入城部队孤军奋战，伤亡无补充，弹药难补给。战斗到天黑，枪声逐步减弱，进城的勇士伤亡殆尽，攻城战斗以失败告终。据日军《步兵第39联队作战日志》记载，此次战斗日军战死8名，负伤24名。第64旅进攻受挫后，仍将第128、129团配置于济宁北关两侧，伺机再次攻城。

第10师团长矶谷廉介中将得知济宁、汶上附近的情况后，决定先以第39联队（附第40联队第1大队）固守济宁、汶上，牵制当面的中国军队。同时以第40联队主力（欠第1大队（欠第3、4中队）、第2大队）、独立轻装甲车第10中队及野炮兵第10联队的主力迂回中国军队的侧背，给予其彻底的打击。

为此，该师团还将原配属兵站监的第40联队第2大队归还建制。另外2月17日第2军又将第2兵站汽车队（2个中队）、独立轻装甲车第12中队及野战重炮兵第1旅团（欠第3联队及旅团辎重一部，配属临时野炮兵中队）纳入第10师团长的指挥下。

第40联队主力原驻泰安。当济宁、汶上遇袭后，该联队即向兖州进发，于15日早晨抵达该地集结。上午9时，该联队接到师团命令，命其于运河东侧地区击灭济宁、汶上附近的中国军队。但是，该联队并不打算直接救援济宁、汶上，而是先切断中国攻击部队的退路，再与第39联队协同歼灭中国攻击部队。这样该联队先以先遣队（第3大队为基干）搭乘汽车向大运河桥梁前进，企图切断中国军队退路；主力则于下午2时从兖州向二十里铺急进。

当晚7时，日军先遣队驱逐第127团的少数警戒部队，占领吕庄后，得知二十里铺有四五百名中国兵（第127团的1个营）把守，便以主力向其发起夜袭。起初日军的进攻还算顺利，11时占领二十里铺的一角，但接下来守军的抵抗越来越顽强，日军进展缓慢，直到16日拂晓才完全占领二十里铺。第64旅旅长时同然见日军援军到来，便改变部署，仅以一部监视牵制济宁日军，主力转为打援。

当日军先遣队在二十里铺和第127团激战的时候，第40联队主力在二十里铺北方村落集结兵力。联队长长野义雄大佐得知二十里铺的战况后，就把和仁大尉指挥的部队（步兵第40联队第3、4中队、独立机枪中队、速射炮中队、工兵小队）派往大长沟桥梁，目的是将该桥梁炸毁，以切断中国军队的退路。

和仁部队于16日凌晨4时30分到达了指定地点，炸毁桥梁后，即返回支队主力的位置，不料途中却于上午11时在白果树西方受到第64旅2个团的夹击，随即被包围。

长野得报，便将步炮各1个中队、独立机枪中队留下在二十里铺，归森本大尉指挥，以切断汶上－济宁道路。他自己则于下午2时30分亲率主力向白果树转进。

下午4时左右，第40联队主力到达白果树附近。恰好此时，有第64旅部队正通过彰祖山东方运河的桥梁西进。日军发现这一情况，立即以重炮向该桥梁进行破坏射击，以其他的炮兵向第64旅部队实施扰乱射击。该桥梁很快就被日军炮弹直接命中而垮塌。而且，一发发炮弹接连落在第64旅部队的行军队列中爆炸，该旅部队受到突如其来的炮击，伤亡很大，陷入一片混乱，丢下许多车辆向东南方退去，包围和仁部队的中国军队也随之退却到附近的村落，第40联队主力遂与和仁部队会合。

17日拂晓以后，日军第40联队在炮兵、轻装甲车的配合下，向附近村落发起猛攻，战至下午2时完全占领附近的村落，第64旅部队以一部退往南田庄，其余退往后陈。这样，日军趁势以第2大队

长野义雄

日本东京都人，生卒年不详。1909年5月27日毕业于日本陆军军官学校第21期，1918年11月29日陆军大学第30期毕业。

1934年8月1日	晋升陆军步兵大佐，密山特务机关长
1935年3月15日	绥芬河特务机关长
1936年3月23日	步兵第40联队长
1938年2月19日	关东军司令部附
1938年3月1日	陆军少将，第6国境守备队长
1939年3月9日	第1国境守备队长
1940年8月1日	待命
1940年8月31日	转为预备役

中国抗战时期，他参与的侵略作战有津浦线作战、山东作战等。

（大队长大迫少佐）进攻南田庄，以第3大队（大队长波多少佐）进攻后陈，前出到大长沟东方之线。

这期间，济宁日军知道其援军赶来，便以第40联队第1大队出城反击第64旅，该旅从而陷入腹背受敌的境地。而且，该旅经过连续3天的激战，伤亡很大，非常疲劳，于是决定将主力撤回运河西岸，仅留1个团固守东岸之朱庄。至下午6时，第64旅主力已退到运河西岸，第40联队遂将主力集结于天宝寺，第2大队集结于前薛家，森本部队集结于柳家庄附近。

17日晚，曹福林第55军2个团附山炮4门，突然出现在济宁城附近，并开始猛攻该城南关和西关。此时第40联队第1大队已出城反击第64旅，济宁日军的守备兵力不足，连作为非战斗人员的特务兵也持枪参与警戒。18日凌晨2时许，第55军一部向第6中队警戒正面发起夜袭。日军很狡猾，他们把中国兵放到非常近的距离，才突然一齐开火，打退了第55军的此次夜袭。随后，第39联队派出侦察员，得知中国军队正在五里营附近大举构筑工事，似乎准备再次袭击济宁城。鉴于这种情况，沼田联队长立即向上级请求增援。

18日正午，第40联队以全力向朱庄猛攻，守军第64旅1个团稍做抵抗即后撤。因此日军很快便占领朱庄。此时，长野义雄忽然接到第10师团司令部发出的电报，称济宁方向的情况紧迫，于是立即率部向该地转进。重炮（汽车牵引）、山炮（汽车运载）为基干的部队先行，主力于下午2时从天宝寺出发，经二十里铺向济宁进发。而第55军2个团在第40联队赶到之前，即奉命向安居镇及西正桥方向撤退。因此第40联队在救援途中并没有遇到中国军队，当晚进入济宁城。

当第3集团军向济宁、汶上进攻的时

曹福林抗战简历

陆军中将。字乐山，河北景州（今景县）人。1894年4月10日出生，1964年6月9日在台湾台北病逝。行伍出身。陆军第16混成旅模范连第1期毕业。全面抗战爆发时，任第29师师长。

1937年8月19日	第55军军长兼第29师师长
1938年6月7日	第3集团军中将副总司令兼第55军军长、第29师师长
1938年10月	辞去师长兼职
1943年3月	第2集团军中将副总司令兼第55军军长

他参加的战役有：津浦线作战、鲁南反击战、徐州会战、武汉会战、随枣会战，1939年冬季攻势作战、枣宜会战、豫南会战、豫中会战等。1944年7月31日获颁四等云麾勋章。

候，川军第22集团军也于2月14日以第373旅向邹县以南两下店之日军第63联队一部实施进攻。因两下店日军负隅顽抗，邹县日军也随即赶来支援，经过一番激战，川军伤亡很大，进攻未能奏效，被迫于18日退至香城、普阳山一线，与日军对峙。

嘉祥附近的战斗

日军第2军司令官西尾获悉中国军队进攻济宁、汶上后，命第10师团将其击退到大运河以西。随后，在第10师团部队的持续反击下，进攻济宁、汶上的中国军队渐渐不支，被迫于17、18日全部撤到运河西岸。至此，第10师团已经实现了上级的企图。可是，步兵第8旅团长长濑武平少将却并不满足于这样的战果，决定给中国军队以更大的打击。19日他计划以一部渡过大运河，追击中国军队至新挑河、唐家口相连的无名河流一线。追击部队区分为：以步兵第39联队第2大队为基干的右追击队沿济宁－唐家口道路（不包括）以西地区向新挑河追击；步兵第40联队第1大队（欠2个中队）为基干的左追击队沿上述道路（包括）以东地区向河长口追击。

19日下午1时30分，两追击队从济宁出发，途中于无名河流东侧遇到第55军部队，受到顽强抵抗，前进受阻。20日长濑武平得报后，决定改变原定部署，将旅团主力投入进攻，前出到嘉祥、纸坊一线。据此，步兵第8旅团命令“第40联队一并指挥左追击队，作为旅团左第一线，以攻击当面之敌为目的，先向西正桥前进；第39联队作为旅团的右第一线，攻击右追击队当面之敌”。

第40联队奉命后，即从济宁出发，追赶左追击队。下午5时40分，当该联队抵达西正桥时，左追击队已占领韩河屯，随即归还该联队建制。接着，第40联队为准备攻击无名河流一线，在马凤屯附近集结兵力，搜索当面的敌情、地形。通过彻夜侦察，他们发现中国军队在其前方的王家庄、夏营、鲍家屯、杜家屯均配置了有力部队，而且前往这些地方的道路路况不佳，只有通往朱家庙的道路路况较好。

这样，21日凌晨，该联队先以第2大队（配属速射炮）经朱家庙夺取王家庄，接着又以第3大队（配属联队炮）向朱家庙前进，准备进攻河长口及马家庄。另外第1大队将第4中队（欠2个小队）、机枪1个小队留在薛家屯，掩护炮兵及联队主力左侧，其余的主力拂晓以前集结于马凤屯。

21日早晨，中国军队突然向日军阵地发起了炮击，炮火较为密集，位于马凤屯的第40联队本部受到数次集中射击，整个村庄都被烟雾所笼罩。不过此次炮击持续时间不长，日军很快就缓过神来，着手准备攻击河长口及马家庄。

下午1时，日军炮兵开始炮火准备，对河长口、夏营、马家庄的守军阵地进行破坏射击。中国炮兵也毫不示弱，向马凤屯实施集中射击。双方的炮火打得地动天摇。

下午3时，日军步兵在炮火掩护下，开始全线出击。左第一线第2大队进展较为顺利，下午4时30分占领夏营，6时占领马家庄东部，不久即前出到无名河流一线，准备渡河。而右第一线的第3大队却因为受阻于附近一带的湿地和水沟，进展迟缓，打到下午6时，仅占领河长口的一角，该地守军的抵抗极为顽强，频繁地向日军发起反击。日军费了九牛二虎之力，付出了很大的代价，才勉强占领该地东半部。

这期间，第2大队在工兵队的配合下，开始渡河。可是，对岸的守军布防严密，火力分布合理，日军几次尝试渡河，均告失败，只得停止渡河，暂时与对岸的守军对峙。

22日下午，当第40联队正准备不惜一切代价，强行渡河的时候，突然接到旅团命令，“第40联队中止从该方面（马家庄附近）渡河，改由步兵第39联队方面渡河”。据此，该联队除将第7中队的1个小队、机枪1个小队留在马家庄东部，工兵1个小队、机枪1个小队留在河长口以外，其余主力相继向薛家屯转进。

第8旅团为何要在这个时候命令第40联队转进呢？原来，是第39联队遇上大麻烦了。当时第39联队主力的兵力不足，其第1大队正在张家镇、万德、泰安间担任警备，第3大队主力则在汶上担任警备。这样沼田联队长掌握的步兵兵力仅有第2大队和第9中队而已。该联队进攻之初，还算顺利，其第2大队于21日中午12时50分占领李屯。接着，该大队又以第5、第8中队为第一线，第6中队为预备队，向傅庄发起猛攻。该地守军为第74师第444团第3营，战斗力很强。当日军接近到守军阵地前500米时，该营猛烈开火，步机枪子弹像雨点一样扑向日军，训练有素的日军即刻就地卧倒，各自寻找地物隐蔽起来。此时，日军炮兵的弹药告罄，无法压制守军火力。这样，第2大队只得停止进攻，双方转为对峙。

入夜后，第74师部队向日军发起反击。当晚11时，该师一部吹起冲锋号，官兵们呐喊着，如狂风怒潮般地向第8中队的右翼发起进攻，双方随即展开白刃战。日军虽然凭借优良的格斗技术，数次打退中国军队的进攻，但因其兵力处于劣势，渐渐不支。鉴于这种情况，第2大队遂将预备队第6中队投入战斗，增援第8中队。接着，大队长富泽少佐率部趁夜突入傅庄北部，守军第444团第3营虽然伤亡很大，但其残部仍死战不退，依托傅庄南部的既设工事进行巷战。不久，第439团第2营赶来增援，对突入傅庄北部的日军部队，不断实施反击，使其陷入孤立，只得依靠装甲车进行联络以及补给粮食、弹药和饮水。战斗中，富泽从堑壕中伸出头来，想观察战况，突然不知道从哪里飞来一颗子弹，打穿了他的头部，富泽当场就阵亡了。

这个时候，沼田联队长又接到情报，

李汉章抗战简历

陆军中将。号焕文，河南省沈丘县人。生年不详，1966年病故。陆军大学特别班第5期毕业。全面抗战爆发时，任第74师师长。

1940年　军政部中将部附

1942年9月　第53军副军长

1944年春　苏鲁豫皖边区招募总处第4分处处长

1944年12月　暂编第5军军长

他参加的战役有：津浦线作战、鲁南反击战、徐州会战、武汉会战等。

得知“约1个旅的敌人已前进到新桃家北方约6公里的地点”，切断其后方，于是他立即派出一部前出到新挑河东方－李家庄附近担任警戒。第6中队的1个小队奉命刚进入东部新挑河，还没来得及构筑工事，中国军队就从西部新挑河反击而来，该小队在速射炮中队的支援下，好不容易才将其击退。

21日晚至22日凌晨，日军第2大队在傅庄附近的战斗中，伤亡很大。加上该大队的弹药即将耗尽，因此被迫停止进攻。而中国军队的伤亡也很大。22日天亮后双方遂转为对峙。长濑旅团长得知上述情况后，即命第40联队转进到第39联队方面。《步兵第39联队作战日志》记载，该联队于20、21、22日三天的战斗中，战死步兵少佐富泽弘以下31名，负伤军医大尉坂内为雄以下111名。上述伤亡主要产生于21日晚至22日凌晨期间。

23日早晨，日军炮兵获得了炮弹的补充。为此，沼田联队长又变得有恃无恐，决心再兴攻势。中午12时起，日军炮兵进行炮火准备，向傅庄南部的守军阵地炮击了约半个小时，将守军阵地摧毁大半；接着又实施了2分钟的炮火压制，打得守军抬不起头来。日军步兵利用炮击效果，发起突击。守军在日军步炮协同进攻下，依然毫不动摇，英勇战斗，但终因力量悬殊，2个营全员战死，无一生还，日军遂完全占领傅庄。随后日军打扫战场，发现了约800具中国军人的尸体，由此可见这次战斗的惨烈。

而后，第39联队又趁势与新到的第7中队和第9中队一起，对西部新挑河发起进攻。可守军阵地前有条宽七八米、深四五米的大水沟，因其阻隔，日军攻击顿挫，战斗又陷入胶着状态，直到24日拂晓，第7、9两中队在东部新挑河日军的策应下，才占领西部新挑河。此次战斗，日军付出了极大的代价，第9中队长山内日出男大尉以下多人战死。随后，第39联队将主力集结于新挑河附近，准备而后的行动。而这之前，切断该联队后方的中国军队1个旅已西撤，解除了对日军侧背的威胁。

24日拂晓，第39联队刚攻下西部新挑河，长濑旅团长就迫不及待地对手下两个联队，下达了进攻嘉祥县城的命令。这时第39联队经过连续战斗，已很疲劳，需要休整，只得由第40联队暂先独力进攻。第40联队正集结于傅庄附近，奉命后即以前卫经井家庄向周村铺前进。上午9时30分，前卫到达井家庄南端时，忽然受到崔家庄守军的猛烈射击，立即进入井家庄构筑工事，固守该地，同时侦察前面的敌情、地形。通过侦察，日军发现崔家庄及周村铺有得力部队把守。

上午11时30分，日军飞机对崔家庄及北方无名村落实施了轰炸。下午以后，日军后续部队陆续赶到，在井家庄附近集结兵力。下午2时30分，第40联队接到旅团命令，命其夺取崔家庄及周村铺。

下午5时10分，该联队在炮火掩护下，以第2大队为左第一线，进攻崔家庄；以第1大队为右第一线，攻击周村铺。守军在日军猛攻之下渐渐不支，被迫西撤。薄暮时分，崔家庄及周村铺相继落入日军手中。

25日凌晨5时30分，1个营的中国军队向崔家庄发起反击，但日军毕竟在火力、战斗素养上占有明显优势，因此未能奏效，战至上午9时被迫撤退。这时，第39联队经过1天的休整，战斗力有所恢复，于是以第9中队的1个小队留守新挑河，主力则于下午前进到周村铺附近集结，准备随时投入战斗。

至此，嘉祥县城已完全暴露于日军2个联队的兵锋之下。日军第8旅团根据情报，知道嘉祥县城附近的守军为1个旅。随即作出部署：第40联队为左第一线，在炮兵的支援射击下，攻击嘉祥县城及其东北方高地。第39联队为右第一线，攻击洪山后高地。

下午3时30分，日军发起全线进攻。战至下午4时，守军顶不住了，即以一部担任掩护，主力向西方及西北方撤退。日军第40联队第2大队趁势于下午5时10分占领东门，侵入城内。6时，完全占领嘉祥县城。接着，第39联队继攻占洪山后高地之后，又占领凤凰山。第3集团军主力撤至巨野、独山镇、大义集、孟家屯、相里集之线防守。

3月2日，日军将第40联队第1大队留在嘉祥担任守备任务，其余的部队相继返回济宁。

至此，鲁南反击战结束。此次战役虽然未能收复济宁、汶上和两下店，还丢了嘉祥，却给予日军较沉重打击。据日军《第2军状况概要》记载，1938年2月中下旬的鲁南反击战中，第10师团战死200人，负伤604人，计伤亡804人；第2军直属部队战死8人，负伤33人，计伤亡41人；日军合计战死208人，负伤637人，计伤亡845人。此役中国军队损失也很大，第3集团军伤亡三千多人；第22集团军之第373旅伤亡四五百人。

表1-1 鲁南反击战双方战斗序列

中国军队	
第3集团军	副总司令孙桐萱（实际代行总司令职权）
第12军	军长孙桐萱（兼任）
第22师	师长谷良民
第20师	师长张测民
第81师	师长展书堂
第55军	军长曹福林
第29师	师长曹福林（兼任）
第74师	师长李汉章
第22集团军	总司令孙震
第373旅	旅长卢济清
配属部队略	
日本军队	
长濑支队	支队长长濑武平
步兵第39联队	联队长沼田多稼藏
步兵第40联队	联队长长野义雄
第63联队一部（两下店守备队）	
配属部队略	

第二章　滕县附近的战斗

日军不扩大战局方针的破产

日军攻占南京后，中国的抗战意识并未衰退，依然继续抵抗，毫不气馁。可是，日本军部、政府的一些人却被胜利冲昏了头脑，于南京沦陷的次日，即1937年12月14日在北平建立了以汉奸王克敏为首的伪“中华民国临时政府”。1938年1月16日，日本政府又发表了政府声明：“帝国政府今后不以国民政府为对手，而期望真能与帝国合作的中国新的政权的建立与发展，并将与之调整两国邦交，协助新生的中国建设。”这个政府声明，企图否认国民政府的合法性，还想把整个中国置于傀儡政权的统治下，从而关闭了中日外交谈判的窗口。

此时，日军参谋本部终于认识到中日战争已演变成了持久战，迟早必须攻占汉口、广州。但他们认为，进行如此深入的作战，一方面需要相当充足的兵力、物资，另一方面也必须使对付苏联的武备充实到可以安心的程度。可事实上，这两方面均不足。这样，“目前以作战解决事变暂无可能，因未能刺及其致命部位，作战尚仅限于较小范围，不过伤及其末梢部位”。参谋本部构想，在当年7月前编完新编的6个师团，而在编成这些兵团以前，绝对不进行新的作战，竭尽全力充实国家力量及建设军备，并以增强态势为原则，求得兵团的整备和军纪的振作。

为此，1938年2月16日，日本大本营御前会议制定了今后的作战指导方针：暂不扩大战局、不主动发动大规模战争。维持现占领地的治安、致力于扶持“新政权”。

这个方针，在御前会议上经天皇裁决后下达各军司令官。对此，华北方面军司令官寺内寿一和朝鲜军司令官小矶国昭均有不同意见，他们强调应立即进行徐州作战，攻占徐州、打通津浦线。可是，日军参谋本部认为，“这对解决事变的意义不大，而且为确保这些地区要占用大量兵团，所以此时应采取不过于扩大战面的方针”。这样，他们没有采纳寺内等人的意见，依然决定在1938年“不扩大占据地域，储备机动兵力”，至1939年充分完成兵备后，再“彻底进行积极作战，一举导向解决事变，乃为上策”。即使形势发展到了必须实施徐州作战的地步，也要放到1938年7月新的6个师团编成以后。

寺内认为大本营的这个方针过于消极，非常不满，坚持“使华北、华中连接起来，进行徐州作战”的主张。为此，日本参谋本部作战课长河边虎四郎中佐赶赴中国，试图说服寺内等人，但最终失败，他在3月1日回国后，就被调到滨松陆军飞行学校担任教官，实质上等同流放。继任作战课课长的是一贯主张急进的稻田正纯中佐，此后日本政府及大本营中，主张立即扩大侵略战争的势力又开始占上风。

2月中旬，中国军队对济宁、汶上、两下店发起反攻。尤其是第3集团军对汶上、济宁的反攻，具有相当大的规模。日军第2军费了好大的劲，才打退中国军队的进攻。随后，该军又得到情报，约5个师的中国军队又将于3月中旬，在津浦线方面向第10师团转入攻势。

▲日军华北方面军司令官寺内寿一大将。

这样，第2军决定先发制人，即在津浦线方面，赶在中国军队发起攻击前，抢先向其进攻。为此，该军于3月上旬通过华北方面军，致电日军统帅部提出申请称：“因面前大量敌军进逼，行动活跃，请准予将其驱逐，但决非向南深入作战。此外，第2军以2个师团（第5、10师团）警备广大地域，故无推进能力，为使之警备后方，希望增加兵力。”

对此，日军统帅部虽有人持反对意见，认为如任其自然扩大，则战面扩张将无止境，如此发展下去，将永远不能积蓄足以“解决事变”的机动力量，但首脑们还是听信了第2军的意见，便以作战后大致回到出发线为条件，迅速批准了其作战计划和增兵要求。

可是，当时无论是华北方面军，还是第2军，并不打算在作战结束后回到原状，均想借此机会扩大占领区。3月8日，第2军司令官西尾寿造中将派军参谋鹤泽中佐向第10师团师团长矶谷廉介传达了他的希望：“应占领滕县附近及确保太平邑（平邑）。”对此，矶谷当然“心领神会”，当晚即命濑谷支队准备南下。

3月13日，第2军下达正式命令，命第10师团歼灭大运河以北之敌，第5师团以一部进占沂州（临沂），然后推进到峄县与第10师团会师。作战企图是在达到上述目标后，将战线保持于沂州－峄县一线。而当天第10师团则向濑谷支队长表示，这次进攻应追击至临城。这样，第2军的此次进攻行动，从一开始就违背了大本营不扩张战线的方针。

西尾寿造

日本鸟取县人，1881年10月31日出生。1902年11月22日毕业于日本陆军军官学校第14期，1910年11月29日陆军大学第22期毕业。1960年10月26日亡故。

1910年12月9日	陆军省军务局课员
1912年8月13日	驻德国从事军事研究
1914年8月23日	参谋本部附
1915年2月15日	参谋本部员
1915年3月3日	兼陆军军医学校教官
1916年1月21日	陆军大学校兵学教官
1916年3月22日	兼参谋本部员
1916年11月15日	晋升陆军步兵少佐
1919年4月15日	陆军大臣秘书官兼陆军省副官
1920年8月10日	晋升陆军步兵中佐
1922年4月1日	步兵第10联队附
1923年4月1日	陆军大学校兵学教官
1923年8月6日	晋升陆军步兵大佐
1924年11月28日	兼海军大学校教官
1925年3月18日	步兵第40联队长
1926年3月2日	教育总监部第1课长
1928年12月12日	兼陆军通信学校研究部员
1929年8月1日	晋升陆军少将，步兵第39旅团长
1930年8月1日	陆军兵器本厂附（军事调查委员长）
1932年4月11日	参谋本部第4部长
1933年8月1日	陆军中将
1934年3月5日	关东军参谋长兼特务部长

1936年3月23日	参谋次长
1936年12月1日	参谋本部总务部长
1937年3月1日	近卫师团长
1937年8月26日	第2军司令官
1938年4月30日	教育总监
1939年8月1日	晋升陆军大将
1939年9月12日	中国派遣军总司令官兼第13军司令官
1941年3月1日	军事参议官
1943年5月1日	待命
1943年5月3日	转为预备役
1944年7月25日	东京都长官

中国抗战时期，他参与的侵略作战有津浦线作战、山东作战、徐州会战等。1942年4月4日获得功一级金鸡勋章。

双方的部署

还在日军第2军下达正式命令之前，第10师团为进行津浦线方面作战，即组成了以步兵第33旅团（旅团长濑谷启少将）为基干的濑谷支队。刚于3月1日接任第33旅团长的濑谷启少将，3月8日到达兖州，当晚8时接到第10师团“作甲第119号”命令，令其作好进攻准备，以便“在适当时机击灭津浦沿线之敌”。师团参谋长堤不夹贵大佐还同时下达了书面指示，要求该支队“以主力攻击时，须先进入界河附近，而后按当时情况，期望能一举追至滕县南面地区”。濑谷支队奉命后，率部集结于邹县附近地区，准备进攻。

濑谷支队当面的中国守军为川军第22集团军。当时，由于该集团军总司令邓锡侯奉调回川，所以暂由副总司令孙震代理总司令职务，指挥2个军：第41军（军长孙震兼），辖第122师（师长王铭章）、第124师（师长孙震兼，副师长税梯青代）；第45军（军长陈鼎勋），辖第125师（师长王士俊）、第127师（师长陈离）。

第22集团军所辖2个军均系“乙种军”编制，即每军2个师，每师有2个步兵旅，每旅2个步兵团，其他任何特种兵都没有。而且装备陈旧，主要武器为四川土造的79步枪、大刀、手榴弹和为数很少的四川土造轻、重机枪、迫击炮。重武器如山炮、野炮，特种兵器如高射机枪和战车防御炮等，则完全没有。至于交通、通信、补给、卫生等各种装备器材，也极为缺乏。再加上1937年10月下旬至11月下旬期间，该集团军在晋东、晋东南与日军

濑谷启

日本栃木县人，1889年10月13日出生。1910年5月28日毕业于日本陆军军官学校第22期，1918年11月29日陆军大学第30期毕业。1952年5月27日自杀。

1919年4月15日	陆军省军务局附勤务
1920年4月9日	晋升陆军步兵大尉
1920年8月23日	电信联队材料厂附
1921年7月20日	陆军大学校附
1922年1月24日	陆军大学校兵学教官
1922年6月6日	兼参谋本部员
1925年5月1日	阿根廷公使馆附武官
1925年8月7日	晋升陆军步兵少佐
1926年3月2日	参谋本部附
1926年5月1日	奈良联队区司令部员
1928年8月10日	步兵第70联队大队长
1929年8月1日	晋升陆军步兵中佐，步兵第70联队附
1930年8月1日	陆军大学校兵学教官
1933年8月1日	晋升陆军步兵大佐
1934年8月1日	步兵第13联队长
1936年8月1日	近卫师团司令部附（东京帝国大学服务）
1937年8月2日	晋升陆军少将
1937年12月1日	第3师团司令部附
1938年3月1日	步兵第33旅团长
1939年10月2日	晋升陆军中将，基隆要塞司令官
1940年8月1日	待命
1940年8月31日	转为预备役
1944年3月	伪满洲国铁路警护司令官
1945年4月8日	罗津要塞司令官兼大陆铁道司令部附（召集）
	兼第1船舶输送司令部北鲜支部长
1945年5月1日	兼罗津陆军输送统制部长

中国抗战时期，他参与的侵略作战有徐州会战、武汉会战等。1939年10月10日获得勋二等瑞宝章，1940年4月29日获得勋一等瑞宝章。

▲瑞士启拉利KE-7轻机枪，四川军阀刘湘控制下的华兴机械厂曾大量仿制该枪，提供给川军使用。

连续战斗，损失惨重，伤亡过半，2个军4个师没有一个完整的建制，总兵力不过2万余人。12月初，该集团军为了继续作战，在离石、赵城一带进行整编。第122师因伤亡过重，将每旅原有的两个团合编为1个战斗团。

1938年1月中旬，第22集团军奉命开赴滕县南北地区布防，阻止日军南下。

表 2-1　川造仿瑞士启拉利 KE-7 轻机枪性能数据

口径	7.92 毫米
自动方式	枪管短后坐原理
冷却方式	气冷式
射击方式	半自动和全自动
弹头初速	700 米/秒
表尺射程	2000 米
理论射速	450 – 550 发/分钟
枪全长	1190 毫米
枪全重	8 公斤
子弹	7.92 毫米枪弹，由 25 发弧形弹匣供弹。

3月上旬，日军开始在邹县、兖州大量增兵，还不时派出小队、中队的搜索部队，向川军第一线阵地施行威力侦察。日军飞机也频繁出动，进行空中侦察。第22集团军根据这些情况，判断日军将发起大规模进攻。3月10日，副总司令孙震从临城到滕县及其以北的界河前线视察。

此时，该集团军第一线的布防情况为：第41军第124师第370旅（旅长吕康）为左翼，配置于界河以西的东深井、李寨、常峪一带地区；第45军第125师第375旅（配属第745团）和第127师为右翼，配置于界河及其以东的大万家院、虎山、龙山、香城、普阳山一带地区。由第45军副军长兼第127师师长陈离负责指挥第一线部队。

在第一线的后方，第124师第372旅（旅长曾苏元）配置于滕县，负城防之责；第124师师部位于利国驿；第122师为集团军总预备队，其第364旅（旅长王志远，只有第727团1个战斗团，团长张

孙震抗战简历

陆军上将。谱名孙定懋，后改名孙楙，再改名孙震，字德操，别号梦僧。陆军大学将官班甲级第1期毕业，保定陆军军官学校第1期步兵科肄业。原籍浙江绍兴杨家垅（今齐贤镇），1892年2月5日出生于四川绵竹，1985年9月9日在台湾台北病逝。全面抗战爆发时，任第41军军长

1937年10月23日	第22集团军副总司令兼第41军军长
1938年5月1日	第22集团军总司令
1939年5月2日	特加陆军上将衔
1943年3月23日	升任第五战区副司令长官兼第22集团军总司令
1944年10月	带职入陆军大学将官班甲级第1期学习
1945年1月	陆大毕业后回任原职
1945年5月21日	当选国民党候补中央监察委员

抗战期间，他参与的战役有娘子关战役、台儿庄战役、徐州会战等。1943年10月10日获颁二等宝鼎勋章。

宣武）配置于台儿庄亘顿庄闸一线；第366旅（旅长童澄，只有第731团1个战斗团，团长王文振）配置于顿庄闸（不含）亘韩庄一线；第122师部位置于台儿庄与韩庄之间的万年闸。

孙震视察前线后，为了加强守备力量，重新调整了部署：将总预备队第122师师部及第364旅移驻滕县，将第124师师部亦由利国驿移驻滕县，并任命第122师师长王铭章为第41军前方总指挥，统一指挥第122师和第124师。随后，王铭章又命令第364旅进驻滕县以北15里的北沙河，部署第二道防线；第366旅进驻滕县东北的平邑、城前，以掩护第45军第一线阵地的右侧背，并防止临沂方面日军的侧击。

界河以西地区的战斗

3月14日凌晨，日军濑谷支队在指定地点展开完毕，准备由邹县南方向川军第一线阵地发起全线进攻。其部署为：先击破界河附近守军，然后准备对滕县附近守军发起攻击；以第10联队主力作为右纵

队，从铁道西侧进攻界河；以第63联队主力作为左纵队，从铁道东侧进攻界河以南的三十里铺（今西杨庄村），并切断界河守军的退路。

当日早晨6时15分，濑谷支队的右纵队，第10联队主力（欠第2大队、第2、11中队，配属野炮兵第1大队（欠第1中队）、独立机枪中队及卫生队的三分之一）到达石墙南端，准备进攻。其当面的中国守军为第124师第370旅和第372旅之第743团。当时第370旅的防御部署如下：第740团蔡营附陈营（欠2个连）为右地区队，在常峪至金斗山一带地区，占领阵地。第739团康营为左地区队，在金斗山迤北至李寨一带地区，占领阵地。第739团雷营为预备队，位置于东南深井，并就喀喽山东西一带高地，构筑预备阵地。另外，13日晚，鉴于第370旅侧后空虚，第372旅以第743团（团长余坚，欠1个营）支援该旅。第743团于14日凌晨2时抵池头集，当即以黄营守池头集，熊营守高庄，对三山、九山方向进行警戒，以掩护第370旅左侧背。

此前，日军早就派出了侦察部队，基本摸清了守军的布防情况。这样，赤柴联队长一抵达石墙，即召集各大、中队长开会，并作出指示（概要）：（一）右纵队击破当面山地带之敌后，前出到界河

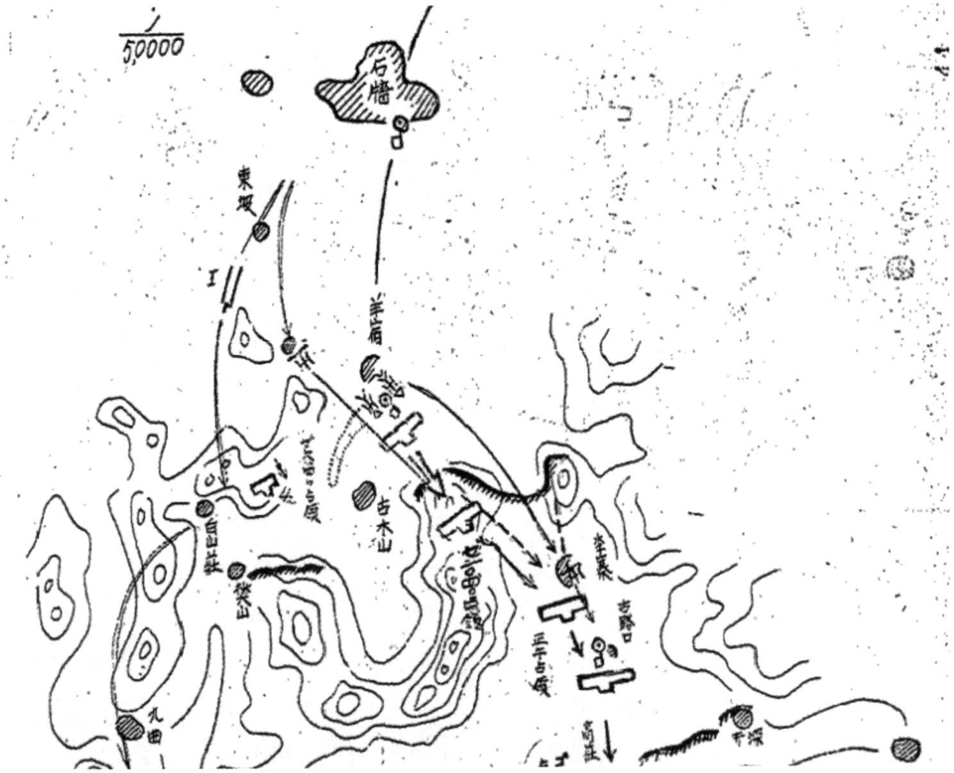

▲日军步兵第10联队界河西方地区战斗要图之一（图中的九曲应为九山）。

之线。（二）第1大队（欠第2中队及第1中队的1个小队，配属独立机枪中队（欠1个小队））作为右第一线，向敌人的左侧背迂回，从石墙出发，经由白山村、九曲（九山），绕向三山，前出到池头集附近，切断守军退路，并准备向界河前进。（三）第3大队（欠第11中队及第12中队（欠1个小队），配属机枪1个小队）作为左第一线，从正面进攻李寨东西高地一线之敌，得手后前出到草寺村东侧附近，并准备向界河前进。

担任迂回任务的第1大队奉命后，立即从石墙南端出发，经东坡（石墙西南约3公里）、白山村及其西南方高地迂回，前出到九山附近，此时听到东北方传来激烈的枪炮声，这是担任正面进攻的第3大队已开始进攻守军阵地了。于是，该大队又沿着难走的山路，向三山前进。

守卫池头集、高庄的第743团，很快就发现了日军迂回部队。该团于上午8时收到派往九山的侦察员报告："九山以北已发现敌步兵约200名，骑兵30余，正向九山前进中，有向三山移动模样。"余坚团长当即派第7连排长蒋坤率全排往三山方向截击该敌。35分钟后，该团又接到吕康旅长命令："该团除高庄之营，应向吕山推进，占领阵地待命！"余坚奉命后，亲率炮连（无炮）、黄营向吕山前进。吕山位于高庄以南、池头集以北、三山以东，地理位置极为重要。若控制该地，足以抵御从三山东进之敌。

当蒋坤排到达三山附近时，日军第1大队已先一步占领了该地。该排只好在附近的苏坡村就地隐蔽起来，监视日军行动。上午11时，日军第1大队从三山出发，向苏坡村前进，途中受到该村及吕山上守军的交叉火力射击。但其第4中队凭借地形、地物的掩护，逐步逼近苏坡村，于中午12时40分击退蒋坤排，占领该村。

随后，该中队展开于该村东端，大队主力展开于其南方，在92式步兵炮的配合下，继续攻击吕山。在吕山上接近山顶的山腰，守军第743团构筑有坚固的阵地，加上日军缺乏强有力的炮火支援，这样第1大队在吕山守军的火力拦阻下，迟迟没有进展，只得把进攻的重点放在吕山以南的马庄（今金马山村）、坊上两个村庄。

马庄、坊上村守军仅为黄营一部，守备力量较为薄弱。余坚察觉日军企图后，便将高庄的熊营主力调到吕山，同时以原在吕山的黄营主力，支援马庄、坊上村守军。日军第1大队准备完毕后，即以第4中队进攻坊上村，其主力则从西方及南方包围攻击马庄，双方随即展开激战，一时难分高下。下午2时，日军担任正面进攻的第3大队攻占高庄，接着又开始从北面进攻吕山。守军的态势开始变得不利起来，第1大队趁势分别于下午4时30分、6时占领马庄、坊上村。黄营主力则全部退往吕山。

日军第3大队奉命由正面进攻后，即开到羊绪（石墙东南约6公里）附近，准备攻击古木山东方高地。野炮兵第1大队则在朱山村（石墙南方约5公里）占领阵地，上午9时开始炮火准备，对古木山东方高地实施集中射击。该高地的守军为第739团康营，当他们发现炮弹袭来时，先隐蔽到工事内，准备等日军步兵进入有效射程时，再出工事，集中火力射击。

稍后，赤柴联队长也到达羊绪东南端，侦察古木山东方高地的情况。他看到铺天盖地的炮弹如雨点般落在该高地上，整个高地陷入一片火海，四处硝烟弥漫，爆炸声不断。而该高地守军却没有一点反应，一弹不发。赤柴判断守军已撤走，这样于9时50分开始率领联队本部向该高地前进。当他们接近到守军阵地五六百米的时候，忽然受到猛烈的射击。但日军毕竟训练有素，受到火力急袭后并不慌乱，立即散开卧倒，随后在地形地物的掩护下，继续迫近守军阵地。这期间，日军炮兵也不停地炮击守军阵地。在日军配合密切的步炮协同进攻下，康营官兵伤亡过重，终于顶不住了，只得向李寨撤退。10时40分，日军完全占领古木山东方高地。

而后，第3大队以第9中队留守该高地；主力沿该高地东麓大道向李寨追击。康营刚退到李寨，立足未稳，又遭猛攻，不能支持，遂又退往深井。中午12时，日军占领李寨。第370旅旅长吕康得知康营战况不利，即令雷营程子仪连跑步往援。该连到达时，日军已占领李寨。程连长即率部发起反击，并身先士卒，却不幸身负重伤，其部下也伤亡过半，反击未能奏效。

当日下午，日军第3大队又向高庄猛扑。此时，原来守备高庄的第743团熊营主力，已转至吕山，仅留下1个连在高庄担任掩护。这样，该连官兵虽顽强抵抗，但终因寡不敌众，何炳垣连长负重伤，士兵大半殉国，战至下午2时，残余的守军不能坚持，撤出阵地，高庄落入日军手中。

当日军进攻高庄的时候，第370旅旅长吕康令陈洪刚营长率兵2个连，从深井出击，奇袭日军侧背，借以支援高庄守军。可是，陈洪刚却抗命不从，滞留于深井附近民家。吕康得知情况后大怒，准备亲率雷营余部出击，恰好此时传来高庄失守的消息，只好作罢。

日军第3大队占领高庄后，又把进攻的矛头指向正在该地以南吕山上布防的第743团。日军炮兵随即推进至高庄南方占领阵地。第3大队在炮火掩护下，向吕山发起进攻。第743团一方面依托有利地形顽强抵抗，集中火力进行阻击；另一方面还以预备队三分之二的兵力向日军左翼发起反击，使日军伤亡迭出，攻击进展受阻。可日军又以优势的炮兵持续不断地猛轰，守军阵地上火光四起，呛人的硝烟弥漫了整个阵地。下午6时，第3大队在强大炮火的掩护下，终于突入鞍部阵地，随即和守军展开激烈的白刃战。顿时，冷兵器的撞击声，凶猛的吼骂声，撕心裂肺的惨叫声，连成一片。日军的拼刺格斗技术和体力毕竟占优，仅用了短短5分钟就将守军逼退到两侧的山头上，占领吕山鞍部。

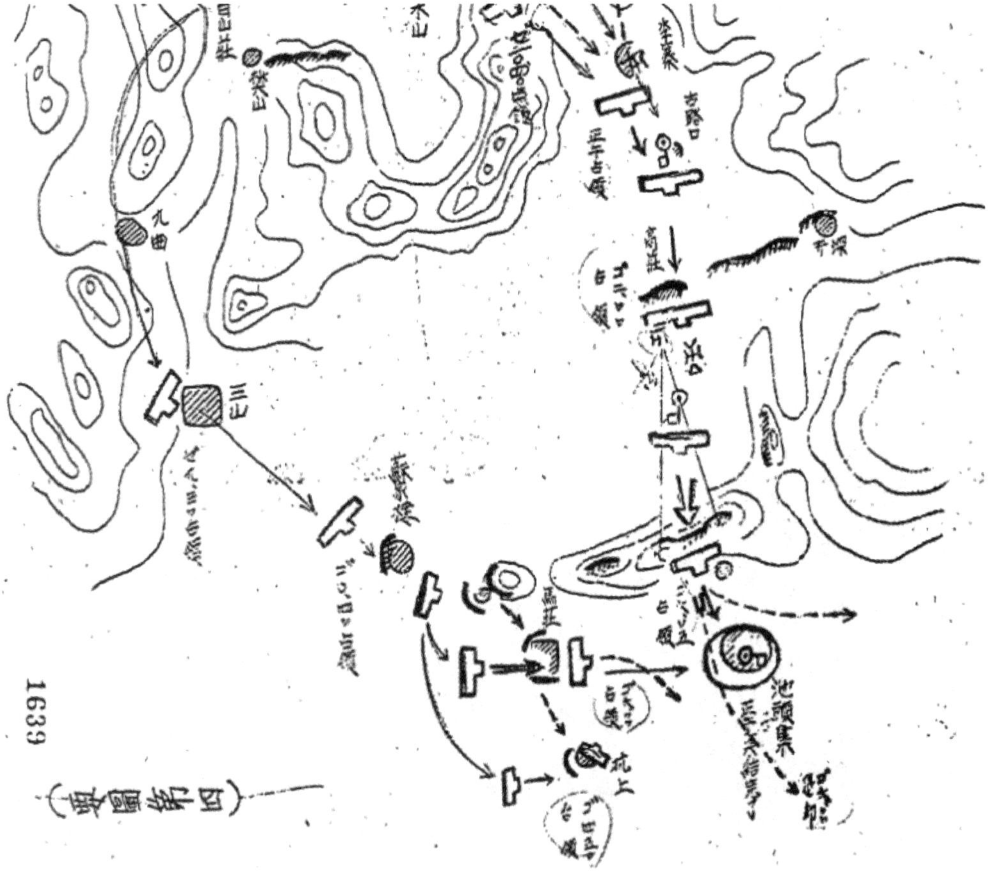

▲日军步兵第10联队界河西方地区战斗要图之二。

但日军也付出了不小的代价，第11中队的松田少尉在混战中头部受重伤，还有多名官兵伤亡。

赤柴联队长得知第3大队占领吕山鞍部，即派出侦察员，侦察池头集（界河西南约8公里）附近的情况，从而得知那里没有中国守军，便以第3大队一部将其占领。当晚，日军第1、3大队主力集结于池头集附近，准备向界河追击。

仍在吕山上坚持抵抗的第743团和在常峪、深井的第370旅，得知池头集失守、后路被断，于当晚相继撤出阵地。途中，他们遇到第372旅旅长曾苏元率卢、胡两营自滕县城内赶来支援。经过吕、曾两位旅长商议后，决定第743团归还第372旅建制，当晚两旅于大、小坞村、和福村、李店一带地区占领阵地，继续阻击日军。第372旅在大、小坞村一带，第370旅在福村、李店一带，彻夜构筑阵地。

正当第370、372旅严阵以待，准备阻击日军第10联队南下的时候，该联队却并不打算南下，他们的目标是东方的界河。14日晚12时，该联队在池头集完成集结，次日凌晨1时30分从池头集出发，

▲川军开赴抗日前线。

向界河前进，4时40分到达东曹（界河西方约3公里）。在这里赤柴接到旅团电报，才得知第63联队已于14日黄昏占领界河，于是改变原定部署，命令联队集结于安楼（界河南方约2公里）、房岭附近。据此，早晨7时，该联队从东曹出发，到指定的地点集结，准备而后的战斗。

香城、界河附近的战斗

3月14日早晨，濑谷支队的左纵队，第63联队主力（欠第1大队，配属独立轻装甲车第10中队、旅团无线2、独立机枪大队（欠第1、2中队）、工兵1个小队、野炮兵第10联队（欠第1、3大队及第10中队）、卫生队（欠三分之二））集结于张家桃园附近，准备进攻。其当面的守军为第125师之第375旅（配属第745团）和第127师。其具体部署为：第745团布防于界河右前方支撑点普阳山、香城附近；第749团布防于界河、三十里铺、大万家院、张家庄、皇娘沟附近；第127师布防于后枣庄、虎山、龙山附近。

此前，日军早就派出了侦察部队，基本摸清了守军的布防情况。于是，第63联队在13日晚8时作出进攻部署（概要）：（一）左纵队14日拂晓开始行动，早晨7时从张家桃园出发，先击破香城附近之敌，接着向三十里铺（今西杨庄村）附近攻击前进。（二）第6中队早晨6时从大庄出发，击破后官庄附近之敌后，经侯庄、岔沟、龙山东侧，向龙山西南高地前进，占领该高地。（三）前卫凌晨3时50分以前在孟子庙南侧集合，经大庄，向香城北方地区前进，击破该地之敌，而后经小山阴、龙山西侧向三十里铺方向前进。（四）本队凌晨3时50分以前在孟子庙南侧集合，而后紧跟在前卫的后方约500米前进。

早晨6时，第6中队首先出发，沿着预定的道路行进。接着，第63联队的前卫第3大队也开始行动。当其抵达杨家桃园（张家桃园以东约2公里）的时候，即兵分两路，以第10中队的1个小队，向香城西侧的普阳山前进；其主力则向香城方向前进。

第3大队主力在驱逐了王沟的第745团警戒部队后，又前出到香城的东北方，进攻香城守军的右翼。香城守军为第745团杨宜营，经过一番激战，杨营因伤亡较大，遂移向普阳山附近村落防御。

当第3大队主力进攻香城的时候，第10中队的1个小队也从西邱村南端向普阳山西北的棱线阵地发起进攻。可是，普阳山地势较为险要，攀爬不易，而且守军以2挺重机枪及2门迫击炮进行火力拦阻，日军小队前进受阻，只得退入西邱村，对守军阵地保持远距离监视。

日军左纵队本队在前卫第3大队的后方前进，但并未沿该大队的进路行动，当其侦察员到达王邱村西方约600米附近，突然受到来自王邱村西端及北侧守军数发步枪子弹的射击，只得停下来，就地隐蔽。随后，日军又发现前面的道路上挖有数道宽1.5米、深1.5米的壕沟，导致道路中断。而且，道路两侧就像沼泽一样难走。走在本队前方的第2大队得知情况后，立即展开，对王邱村实施进攻。该地仅有少数守军，所以日军进展顺利，于上午10时10分占领该地。与此同时，第63联队长福荣大佐也趁势以工兵小队修补道路，10时30分道路修补完成，左纵队本队遂集结于王邱村。

上午11时，福荣来到王邱村南端。这时，有迫击炮弹从普阳山飞来，落在王邱村南侧第2大队集结地附近爆炸，造成了一定的损失。福荣听取了第2大队长的汇报后，即作出部署：本队经香城、普阳山之间地区，继续向三十里铺前进；原来的前卫第3大队改为挺进队，本队中的第2大队作为新的前卫。

左纵队的本队随即经香城、普阳山之间地区南下。普阳山守军发现日军行动，即以迫击炮向日军行军队列大举射击，可是因距离较远，效果欠佳，射出的炮弹均未能击中目标。

第370旅　　旅长吕康

第372旅（后来增援的部队）　　旅长曾苏元

（二）布防于界河、香城、龙山附近地区的部队

第45军　　军长陈鼎勋

第125师（香城、界河附近）　　师长王士俊

第375旅（配属第745团）　　旅长林翼如

第127师（龙山附近）　　师长陈离

第379旅　　旅长陶凯

第381旅　　旅长杨宗礼

日本军队

濑谷支队

（一）进攻界河以西地区的部队

右纵队　　队长赤柴步兵大佐

步兵第10联队（欠第2大队、第2、11中队）

配属部队

野炮兵第1大队（欠第1中队）

独立机枪第10大队1个中队

卫生队的三分之一

（二）进攻界河、香城附近地区的部队

左纵队　　队长福荣步兵大佐

步兵第63联队（欠第1大队）

配属部队

独立轻装甲车第10中队

旅团无线2机

独立机枪第10大队（欠第1、2中队）

工兵1个小队

野炮兵第10联队（欠第1、3大队及第10中队）

卫生队（欠三分之二）

（三）以炮兵配合左右两纵队进攻的部队

中央纵队第1梯团

步兵第63联队第1大队（欠1个中队和1个小队）
临时野炮兵中队
野战重炮兵第2联队（欠第2大队）
中国驻屯炮兵联队第3大队
工兵1个小队
卫生队一部
（四）后续部队
中央纵队第2梯团　　队长小林辎重步兵少佐
步兵第63联队第1大队的1个小队
大行李
支队辎重队
兵站汽车第15中队
直辖部队
步兵第63联队第1大队的1个中队
独立机枪第10大队1个小队
独立轻装甲车第12中队
师团无线1机

濑谷支队向东迂回

至3月14日晚，第22集团军的第一线阵地完全被日军突破。左翼第124师已将阵地后退到大、小坞村、和福村、李店一带。右翼的第125师的情况则更为糟糕，第749团丢掉界河、三十里铺、大小万家院、皇娘沟的阵地后，后退到北沙河附近；第745团也在普阳山陷入孤立；仅第127师在龙山、虎山附近勉强支持。

而第63联队攻占界河、三十里铺后，即集结于该地，准备而后的作战。这样，第22集团军的第二线阵地——滕县以北仅15里的北沙河，已完全暴露在日军面前。

日军越逼越近，滕县城防却处于十分危险的状态。因为此前第22集团军的作战指导是企图以阵地防御将日军阻止于滕县以北，所以逐次将主要战斗部队全部部署于滕县城北各地，滕县城内的防御极为薄弱。当日下午城内仅有第122、124、127师的3个师部和第364旅旅部，每个师部只有1个特务连、第364旅部只有1个特务排，此外没有任何战斗部队。

王铭章为加强城防力量，决定抽调部

队入城增援，可是调哪一支部队好呢？他考虑到第41军绝大多数部队正在滕县以北的前线被日军吸引，只有在城前、平邑的第122师第366旅尚未与敌接触。于是，他在下午4时电令该旅以在城前的严翊营星夜驰回滕城增强防守；晚10时再次以十万火急的电报命令在平邑的第366旅主力迅速回援滕县。

当晚，濑谷支队长根据情报，知道守军在滕县以北的守备力量较强，而滕县以东的防御薄弱。于是，他企图绕过滕县以北的守军阵地，沿龙山南麓迂回到滕县以东，再从东方直攻滕县城。

15日上午，第63联队作为濑谷支队的前卫，开始沿界河－东郭－王庙道路向王庙前进。第10联队则作为濑谷支队的本队第1梯团，紧跟在第63联队的后方前进。王庙在滕县东方约10公里处。濑谷准备在到达该地之后，就从那里向滕县城附近的守军阵地进行攻击。

再说中国军队这边，第127师于当日早晨撤出龙山、虎山阵地，向滕县以东的城头方向前进，一路上基本顺利，其先头部队于下午经东郭抵达城头附近，随即又向滕县南方的官桥转进。但是，该师第381旅旅长杨宗礼及第758团团长王澂熙，率领后卫营通过东郭的时候，却与正在东进的日军第63联队搜索队遭遇，双方随即发生战斗。后卫营无心恋战，短促交火后即向城前方向退去。日军搜索队将该营击退后，于下午2时收兵，接着调头向右，折向王庙前进。

在城前的严翊营接到王师长的电报后，即于14日晚星夜驰援滕县。15日早晨7时，该营顺利到达滕县城，担任外城防务。几乎在同一时刻，第366旅旅长童澄也率其主力从平邑开拔，经城前向滕县急进。上午11时30分，日军飞机发现了这支部队，立即通报给濑谷支队："约5000敌人正从城前沿太平邑（平邑）－滕县道路往滕县方向前进，另外约1000敌人在太平邑（平邑）、城前之间向城前前进，位于前卫（即第63联队）的左前方。"当时，第366旅仅有1个不完整的团，根本没有5000人那么多。很明显，日军飞机错估了其兵力。濑谷支队长得报后，决定以第63联队迎击这支中国部队。然而，该联队正在行动中，一时联系不上。这样，他命参谋逆濑川大尉急速追赶该联队，向其传达他本人的意图。

下午2时40分，逆濑川终于在楼里附近追上了第63联队。此时，该联队先头部队第3大队已南进到东郭、大坞沟之间。福荣得知濑谷企图后，预想到城前方向的中国军队将经由韩家河附近南下，于是立即以先头的第3大队主力转向东北方，前进到韩家河附近，布好阵势，准备迎击即将南下的中国军队。但是，日军一直等到下午6时，连中国军队的影子都没看到。这时，福荣率后续部队抵达韩家河西南的别庄，知道这个状况后，即放弃迎击计划。又因龙山店－东郭的道路很难走，该联队出现了很多靴伤患者，而且连续行

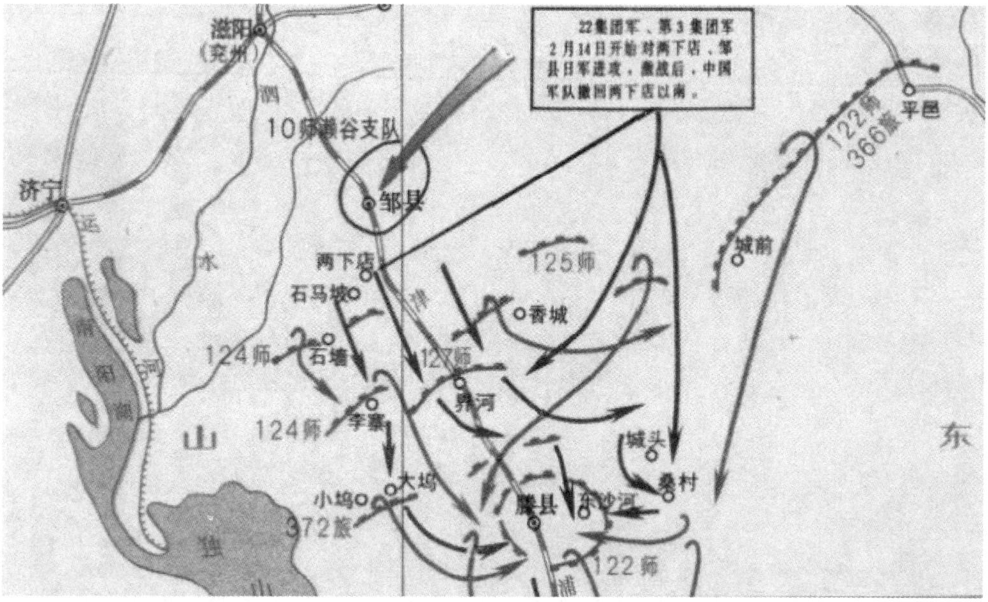

▲中国方面绘制的滕县附近战斗要图（但图中所示的日军行动路线有错误）。

军，非常疲劳，于是暂将主力集结于别庄。

那么，第366旅究竟去了哪里呢？原来，前面提到的第127师的后卫营从东郭退向城前途中，意外地遇到正往滕县方向增援的第366旅。杨宗礼告诉童澄说：敌步骑兵混合约七八千名，已抵东郭。而第127师主力正向城头以南高地转进。童澄得知情况后，即率部绕道向滕县急进，成功地避开了日军在韩家河附近的迎击，却又遇上了日军装甲部队，这是怎么回事呢？

第63联队第3大队主力在韩家河附近“布网”的同时，以第12中队为基干的搜索队仍按原计划向王庙前进，而配属该联队的独立轻装甲车第10、12中队更冲在搜索队的前面。当其行抵城头西南约三四里之长巷村附近，即与第366旅遭遇。这次日军先发现川军，于是占了先机，其2个装甲车中队分别由南北两个方向向第366旅行军队列发起冲击。日军2个装甲车中队装备的均为94式轻装甲车，其各项性能较差，装甲厚度仅为6－12毫米，主要武器只有一挺91式6.5毫米机枪。可第366旅缺乏与日军装甲部队作战的经验，加上处于毫无遮蔽的麦地中，很快就被冲得七零八落，各部队失去掌握，官兵向附近村庄乱跑。童澄也被迫退到官桥，随后在这里陆续收容了溃散的人员。独立轻装甲车第12中队则趁势发起追击，于下午5时30分占领王庙。

当晚，日军搜索队又击退第127师一部，占领党山。16日凌晨1时40分，第63联队主力也到达王庙，随后集结于该地，准备而后的作战。

▲入侵中国乡村地区的日军94式轻装甲车纵队。

滕县守军完成城防部署

15日，第五战区电令孙震：“滕县为津浦线北段要点，关系全局，应竭力死守，以待增援。”同时告知第20军团第85军正在驰援途中。孙震随即将情况及命令告知王铭章，王正为缺兵少将而忧心忡忡，遂向孙请求援兵。

第22集团军总司令部在临城唯一的一支战斗部队，是第41军直属的特务营，这个营的编制是3个步兵连和1个手枪连。孙震为了支援滕县的守城，只留下1个手枪连担任总司令部的警卫，令营长刘止戎率3个步兵连星夜乘火车开赴滕县。

但这也缓不济急，滕县已是危急万分。下午5时30分，王铭章在电话上直接向北沙河的第727团团长张宣武下达如下命令：“（一）师决心固守滕县城；（二）第727团除在洪町、高庙的1个营仍在原地执行原任务外，另以1个营留置北沙河第二线阵地暂归第127师指挥，该团长即率领其余部队立即由现地出发，跑步开回滕县布置城防。”

张宣武奉命后，即率第727团主力（欠2个营）南下，于黄昏时分到达滕县北门。此时，王铭章已十分焦急地在城门外迎候着。王先把各方面的情况向张扼要地述说一遍，接着又任命张担任滕县城防司令，统一指挥城关各战斗部队。此时，城前镇的第366旅第731团第1营（营长严翊）早已奉调回到滕县外城，临城的刘止戎营也即将到达滕县，再加上张带回的部队，使滕县城内原本紧张的形势有所缓解。

张宣武接任城防司令后，立即着手布置城防。当时，滕县城有内外城之分，内城有高大的城墙。而外城则在内城以东，也被称作东关，有一道土筑圩寨，相当完整坚固，可以利用作为据点阵地。张判断，日军已绕到滕县以东地区，如攻滕县城一定先攻外城。因此，张就命令严翊营担任外城守备任务，利用寨墙连夜构筑防御工事，并在外城附近各村庄派出警戒部队。严翊这个营，原为3个步兵连和1个机枪连，但机枪连因临时拨归团部直接指挥，尚未到来，故严翊以2个步兵连配置在外城圩寨阵地上，以1个连作为营预备队，夜10时左右布置就绪，部队彻夜构筑工事。

而张宣武带回城的第727团第3营，有4个步兵连，没有重机枪或轻机枪。还有团直属迫击炮连（4门土造82毫米迫击炮）、通信排（4部破旧电话机）和担架排（20副竹子担架）。张以2个连担负城东、北面的城防，以1个连为营预备队，以另1个连作为团预备队，归其直接掌握。

夜10时许，刘止戎营由临城开往滕县，张命令他们一下火车就直接开到城墙布防；该营以2个连担任南、西两面城防；以1个连为营预备队。

担任城防的部队奉命后，都彻夜构筑工事，作为预备队的部队，则彻夜搬运弹药、粮秣。这天夜里从临城运来一火车粮和弹，特别是手榴弹很充足，它成为守城战中最得力的武器，外城和城上的守兵每人屁股底下都有1箱手榴弹（每箱50颗）。

张宣武的团指挥所设在内城东门内路北的一家山货铺内，连夜和这3个营部架通了电话，师、旅部也都向张的团指挥所架通了电话。第364旅旅部驻在西门里路南的盐店内。第122师师部驻在西关电灯厂内。第124、127两个师同驻在城内北街张镜湖的宅第内。

截至15日深夜，滕县城关的战斗部队，共为1个团部、3个营部、10个步兵连和1个迫击炮连，另有师、旅部的4个特务连，还有临时来城领运粮弹的第124师第372旅第743团的1个步兵连，共约2500人。此外，滕县县长周同所属的武装警察和保安团有五六百人。合计城中有武装力量3000人，但真正的战斗部队尚不满2000人。

张宣武抗战简历

陆军中将。原名张明霖，字崇文，河南沁阳人。1907年11月17日出生，1984年10月13日在山东济南病逝。行伍出身。兰州西北军军官教导团、陆军大学将官班乙级第1期毕业。全面抗战爆发时，任第41军第122师第3旅第5团团长。

1937年8月	所部改称第122师第364旅第727团，仍任团长
1938年3月	第122师第364旅旅长
1939年4月	带职入陆军大学将官班乙级第1期深造
1939年7月	第122师步兵指挥官，仍在陆大深造
1940年2月	第122师参谋长
1941年5月1日	第122师师长
1942年1月31日	晋升陆军步兵上校
1945年2月20日	晋升陆军少将

他参加的战役有：娘子关战役、台儿庄战役等。1939年2月16日获颁四等宝鼎勋章。

滕县外城之战

3月16日凌晨，日军濑谷支队主力已迂回到滕县以东地区，并在指定地点集结。此时，城头以南山地的第45军第127师已撤往临城，第125师的第749团则正沿滕县两侧退往官桥。日军通过侦察，发现了这个情况，判断第22集团军主力无心确保滕县，准备弃城南逃。这是一个错误的判断，当时虽然川军第45军部队已大部南撤，但第41军部队仍在滕县附近加紧布防。

濑谷支队长根据上述判断，决定把进攻的重点放在滕县以南地区。于是，他命令第10联队主力以一部向滕县、以主力向该地南侧攻击；第63联队主力向南沙河南方攻击，切断守军的退路。

第10联队奉命后，即向滕县开进。赤柴联队长率领联队本部紧跟在第1大队的后面前进。这之前，该联队派人对滕县、东沙河附近进行了侦察。结果，侦察员报告说，滕县附近没多少守军。上午8时，第1大队先头部队已抵达夏村西端（滕县城东南2公里），这里已经可以清楚地看到滕县高大的城墙。因野炮兵第1大队还未赶来，第10联队只好一边等待，一边驱逐东郊各村庄的川军警戒部队。这时，陆续有难民逃亡出城，日军抓获其中的一些人进行讯问，得知城内仅有约300名守军。

不久，日军第1大队向夏村以北的土城发起进攻，于8时40分驱逐了该地的川军警戒部队，前出到该地西端。滕县城东方有条南北流向的小河，在这小河与滕县外城（东关）之间，另有一个东西向的豁地，若利用此地形，可以接近至外城寨墙外200米处。接着，配属该大队的联队炮逐次向前方推进，紧密协同步兵的攻击。然而，守军依托外城的寨墙顽强抵抗，并以迫击炮向土城附近的日军大举射击。

驻在西关电灯厂的王铭章师长，听到枪炮声后，先在电话上向张宣武询问情况，随后他就进城到第124师师部，同陈离师长、税梯青代师长、王志远旅长和张会面。他先问张城防部署、工事构筑、弹药补充等情况，接着又问：“张团长！守城有没有把握？”张说：“守多久？”王说：“两三天。”张说：“城内现有兵力和敌情你都清楚，你看可以守多久？”王说：“守一天多有没有把握？”张说：“担任城防的10个步兵连，有6个连都不是我所属的建制部队，严、刘两营的战斗力如何，我无法估计，因而我不敢保证能守一天多。”王说：“我们的援兵最快也得夜里才能到来，如我们不能守一天以上，那就不如在城外机动作战。”他说完，就问在场的几位师、旅长：“你们大家意见如何？”几位师、旅长和几个师参谋长都同意在城外机动作战。于是王铭章立即打电话向临城的集团军总司令孙震报告情况，并提出到城外机动作战的意见。孙回答说：“委员长来电要我们死守滕县，等待汤恩伯军团前来解围。汤部的先头部队昨日已到临城，其后续部队亦正在陆续赶到，我当催促王仲廉军赶紧北上，你应确保滕县以待援军。你的指挥部应立即移到城内，以便亲自指挥守城事宜。如兵力不够，可把城外所有的第41军部队通通调进城内，回守待援！”

此时，王铭章才下了最后决心，首先对张宣武说：“张团长！你立即传谕昭告城内全体官兵：我们决定死守滕县，我和大家一道，城存与存，城亡与亡。立即把南、北两城门屯闭堵死，东、西城门暂留交通道路，也随时准备封闭。可在四门张贴布告，晓谕全体官兵，没有本师长的手令，任何人不准出城，违者就地正法！”同时又命令他的师部副官长罗甲辛把师指挥所和师直属各部队全部搬进城内。

10时20分，日军野炮兵第1大队（欠第1中队）到达夏村西端附近占领阵地。11时，该大队发现由滕县南下的中国装甲列车，向其猛烈射击。装甲列车即开炮还击，经过了10多分钟的炮战后，向南驶去。上午11时15分，日军野战重炮兵第1大队也到达夏村占领阵地，准备完毕后，就和野炮兵第1大队一起，以密集火力向外城寨墙猛轰。不到一刻钟，外城南半部寨墙的突出部被炸开了一两米宽的缺口。日军第1大队命令第3中队向缺口发起突击。随后，日军集中了轻、重机枪火力，对准缺口猛烈射击，掩护其步兵攻击前进。

当日军炮兵猛轰寨墙时，寨上守兵猝不及防，略有伤亡，随即避开炮轰，埋伏起来，严阵以待。弥漫的烟尘刚一消失，日军第3中队突击小队即向缺口扑去，跳进缺口外的寨壕沟内。守军第731团第1连连长亲临缺口指挥，他集中了六七十人的兵力，每人手里都握着手榴弹，当日军全部下到寨壕时，连长一声令下，数十枚手榴弹同时投了过去。日军发觉情况有异，全部卧倒在寨壕内，但仍有不少人伤亡。

第1大队长见守军抵抗如此顽强，决定暂时停止进攻，并撤回突击小队，待其优势的炮火轰开外城东门后，再兴攻势。于是，该大队立即以猛烈的火力向着缺口轰击、扫射，压得守军抬不起头来。同时发出信号命突击小队撤回原阵地。此时，因外城右翼守军第731团第1连伤亡很大，营长严翊将该连残部抽下，以营预备队的第3连接替守备任务。张宣武也将团预备队第727团第12连由内城东门调赴外城，作为严营新的预备队。随后，王、税两师长又命令第124师第372旅来城领取弹药的第743团第11连（连长吴赞诚）归张宣武指挥。王铭章师长还将他的师部特务连（连长何经纬）除留1个排作为警卫外均交给张指挥。张即将吴赞诚连作为严营的预备队，以何经纬连作为团预备队。

这期间，日军在城外缴获了王铭章昨晚7时下达的死守滕县的命令，知道城内兵力不少于3个团。再加上上午以来守军的顽强表现，赤柴联队长终于认识到滕县守军决不可轻视，据此对第一线部队重新进行了战斗指导。

下午2时许，日军炮兵将外城东门完全摧毁，这里形成了一个大缺口。紧接着日军又以此为突破点，进行炮火掩护。日军第3中队此前一直在外城东门外200米的地裂沟待机，炮火刚停，即不失时机地向大缺口发起突击。15分钟后，该中队突入大缺口。但随后由于受到交叉火力的射击，日军无法扩展成果，仅占领外城东门边的市街的一角。而且，外城守军不断向其发起反击，双方展开多次肉搏战。战至当晚，双方伤亡均重，暂时转入对峙状态。

多年以后，张宣武回忆起当时的情景时，还历历在目："敌人的步兵改用一次3个排，每排相距约100米，前后重叠形成梯形攻击法，最前的1个排，向外城门冲锋时，被我们的手榴弹消灭得所剩无几。可是，敌人猛烈的火力，把我外城门及其两侧附近的守兵也几乎消灭殆尽。严营长急将吴赞诚连填补上去，立足未稳，敌人的第二梯队又冲击上来，于是展开了一幕惨烈的肉搏战。结果，敌1个排全被消灭，而我吴连亦只剩下一二十名士兵，全连官长和100多名士兵都壮烈牺牲。值此危急之际，我令团预备队何经纬连（欠1个排）从内城东门内奔赴外城补充，受严营长指挥。但敌之第3个纵队已经冲上来，何连已缓不济急，严营长急将守备外城南、北两头的部队都调到附近堵击敌人，但敌人仍突入关内40余人。此时，业已入暮，敌人并未增派后续部队，只有这40多个敌兵，也无力扩大战果，于是双方相距几十步形成对峙局面。何连到达外城后，严营长立即命令驱逐这些日军，结果，何连伤亡三分之二，而敌人还有二三十个未被消灭……苦战竟日的严翊营长，也在最后督战中，大腿中弹负伤。晚8时以后，停止了战斗，枪炮声歇，双方处于休憩状态。”

当第10联队第1大队进攻滕县的时候，其第3大队也向滕县以南的各村落发起进攻。该大队并没有遇到像样的抵抗，正午时分占领贾花及四彦村。此时，该大队已和联队主力失去联系，而大队长根据早晨以来从滕县方向传来的激烈枪炮声，意识到滕县守军出乎预料的顽强。为此，该大队将步兵及机枪各一个小队留在五里河，其余主力向滕县的内城南门攻击前进。

下午2时许，第3大队到达外城南门附近。1个小时后，该大队终于和联队本部恢复联络，接受了攻城任务，随即开始进

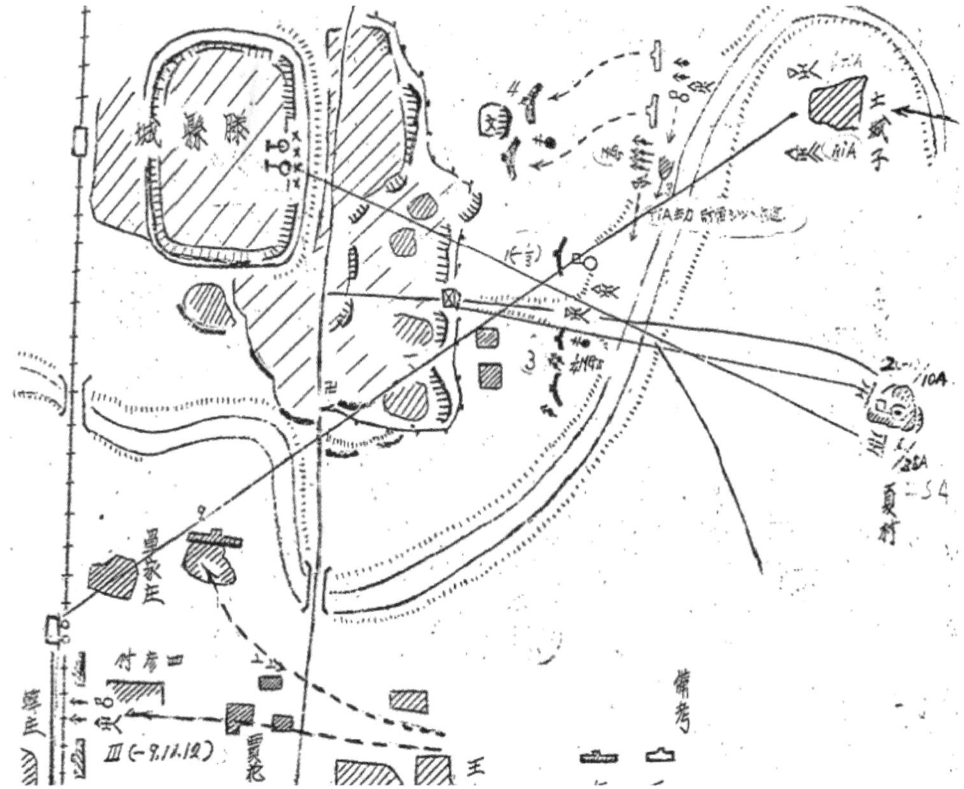

▲1938年3月16日日军步兵第10联队攻击滕县要图。

行攻城的各项准备。野战重炮兵第1大队则根据第3大队的要求，先对内城南门望楼进行压制射击，同时对城内要点进行扰乱射击，而后又将炮火集中于外城南门，终于将其彻底摧毁，这里也形成了一条大缺口。

5时许，第3大队第10中队从单家庄东方约800米地裂沟附近出发，利用地形的掩护接近外城南门，下午6时40分利用暮色经由此处突入外城，但其也在随后的巷战中遭到川军顽强抵抗，只占领了街区一角未能扩张战果，也不能和第1大队的突击队取得联系，躲在房屋内，当晚一直和川军对峙。

南沙河附近的战斗

当第10联队进攻滕县的时候，第63联队也以主力向南沙河南方迂回进攻，企图切断川军的退路。上午10时许，该联队的先头部队第2大队前进到南沙河以东的朱庄，发现有4辆中国列车正冒着白烟，停在十里堡、南沙河附近。为此，安永大队长决定先包抄到南沙河以南，截断其南下的退路，再予以包围歼灭，即以速射炮中队（配属第7中队的1个小队）直接向崔庄（南沙河以南偏东位置）附近急进，同时以主力向朱庄以南的北古石村前进。

10时30分，速射炮中队到达崔庄北侧无名村落，随即面向铁道线占领阵地（和铁道线路的距离约900米）。不久，该中队发现1列装甲列车南行而来，即连续向其发射了数十发炮弹。装甲列车也毫不示弱，开炮进行还击。日军炮位较为隐蔽，目标较小，因此装甲列车射出的炮弹均未命中目标。而由于日军训练有素，命

▲中国军队的装甲列车。

▲日军的94式37毫米速射炮。

中率很高，装甲列车即多处中弹。而且，日军的94式37毫米速射炮本来就适用于射击装甲目标，能在1000米距离内射穿30毫米的匀质钢装甲板。这样，日军射出的炮弹命中装甲列车后，能轻松击穿其6－8毫米厚的装甲。

表 2-3　94 式 37 毫米速射炮性能数据

口径	37 毫米
炮管长	1706. 5 毫米
重量	327 公斤
配用弹种	穿甲爆破弹，榴弹
弹丸重量	穿甲爆破弹 670 克
弹丸初速	穿甲爆破弹 700 米/秒
弹丸穿透力	匀质钢装甲板 40 毫米 /500 米、30 毫米 /1000 米
对战车射程	1200 米
有效射程	2870 米
最大射程	5700 米

当双方进行激烈炮战时，日军临时编成的山炮中队也到达北古石村占领阵地，加入到炮战行列。在日军优势的炮火下，有数发炮弹击中装甲列车的车头，破坏了其动力系统，使其停了下来。

这时，日军第2大队主力正从北古石村向上下徐村攻击前进，右第一线的第7中队主力（欠1个小队）已到达崔庄附近，见装甲列车停了下来，趁势一拥而上，将其缴获，俘虏了13名乘务人员，并切断了铁道线。第2大队其余部队紧接着向南沙河北上。正好川军第125师之第749团一部撤至南沙河，并继续南撤。当第6中队、独立机枪中队及独立轻装甲车中队，行抵南沙河东南侧时，即遭遇到正向南撤退的该团的约三四百人，经过短暂的交火，将其击溃，下午2时05分占领南沙河，随后第2大队集结于该地。

中午12时20分，第63联队的后续部队第3大队也抵达西半庄展开，重点保持在右方，往南沙河方向前进。下午1时35分，其右第一线第9中队（欠1个小队）前出到南沙河北部，而后面向北方警戒，以防备滕县守军向南突围。

当日早晨7时20分，第63联队长福荣命令第12中队前去占领落凤山附近高地，以掩护主力进攻南沙河。该中队奉命后，即从党山出发，向落凤山急进。10时50分，当其快要到达该地时，却发现中国军队已抢先占领该地附近的高地。这支中国部队为中央军第85军之第4师第20团第1营。3月15日晚，第20团抵达临城，随即奉命在滕县东南山地占领要点，巩固第22集团军右侧背。16日早晨，该团第1营抵达落凤山附近，就地构筑工事。

第12中队随即展开于魏庄东方地区，上午11时30分开始对第1营阵地发起进攻。该营官兵沉着应战，从落凤山西方及东北方高地上，对日军实施斜射、侧射，还乘机反击，未使日军越雷池一步。日军伤亡较大，只得停止进攻，双方转为相持。入夜后，第3营赶到，又对日军发起夜袭。战至当晚10时，第12中队终于顶不住了，退往朱庄。

双方调整部署

16日晚9时许，王铭章师长约张宣武到他的指挥所详询战况。张一踏进王的房门，王就握着张的手说："张团长，你太辛苦了。想不到我们只这一点点子人竟能撑持一整天，你真有办法！"张说："这主要是士兵的勇敢和严营长的出力。"王

表2-4　日军步兵第63联队向滕县以南地区迂回作战战斗序列（1938年3月15日—3月16日）

步兵第63联队第2大队（欠第8中队，配属速射炮中队（欠1个小队））

步兵第63联队第3大队（欠第10、12中队，配属联队炮中队及速射炮中队的1个小队）

步兵第63联队第12中队（配属机枪1个小队）

独立机枪第10大队（欠第1、2中队）

独立轻装甲车第10中队

独立轻装甲车第12中队

野炮兵第10联队（欠第1、3大队、第10中队）

说："严营长是勇敢善战，你是指挥有方，明天我将直接打电报给委员长为你们两位请奖。"接着王又说："能把今天撑持过去就不要紧了，我们在城外的部队马上都要调到城里来，他们正在行动中，大约一两个钟头之后即可来到。"王铭章这时很乐观。张问："调进城来的有哪些部队？"王说："吕、曾两旅的2个团和你那个团的2个营都有把握来到，只是童旅在路上可能要麻烦。今天我们不足1个团就能撑持一天，明天我们增加两三个团，还怕什么？如果再把明天撑持过去，汤军团的援军就可来解围了。"

自3月15日凌晨第10联队从池头集向界河转进以来，第370、372旅的当面就没有日军了。然而，王铭章却并不知道这个情况，所以3月15、16日这两个旅仍在滕县以北的大坞、小坞一带布防。至16日晚，因滕县局势越来越紧张，这两个旅相继撤离大坞、小坞一带，夜10时至12时先后来到滕县。这期间，洪町、高庙和北沙河一带的第727团第1、2两营也进入城内。这样，除了15日退往临城的第366旅（欠严营）以外，第41军部队几乎已全部进入滕县城内。

上述部队入城后，王铭章重新调整部署如下：（一）以第124师第370旅的第740团雷迅营接替东关（外城）第122师第366旅第731团第1营的防务。（二）以第122师第364旅第727团仍附第731团第1营担任东南城角（含）亘西北城角（不含）的东、北两面城防，并以一部守卫北关。（三）以第124师第370旅第740团之一营（营长蔡钲）及第41军特务营（欠1个连）担任西北城角（含）亘东南城角（不含）的西、南两面城防，由第370旅旅长吕康指挥。（四）以第124师第372旅为总预备队，并以一部守卫南关、西关及火车站。

城内储备的粮弹相当充足，当夜各部队都得到了充分的补充，部署调整后，各部队不顾疲劳地拼命抢修工事，挖防空洞，还绑捆云梯。这是因为滕县城墙高而且陡，城内上城的道路只是每座城门的旁边有一条，当日军飞机投弹、扫射和炮火轰炸时，守城部队为避免和减少伤亡，城上只留少数瞭望哨，其余都在城墙脚下的防空洞内隐蔽和休息，待日军冲锋爬城时，再迅速登城抵抗。若只靠城门旁边那一条道路，则容易误事。因此，张宣武规定守城部队每1个班至少都要有一架云梯，以备迅速登城之用，并打开手榴弹的箱子，揭开了手榴弹的盖子。全体官兵一直忙到17日天亮没有休息片刻。

再说日军这边，"中国驻屯炮兵联队"的1个中队于当晚抵达滕县附近，准备配合第10联队攻城。该中队装备的是4门96式150毫米榴弹炮。当时，该炮尚未正式定型，也没有进入量产体制。该中队使用的火炮还是实验品。该炮的身管为23.6倍口径，全重4.1吨，高低射界 -5－+65度，水平射界左右15度，可使用92式榴弹、95式破甲榴弹等弹药，炮口初速为540米/秒，最大射程为11900米。其在日本150毫米级炮中，最先采用紧缩炮身，为减轻该炮的重量做出很大贡献。另外值得特别强调的是，为了缓和汽车牵引运动时的振动，其牵引车车轴上安装了钢板弹簧用悬挂系统。车轮采用库姆木制轮（少部分空气进入胶皮轱辘），牵引速度24公里/小时。该炮与之前日本国内开发的150毫米榴弹炮相比较，在射程、射界、机动性、射击精度、布设时间等方面都有更良好的性能。另一方面，与同时期其他国家运用的150毫米榴弹炮相比较，重量轻，最大射程稍差。

此时，日军第1、3大队还没有完全控制外城市街，川军仍在这里顽强抵抗，但

▲日军的96式150毫米榴弹炮。

表 2-5　96 式 150 毫米榴弹炮性能数据

口径	149. 1 毫米
炮管长	3523. 0 毫米（L 23. 6）
重量	4140 公斤
配用弹种	榴弹，纵火弹，化学弹
火炮俯仰角	-5-+65 度
弹丸重量	31. 3 公斤
弹丸初速	540 米/秒
最大射程	11900 米

赤柴鉴于炮兵实力进一步增加，决定联队主力次日在优势炮火支援下，直接对滕县内城发起进攻。随即召集野战重炮兵第2联队（以下简称野重）的青木大队长和中国驻屯炮兵联队（以下简称驻屯军重炮）的丈桥中队长商议，制定了炮兵射击计划（概要）：“（一）从早晨7时开始试射；（二）从早晨7时30分开始对城内要点进行扰乱射击；（三）从上午8时开始

对城墙进行1个小时的破坏射击；（四）破坏城墙后继续压制敌侧防火力；（五）驻屯军重炮负责协力右突击队战斗；野重大队负责协力左突击队的战斗。”而后，因外城守军的顽强抵抗，日军将开始炮击的时间延迟了约半个小时。

滕县城的陷落

17日早晨7时30分，日军炮兵开始试射。8时又对城内要点进行扰乱射击。炮弹如倾盆大雨般落下来，整个滕县城除北关一隅因系美国教堂所在地外，一时硝烟弥漫，墙倒房塌。当日军开始射击时，张宣武恰好在西门内第364旅旅部研究守城问题，在张乘炮轰间隙返回内城东门内团部的时候，竟找不到东、西大街的街道了，满街都被倒塌的建筑物堆成了一个个小山丘，石板路被炸成一个个深坑。日军的炮击还在城内引起火灾，火势借着强劲南风迅速扩大，全城笼罩在烟雾之中，让人几乎睁不开眼，遍地都成焦土。

8时30分，日军驻屯军重炮对内城东门南方40米的城墙，野重对内城东南角西方20米的城墙开始破坏射击（日军准备将这两处各作为第1、3大队的突击口）。炮弹如雨点一般，向内城东门、城东南角两处附近飞去。硝烟弥漫中，城墙坍塌，守兵死伤累累。经过了日军重炮约2个小时的炮击，滕县内城东门南侧、东南角西侧城墙上各形成了1个缺口。

8时40分，濑谷支队长来到夏村视察战况，他对赤柴联队长说，已解除该联队后方警戒部队的任务，其各部队即将到滕县归建，具体时间为：第2大队（欠第5、7、8中队），第2、12中队于17日下午归建；第7、8中队于18日归建；第5、11中队于20日（实际为19日）归建。

日军重炮轰击滕县城墙的时候，第10联队第1大队也加紧扫荡外城守军，并逐步向内城东门方向推进。外城是内城的屏障，守军第740团雷迅营，利用房屋墙壁的枪眼，沿道路纵射或沿墙壁侧射，或投手榴弹封锁道路，使日军前进受阻。但随着时间的推移，该营伤亡不断增大，渐渐顶不住了。团长王麟得报，即派第739团陈洪刚营的2个连前往增援，并严令各部不得退后一步，形势又略显稳定。日军第1大队为了减少伤亡，不得不躲开道路，同时利用工兵爆破摧毁房屋和院落墙壁，并把速射炮推进到最前线，对房屋和院落墙壁实施抵近射击，一个院落接一个院落，一步一步地开拓前进道路。这种方法尽管很慢，却非常有效。随着一间又一间的房屋被日军炮火摧毁，外城守军无所凭借，以致死伤越来越多，同时弹药（特别是手榴弹）已告罄。王麟遂又将康营残部2个连增加到前线。下午1时，赤柴联队长到前线视察时，被来自其侧方100米的守军步枪子弹击中，左背部擦伤，后退到外城东门内静养。

下午3时左右，团长王麟和副团长何煜荣正密议暂时转移指挥位置时，突然营长雷迅冒着炮火，仓促来报，（外城）前

赤柴八重藏

日本新潟县人，生卒年不详。1912年5月28日毕业于日本陆军军官学校第24期，1925年11月27日陆军大学第37期毕业。

1936年8月1日	晋升陆军步兵大佐，陆军士官学校附
1937年7月22日	步兵第10联队长
1938年7月15日	陆军士官学校生徒队长
1939年3月9日	晋升陆军少将
1939年10月26日	陆军士官学校干事
1941年10月15日	晋升陆军中将，第25师团长
1943年10月29日	近卫第1师团长
1945年4月7日	第53军司令官

中国抗战时期，他参与的侵略作战有津浦线作战、山东作战、徐州会战等。

线已经崩溃。王、何得报，不顾一切地冲向外城，希望能支撑危局，但此时一发炮弹飞到近处爆炸，王麟被弹片击中头部，尚未抬出西门，即因伤重致死。该团政训员胡清溪亦同时中弹阵亡。在此前后，外城守军全部撤入城内。日军第1大队趁势控制了大部分外城市街，并以第3中队向内城东门南方40米附近的缺口发起突击。然而，该中队接近缺口时，却被城墙下的壕沟阻拦。因为濠沟的深度、宽度远超出了他们的预料，所以事先准备的突击桥根本派不上用场，因而前进受阻。更雪上加霜的是，这里处于内城东门守军侧防火力的瞰制之下，且在守军手榴弹的投掷距离以内。内城东门守军第727团第2营（营长吴忠敏）见此良机，即以4挺重机枪的火力和数以百计的手榴弹，犹如暴雨似地向日军扫射、投掷。日军突击小队付出了较大的伤亡代价后，败下阵来。

下午2时30分，当日军第1大队还在扫荡外城的时候，第3大队第9中队在炮火掩护下，开始向内城东南城角附近的缺口发起冲锋。守军第727团第2连，即向日军投掷手榴弹。第9中队位于先头的第2小队（安田少尉）的第1分队立刻被硝烟所吞没，死伤严重，仅剩2人突入守军阵地。可该中队的后续部队仍利用城墙外密集的民房和壕沟作掩护，逐步逼近，并乘隙冲上城角。第727团第1营营长王承裕立即命令营预备队第1连反攻突入的日军。该连在其仅有的2挺轻机枪火力掩护下向日军猛扑，一阵手榴弹投掷之后，接着就抡起大刀猛砍。一场白刃交手战后，突入的日军终于被打退，而第1连150人，只剩下40余名士兵，连长张荃馨、副连长贺吉仓以下100余官兵，全部为国捐

▲日军登上滕县城墙。

躯了。日军第9中队在此次攻击中，伤亡达48人。

战至下午4时50分，东南城角守军死伤殆尽，第9中队安田少尉率领的第2小队趁机再次由此处缺口登城，接着沿南面城墙，向西方扩张战果，经由内城南门移到西城墙，又向西门攻击前进。这期间，第10中队也从缺口突入城内，一边与守军展开巷战，一边向西门挺进。此时，日军独立机枪中队在南城墙上架好机枪，以炽盛的火力，掩护第3大队2个中队从东南城角向西城墙压迫守军。同时，城外的野炮大队又集中火力猛轰西城门楼。在这样的情况下，守城部队的指挥系统陷入紊乱状态，内城西部的守军失去掌握，官兵们纷纷涌向西门，企图从此处逃出城。官兵争相夺路，秩序很乱。不久城墙上的第9中队到达西门附近，见状用机枪和手榴弹向川军猛射猛投，杀伤了大量的川军。幸亏第372旅熊顺义营、卢高煊营及江有厚连还坚守于西门城外及铁道车站各阵地，使拥挤在西门的部分部队得以安全撤出。6时左右，西门和西门以南的城垣落入日军手中。

日军夺取西城南半部后，王铭章师长和他的幕僚、随从由西北角登上城墙，继续与日军周旋。王命令身边仅有1个排的师部特务连从西北城角向西城门楼日军猛扑，但这个排尚未接近西城门楼，即被日军机枪全部打倒。接着，西城门楼日军继续向北压迫，王铭章此时已不能掌握城内部队，在这万分危急的情况下，王铭章迫不得已缒城出去，准备到火车站指挥第124师第372旅继续抵抗日军。但当他出城之后，即被西城门楼之敌发现，一阵密集的机枪扫射，王师长和他的参谋长赵谓

王铭章抗战简历

陆军中将，追赠上将。字之钟，四川省新都泰兴场人。1893年7月4日出生，1938年3月17日在山东滕县与日军作战时阵亡。四川陆军军官学校第3期步兵科毕业。早年参加保路运动和讨伐袁世凯战争，曾以其禀性正直、骁勇善战而享誉军旅。全面抗战爆发时，任第122师师长。他参加的战役有娘子关战役、台儿庄战役等。国民政府对王铭章将军奋勇抗战给予高度评价，并追赠为陆军上将；王将军的灵柩经武汉、重庆、成都运回其家乡新都，沿途各地纷纷隆重举行悼念、祭奠仪式。1984年9月1日，四川省人民政府追认王铭章为革命烈士；14日，中华人民共和国民政部对其遗属颁发了烈士证书。

宾、副官长罗甲辛、少校参谋谢大壎以及随从10余人，同时为国捐躯。只有王师长的卫士李少昆等2人幸免于死。6时30分，日军占领西北角。

这时，日军占领西、南两面城墙，而守军依然控制着东、北两面城墙。战至晚9时40分，内城东门守军因弹尽援绝，逐次退守东北城角和北面城墙。内城东门遂落入日军第1大队手中。

内城东门失守后，北城墙上的守军第122师第727团的第3营（其中有2个连在昨天外城的战斗中伤亡殆尽）和其他零星部队共二三百人，在第124师参谋长邹绍孟的带领下，扒开了已经闭死的北城门，突围出城。但他们刚出城，就与日军第12中队遭遇，经过一番激战后，邹绍孟等数十人战死，其余的人在副营长侯子平、连长胡绍章等指挥下，安全地撤退到后方。第1大队从内城东门附近的缺口突入城内后，接着沿东城墙向北方扩张战果，晚11时左右占领北门。至此，日军基本占领滕县城。

这时，在城内还有人自为战、与大部队失掉联系的川军零星小部队，未能突围出城，继续与日军对抗，战至18日下午2时，其大部战死，第122师第364旅旅部少校副官鲁福庆以下官兵20多人被俘。而后，日军把被俘官兵一齐拉到西南城墙外的沙滩上，当活靶用刺刀练习劈刺，把他们戳死。入暮后，附近的乡民前往收尸掩埋时，发现鲁福庆尚有一丝气息，就悄悄地抬到村子里隐藏起来，为他治疗创伤。2个月后，鲁伤口好转，乡民又辗转将他送到汉口，找到了自己的部队。

▲血战之后，滕县被日军炮火摧毁。

日军《步兵第10联队滕县附近战斗详报》记载，此役（3月15日至18日）该联队参战2654人，战死16人，负伤129人，失踪3人。

表2-6　滕县附近战斗双方战斗序列（1937年3月16日—3月17日）

中国军队	
第122师	师长王铭章
第727团	团长张宣武
第731团第1营	营长严翊
第124师	副师长税梯青代理师长
第370旅	旅长吕康
第372旅	旅长曾苏元
第41军直属特务营（欠手枪连）	

日本军队

第10联队

配属部队

野炮兵第10联队第1大队（欠第1中队）

野战重炮兵第2联队第1大队

中国驻屯炮兵联队第3大队1个中队

飞行第7大队（侦察机）内田中队（88式侦察机1个中队）

滕县空战

当日军第10师团的濑谷支队进攻界河、滕县附近第22集团军阵地时，第5师团的坂本支队也正在临沂附近与第40、59军激战。这期间，华北方面军临时航空兵团为支援上述两支队的战斗，向第2军派出了飞行第7大队（辖内田、广田2个侦察机中队以及配属的飞行第6大队武藤队）。其中，内田中队（88式侦察机12架，以兖州机场为根据地）主要配合濑谷支队作战，广田中队（88式侦察机12架，以大汶口机场为根据地）主要配合坂本支队作战。两中队装备的均为88式侦察机，每架飞机上配备机枪3挺，并可携带总数为200磅的轻型炸弹。两中队在配合濑谷、坂本两支队的地面战斗期间，主要任务是侦察敌情，及投递通信筒联络地面部队，此外还曾向守军阵地扫射及投下航空炸弹。

而中国空军第3大队第7、8中队在滕县沦陷以后，才从孝感、信阳机场转场到归德（今商丘）机场。3月18日下午4时30分，第3大队第7、8中队的10架伊-152战斗机，从归德机场起飞，准备轰炸滕县附近的日军。出航中，大队长吴汝鎏率领第7中队作为第1梯队，第8中队长陆光球率领第8中队作为第2梯队。航行高度第1梯队为4000米，第2梯队为4500米，飞行了大约40分钟即到达滕县上空。

第3大队抵达目标区域后，先并不急于攻击，一面进行空中警戒，一面进行盘旋侦察。待判明日军阵地的实际位置后，第8中队继续担任空中警戒，由第7中队首先对日军攻击。第7中队迅速降低高度，降到离地面2000米时，解散队形，采取单机分散行动，尽量扩大活动范围，由各机自行选择目标，自行俯冲投弹。于是各机有的向日军炮位俯冲，有的向日军车辆投弹，各机加挂的航空炸弹相继投下。日军阵地顿时全面开花，浓烟滚滚。第7中队投完炸弹后，一面上升，一面恢复队形，接替第8中队担任空中警戒。接着第8中队又降低高度，用同样的办法对日军进行第2次打击。

当第8中队正在对日军轰炸的时候，第7中队突然发现从徐州方向飞来2架日军双引擎轰炸机，由南向北编队飞行。这是刚轰炸完徐州火车站返航途中的日军飞行第6大队武藤队的2架93式重型轰炸机。送到嘴边的肥肉，岂有不吃的道理。吴汝鎏大队长立即率部发起攻击。在数架伊-152战斗机全力围攻下，日机毫无还手之力，一架当空起火，坠毁于滕县西方约5公里处，机上的管原曹长等4名乘员全部战死。另一架在中弹负伤后，迫降于滕县西方约1公里地点。着陆后，其4名乘员中，已有武藤中尉以下3人负伤，赶紧连滚带爬地逃离飞机。没跑出多远，就听见轰的一声巨响，飞机被彻底炸毁。

正当第7中队飞行员要结束战斗时，该中队分队长欧阳森中尉又发现1架日军双翼飞机，这是日军飞行第7大队1架88式侦察机。欧阳森即领1个分队3架飞机向日机攻击。双方交战20分钟后，日机上担任侦察的大内大尉中弹阵亡，其飞行员见状，连忙凭借复杂的气象条件逃跑。当该机飞回兖州机场时，发现机体上中弹约90发。战斗中欧阳森的左手也被日军射伤。第3大队完成轰炸任务后，即返航，以第8中队改任第1梯队，第7中队为第2梯队，在归德机场着陆。

中国空军第3大队突然出现在滕县上空，并一举击落2架日机，使日军大为震惊。飞行第7大队长中平元量大佐决定消灭中国空军第3大队。但是，他误以为第3大队在徐州机场，于是命令内田、广田两中队于次日轰炸徐州机场。

19日下午1时，内田、广田两中队在飞行第2大队多架95式战斗机的掩护下，轰炸了徐州机场。但是，他们在这里并没有发现中国空军的踪迹。随后，其又轰炸了徐州东站。

▲日军88式侦察机。

表 2-7　88 式侦察机性能表

生产单位	川崎重工业
气动布局	双翼
发动机数量	单发
飞行速度	亚音速
武器装备	7.7 毫米机枪 3 挺
乘员	2 人
机长	12.8 米
翼展	15.2 米
机高	3.4 米
空重	1750 公斤
发动机	BMW 水冷十二汽缸引擎（450 马力）
最大起飞重量	2800 公斤
最大飞行速度	220 公里/小时
最大航程	1420 公里

表 2-8　93 式重型轰炸机性能数据表

全长	14.80 米
全宽	26.50 米
全高	4.92 米
主翼面积	90.74 平方米
自重	4880 公斤
全备重量	8100 公斤
发动机	三菱ハ2-Ⅱ 水冷 12 缸 700HP×2
最大速度	220 公里/小时
续航距离	1250 公里
升限	5000 米
乘员	4 名
武装	7.7 毫米旋回机枪（89 式旋回机枪）×4 载弹　最大 1500 公斤

▲日军93式重型轰炸机。

▲中国空军装备的伊-152战斗机。

表 2-9　伊-152 战斗机性能数据

翼展	9.75 米	最大速度	367 公里/小时
机长	6.1 米	升限	9000 米
高	2.2 米	航程	510 公里
翼面积	21.90 平方米	发动机	改进型的 M-25V 发动机（775 马力）
空机重量	1012 公斤	武器装备	2 挺 12.7 毫米口径机枪 还可挂 100 公斤航空炸弹
起飞重量	1490 公斤		

第三章 临沂战役

第3军团开赴临沂布防

1937年12月24日，当日军第2军刚渡过黄河，正向济南推进的时候，华北方面军就命令该军准备以一部攻占青岛，同时将第5师团的一部（以第11联队为基干，称为鲤城支队）配属于第2军。1938年1月4日，华北方面军为使第2军顺利占领青岛，又将正集结于保定附近训练的方面军预备部队第5师团主力（欠第9旅团）配属于该军。第2军新得到1个师团的加强，实力大增。华北方面军便于9日正式命令该军攻占青岛。次日，鲤城支队攻占潍县。

本来，日本大本营计划由陆、海军协同攻占青岛，可是日本海军于1月10日即单独攻占了青岛。而第5师团12日才开始东进，其先头部队鲤城支队主力，经过长途行军，于19日到达青岛。此时，日本海军已接管了青岛的所有机关。于是，以后日本陆海军对青岛的警备、港湾设施的利用、行政等问题，长期形成严重对立。

这期间，日本大本营将配属华中派遣军的国崎支队（以第5师团的第9旅团长国崎少将指挥的第41联队为基干）归还华北方面军，该方面军遂将其归还第5师团建制。国崎支队1月11日由上海起航，14日在青岛登陆后，重新回到第5师团长的指挥之下，担任青岛附近的警备。

日军侵占潍县、青岛以后，对鲁南重镇临沂构成了严重威胁。临沂距台儿庄90公里，为徐州东北之屏障。如果临沂不保，日军则可由青岛直趋台、徐，威胁

▲第3军团长兼第40军军长庞炳勋。

陇海、津浦两路之安全，战略地位至为重要。

第五战区在此紧急关头，无预备部队可资调遣，只有就近抽调原守海州的庞炳勋第3军团，驰往临沂，固守县城，堵截日军前进（庞部防地由驻苏北的第57军接替）。

第3军团仅辖第40军1个军，军团长庞炳勋兼任第40军军长。庞炳勋久历戎行，经验丰富，并能与士卒共甘苦，廉洁爱民，为时人所称道。他实力虽小，所部却是一支子弟兵，有生死与共的风尚，将士在战火中被冲散，被敌所俘，或被友军收编的，一有机会，他们都潜返归队。

第40军是乙种编制，辖第39师与1个特务营。第39师（调整师，师长马法五，副师长刘世荣）辖2个步兵旅（第115旅，旅长朱家麟，副旅长黄书勋；第116旅，旅长李运通，副旅长崔玉海），1个补充团（团长李振清）和炮、工、辎、通

马法五抗战简历

陆军中将。字赓虞，河北高阳人。1894年出生，1992年1月24日在台北病逝。保定陆军军官学校第8期炮兵科毕业。全面抗战爆发时，任第40军副军长兼第39师师长。

1937年12月8日	第39师师长
1938年8月19日	第40军副军长兼第39师师长
1939年1月20日	兼第106师师长
1942年5月30日	第40军军长
1942年8月1日	第24集团军副总司令兼第40军军长
1943年6月15日	当选河北省政府委员，代理省政府主席
1943年12月10日	冀察战区副总司令兼第40军军长
1943年12月23日	兼代河北全省保安司令
1945年5月21日	当选国民党中央监察委员
1945年6月26日	第11战区副司令长官兼第40军军长

他参加的战役有：津浦线作战、临沂战役、徐州会战等。1943年10月6日获颁三等宝鼎勋章。1944年1月1日获颁二等景星勋章。1945年5月9日获颁三等云麾勋章。

各1个营，另有骑兵1个连及手枪连1个。全军合计13000余人。装备计有：步枪共约8000支，各种手枪约900支，轻、重迫击炮约60门，重机枪约60挺，轻机枪约600挺，掷弹筒约200个，山炮4门，战马约300匹。

该军自1937年10月于沧县抗击日军后，奉命调至东海、连云港等地，一面整补，一面对连云港至盐城一带沿海设防，历时3个月，人员及武器大体上得到补充。但新兵较多，缺乏训练，战斗力受到一定的影响。

1938年2月上旬，第3军团奉令调驻临沂。2月中旬，部队在临沂附近集结完毕。其兵力部署情况是：第40军军部及第39师师部同驻临沂南关的山东省立第三乡村师范学校；朱家麟第115旅驻城东相公庄一带；李运通第116旅驻城北诸葛城一带；李振清补充团驻城关附近；炮、工、辎、通各营及军属特务营均驻南关；骑兵连驻相公庄以东地区。当时国民党的山东第3督察专员公署专员张里元的保安团驻在城内，与第3军团协同作战。

第3军团到达临沂后，立即派人察看临沂周围地形，并召集营长以上军官及各级参谋参加联席会议，研究敌情及攻守办法。随后，庞炳勋命令李运通旅沿汤头至葛沟一线，构筑前进阵地，并从白塔起顺沂河东岸向南至郁九曲一线构筑了主阵地。同时又派人到临沂以西山区，侦察地形，准备临沂不守时，在该处与日军展开游击战。

莒县、夏庄附近的战斗

2月中旬，第5师团第21联队到达潍县，担任该地附近胶济沿线的警备。这期间，中国第3集团军及第22集团军一部向第10师团发起了鲁南反击战。第5师团为了策应第10师团的作战，于18日将第21联队编为片野支队，令其迅速占领临沂。该联队奉命后，即以第1大队（步兵2个中队、机枪1个小队和工兵1个小队）为先遣队，19日早晨从潍县出发，搭乘汽车向莒县方向前进。联队主力预定20日出发。同时，第5师团还以伪山东自治联军进犯日照。

当时，莒县城及其以北地区除招贤镇有从青岛退下来的海军陆战队约200人以外，再无中国的正规部队。莒县城内人心惶惶，群众几乎已逃跑一空。莒县县长许树声也率县大队撤离该城。该城处于不设防的状态。幸好此时刘震东指挥的第五战区第二路游击队，已从陇海线上的新安镇（现名新沂）北上至莒县浮来山以南一带村庄。刘震东得知莒县危急后，毅然率部开进莒县城内布防。该部当时才建立1个多月，几百名成员来自四面八方，情况较复杂。而且枪支甚少，有的还背着大刀、扛着红缨枪，第五战区发给他们每人马尾手榴弹数枚，军用饭盒1个。

20日，日军第1大队进至招贤镇附近时，受到中国海军陆战队的顽强抵抗，竹之内大队长以下多人战死，前进受阻。这为第五战区第二路游击队进入莒县城内布防争取了一定的时间。但是，海军陆战队毕竟兵力薄弱，在日军的再次攻击下，渐渐顶不住了。第五战区司令长官李宗仁获悉日军攻击招贤镇，并有进逼莒县、临沂之态势，命庞炳勋派队支援莒县。庞即令第115旅旅长朱家麟率所部第229团及第230团，并配属山炮2门，增援莒县。朱家麟以副旅长黄书勋率第229团，附山炮2门为右翼，朱自率第230团为左翼，向莒县前进。

当日，第21联队长片野亲率联队主力（欠第1、2大队、第10中队、第9中队的1个小队，配属独立山炮1个中队、独立机枪第6大队（欠第1中队）、工兵1个小队、卫生队六分之一、兵站汽车3个中队（卡车140辆）），从潍县出发，搭乘汽车，向莒县进发。21日上午11时，第21联队主力抵达招贤镇附近，掌握了该地的第1大队（欠第4中队）。这之前，该大队已将中国海军陆战队击退。片野即以第1、3大队向莒县攻击前进。下午，日军抵达沭河桥梁附近，发现桥梁已被破坏，而将其修好至少需要4个小时。这样，片野命令汽车、山炮和联队炮暂时原地待命，步兵徒步向莒县方向前进。他判断莒县城的守军约1500人，决心当晚以各部进至攻击准备位置，次日拂晓一举进攻该地。

当海军陆战队在招贤镇顽强阻击日军第1大队的时候，第二路游击队也在莒县城内加紧构筑防御工事。接着，第115旅各部相继赶到莒县城附近。该旅即以第229团进城布防；以第230团进驻莒县城西一带村庄，与城内部队遥相呼应。而后，县长许树声也带着县大队回城了。莒县城附近的防御力量大大增强。

片野定见

日本东京都人，生卒年不详。1909年5月27日毕业于日本陆军军官学校第21期。

1909年12月25日	陆军步兵少尉
1936年8月1日	晋升陆军步兵大佐，独立守备步兵第3大队长
1937年12月4日	步兵第21联队长
1939年3月9日	晋升陆军少将
1939年5月31日	步兵第108旅团长
1939年6月14日	留守第1师团司令部附
1939年12月1日	待命
1939年12月28日	转为预备役

中国抗战时期，他参与的侵略作战有徐州会战等。

21日晚12时，日军工兵小队将沭河桥梁修复，山炮、联队炮以及14辆汽车安全通过。22日凌晨1时，第3大队前出到藩家屯，第1大队前出到五佛堂。这之前，第5师团还要求第2军司令部派飞机轰炸莒县城。该军司令部回复道，将于22日上午9时至11时期间对莒县城实施轰炸。

22日凌晨4时30分，日军第一线各部队已运动到守军阵地前300米附近，完成了进攻准备。山炮、联队炮也占领阵地完毕，随时准备射击。5时30分，东边的天空泛起了鱼肚白，日军联队炮先开了第一炮。接着，山炮又向北门望楼及西北角射击。一发发炮弹在城墙上爆炸，爆炸声震耳欲聋，黑色烟柱升腾到半空中。第229团团长邵恩三左臂受伤，士兵伤亡甚重。但邵仍坚持在城上督战，不下火线。

7时20分，那须中尉、大旗少尉以及第12中队的10名士兵，利用炮击效果，沿着绳梯登上城墙，占领城墙西北角，并架起机枪，向城东南面猛烈扫射，城内守军顿时混乱，纷纷向南门撤退。此时副旅长黄书勋偕团长邵恩三亲登城南门，组织火力，命令坚决消灭偷袭城西北角的日军，并令炮兵自城东南角向西北角射击。8时20分，中国的山炮开始向西北角开火。那须等人在炮火中无法坚持，被迫放弃西北角，逃出城外。日军逃走后，多印珩连进入西北角，缴获1挺日军遗弃的轻机枪，后来获得100元的赏金。

当那须等12人占领西北角时，城外的日军第3大队主力却受阻于北门望楼南侧的机枪火力，无法前进。第21联队以山炮、联队炮向该地实施炮击，但那里是射击死角，炮弹根本打不到。随后，日军联队炮冒着枪林弹雨，推进到北门前80米，以直瞄射击破坏了外侧城门，但守军的机枪火力并未减弱。

正当北门战事紧急之际，刘震东带随从1人，登上城墙，亲临前线指挥作战，从东南角向北奔跑。途中，有人喊着他取低姿前进，也有人要他到城下去指挥，但刘不顾危险，仍昂首直立，快步向前。突然日军的1颗炮弹落在他的身边爆炸，1块弹片从刘右太阳穴上射入，穿透左耳，脑浆和血一起流出。在烟雾弥漫中，城墙上守兵呼唤："快来人！刘司令负伤了！"当刘的随从副官和3名守兵将刘从城墙上抬下来时，刘已停止呼吸。

这期间，莒县城西一带村庄的第230团，以1个营从大湖向第3大队右侧发起反击。该大队派第9中队的1个小队及机枪1个小队予以迎击，才勉强挡住其攻势。而第1大队进攻东北城墙的守军，也无进展。独立机枪大队则以一部攻击东门，以主力占领南门南侧800米的高地，并独断向南门进攻，用机枪向城楼扫射，切断了守军的退路。10时左右，1架日军飞机飞到莒县上空，在高度2000米的空中反复盘旋之后返回。

下午3时，片野认为切断城内守军（第229团和第二路游击队）的退路，会使守军更加顽强，加上城外守军（第230团）不断反击第3大队右侧，这样他命令南郊的独立机枪大队让出退路，以主力转进到部队本部的位置，准备进攻城外的第230团。但这时该大队和城内守军近距离对峙，白天脱离战场困难。片野得知情况后，决心变更部署，于次（23）日拂晓一举攻击守军，给予其彻底的打击。下午6时，他令第1大队的水黑小队作为新的预备队，原来的预备队寺田中队（欠1个小队）前进至庄疃庄方面，一并指挥正在该地战斗的第9中队的1个小队，进攻第230团左侧背。

23日凌晨，日军第一线部队相继进入攻击准备位置。5时40分，日军炮兵一齐开火。这次炮击，日军的针对性很强，就是破坏第1大队对面的城墙。6时50分，该大队以梯子班3个组，悄悄地向炮火轰开的缺口前进，仅用了10分钟的时间，就在城东北角爬上了城墙，架起机枪向城内扫射，并逐渐向西、南两面延伸，守军虽组织火力反击，但未能奏效。不久，第3大队又再次占领西北角。城内守军腹背受敌，都往南门退却，弄得南门方面拥挤不堪，十分混乱，县长许树声在这里还被第229团守城门卫兵砍了一刀，头部负伤。

这时，邵恩三团长坚决主张进行巷战，与城共存亡。黄副旅长则认为危局已不可挽回，拼死也无济于事，这样下令打开南门，全部守军自南门撤退。由于白昼行动目标明显，山炮2门无法运出，经炮兵破坏后，遗弃城内。9时30分，日军完全占领莒县城。

当第229团撤出莒县以后，城外的第

坂本顺

日本东京都人，生卒年不详。1910年5月28日毕业于日本陆军军官学校第22期。

1910年12月26日	陆军步兵少尉
1932年3月11日	奈良联队区司令官
1932年8月8日	晋升陆军步兵大佐
1933年12月20日	步兵第44联队长
1936年3月7日	第7师团司令部附（在北海道帝国大学服务）
1936年12月1日	晋升陆军少将，第11师团司令部附
1937年10月27日	步兵第21旅团长
1939年3月9日	留守第5师团司令部附
1939年11月15日	待命
1939年11月30日	转为预备役

中国抗战时期，他参与的侵略作战有太原会战、徐州会战、广东作战等。

230团却依然很顽强，并将庄疃庄、大湖附近的黑川中队、寺田中队包围。第21联队主力在占领莒县城以后，便以第3大队前往支援。战至下午，第230团获悉第229团已弃城撤退，这才退出战场。第229团自莒县撤退后，于下午6时许撤至莒县西南30里之夏庄，而后与旅长朱家麟及第230团会合。

当日，第5师团长板垣为攻占临沂，编组了第21旅团长坂本顺少将指挥下的坂本支队。同时将片野支队编入坂本支队中。而后，坂本支队的兵力逐渐增加，其基干力量为第11联队（约欠1个大队）、第21联队（欠一部）、第42联队的1个大队、野炮兵第5联队主力（2个大队为基干）、山炮兵1个中队。

25日上午11时，片野支队的先遣队小川部队（野炮兵第1大队（欠第2中队）、第21联队第1中队的1个小队、独立机枪大队1个小队）追至夏庄附近，向第115旅发起猛攻，受到其顽强抵抗，攻击没有进展。次日，独立机枪大队主力（欠1个

表3-1　莒县附近战斗双方战斗序列

中国军队

第115旅　　旅长朱家麟

　　第229团（城内）

　　第230团（城外的大湖附近）

第五战区第二路游击队（城内）

县大队（城内）

日本军队

步兵第21联队（欠第2大队、第4中队、第10中队、第9中队的1个小队）

配属部队

　　独立山炮兵第3联队第2中队

　　独立机枪第6大队（欠第1中队）

　　工兵1个小队

　　军无线1个小队

　　师团无线1机

　　旅团无线1机

　　卫生队的六分之一

　　兵站汽车3个中队（卡车140辆）

中队）赶来增援小川部队，仍进展迟缓。27日，第1大队主力（第1大队本部、第1中队、第2中队（欠1个小队）、第3中队（欠1个小队）、重机枪中队、速射炮中队、大队炮小队）迂回第115旅右侧背，占领马坡（夏庄西南方7公里）。第115旅侧后受到威胁，只得以一部在夏庄担任掩护，主力则沿沭河两岸，撤至相公庄一带休整。3月1日，片野支队主力也抵达坡石头附近，向留在夏庄担任掩护的第115旅部队发起猛攻，将其击退。下午3时，该支队主力到达马坡，掌握了第1大队主力，该地宿营。次日继续南进，到达大沟庄（汤头镇东北7公里）。莒县、夏庄附近战斗，第115旅共伤亡官兵500余人，损失山炮2门，步枪数百支。海军陆战队、第五战区第二路游击队的伤亡不详。

据华北方面军的《战时旬报》记载，1938年2月25日第5师团向上级报告称，第21联队于2月22、23日期间在莒县战死安藤幸一少尉以下11人，战伤17人。次日，第5师团又向上级报告称，昨天报告的数字不完全，第21联队于2月22、23日期间在莒县战死47人（包括军官2人），战伤96人（包括军官8人），计143人（包括军官10人）。

汤头镇附近的战斗

3月2日，增援莒县之第115旅摆脱日军尾追后，沿沭河两岸撤至临沂东相公庄一带休整。日军第21联队（原片野支队）的先遣队石上部队（第1大队本部、第10中队、第12中队的1个小队、第1机枪中队、独立机枪第1中队、大队炮小队、速射炮中队）趁势由莒县西南的夏庄、黄庄向临沂前进阵地汤头镇逼近。该地守军为第40军第39师第116旅第232团。

石上部队在行进途中，向前方派出了侦察人员，侦察了汤头镇外围的各村落，发现转轴附近有300名守军，泉沂庄附近及东方高地有约四五百名守军，接着其独断发起进攻，夺取泉沂庄东北高地后，继续搜索敌情、地形。这期间，第21联队本队的尖兵中队第5中队，也从11时开始在转轴东北侧附近和转轴守军激战。

11时30分，第21联队主力到达转轴东北方约1公里处。片野联队长令各部加紧搜索敌情、地形，准备攻击汤头镇附近的守军。日军通过侦察，发现守军以一部在汤头镇北侧高地及东方高地占领阵地，主力在汤头镇。这样，片野于下午2时下令，一举击灭汤头镇守军。

日军各部奉命后，开始攻击前进。起初，其进展较为顺利。石上部队于2时30分占领泉沂庄东侧树林里的阵地，4时30分占领泉沂庄北侧村落的一角。这期间，冈本部队（独立机枪第6大队（欠第1中队））也占领转轴。然而，守军第232团相当顽强，即使日军夺取村落的一角，也毫不动摇，仍然依托民房的掩护，以步机枪向日军猛烈射击，同时还大量投掷手榴弹。中国军队的山炮、迫击炮也及时向该团提供炮火支援，向日军猛轰。

在泉沂庄东侧高地占领阵地的日军野炮，由于该地附近的树林遮蔽了视野，观测不便。加上泉沂庄内外树林生长茂密，而日军炮弹用的是瞬发引信，这样日军向守军阵地发射的炮弹，大多碰到树枝后提前爆炸，使得炮击效果大打折扣。鉴于这种情况，日军石上部队、冈本部队被迫停止攻击，与守军转为对峙。下午5时，日军坂本支队本部到达齐沂庄。

当晚10时，片野命令部队次日黎明开始再兴攻势，重点指向汤头镇，一举击灭该地附近的守军。此前，片野还以独立机枪第6大队（配属第3中队的1个小队）向李家五湖前进，企图攻击守军背后。晚12时，该大队到达池草坡，准备压制泉沂庄南方独立山丘的守军。

3日凌晨，片野将第6中队纳入独立机枪第6大队的指挥，准备在拂晓时分进攻泉沂庄南方独立山丘。然而，当第6中队前出到独立山丘前方400米时，即受到第232团的密集火力拦阻，无法前进。片野得报，只得令其中止攻击。当天，第21联队其他各部也均无进展，战局又陷入僵持状态。

当日上午11时30分，第2大队长中岛率2个小队赶到战场附近。片野鉴于炮兵不能有效地支援石上部队攻击，而泉沂庄东侧高地又不能充分展开兵力，于是决定次日拂晓以新锐的第2大队为重点，攻击泉沂庄南方平地。

天黑以后，第2大队利用夜幕的掩护，前进到池草坡，掌握了在独立机枪大队长指挥下的第6中队。第5中队也将1个小队留在转轴，主力于夜间转进到池草坡，归还第2大队建制。而此前被片野派到沙岭切断守军退路的第8中队1个小队，由于途中遭遇中国有力部队，不能完成任务，赶去池草坡，和第2大队会合。

4日早晨6时30分，第2大队在机枪、山炮的火力掩护下，开始向泉沂庄南方平地攻击前进。守军发觉日军的行动后，即以1个营前出到王町附近，以炽烈火力向第2大队的左侧背射击。该大队很快便作出应对部署，以一部牵制王町附近的守军，主力继续向既定目标前进。11时，该大队占领前石屯，却错误地以为该地就是李家五湖。

下午4时，石上部队在野炮的火力掩护下，逼近守军阵地，大量投掷手榴弹，终于击退守军，夺取泉沂庄。而王町守军在日军野炮的猛轰下，也顶不住了，被迫后撤。此时，第2大队决定以一部留在“李家五湖”（实际为前石屯），主力向“汤头镇东侧高地”（实际为泉沂庄东南侧高地）攻击前进。然而，当时该大队错误地把前石屯当成了李家五湖，把泉沂庄东南侧高地当成了汤头镇东侧高地。这样，该大队于下午6时错误地前出到泉沂庄。

这时，天快要黑了，片野认为，夜间攻击汤头镇，会白白地产生大量损失，而且第2大队已占领该地以南的“李家五湖”（实际为前石屯），切断了守军退路，守军应该逃不掉了，于是决定次日拂晓再发起进攻。当晚，第232团因伤亡过重，遂奉命放弃汤头镇，撤至后方整顿待命。

5日早晨，第21联队开始向汤头镇攻击前进时，却发现守军已经撤走，遂于上午8时50分占领该地。

据华北方面军的《战时旬报》记载，1938年3月6日华北方面军医务局长向该方面军报告称，第5师团坂本支队于2月17日至3月3日期间战死竹之内大队长以下约150人，战伤骑兵联队长小堀是繁以下250人。而4日以后截至当日，坂本支队又死伤约40人。

第59军开赴临沂增援

第21联队主力（欠第3大队）占领汤头镇以后，暂时集结于该地南方1.5公里的李家五湖附近。这期间，坂本支队的后续部队第11联队等，陆续到达第21联队的后方汤头镇等地集结。坂本支队长准备等3月15日其后续部队集结完毕后，即向临沂发起总攻。同时，他还以支队直辖的第21联队第3大队先由葛沟向独树头追击。

第3大队奉命后，立刻开始南下，相继攻占太平、白塔。庞炳勋得知这股日军的行动后，命令第116旅第231团坚守正

表3-2　汤头镇附近战斗双方战斗序列（1938年3月2日—3月5日）

中国军队

第232团

日本军队

步兵第21联队（欠第4中队及第3大队）

配属部队

- 野炮兵第5联队第1大队
- 独立山炮兵第3联队第2中队
- 工兵第5联队第2中队的1个小队
- 独立机枪第6大队
- 兵站汽车第16、51、54中队
- 卫生队三分之一

面阵地，拖住日军。另由垛庄调回补充团，由葛沟以北抄袭日军右侧背；由相公庙抽调第115旅第229团沿沭河东岸抄袭日军左侧背。

3月6日，第3大队一部前出到石梁头，其主力前出到尤家庄一线。这时，第229团与补充团相继赶到指定位置，开始进攻其左右侧背，第231团也从正面顽强阻击。当第229团前进至铜佛官庄时，即与日军相遇，展开激战。第3营营长汪大章身先士卒，冲锋陷阵，不幸中弹殉国，其余官兵伤亡80余人。

第3大队受到第40军部队的三面包围，陷入苦战。7日，坂本得报，命令李家五湖附近的第21联队主力“向独树头前进，一并指挥第3大队，搜索敌情、地形”。片野认为这样会使联队主力在前进中逐次使用兵力，于是向坂本提出不同的意见，“第3大队先撤退，集结于汤头镇附近”。然而，此时第3大队受到包围，脱离战斗困难。结果片野还是奉命以联队主力向独树头前进，当天即前出到西水湖崖附近。这时，第3大队在石梁头的部队已按支队命令转移到沂河左岸。于是，而后第21联队主力就停止前进，搜索敌情、地形，等待坂本支队主力集结兵力。

这期间，坂本支队后续部队陆续抵达指定地点。第42联队第2大队于3月9日下午2时30分到达沂水。第11联队主力也于当夜抵达汤头镇。而第40军则加紧部署，严阵以待，誓与临沂城共存亡。其部署如下：（一）第116旅第231团及第232团，配属山炮2门为临沂正面防守部队，由李运通旅长为指挥官。（二）以第115旅（欠第229团）为右翼防护部队，由朱家麟旅长为指挥官。（三）以第229团、补充团、特务营、工兵营为总预备队，由李振清团长为指挥官。由第39师师长马法五为前线总指挥。

此前，第40军因局势严峻，连连向第五战区告急。李宗仁遂急调第59军张自忠部北上增援临沂，援助庞部作战。第59军奉命后，即以急行军速度，于3月12日前到达临沂城西郊。该军下辖第38、180两个师。第38师师长黄维纲，该师辖第112、113、114共三个旅。第180师师长刘振三，该师辖独立第26、39两个旅。全军连同军、师直属部队共约3万人。

行军途中，张自忠给先头部队第180师第26旅旅长张宗衡一个手令，内容如下：（一）据各方情报，临沂之敌只有板垣师团之一个联队，最多不过3000人，

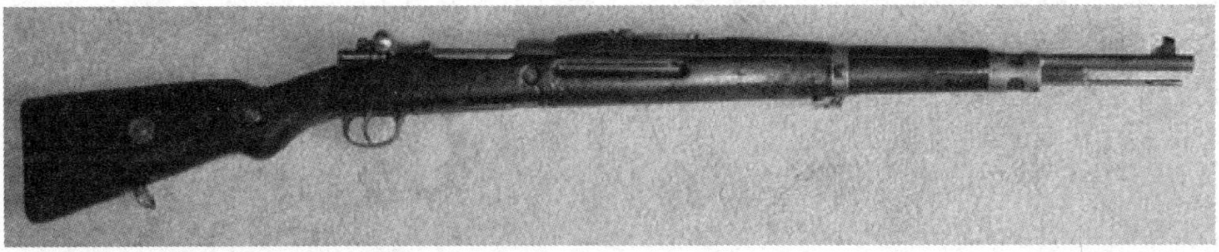

▲第59军大量装备的捷克斯洛伐克Vz.24步枪。

炮数门以及伪军1000余人，只要沉着应付，不难消灭。（二）要以各种方法将敌情侦察清楚。（三）到达目的地后，须使官兵充分休息。（四）务须处处时时都要小心。当第59军开拔时，战区长官李宗仁为了了解临沂方面的作战情况，同时使第59军和第40军更好地协同作战，特派第五战区参谋长徐祖诒与张自忠同行。

3月12日，第59军到达临沂城西一带村庄驻扎，张、徐、庞即会商作战计划。庞提出以第59军接替城防，第40军沿沂河西岸戒备，待日军进犯时，与其决战。张则认为与其待敌进攻，不如主动向敌侧背出击，以解临沂之围。他主张以第40军坚守临沂，以第59军在城外采取野战，向攻城之敌侧背攻击，以减轻守城部队之压力，亦可断其归路，阻其援军。几经磋商，最后一致通过张的作战计划。其次研究攻击开始时间。张首先发言，他说：“在一般情况下，第59军以急行军到此，非常疲劳，似宜稍作休息，再与敌人作战。但兵贵神速和出敌不意，且我以劣势装备，对现代化之强敌，必须利用夜战、近战，方可奏效。应打破常规，提前开始行动。”最后商定，第59军即于3月14日凌晨4时，以迅雷不及掩耳之势，强渡沂河，一举插入板垣师团之右侧背，在亭子头、大太平、申家太平、徐家太平、沙岭子等处突破日军防线。这个决策无疑是正确的。因为，这之前坂本支队计划于3月15日对临沂发起总攻。张自忠当然不知道这个计划，却提前一天向其反击，将打乱日军的部署。

会后，第59军即开始制订详细的攻击部署。当时，他们了解的敌情是：由莒县沂水南犯之敌，约有步兵3000，炮10余门，一部在斜方、桃园、独树头之线，与第40军对峙；一部集结于尤家庄、大太平、沙岭、汤头、葛沟一带。这样，日军在北起葛沟，南至桃园的狭长地带，摆出了一字长蛇阵。针对日军的兵力配置情况，第59军认为，如将位于蛇腰位置的白塔攻占，则当面日军首尾不能相顾，这样便于我军将其包围歼灭。于是，该军决定以击灭当面日军为目的，即展开于东喜沂庄、孙家庄、孟家村之线，置重点于沙岭、白塔方面，切断当面日军之联络线，并将其包围歼灭于亭子头、相公庄以南地区。

据此，第59军于3月13日上午10时下达如下命令（概要）：

（一）第38师（欠1个旅）配属山炮1个连、平射炮1个连、高射炮2门，于14日拂晓前，以1个旅展开于东喜沂庄南北之线，攻占白塔，阻止汤头敌之南进。以一部确占石家屯高地，对前后细腰、塔桥方面相机渡河佯攻，以牵制葛沟、汤头之敌。其余部队控置于南庄、韩家村一带。海军陆战队，归该师指挥，着编为左侧支队，向葛沟方面侧击。

（二）第180师配属野山炮各1个连、平射炮1个连、高射炮2门，即于14日拂晓前，展开于孙家庄、孟家村南北之线，

张自忠抗战简历

陆军中将加陆军上将衔，追晋陆军二级上将。字荩忱，山东省临清县人。1891年8月11日出生，1940年5月16日在湖北省宜城县南瓜店殉国。长城抗战爆发时，为第29军第38师师长。全面抗战爆发时，任第29军第38师师长、天津市市长。

1937年7月	代理冀察政务委员会委员长、北平绥靖主任、北平市长
1938年2月11日	第59军军长
4月13日	第27军团军团长兼第59军军长
10月13日	第33集团军总司令兼第59军军长（直至殉国）

他参加过的战役有：长城抗战、淮南作战、临沂战役、徐州会战、武汉会战、随枣会战、1939年冬季攻势、枣宜会战等。1935年7月17日以长城抗战攘御外侮有功绩获青天白日勋章。

以主力对徐家太平、沙岭攻击。

（三）第114旅及特务团（欠炮兵营，配属工兵1连、高射炮4门）为总预备队，位置于小姜庄、官庄、南曲坊一带。

西水湖崖附近的战斗

14日凌晨2时，第59军以一部占领石家屯高地、亘茶叶山之线，主力展开于东喜沂庄、孙家庄、孟家村之线，而后分途由诸葛城、古城、船流渡河，侧击徐家太平、沙岭、白塔日军。

沂河较浅，到处均可徒涉。拂晓以前，第180师独立第26旅由诸葛城、古城、前安静村渡过沂河，即分兵两路，一路向徐家太平、郭家太平及沙岭方面，一路向亭子头及大太平方面攻击。当时，坂本支队长以及第21旅团司令部正好在徐家太平，护卫兵力薄弱。坂本见兵力占绝对优势的中国军队攻了过来，知道肯定打不过，连忙率部撤退。独立第26旅部队趁势占领徐家太平。而后，该旅部队又相继攻占郭家太平、大太平。但亭子头日军依托村内的旧式炮楼拼死顽抗，崔振伦团第1营（营长张士桢）连攻几次，均告失败。另外沙岭的日军独立机枪大队也以猛烈的重机枪火力将独立第26旅部队击退。

西水湖崖的第21联队本部和旅团司令部的电话联络中断后，片野即通过无线电向上级报告：“敌人进入长野部队和片野部队的中间地带，决心迅速将之包围歼灭”。而后，他以第7中队（欠2个小队）及机枪1个小队从东庄屯方面；以第3大队之一部（第9中队（欠1个小队）、机枪中队（欠2个小队））从亭子头方面，向独立第26旅发起反击，将其主力击退到沂河东岸的堤防附近。但该旅一部仍据守徐家太平、郭家太平、大太平3个村落。

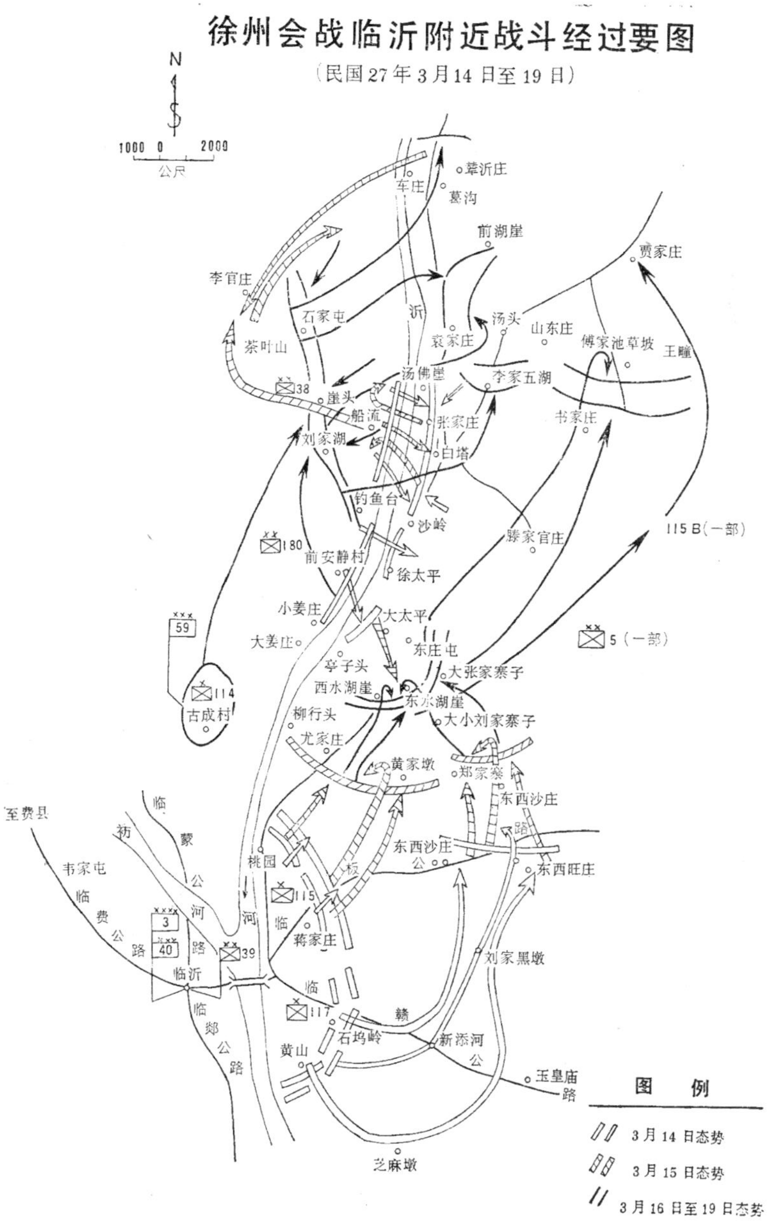

▲中国军队临沂附近战斗经过要图。

这样，随后第21联队又以第7中队（欠2个小队）及机枪1个小队攻击大太平。该地的独立第26旅部队凭借民房作为掩护，顽强抵抗，以炽烈的轻重机枪火力向日军射击，使其攻击受阻。战至11时，第7中队得到野炮兵第2中队的火力支援，才将守军打退，占领该地。

这期间，独立第26旅崔振伦团得到2门山炮的增援。虽然该团主力已退至沂河东岸的堤防附近，但崔振伦仍令炮兵击毁亭子头村内的炮楼。他们的炮是很旧的沪造山炮，没有瞄准器，对炮楼射击没有把握。在此紧急情况下，炮兵只好将2门山炮拆卸开来，用人力运至姜家村（在沂河西岸，与亭子头仅为一河之隔），在民房里架设起来，在墙上挖凿炮眼，以300米射击距离，向炮楼直射。只10余发炮弹，便将炮楼轰塌了。

下午，片野又令第7中队攻击郭家太平，并于4时以第6中队的1个小队和第7中队交接了大太平的防务，还给第7中队增加预备队的1个小队。当晚8时，第7中队占领郭家太平的一角，但此后在守军步机枪的密集火力拦阻下，难以前进，只得在村内的水壕里和守军近距离相持。片野得知情况后，又于11时以第12中队的1个小队增援第7中队。3个小时后，该小队抵达郭家太平，纳入第7中队长的指挥下。

14日晚，第59军决定将第180师独立第39旅投入战斗，攻击独立第26旅当面日军。次日拂晓以前，独立第39旅秘密地渡过沂河。15日凌晨5时许，其先头部队突然将进攻郭家太平的日军第7中队包围。接着，一发发迫击炮弹呼啸着落在村内的日军阵地上爆炸，顿时硝烟弥漫，瓦砾横飞。第7中队长桑原大尉在硝烟和火光中，当场命丧黄泉。此时，第6中队的1个小队正从徐家太平南下，也被独立第39旅部队包围。

而后，独立第39旅以一部包围各村残敌，主力从郭家太平、徐家太平南下，很快占领大太平。片野得知情况后，决定向其发起反击，即令第10、12中队的各1个小队攻击大太平守军，野炮兵中队负责配合；第10中队（2小队编成）的另一个小队攻击郭家太平守军，联队炮、速射炮在东庄屯占领阵地，配合该小队进攻郭家太平。但是，由于两地的守军在兵力数量上占优势，战至当晚日军仍无进展。入夜，被围的第6中队的1个小队凭借夜幕的掩护，突出重围，与第12中队进攻大太平的1个小队会合。

当日，因第11联队大举进攻沂河西岸的茶叶山，第59军的左侧背受到威胁。这样，该军为巩固其左翼阵地，决定以主力确保钓鱼台亘石家屯高地之线，仅以一部向当面日军攻击。此日晚9时，第59军向第180师下令：

（一）第39旅郭团，除以一部占领朱臬、石梁头、大小姜庄之线对河东警戒外，其余集结于诸葛古城附近。刘团除以2个连对亭子头扼守监视，以1个营于明（16）早向东西水湖崖攻击外，其余应集结于适当地点。

（二）第26旅应竭力加强各太平之工事，除以半数集结于适当地外，其余应固守各太平，并以一部向八间屋、东庄屯方面游击。

16日，第40军部队在炮火掩护下，也从南面向沙埠岭、大小张家寨子、尤庄、东西水湖崖攻击。至中午12时，该军一部攻入葛砦子，第5中队以白刃格斗将其逼退，随后双方在30米的距离相对峙。下午3时，付家屯第8中队正面也受到第40军部队的攻击，该中队官兵拼命以步机枪进行射击，将其击退。

第21联队在中国军队持续的反击下，渐渐顶不住了。而这时第11联队在茶叶山、刘家湖附近与第38师激战，不能南下。中午12时30分，坂本支队长命令第21联队撤出现位置，向北“转进”。然而，片野担心就这样撤退中国方面会因此而宣传说击败了日军，一时犹豫不决。下午，约500名守军攻入张砦子的一角。同时，片野得知西水湖崖南方及西方村落均有中国有力部队。但即使如此，片野仍硬着头皮准备继续在现阵地坚持。当晚11时，将军旗送到旅团司令部的三原少尉返回联队本部，同时传达了坂本的意图。于是，片野终于决定撤退，即令各部收容伤员，烧毁及隐藏带不走的粮秣及被服，准备撤退。

17日凌晨，第21联队开始撤退。该联队先以预备队第6中队作为收容队，在

刘振三抗战简历

陆军中将。字育如，河北故城人。1903年3月17日出生，1971年6月13日在台北病逝。第16混成旅学兵大队、陆军大学将官班甲级第1期毕业。全面抗战爆发时，任第113旅旅长。

1937年9月9日	第180师师长
1939年6月17日	晋任陆军少将
1940年7月8日	第59军副军长兼第180师师长
1943年8月17日	第59军军长
1944年10月	带职入陆军大学将官班甲级第1期学习
1945年1月	陆大毕业后仍任原职

他参与的战役有长城战役、临沂战役、徐州会战、武汉会战、随枣会战与枣宜会战等。1940年5月8日获颁四等宝鼎勋章。1944年8月3日获颁四等云麾勋章。

东庄屯东北方约1公里的地点占领阵地，掩护部队后撤。随后，该联队按照野炮、联队炮、速射炮、联队本部、伤员、第3大队主力、第2大队主力、收容队的顺序开始撤退。其第一线部队于凌晨5时10分脱离战场。上午8时30分，该联队抵达黄官庄，集结于该地，开始整顿部队，同时补给弹药、粮秣等，准备而后的战斗。

沂河西岸的战斗

3月14日拂晓以前，当第180师独立第26旅从诸葛城、古城渡过沂河的时候，第38师（欠第114旅）也由船流、朱家棚庄渡过沂河，先占领张家庄、解家庄，接着又继续向白塔、汤佛崖攻击。由于白塔日军拼死顽抗，双方在该地展开反复争夺。汤头附近的日军第11联队主力得知情况，立即派出1个大队南下。下午1时许，第11联队部队抵达战场附近，即在炮火掩护下，向张家庄、解家庄猛烈反攻。经过激战，第38师部队伤亡惨重，被迫撤至沂河西岸。当天的战斗，该师伤亡官兵计达400余人。

15日凌晨4时，第38师第113旅又由钓鱼台、官庄渡河，向沙岭、谢家庄攻击；第112旅一部由船流渡河，向白塔、汤佛崖攻击，于6时许已逼近该村，正在激战的时候，日军第11联队第3大队分由塔桥、车庄渡河，进至沂河西岸，向石家屯高地攻击，并一度侵入茶叶山。第38师因其左侧背受到日军威胁，遂将攻击白塔、沙岭之部队撤至沂河西岸。当晚，第59军命令第38师（欠1个旅）应确保石家屯、李官庄、刘家湖、钓鱼台之线，并以一部将船流方面日军歼灭，相机威胁日军左侧背。

16日凌晨，第11联队第3大队以配属的第3中队夜袭官庄。5时，该中队突入该地，与守军展开肉搏。然而，守军在人数上占有优势，并且士气旺盛，勇猛地以大刀应战。黑暗中，金属撞击声、喊杀声、惨叫声交织在一起，双方伤亡均重。天还没亮，第3中队就因伤亡过大，被迫退到守军阵前150米之线，与守军对峙。而后，还陆续有日军伤员爬回日军阵地。此次战斗，该中队战死栗原少尉以下28人，负伤高木少尉以下38人。该中队担心官庄的守军趁势反击，赶紧派出盐见伍长去求援。随后，第11中队赶来，第3中队官兵这才放下心来。

当日早晨7时，第11联队第3大队主力在炮火掩护之下，也向第38师钓鱼台亘石家屯高地之线阵地攻击。守卫茶叶山的第38师第225团第7连，全连殉国，该地落入日军手中。守崖头的第225团第2、5两连仅余数十人，但两连官兵仍奋不顾身，以大刀与日军肉搏，将其击退，保住了阵地。

下午3时许，日军增援部队第42联队第2大队由船流渡河，配合第11联队第3大队，向第38师阵地攻击。1个小时后，刘家湖、苗庄，被日军三面包围。守军第38师第226团第1、3营在刘家湖与日军反复争夺，该地失而复得者数次，终因守军损失过众，弹药用尽，不得已暂行退出。张自忠见形势危急，即令总预备队第114旅前往增援。当晚10时，该旅赶到后，即行反攻，激战数小时，终于在次日凌晨2时将刘家湖夺回，缴获机枪1挺、步枪多支。这期间，日军第3、11中队也在山炮的火力掩护下，夺取官庄。

17日凌晨5时，日军集中炮火向崖头、苗庄、刘家湖猛烈轰击，其步兵在炮火掩护之下，侵入第38师阵地。张自忠得报，令第180师抽调步兵1个旅前往增援。该旅于早晨7时许赶到，即行反攻，双方激烈争夺，刘家湖失而复得4次；崖头失而复得3次；茶叶山也一度被日军侵占，守军随即又将该地夺回。

当日，第21联队由西水湖崖附近撤离战场，退至汤头附近。据此，第11联队也于次日主动中止了对沂河西岸茶叶山等地的攻击，撤向汤头。第59军发觉后，即令第38师派第114旅向汤头方向追击，其余部队除沿沂河西岸茶叶山一带警戒外，全部集结到刘家湖、邵双湖一带休整待命。这时，第40军也向傅家池、草坡追击日军。

蒲庄、书庄附近的战斗

19日，第59军综合各方情报判断，日军脱离不利态势后，于汤头附近高地集结整顿，准备等援军到达后，再与我军进行第2次决战。这样，该军决心在日军援军到来前，先肃清汤头附近日军，并于上午9时下达如下命令：

（一）第180师（欠1个团）于本日午后4时，以一部肃清汤佛崖之敌，主力对汤头及其以东攻击。

（二）第38师（欠1个旅）即于本日

黄维纲抗战简历

陆军中将。字振三，号雨良，河南项城人。1897年12月4日出生，1943年8月3日在湖北南漳病逝。保定陆军军官学校第7期步兵科毕业。全面抗战爆发时，任第112旅旅长。

1937年8月20日　第38师师长

1940年5月27日　第59军军长

他参与的战役有长城战役、临沂战役、徐州会战、武汉会战、随枣会战与枣宜会战等。1940年5月8日获颁三等宝鼎勋章。

午后4时，以一部占领辇沂庄、车庄对北警戒，以主力对汤头及其以东之华家店攻击。海军陆战队，仍归该师指挥，向葛沟攻击，以牵制敌之南下。

而后，中国军队兵分三路，第38师部队在左（西侧），第180师部队在中，第40军部队在右（东侧），分头向汤头附近的日军攻击。第38师第227团程振兴营于下午6时，将袁家庄、前后细腰日军驱逐，占领两地。徐朝栋营于晚7时，绕至前湖崖220高地北端，未发一弹即冲入日军阵地。日军仓猝应战，徐营先用手榴弹猛袭，接着以白刃肉搏，毙伤多名日军，其残部狼狈逃窜，徐营遂占领该村，夺获重机枪2挺。该师第228团第2营，于晚8时击退车庄、辇沂庄日军，占领两地。这期间，第180师也攻占张家五湖、蒲庄等地。第40军则进抵书庄东西之线。

坂本支队虽然在沂河两岸的战斗中伤亡很大，但并未遭到歼灭性打击，也没有丧失战斗力。这样，当第40、59军追击部队进攻汤头附近地区时，该支队在以一部阻击追击部队的同时，还准备于次（20）日以主力向追击部队发起大规模反击，包围其右翼，将之向沂河压迫。

20日凌晨5时以前，坂本支队右翼第11联队展开于唐富崖、李家五湖之线；其左翼第21联队展开于前石屯、草坡之线，均完成进攻准备。7时许，两联队一齐开始攻击前进。

战斗刚一开始，日军炮兵就对第21联队左方的守军侧射火力进行了压制。该联队第2大队趁势于8时50分击退张家五湖的守军，接着又继续猛攻蒲庄，下午2时占领该村的北侧及南侧。这时，该村守军第180师第678团第2营仅剩约六七十人，却毫不动摇，依托民房顽强抵抗。日军见状，即放火烧村，将守军逼出民房后，就用机枪将他们一个个地扫倒在地。

当第21联队第2大队攻击张家五湖、蒲庄的时候，该联队第3大队也向书庄迫近。由于该大队受到来自宋十二湖方面的炮击，前进迟缓，上午10时30分才到达书庄北侧。日军即以速射炮、联队炮及野炮猛轰书庄寨墙，没过多久就在寨墙上轰开了2条大缺口。第3大队趁势向缺口发起突击。但守军第40军一部很快就用鹿砦封闭了缺口，并大量投掷手榴弹。日军前进受阻，被迫停止于寨墙下。这个时候，书庄东方高地的棱线上突然响起了机枪的怒吼声，子弹像狂风暴雨一样朝日军的背面打过来。第3大队猝不及防，第10中队长剑持大尉、大队副官山田少尉、代理第11中队长山根少尉、第12中队小队长井上少尉等多人当场战死，其余的人急忙四散寻找隐蔽物。然而，该地附近一马平川，可供隐蔽的地物很少，日军只好就地掘壕，利用小地裂沟隐蔽起来。这时，第3大队各部队失去统一指挥，处于各自为战的状态。

午后战场附近下起了雨。起初还是淅淅沥沥的小雨，一瞬间便转成了倾盆大雨。但日军依然趴在各个隐蔽处，不敢乱动。夜幕降临后，第3大队整顿部队，决心夜袭书庄守军。晚7时30分，代理第10中队长岛田少尉在夜幕的掩护下，率4人独断突入书庄，紧接着第3大队其他各部队也相继突入，经过1个多小时的激战，击退守军，于8时40分完全占领该地。随后，第21联队以第3大队确保书庄，以第2大队确保蒲庄、张家五湖。

此日，第11联队主力也向其当面的守军第38师部队发起攻击，起初进展较为顺利。然而，正午时分其第一线第1、3大队迫近白塔、姚庄前方400米之线时，却受到守军密集的火力拦阻，无法前进。黄昏时分，日军通过夜袭的方式，才夺取两地。这期间，该联队一部还攻击了前湖崖220高地（汤头西北方3公里）徐朝栋营阵地，也受到坚强阻击，进展迟缓。

当第40、59军与坂本支队在汤头外围激战的时候，因为津浦路正面形势紧张，所以李宗仁于20日电令第59军留1个旅协同第40军防守临沂，主力转进“费县集结整顿后，乘虚向滕县南北地区前进，与由南阳镇附近渡河之第3集团军部队呼应，截击南下或北退之敌”。

张自忠接到向费县集结的命令后，就将第38师据守白塔、姚庄以南地区及前湖崖等村落防务，移交给第112旅；又将第180师据守的阵地防务，移交给第40军部队。交接完毕后，张自忠即率第59军主力

长野祐一郎

日本岛根县人，1889年11月5日出生。1912年5月毕业于陆军军官学校第24期，1925年11月陆军大学第37期毕业。1950年1月17日亡故。

1931年11月	步兵学校教官
	关东军司令部附
	第19师团参谋
1936年8月	晋升陆军大佐，步兵学校教官
1937年7月	步兵第11联队联队长
1939年3月	晋升陆军少将，陆军兵器本厂附
1940年4月	陆军兵器本部企划部部长
	独立混成第3旅团旅团长
1941年10月	晋升陆军中将，第37师团师团长
1945年4月	第16军司令官
1946年5月	复员

中国抗战时期，他参与的侵略作战有察哈尔作战、太原攻略战、南部山东省剿灭战（临沂战役及台儿庄战役）、徐州会战、广州作战等。

（欠第112旅）向费县转移。

第40军节节败退

第21联队第3大队在书庄战斗中，伤亡惨重，战斗力大为削弱。而且，该大队对面的第40军阵地的侧防火力又设置得极为隐蔽，日军难以压制。据此，第21联队长片野认为，从左翼方面扩张战果非常困难，所以此后应将攻击重点指向右翼第2大队的正面。他决定21日拂晓以后继续攻击其对面的守军，并作出以下部署：

第2大队（配属速射炮中队）在独立机枪大队、联队炮中队、独立山炮兵第3联队第2中队配合下，夺取蒲庄西南1公里的无名村落。第3大队作为预备队，以步兵1个小队、机枪1个小队确保书庄。

21日早晨，第2大队完成进攻准备。但日军炮兵却因下雨道路泥泞，迟迟不能进入阵地。11时，该大队开始散开队形，攻击前进。蒲庄西南无名村落、柴埠河守军即以密集的步机枪火力，织成火网，向日军卷了过来。官庄守军也以迫击炮向其猛轰。枪炮弹像雨点一样向第2大队官兵飞去。日军连忙停止前进，就地隐蔽起来。随后，日军炮兵进入指定阵地。片野即要求配属山炮压制柴埠河守军火力，支队主力炮兵压制官庄守军火力。日军炮兵随即向指定目标开火，蒲庄西南无名村落、柴埠河、官庄等地立即处于一片烟雾火海之中，爆炸声震撼天地。第2大队利用炮击效果，于下午1时突入蒲庄西南无名村落，守军依托民房坚持抵抗，向其猛烈射击，击毙大队长中岛维市少佐以下多人。该大队经过1个小时的激战，击退守军，完全占领该地。

此时，约两三百中国官兵，以一部从官庄、以主力从柴埠河向占领蒲庄西南无名村落的日军发起反击。日军见状，以第2机枪中队及独立机枪大队迅速前出到村落南端，以炽烈火力将其击退。

当第21联队进攻蒲庄西南无名村落的时候，第11联队也向南攻击前进。上午11时，该联队推进到沙岭附近时，即遭到守军顽强抵抗，前进受阻。

下午3时许，蒲庄的第21联队本部突然受到来自该地东方的步机枪的猛烈射击。片野随即派人前去侦察敌情，发现中国军队以一部向日军侧射，其主力正从宋十二湖、王十二湖方面陆续向南撤退。

这样，该联队在对伤员作了妥善安排后，立即开始追击。当晚7时，其第2大队经东南白塔至官庄。12时，该联队又以第3大队、联队炮中队、速射炮中队、独立机枪大队前出到东南白塔，以联队本部前出到官庄。这个时候，该联队又接到了坂本支队长的追击命令。

第21联队奉命后，于22日凌晨3时30分开始前进，作为支队主力沿汤头－独树头－临沂道路向临沂追击，因炮兵车辆、辎重车辆多，前进迟缓，9时才到达西水湖崖。

▲中国军队在临沂附近阵地阻击进犯的日军。

这之前，第11联队发现其对面的守军撤退后，也于21日晚11时从沙岭出发，向南追击，次日凌晨4时30分攻占尤庄，接着继续攻击张官庄、独树头守军，又受到顽强抵抗，前进受阻。

22日下午，坂本支队长命令第21联队（欠第1大队，附独立机枪第6大队、独立山炮兵第3联队第2中队、野炮兵第5联队第1中队）“占领红埠岭南方高地，切断敌人的退路”。该联队奉命后，于4时30分从尤庄北方约1000米的地点出发，先经付家屯、斜方，向坡埠前进。当晚10时，该联队到达坡埠后，试图与该地附近的骑兵联队联络。可是，因天黑，他们根本不知道骑兵联队在什么位置。而后，第21联队将一部派遣到红埠岭、小刘家庄、新添河、杨家岭，主力留在坡埠，搜索敌情、地形。

23日凌晨1时30分，被派往红埠岭的第9中队刚到达目的地，便受到第40军部队的急袭射击，负伤30人。该中队见势不妙，无心恋战，收容伤员后，就赶紧退回坡埠。6时许，第21联队终于和骑兵联队取得联络，得知该部在坡埠西北方约1公里的村落里。这时，因为雾大，日军侦察员无法看清红埠岭附近守军阵地的状况，这样片野决定实施威力搜索。根据搜索结果以及骑兵联队的通报，片野得知红埠岭附近守军阵地极为坚固，于是向坂本支队长提出建议，“支队的行动应慎重”，此后该联队依然继续进行搜索。

这天下午1时许，独树头守军撤退，但张官庄守军仍坚持抵抗，这样第11联队继续向其攻击。次日拂晓，该联队在炮火掩护下，相继击退张官庄、桃园、范家干庄守军。然而，接着该联队继续进攻三官庙守军时，又受到密集火力拦阻，前进再次受阻。

24日下午，坂本电令第21联队“支队准备击破三官庙、褚庄之敌，前出到沂河一线，以便攻击沂州城（临沂城）。片野部队撤出现地，作为左翼队展开于苑家干官庄、蒋家庄一线，击破褚庄附近之敌，前出到郁九曲附近”。该联队奉命后，即令第一线部队及炮兵队准备攻击。

这时，坂本支队长开始计划攻击临沂城，准备攻击其东北角。但片野认为这样将“在沙丘地域敌前渡河，暴露于敌火力下，损失大”，于是他向坂本提出了两条方案：“第一方案：依然以有力之一部沿大道压迫敌人，主力从李家庄附近渡河，向沂州城南方进攻。第二方案：依然以有力之一部沿大道压迫敌人，主力从石梁头附近渡河，向沂州城西北角进攻。”

当日，日军飞行第7大队广田中队（12架88式侦察机）以一部搜索坂本支队周围的敌情，以主力轰炸临沂东方守军阵地。配属该大队的大冢队（2架93式重型轰炸机）则于下午4时轰炸了临沂东北角。

25日凌晨，第21联队第一线部队向指定的展开线前进。这期间，其第2大队错把苑家干官庄当成了蒋家庄，和第11联队一部重复配置在同一处阵地上。拂晓以后，当日军发现这个错误时，已来不及调整了。这个时候，片野企图先于支队主力从右翼方面发起攻击，即以第3大队逐次向右展开，于10时夺取三官庙东南方村落。

第40军（配属第112旅）在第59军主力转移后，势单力薄，这样在坂本支队的猛攻下，节节败退。庞炳勋鉴于局势严峻，急电蒋介石：“职军苦战月余，伤亡甚众，官兵疲劳，临沂危急”，请发援兵。此时第59军已集结于费县。蒋介石于23日9时电令张自忠：“不必赴泗水、滕县，以整个军协力庞炳勋击灭临沂方面死灰复燃之敌。”第59军奉命后，即由费县折回，24日于临沂西北南曲坊、十里铺、角沂庄、八里屯、大小岭南、北道、红埠寺、东西墩、古城一带地区集结完毕。

古村、小岭附近战斗

3月24日，第59军集结于临沂西北方地区时，加紧制订作战部署。当时，坂本支队的主力第11、21联队均在沂河东岸，仅第42联队第3大队（3月18日抵达汤头）在沂河西岸的明坡附近。据此，该军认为日军主力使用于沂河东岸，我军主力展开于沂河西岸，正可收侧击夹击之效。而且，“沂河西岸之敌既属劣势，击破之后且有立即断敌背后之利”。该军决定以主力展开于沂河西岸的明坡东西之线，先将沂河西岸日军肃清，再进行右旋回，包围歼灭沂河东岸日军；同时以一部推进于临沂以东的马家湖、义和庄一带，配合第40军作战。当晚9时，该军下达如下命令：

（一）第38师即于本夜驱逐古城村以北之敌，便衣队于明早拂晓推进古城村、明坡一带，并以一团对亭子头、各太平一带之敌袭击。

（二）第180师即以1个团，于明早3时推进临沂以东之马家湖、义和庄一带，对刘黑墩、翟庄、杨家岭、坡埠佯攻，余集结待命。

第38师奉命后，当即驱逐古城村以北的日军，推进于古城村一带。明坡附近的第42联队第3大队发觉后，于25日凌晨向该师发起反击，将古城村三面包围，双方激战终日。这期间，第11联队攻占三官庙，第40军阵地危急。张自忠为确保临沂，急令第38师抽调3个团的兵力，于当晚10时分由七沟、朱皋渡河，向三官庙、桃园、独树头一带日军袭击。同时，该师将主力推进古城村一带，一举围歼该地附近的日军。

第38师部队渡过沂河后，即向桃园、三官庙猛烈袭击。因为日军凭借坚固工事顽抗，所以未能攻克两地。该师部队伤亡官兵五六百名。次日拂晓以后，日军第11联队调主力向桃园、三官庙附近的第38师部队反击。战至中午，该师部队因伤亡过大，被迫撤回沂河西岸。这期间，第38师主力将第42联队第3大队包围于肃寺村。

25日早晨，当第42联队第3大队在沂河西岸的古城附近与第38师主力激战的时候，因战场通信不良，坂本支队长并不知道该大队的详情。这时，他根据飞机通报，得知第59军正从费县方向急援临沂，其先头部队已到达义堂集。实际上，这是一个半真半假的情报。虽然当时第59军确实从费县方向急援临沂，但已推进至古城村、明坡之线，义堂集附近并无该军部队。然而，坂本却对这个情报深信不疑，以为第59军主力在义堂集。于是他即令第21联队在石梁头附近渡过沂河，向义堂集、艾山之线前进，迎击正在南下的第59军。

11时，第21联队奉命后，就从预备队第1大队（24日归还第21联队建制）抽出步兵1个中队、机枪1个小队占领石梁头附近渡河点，掩护联队渡河。稍后，片野得知第42联队第3大队被中国军队包围于肃寺村，令占领渡河点的部队即向肃寺村西方的刘庄进攻。

这天晚上，第21联队在夜幕的掩护下，撤出原阵地，在尤庄补给弹药、粮秣后，其主力于26日凌晨0时30分开始渡河，4时集结于石梁头，经白沙埠－桥家湖－陶庄－竹子园－吴屯向义堂集前进。由于义堂集并无中国军队，所以该联队扑了个空，于中午12时占领该地。但片野又担心中国军队再次从费县支援临沂，这样以前卫（第1大队（欠第4中队）、速射炮中队）占领艾山，使该地成为一处掩护阵地，阻止中国军队再从费县来援。当晚，第21联队终于判明第59军主力在古城附近，准备次日向其进攻。

这期间，第59军得知日军一部（第21联队）渡河西进，先头部队已到达义堂集附近的情报后，决心改变部署，转为防御，立刻占领王家岔河、七得、八里屯、红埠寺、古城之线，阻止该敌，相机转移攻势，并于晚8时下达如下命令：

（一）第38师即占领王家岔河、赵家岔河、郭家庄、七得、后十里铺、八里屯之线拒止敌人。

（二）第180师即占领毛家庄、小岭北道、红埠寺、古城之线拒止敌人。

（三）两师之战斗地境为韦家屯、八里屯、蒋家、王平、乾沂庄之线，线上属黄师。

（四）特务团（欠炮兵）为总预备队，位置于白衣庄。

27日早晨7时，第21联队由义堂集分3路向第38师主力进攻。独立机枪大队配属步兵第11中队，在野炮兵中队配合下，经由城后攻击古城；第1大队经由响河屯进攻南沙埠；第2大队向北道攻击。

下午4时20分，独立机枪大队在炽烈的重机枪、野炮火力掩护下，突入古城，与守军展开巷战，逐屋争夺。战至28日拂晓，守军因伤亡过大，支撑不住，被迫撤退。古城遂落入日军手中。这期间，第1大队以山炮、联队炮和速射炮实施集中射击，轰开南沙埠围墙后，其步兵趁势突入，于27日下午5时30分占领该地。

当独立机枪大队及第1大队进展顺利的时候，第2大队也向北道发起进攻，却受到来自小岭、大岭守军的侧射，死伤代理大队长藤村大尉以下多人，攻势顿挫。当晚，第2大队在夜幕掩护下，又实施了2次夜袭，均告失败。

此日早晨，第11联队主力也渡过沂河，向小岭方向攻击前进。下午2时，当其尖兵第3中队前进至大岭北方无名村落附近时，即受到该村守军的密集火力拦阻。该中队利用地形地物的掩护，向该村攻击。经过两个半小时的激战，第3中队将守军击退，占领该村，随即在该村南端占领阵地，掩护后续部队的集结。

28日上午10时20分，第21联队第2大队在野、山炮的配合下，再次向北道实施突击，中午12时击退守军，完全占领该地。片野即令第2大队作为预备队，逐次集结于响河屯，第1大队进攻南道，预备队第3大队（欠第9中队）从南沙埠岭方向往红埠寺进攻，独立机枪大队负责配合。这时，由于南道守军开始主动撤退，第1大队没有受到大的抵抗，便于下午1时占领该地。下午4时，第3大队也在野炮、轻型榴弹炮的徐进弹幕射击掩护下，向红埠寺发起突击。由于此次日军步炮协同较为紧密，该大队仅用了一个半小时的时间即占领该地，而且伤亡不大。

这天早晨7时，第11联队第3中队也在野炮的火力掩护下，突入小岭。但该村守军毫不动摇，凭借民房顽强抵抗，并大量投掷手榴弹，炸死炸伤多名日军。战至当晚7时，守军已在不吃不喝、不眠不休的状态下，连续战斗了12小时，不仅伤亡惨重，而且非常疲劳，无法继续支撑下去，被迫撤退。小岭落入日军手中。第3中队的记录称，此战该中队战死3人，负伤20人，其中队长也身负重伤。

此日，由于第59军在持续的激战中减员甚众，这样该军认为应该立刻缩短战线，以节省兵力，遂于下午5时决定，当夜转移至七得、前后十里铺、前后冈头、道沟之线占领新阵地。当晚10时，该军下达如下命令：

（一）第38师（欠1个旅）即占领七得、前后十里铺、韦家屯、张家、王庄之线拒止敌人。

（二）第180师附第112旅即占领曹家、王庄、前后冈头、道沟之线拒止敌人。

（三）两师之作战地境为七里沟、张家、王庄、大小岭相连之线，线上属第38师。

（四）特务团（欠配属各师者），为总预备队，位置于八块石附近。

29日黎明，第21联队发觉其当面守军已撤退，趁势大举进攻。第1大队很快突入红埠寺东南方无名村落，第2大队也突入其西方山丘，6时30分占领该地，接着又向前、后冈头村落迫近。这期间，第11联队部队也向掌屯攻击前进。

当日，日军第2军因濑谷支队方面的战况吃紧，命令第5师团救援濑谷支队。于是，第5师团命令坂本支队，暂时中止攻击临沂，先向向城转进，再去救援濑谷支队。坂本支队长奉命后，即向手下各部队传达了上级意图。

上午10时，片野得知情况后，极为不满，向坂本提出意见，“沂州城（临沂城）之敌目前几乎已失去战斗意志，如在一举夺取该地之后，再向向城转进，对将来的作战极为有利”。然而，军令如山，坂本不敢违抗，因此没有采纳片野的意见，并于中午12时正式下达转进命令，命令各部立即中止进攻，准备撤退。

当晚，坂本支队在临沂附近留下步兵约2个大队，其主力（步兵5个大队、野炮2个大队为基干）开始秘密撤出阵地南下。

在日军坂本支队在临沂附近与第40、59军激战的同时，伪山东自治联军刘桂堂、张宗元、刘沛臣等部，也沿青（岛）海（州）公路南犯，途中在碑廓、巨峰附近受到东北军第57军第112师的迎头痛击，被打得落花流水，纷纷向北溃逃。此战，第112师缴获甚多，仅迫击炮就有11门。

表3-3 临沂以北地区战斗双方战斗序列（1938年3月14日—3月29日）

中国军队	
第40军	军长庞炳勋
第39师	师长马法五
第115旅	旅长朱家麟
第229团	团长邵恩三
第230团	团长赵天兴
第116旅	旅长李运通
第231团	团长刘富生
第232团	团长孙敬祖
补充团	团长李振清
炮兵营	
工兵营	
辎重营	
通信营	
骑兵连	
手枪连	
特务营	
第59军	军长张自忠
第38师	师长黄维纲
第112旅	旅长李金镇
第223团	团长杜兰喆
第224团	团长黄贵长
第113旅	旅长朱春芳
第225团	团长马福荣
第226团	团长崔振伦
第114旅	旅长董升堂
第227团	团长杨干三

第228团　团长刘文修
第180师　师长刘振三
独立第26旅　旅长张宗衡
第676团　团长张文海
第678团　团长崔振伦
独立第39旅　旅长祁光远
第715团　团长刘照华
第717团　团长韩德福
军直属部队

日本军队
坂本支队　支队长坂本顺
步兵第21旅团司令部
第21联队（欠第4中队）
第42联队第2、3大队
第11联队（欠第2大队（欠第7中队）、第10中队、机枪1个小队）
野炮兵第5联队（欠第2大队、第3大队（欠第8中队半部）、（段列一部））
辎重兵第5联队第2中队
骑兵第5联队
工兵第5联队（欠一部）
卫生队（欠三分之一）
第4野战医院
独立机枪第6大队
独立山炮兵第3联队第2中队
飞行第7大队（侦察机）广田中队（88式侦察机1个中队）
配属部队
大冢队（93式重型轰炸机2架）
飞行第9大队（轻型轰炸机）一部
飞行第2大队（战斗机）一部

第333旅的战斗

第59军自25日再次投入临沂附近战场以后，该地的形势并无明显改观。而第40、59军在持续的战斗中伤亡很大，战力大减。于是，庞炳勋电告蒋介石："职军伤亡殆尽，总计战斗兵现不满千人。"徐祖诒亦于26日15时电告李宗仁："庞军兵力损失过巨……已失战斗力，张军实力虽剩半数，而士气较前甚差，非有生力援军，临沂难守，祈早决定。"李宗仁得报，急调第57军第111师第333旅及第20军团的骑兵团驰援。

29日早晨7时，第333旅在旅长王肇治率领下，到达临沂以南高都、五寺庄一带集结，归第59军军长张自忠指挥。第333旅下辖第665团（欠1个营）和第666团，战斗员约2000余人，步枪1700余支，轻机枪100余挺，重机枪4挺、迫击炮5门，平射炮4门。第665团团长谢祝华负伤未归，由中校团附李亚东代行指挥。第666团团长为刘晋武。

当时，坂本支队主力在沂河西岸沟上、小官路、大小岭一带，一部在沂河东岸。而第333旅右翼为庞炳勋的第40军，在沂河以东地区；左翼为张自忠的第59军，在沂河以西的十里铺、韦家屯、后冈头一带。

张自忠认为双方已久战疲惫，如果以这支生力军，出敌不意地从第40军、第59军阵地中间向大小岭、沟上、角沂庄日军发起突然攻击，将会取得很大的战果。

第333旅奉命后，即作出部署：第666团为第一线攻击部队，29日晚12时，进至后十里铺附近，30日拂晓攻击当面日军；第665团（欠1个营）为第二线部队，29日晚进至前十里铺附近，策应第666团作战。

30日凌晨，大雾弥漫，第666团第1、2营利用大雾的掩护，突然向其当面的日军发起攻击。这时，坂本支队主力已向向城转进，其留在临沂附近的2个大队，除以一部在沂河东岸以外，其余均在沂河西岸的大岭、艾山。第1营在驱散日军警戒分队后，陆续占领曹家王平、蒋家王平、官路、毛家庄、小岭等地。第2营也相继攻占沟上、角沂庄。接着，第2营又以1个排掩护侧背，主力转向二十里铺进攻。碰巧此时大岭日军正向二十里铺方向迂回，企图包围第666团侧面，途中在二十里铺东端与第2营遭遇，双方随即展开激战。第2营仓促应战，伤亡很大。营长于竹幽身负重伤，仍坚持指挥，奋勇督战。

第3营营长彭景文得知情况后，率部挺进沟上，以支援第2营。此时沂河东岸日军为援助大岭日军，分攻沟上和角沂庄，正在渡河，恰好与第3营遭遇，双方夹河对战。这期间，于竹幽营长再次负伤，不幸殉国。而该营官兵伤亡达300余人。角沂庄为日军攻占。

第1营乘大岭日军主力迂回之机，猛攻大岭，肉搏数次，日军不支退却。该营趁势于下午1时攻占大岭，随后又对向二十里铺迂回之日军侧射压制。这时，第3营已击退渡河策应的日军，转向角沂庄进攻。为了不失时机，王肇治旅长将第二线部队第665团2营调往沟上，配合第666团第3营进攻占领角沂庄的日军。日军在两边夹击下不支败退，向义堂集西北方向窜去。

当晚，张自忠获悉大岭附近日军被第333旅痛击后，大部向东北退去，一部分向西方及北方退去。据此，张决定次日以该军主力向义堂集发起追击。然而，直到这时，张自忠仍不知道坂本支队主力已转进到向城附近。

31日拂晓，第59军开始向义堂集方向追击。然而，当其第38师到达角沂庄、沙埠庄之线、第180师追至东门附近时，即受到日军的反击，此后双方转入对峙状态。

第四章　血战台儿庄（一）

第20军团的作战部署

1938年3月14日，日军第10师团濑谷支队开始沿津浦路大举南侵，布防于滕县附近地区的川军第22集团军告急。第五战区司令长官李宗仁即致电蒋介石，请派军事委员会直接控制于豫东的汤恩伯第20军团第85军第4师增援津浦路。经同意后即电告汤恩伯："敌于津浦北正面增加兵力，大举反攻，以牵制我鲁南之作战，邓部（指第22集团军）兵少械劣，正面薄弱，两翼空虚，恐难拒敌。已电呈委座，调贵军团第85军驻商丘之一整师（指第4师），由火车输送至滕县附近，作第22集团军之总预备队，望即出动为荷！"

第20军团共辖第13、52、85等3个军，但实际只有5个师和1个独立骑兵团。第13军军长由军团长汤恩伯兼任，下辖第110师，师长张轸；第52军，军长关麟征，下辖第2师，师长郑洞国，第25师，师长张耀明；第85军，军长王仲廉，下辖第4师，师长陈大庆，第89师，师长张雪中。

当时，该军团正在河南归德（今商丘）与安徽亳县整训补充；同时担任军事委员会的战略机动兵团，无时不在枕戈待旦，准备随时出动。军团长汤恩伯接到上述电报后，认为将军团部队分割使用，增援滕县，不但使力量分散，指挥上也很困难，于是电请军委会和李宗仁，希望能将军团全部投入津浦路作战。蒋介石经过考虑之后，同意了汤恩伯的提议。当夜9时，蒋介石给汤恩伯打电话，令"该军团所属之第85军即晚准备由商丘乘车经徐州向临城输送，务于17日拂晓前到达临城。集结完毕第52军即开商丘集结待命，该军团长先到徐州指挥"。

第20军团奉命前往津浦路方面作战后，一边加紧进行战斗准备，一边研究作战方案。3月15日上午，该军团拟订了在临城附近与日军决战的方案，具体是以第85军先行集中临城，一面策应友军第22集团军在滕县附近之作战，一面争得时间和空间，掩护第52军集中临城后，再举全力在临城地区，与南犯的日军决战。这样，上午8时，汤恩伯电令"第85军着即由归德乘车开往滕县以南之临城集中，相机策应滕县附近的第22集团军作战；第52军着于本日由亳州出发，限明日到达归德乘车开徐州集结待命；第110师仍在蒙城集结警戒待命”。

11时，李宗仁又电告汤恩伯：“铁道正面敌已突破界河阵地，进入二十里铺附近”，速令第4师“先头一部开往滕县附近，增加22集团军正面之抗战”，同时要求第85军“主力集结临城东北地区待机出击”。汤恩伯接到电报，却并不打算派部队直接去增援滕县，他只是命令正向临城集结的第4师派出1个团之兵力控置于滕县东南山地，以巩固第22集团军之右侧背。第4师随即乘火车向临城输送，第85军军部与第89师乘车跟进。

3月16日凌晨，第4师陆续抵达临城，随后该师先头的第20团，经落凤山向党山、西王庄前进时，与日军第63联队第12中队遭遇，经过一天的激战，将其击退，就地构筑阵地。这期间，汤恩伯为了解前方实际状况，只身赶往临城视察，结果就地所得之情况，比在徐州所知道的，还要急迫：“（一）我守滕县之友军第22集团军，虽尚有残部四五个营被困于滕县，牵制住敌寇的若干兵力，但滕县以外的各阵地，都已被敌突破，其被敌各个击破的部队，也未能收容。（二）沿铁路正面南下的敌人，数约三四千人，其先头已到达滕县以南之南沙河，并向临城急进，已与我第4师于党山、西王庄发生战斗，另有敌主力五六千人，似在滕县以东之桑村附近，有窥枣庄以袭我侧背之企图。（三）铁路正面，已无我友军之守兵。”

尽管前线形势已发生了很大的变化，第五战区却还在计划将进攻的日军消灭于滕县、邹县之间，并于当日下午4时下达作战命令，主要内容为（概要）：“（一）战区为击攘沿津浦线南下之敌，从铁道东侧包围该敌，将其聚歼于邹县以南地区。（二）第22集团军应在现地极力拒止敌人，俟85军迂回成功后，转为攻势，以收前后夹击之效。（三）第85军除一部直接支援第22集团军巩固滕县城防外，主力由铁道以东地区向下看埠亘邹县间迂击敌人，到达邹县南方高地附近后，相机向南与第22集团军夹击两下店以南之敌而聚歼之。在迂回运动间，须派出极有力之右侧支队警戒前进。”

汤恩伯刚从临城返回徐州，就接到第五战区的作战计划。可他从实际情况出发，认为不但李宗仁所期望的在滕邹之间与日军决战的计划不切实际，就是他原本期望的在临城与日军决战的打算，也来不及实施了。当时日军已有1个加强联队（步兵第63联队）越滕县南犯。而在临城以北，第22集团军除以一部固守滕县以外，其他各地一律放弃，正面完全空虚，临城暴露在日军兵锋之下。第85军主力还在向临城运输途中，尚未集中完毕。在时间和空间上，该军已赶不及到滕、邹两县之间，去寻求南犯日军的侧背决战了。第52军的位置，则远在徐州、归德一带，也无法立即赶到临城来参加作战。汤担心日军趁势长驱直下，夺取徐州，并在第85军尚未集中前，将该军各个击破。于是，他认为，必须以一部在铁路正面担任掩护，同时把第85军主力移置于东集西集和凤凰庄一带地方，形成对日军侧击的准备，预防战局的恶化。

随后，汤恩伯令第85军以第89师先头部队之第267旅舒荣旅长所部，占领官桥，扼守铁路正面；以该军主力向东西集山、凤凰庄一带集结，准备侧击由桑村南犯之敌。同时令第52军迅速开至韩庄集

汤恩伯抗战简历

陆军中将加陆军上将衔，原名汤克勤，浙江武义人。1900年9月9日出生，1954年6月29日在日本东京病逝。1926年于日本陆军士官学校毕业。绥远抗战爆发时为第13军军长，全面抗战爆发时为第13军军长。

1937年10月16日	升任第20军团中将军团长
1938年6月8日	升任第31集团军中将总司令
1938年6月21日	兼任第98军军长
1938年7月27日	辞去军长兼职
1939年1月24日	兼任军事委员会南岳游击干部训练班教育长
1939年4月	辞去教育长兼职
1940年12月	升任鲁苏豫皖四省边区游击总指挥部中将总指挥兼第31集团军总司令
1942年1月14日	升任第1战区司令长官部中将副司令长官兼鲁苏豫皖四省边区游击总指挥、第31集团军总司令
1943年9月24日	兼任第19集团军总司令，辞去第31集团军总司令兼职
1944年6月20日	辞去第19集团军总司令兼职
1944年12月	调任黔桂湘边区总司令部中将总司令
1945年3月5日	升任第3方面军上将司令官（直到抗战结束）

他参加过的战役有：绥远抗战、南口战役、平汉线作战、台儿庄战役、徐州会战、豫东会战、武汉会战、随枣会战、1939年冬季攻势、枣宜会战、豫南战役、豫中会战、桂柳会战、广西反攻等。1938年5月10日获颁青天白日勋章。1943年10月10日晋颁二等云麾勋章。

结，以加大逐次抵抗的纵深，在运河北岸巩固一个大桥头堡，来保障徐州的安全。

当日，第267旅舒荣所部陆续到达临城下车，随即奉命以1个团占领临城，以另1个团赶赴官桥抢占阵地，以保护铁路正面。

官桥附近的战斗

3月16日，日军濑谷支队第10联队进攻滕县，遇到顽强抵抗，进展缓慢。其第63联队却绕过滕县向南进攻，于当日下午2时05分占领滕县以南的南沙河，切断了滕县守军南撤之路。当晚，濑谷支队得到如下情报，“（一）南沙河、临城北方无名小河之间地区并没有敌大部队；（二）官桥仅有简易阵地；（三）临城附近的敌阵地从东方高地（临城东方约4公里）附近，经临城北方无名小河，亘干店（临城西南方约3公里）一线”。据此，濑谷支队长决定，次（17）日以第10联队继续进攻滕县，支队主力（主要是第63联队）向临城追击。

第63联队基于濑谷的企图，于17日凌晨作出追击部署：以第1大队长指挥的步兵约2个中队、联队炮约半中队、独立轻装甲车第12中队、工兵约1个小队、旅团无线1个分队，作为追击队，当日早晨从现在地出发，向临城急追；第2大队（欠第8中队一部及1个中队，配属速射炮中队（欠1个小队）、独立山炮兵中队）早晨7时30分从沧沟南侧小河一线出发，

福荣真平

日本东京都人，生年不详。1911年5月27日毕业于日本陆军军官学校第23期，1923年11月29日陆军大学第35期毕业。1946年4月27日被处决。

1935年3月15日	关东军交通监督部部员
1936年8月1日	陆军步兵大佐
1937年10月5日	步兵第63联队长
1939年3月9日	晋升陆军少将，留守第16师团司令部附
1940年2月10日	步兵第15旅团长
1942年7月1日	马来亚俘虏收容所长
1942年12月1日	晋升陆军中将，第66独立步兵团长
1943年6月10日	东京湾要塞司令官
1944年6月21日	第102师团长

中国抗战时期，他参与的侵略作战有津浦线作战、山东作战、徐州会战、武汉会战等。

沿临滕公路以东地区向孔庄附近追击；第12中队（配属机枪1个小队、联队无线1个小队）早晨7时30分从现在地出发，经钵山口、轩辕庄、簸箕掌附近，向潘家楼附近追击。联队其余部队作为本队，跟在追击队的后方前进。

而濑谷支队长为了配合第63联队追击队的行动，也以天羽步兵大尉指挥的独立轻装甲车第10中队、独立野炮兵中队、步兵第63联队的1个小队、旅团无线1个分队，作为快速挺进队，预定早晨7时从东沙河出发，沿临滕公路前出到孔庄（临城北方约4公里）附近，主要压制临滕公路两侧的守军阵地。

早晨6时30分，第63联队长福荣从沧沟出发，到南沙河视察。当他了解到那里的实际状况后，觉得有必要调整部署，便以第3大队（欠第12中队、机枪1个小队）接替第1大队，作为追击队，立即出发。第3大队奉命后，即开始沿临滕公路前进。

上午9时40分，第3大队先头部队到达官桥北方约1.5公里的桥梁附近时，发现有中国军队正在官桥火车站、官桥北端、公孙西南侧高地之线构筑阵地。该线的守军为中央军第85军第89师之第267旅第533团，奉命阻击日军南下，以掩护第85军主力的集结。当时，对防御有利的是，守军已先将铁道破坏，官桥附近还有小河，足资防守。可不利的是，守军才到这里不久，来不及严密布防。

日军第3大队发现前方有守军布防，

▲日军94式装甲车部队准备掩护日军步兵进攻。

立即展开队形，向其发起猛烈进攻。日军联队炮、速射炮和大队炮首先开炮，炮弹犹如狂风骤雨一般，落到守军阵地上爆炸。烟雾、火光、尘土，把阵地折腾得天翻地覆，守军被迫后撤。第3大队左第一线第11中队趁势突破公孙西南侧高地上的守军阵地，并向小康留、后掌大方向突进。右第一线第10中队（配属机枪1个小队）也紧随装甲车突入官桥，占领该地。

这期间，后面的福荣联队长得知第3大队已在官桥附近与中国军队交战，就将野炮兵第10联队第4中队派到前方，配合第3大队作战。而官桥失守后，第533团又在官桥以西的火车站附近重新组织防御。当日军野炮兵中队快要到达官桥的时候，即被配属第533团作战的第89师炮兵营第2连发现，向其连开数炮，毙伤日军数人。

日军第3大队并不打算给守军喘息的机会，趁其立足未稳，继续进攻，很快夺取火车站，迫使第533团退到官桥以南的薛城旧基、后掌大之线。不久，该大队又在炮兵、装甲兵的支援下，分别以两个第一线中队向薛城旧基、后掌大之线守军两

▲日军94式轻装甲车（也叫94式超轻型坦克）。

翼发起进攻。左第一线第11中队得到独立轻装甲车第12中队的配合，进展较为顺利。10余辆94式轻装甲车直冲入第3营后掌大阵地，横冲直撞，反复碾压。第3营缺乏反装甲作战经验，很快陷入一片混乱，营长侯克阵亡，该营被迫后撤。第11中队趁势于中午时分占领后掌大。而独立轻装甲车第12中队则发起追击，一边用91式6.5毫米机枪，向后撤的第3营官兵吐出一道道火舌；一边冲向该营行军队列，反复碾压。第3营在日军装甲车的冲击、扫射下，溃不成军。接着，独立轻装甲车第12中队以一部向铁道线西方追击，以主力向南前进，于干家店南侧追上正在退却的第89师炮兵营第2连（3门山炮），经过一番激战，该连官兵全部战死，山炮落入日军手中。下午3时，独立轻装甲车第12中队一直追到柴胡店，才停下来休整。

当独立轻装甲车第12中队在后掌大逞凶的时候，第3大队右第一线的第10中队也向薛城旧基实施攻击。该地守军第533团第1营依托简易工事，顽强抗击。营长李家淳还亲率2个连对日军发起反击，不幸负伤。然而，该营官兵，不但不因其主官负伤而气馁，反奋不顾身，作更强烈之应战，一度使日军前进受阻。此时，日军后续的第1大队已到达官桥。福荣联队长得知情况，即命第1大队长中川廉少佐，以1个中队向右迂回，沿铁道线路西侧前进，前出到第3大队的右侧，攻击守军的翼侧，使第3大队前进容易；以主力沿临滕公路紧跟第3大队前进，扫荡沿道

表 4-1 日军 94 式轻装甲车性能表

乘员	2 人
长度	3.08 米
宽度	1.62 米
高度	2 米
重量	3.45 吨
发动机	三菱风冷 4 缸汽油发动机
功率	35 马力
最大速度	40 公里/小时
最大行程	208 公里
装甲	4－12 毫米
主要武器	1 挺 7.7 毫米机枪

守军。

中川奉命后，以第4中队（欠1个小队）从后方渠家村（官桥西北方约3公里）分进，迂回进攻第533团第1营的左侧背。而第3大队的第10中队也从正面发起强攻。第1营在日军夹击下，终于顶不住了，向西南方撤退。

这之前，日军获取情报："敌人将在临城平地方面，以主力从东方发起攻势，企图把我压迫至西方湖沼地带。"濑谷为应对临城附近的中国军队，命第63联队先前出到井亭、黄店、齐家湖之线，侦察敌情、地形。预定次（18）日再攻击临城。这样，当第3大队占领薛城旧基、后掌大之线阵地后，即奉命向井亭、黄店之线追击。第1大队主力则紧随其后。

当第3大队沿临滕公路进攻官桥附近守军阵地的时候，第2大队（欠第8中队，配属速射炮中队（欠1个小队）、临时编成山炮中队）也沿临滕公路以东地区向孔庄附近追击。上午10时左右，其尖兵前进到单家庄附近时，突然受到来自该地东南侧高地的射击，立即以临时编成山炮中队向该地守军开火，先头中队也展开队形，对其实施攻击，经过10多分钟的战斗，将三四十名中国兵击退，接着继续前进。他们走着走着，渐渐听到西方临滕公路方面传来枪炮声，这是第3大队正在官桥附近与第533团交战。第2大队并未因此受到影响，依然经由官桥以东的公孙向既定目标前进。

下午1时30分，当第2大队到达刘家村时，突然发现有约1000人的中国军队行军纵队从小南庄方向进入其前方的大石楼。这支中国部队是属于哪一部分呢？原来，当官桥附近的第533团阵地吃紧之际，临城的第267旅旅长舒荣即命第534团团长李全率该团第1、第3两营前往驰援，没想到刚抵达大石楼南端，就和日军第2大队遭遇。

第2大队长安永兴八得报，便向大队炮、速射炮及山炮下达命令，对这支中国部队实施急速射击。随着一阵阵震耳欲聋的炮声，若干发炮弹接连不断地落到大石楼附近。顷刻间，该地附近陷入火海和烟雾之中。接着，野炮兵第10联队第4大队（欠第10中队）到达战场附近，以最快的速度架好大炮，加入到炮击的行列。第534团受到突如其来的炮击，伤亡很大，陷入一片混乱。团长李全鉴于当地平坦，仅凭血肉之躯，难以抵挡日军火炮，只得

▲横行无忌的日军94式轻装甲车。

率部南撤。日军第2大队则转为追击。恰好此时，独立轻装甲车第10中队也赶了上来，一路碾压退却的第534团官兵，给其造成很大的伤亡。

再说第3大队这边，其尖兵中队第11中队一路追击，下午1时30分抵达柴胡店南方约400米附近。此时，第533团一部约两三百人，正占领官路口北端及其东侧田地，发现第11中队南犯，即向其猛烈射击。双方随即展开激战，一时难分高下。不久，超越第3大队前进的独立轻装甲车第10中队，突然出现在战场上，并冲入官路口西部，守军开始动摇。第3大队又趁势在第11中队以左投入主力，展开进攻，终于在下午2时20分突入官路口，将守军击退到南方，接着第3大队继续追击。

临城附近的战斗

当日下午，就在第89师之第267旅节节败退之际，第265旅开始陆续到达临城下车，因当面战况紧急，该旅第530团逐次下车后，即奉命进入夏庄、河北店、黄店等处占领阵地。

该团第2营刚进入黄店，还没来得构筑工事，日军第3大队之第9中队便在联队炮、速射炮、大队炮的掩护下，向其猛扑过来。第2营很有战斗经验，当日军炮击时，即利用地形地物隐蔽起来；当日军步兵进攻时，即集中火力射击，他们依靠这种战法，打退了日军数次进攻。而后，战场形势发生变化，日军的4门野炮前出到

王仲廉抗战简历

陆军中将。字介人，江苏萧县（今属安徽）人。1904年4月29日出生，1991年7月26日在台北病逝。黄埔军校第1期毕业。全面抗战爆发时，任第89师师长。

1937年11月6日	第85军军长
1939年7月13日	晋任陆军中将
1940年11月5日	第31集团军副总司令兼豫鄂边区游击总指挥
1941年8月	鲁苏边区游击总指挥
1942年5月28日	兼任江苏省保安处处长
1942年10月8日	兼任安徽省第4区行政督察专员兼保安司令
1943年2月16日	兼任徐海行署主任
1943年4月22日	第19集团军总司令
1943年9月24日	第31集团军总司令

他参加的战役有：南口战役、台儿庄战役、徐州会战、武汉会战、随枣会战、枣宜会战、豫中会战等。1938年10月15日以徐州会战有功被授予青天白日勋章。1944年7月31日获得三等云麾勋章。

梨园附近，随即向黄店开火，增加了日军的炮火优势。第11中队又从南方进攻黄店的侧背。第9中队更从正面强攻。在日军凶猛的夹攻下，第2营营长严以重中弹阵亡，该营官兵亦伤亡惨重，其残部不得已撤出黄店，转移于匡山头占领阵地。下午3时50分，日军完全占领黄店。此战第2营伤亡很大。据日军战报称，战斗结束后在黄店附近打扫战场，发现营长以下250具中国兵的尸体。值此战斗方酣之际，第530团第3营奉命驰援，途中却在平坦开阔地中受到日军10余辆轻装甲车的冲击，遭受重大伤亡，被迫退回河北店，固守原阵地。

当日第85军之第4师在滕县东南的三山、党山、落凤山一带，看到日军大部队沿临滕公路进攻官桥，曾向其发起侧击，却被日军炮火遮断，无法接近。下午，第4师得到情报，“滕县守将王铭章将军殉国，滕县陷敌”（实际上此时滕县尚未沦陷，该地守军仍在坚持抵抗）。汤恩伯当时正在第4师司令部，他据此作出判断，滕县、官桥均失，第4师已陷于孤立，而且日军下一步将可能转用其进攻滕县部队

张雪中抗战简历

陆军中将。原名张达，字通明，江西乐平人。1899年7月15日出生，1995年6月16日在台北病逝。黄埔军校第1期步兵科、陆军大学将官班甲级第1期毕业。全面抗战爆发时，任第13军参谋长。

1938年2月17日　　第89师师长

1938年6月11日　　第13军副军长兼第89师师长

1938年7月30日　　代理第13军军长

1939年8月7日　　实任第13军军长

1942年7月30日　　第31集团军副总司令

1943年2月18日　　第3集团军副总司令

1943年3月14日　　第4集团军副总司令

1943年10月　　第一战区政治部中将主任兼第39集团军副总司令

1944年7月　　黔桂湘边区副总司令

1944年10月　　带职入陆军大学将官班甲级第1期学习

1945年1月　　毕业后仍任原职

1945年3月　　第三方面军副司令官

他参加的战役有：南口战役、台儿庄战役、徐州会战、武汉会战、随枣会战、枣宜会战、豫南会战、豫中会战等。1944年7月31日获颁四等云麾勋章。1945年7月6日获颁三等云麾勋章。

之主力，攻击第4师。这样，他为了避免第85军在集中尚未完毕以前，零碎加入作战，决定以该军主力逐渐向峄县一带转移，以取得集结之时间。第4师奉命后，除将第20团转移于山口、枣庄、卧虎寨、李山口一线，与第89师成犄角之势以外，其余主力开始向峄县转进。第89师之第533团也由临城转移于青山头附近；第530团则由匡山头、河北店转移于东西柏曲、东西崮山、井家峪、东钜山附近，奋力阻遏日军前进，以待友军进行充分准备。

日军攻占黄店后，第3大队长大村省吾前出到该地以西的西仓桥桥梁，发现临城附近既设阵地上的守军正沿铁道西侧地区陆续退却。为此，大村决定放弃于井亭、黄店之线整理态势的预定计划，趁势向临城追击。接着，他独断地以第11中队的一部向临城攻击前进，其余部队散开队形，紧随其后，不给守军喘息之机。该大队的进攻异乎寻常地顺利，下午4时20分即占领北部临城，10分钟后又占领南部临城。

福荣联队长得知第3大队占领临城，喜出望外，一面派联队副官向濑谷支队长报告这个情况，一面令其他各部队到临城集结。接着，他自己也向临城前进。途中，他得知临城以东的东西崮山、东西柏曲还有中国军队的有力部队，即命第1大队先向西柏曲前进，攻击该方面之守军。下午6时10分，福荣抵达临城。

当第3大队进攻黄店的时候，第2大队依然沿临滕公路东侧地区追击，下午4时到达孔庄东南方约1公里溪村集结兵力时，远远地看见有中国军队的行军纵队正从临城方向沿临枣铁路退却，跟随该大队前进的野炮兵第4大队（欠第10中队）及独立野炮兵中队遂一起向其开火。可是，中国军队毫不示弱，也利用东西柏曲附近村落及其以南高地为依托，开炮还击。双方经过了约1个小时的炮战，均停止了射击。

而后，该大队决定在溪村附近集结兵力，准备而后的攻击。可就在他们进行新的配置时，派遣到联队本部的联络员归来，报告说第63联队主力已占领临城，于是当晚7时从溪村出发，9时到达临城与联队主力会合。

日军最左侧的第12中队（配属机枪1个小队、联队无线1）早晨7时30分从朱家庄出发，开始追击，一路上没有遇到大的抵抗，下午5时30分到达夏庄（北部临城东北方约4.5公里）西侧无名村落时，受到来自南方东西柏曲方向射来的数发野炮榴霰弹的射击，10分钟后发现夏庄东南方约2公里附近有两三百步炮部队正在退却，夏庄并无有力的守军。

该中队立即展开，开始向夏庄攻击前进，前出到村落前约100米时，先受到来自南方匡山头方向、接着又受到来自北方高地的步机枪猛烈射击。该中队即以重机枪对两地守军实施压制射击，而后向夏庄前进，6时20分没有受到大的抵抗即占领该地。18日凌晨0时50分，该大队接到早晨8时以前集结于临城的电令，于是凌晨5时30分从夏庄出发，上午8时到达临城，复归主力。

第1大队于日没时分到达西仓桥，此时接到联队命令，令其“先向西柏曲前进，攻击该地附近及东西崮山附近之敌”。该大队奉命后，立即沿临枣铁路向西柏曲前进，当晚7时30分到达该地西端，发现这里只有少数警戒部队，于是不失时机突入村落，占领该地，守军向南侧高地溃走。中川大队长借助月光，看到该高地棱线上有守军活动，但不知道该高地及东柏曲到底有多少守军，于是立即以机枪及大队炮压制南侧高地上的守军，同时以主力确保西柏曲，并准备次（18）日拂晓攻击该高地及东柏曲守军，为此还派人侦察了附近的敌情、地形。可是，18日凌晨4时50分，第1大队又接到夏庄的第12中队传达的命令，“早晨7时以前集结临城”。这样，拂晓后该大队即向临城转进。

濑谷支队长得知第63联队占领临城，即命该联队及快速挺进队当晚在临城附近

表4-2　官桥、临城附近战斗双方战斗序列（1938年3月17日）

中国军队	
第85军	军长王仲廉
第89师	师长张雪中
第265旅	旅长赖汝雄
第530团	团长谭乃大
第267旅	旅长舒荣
第533团	团长李守正
第534团	团长李全
日本军队	
濑谷支队	支队长濑谷启

快速挺进队

步兵第63联队的1个小队

独立轻装甲车第10中队

临时野炮兵中队

旅团无线1机

追击队

步兵第63联队第3大队（欠第12中队、机枪1个小队）

配属部队

联队炮中队（欠1个小队）

旅团无线1机

独立轻装甲车第12中队

工兵第10联队的1个小队

本队

步兵第63联队（欠第1中队的1个小队、第3中队、第4中队的1个小队、第3大队（欠第12中队、机枪1个小队）、联队炮中队（欠1个小队））

配属部队

独立机枪大队（欠第1中队、第2中队的1个小队）

野炮兵第10联队（欠第1、3、10中队）
临时山炮兵中队
工兵第10联队的1个小队
卫生队（欠三分之一）
飞行第7大队（侦察机）内田中队（88式侦察机1个中队）

集结兵力，准备向运河一线追击。第63联队奉命后，遂将其主力集结于临城附近，准备向运河之线追击。

东西岿山、峄县附近战斗

3月18日早晨，濑谷支队长根据第10师团命令，决定以第63联队第1大队（欠1个中队）为基干的右追击队，向韩庄附近追击；以第63联队第2大队为基干的左追击队，向峄县附近追击；支队主力集结于临城附近。

第63联队于上午9时接到命令。按照濑谷的命令，以右追击队沿津浦线向韩庄追击，左追击队沿临枣铁路及台枣铁路向峄县追击。此时，根据第63联队掌握的情况，仍有一部守军在临城以东的东西柏曲、东西岿山附近坚持抵抗。东西柏曲恰恰就在临枣铁路沿线，是左追击队的必经之路，东西岿山则能瞰制其北面的临枣铁路。据此，该联队认为，有必要迅速击垮东岿山附近一带的守军，于是其在编组左右两追击队的同时，又命第11中队进攻东岿山附近一带守军，使左追击队的前进容易，另以野炮兵第10联队1个中队配合该中队作战。

第11中队（配属机枪1个半小队）奉命后，中午12时30分和配合的野炮兵第11中队一起，从南部临城出发，下午1时30分前出到四里石东端。他们通过侦察，发现中国军队在东岿山、西岿山高地及井家峪山顶一带构筑有工事。该地守军为第89师之第530团一部。

野炮兵第11中队随即在四里石占领阵地，向守军阵地开炮射击。顿时，守军阵地上硝烟弥漫，爆炸之声震耳欲聋，破片呼啸，弹雨横流。而且，由于这一带的高地几乎全是石头山，不易构筑工事，碎石头随着弹片四下迸飞，无形中大大增加了炮火杀伤威力。尽管守军伤亡很大，仍坚守不退。

第11中队看见守军阵地被闪光和硝烟吞灭，以为其阵地已被摧毁，便于下午2时30分向东西岿山守军发起突击。待日军冲到阵地前，守军突然开始射击，组成斜侧射的火网，尤其是来自东岿山、井家峪间鞍部方向的侧射，使日军前进受阻。正在第11中队进退维谷时，日军左追击队为配合第11中队进攻，以第7中队联系该中队的左翼，开始进攻西岿山守军。第11中队在其策应下，于下午4时占领东岿山。

接着，第11中队又以一部继续攻击井

家峪高地。井家峪高地一带的守军约150名，顽强抵抗，寸土不让。战至下午5时，第11中队一部在炮火掩护下，突入井家峪山顶，占领该地，而后又占领其东方约200米高地的阵地。正当日军得意忘形之际，突然从井家峪南方约2.5公里的东钜山上射来十几发迫击炮弹，有多名日军猝不及防，被炸得血肉横飞，当场死亡。而且，井家峪守军丢掉山顶阵地后，依然死战不退。这样，第11中队长又将其主力从左面投入战斗。守军坚持到当晚7时，终于顶不住了，向东南方撤退。第11中队完全占领井家峪后，于晚8时也撤出东崮山、井家峪一带，返回临城。

日军第11中队攻占东崮山、井家峪山顶之后，临枣铁路沿线的东西柏曲守军就失去了有利地形的依托。左追击队趁势于18日黄昏击破东西柏曲守军，接着继续向峄县追击。

第85军在17、18日两天的激战中，因仓促应战，伤亡很大。据18日深夜汤恩伯致蒋介石密电称，连日作战，该军阵亡营长3员，伤2员，伤团长1员，伤亡连排长20余员，士兵2000多人。

19日凌晨4时许，日军左追击队在刘村（峄县西北方约5公里）集结兵力，侦察敌情、地形，准备进攻峄县。此时，第4师之第23团已进入峄县布防。日军通过侦察，了解到守军的大致部署情况，便于中午12时20分占领峄县以北偏西约3公里的高地，随后陆续击破峄县西侧铁道线及其西侧各村落守军，从西方逼近县城。可日军接近城墙时，遇到河流阻隔，加上桥梁已被破坏，西面的城门又很坚固，遂向

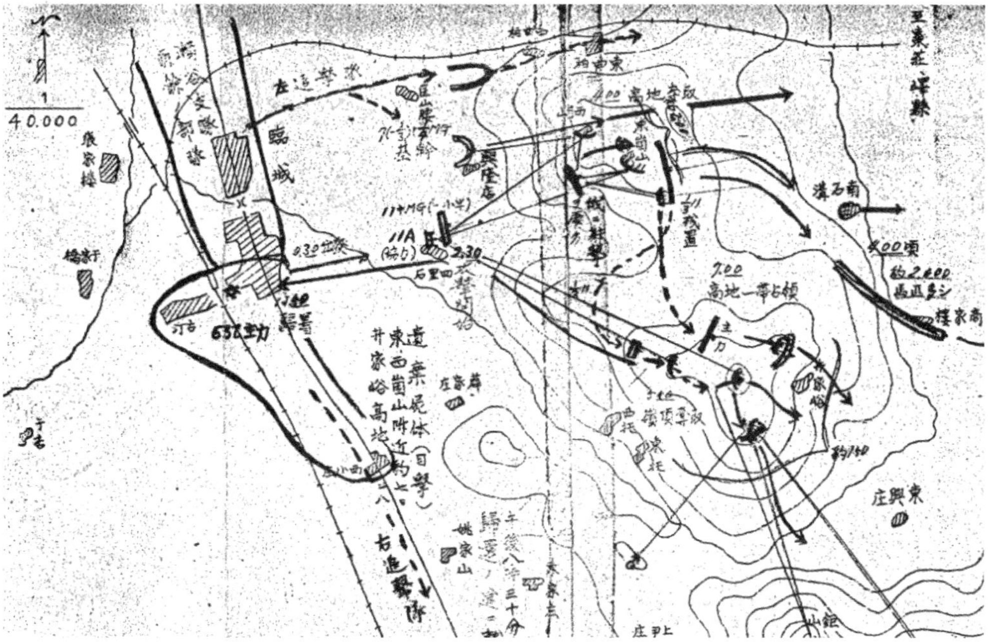

▲1938年3月18日日军步兵第63联队东崮山、井家峪附近战斗经过要图。

右旋回，将进攻的矛头指向南门。下午，为了援助步兵冲锋，日军野炮兵1个中队、独立山炮兵中队一齐开火，向南门附近轰击。不久，南门上部就被炸开了一条缺口。当时，第23团团长陈纯一恰好在南门督战，即被弹片击中阵亡。日落时分，日军步兵在火力掩护下，搭人梯，从南门上部的缺口突入城内，与守军展开巷战。守军因主官阵亡，士气低落，稍作抵抗便撤出城外。20日凌晨0时30分，日军左追击队完全占领峄县城。是役第23团伤亡官兵500余人。左追击队占领峄县后，又派第8中队（配属机枪1个小队）攻占枣庄，并于22日下午2时20分侵占枣庄煤矿。

沙沟、韩庄附近战斗

日军右追击队于18日上午11时从临城南端出发，沿津浦线向韩庄追击。此时，第52军第2师先头第6旅一部已赶至临城东南20华里处的沙沟占领阵地，掩护该军主力部队在韩庄、利国驿一线集结。但该部尚未及构筑工事，日军右追击队已从临城方向奔袭而来，守军抵挡不住，只得节节抵抗后撤。右追击队占领沙沟后，继续攻击前进，下午6时30分前出到杜家楼、七里铺（都在沙沟南方约2.5公里）之线。

当日傍晚，第2师师长郑洞国率师部和第4旅刚刚到达第五战区长官部所在地徐州，即得知滕县已失守，师长王铭章以下2000余官兵壮烈殉国。日军濑谷支队第63联队同时由滕县以东向枣庄南下，与第85军先头部队发生激战。此刻，日军正在积极南犯中。

鉴于战局发生如此急骤变化，郑洞国认为，我军已来不及实施在运河以北临城之线迎击敌人的作战计划，即使先敌一步到达运河北岸，也可能因立足不稳而为敌各个击破，这样连徐州也将陷入险境。为此，师参谋长舒适存向郑建议：师主力迅速开抵运河南岸占领阵地，掩护友军集中，以确保徐州。郑亦认为舒的想法不失为应急良策，但又考虑这与战区长官部的命令相抵触，事关重大，不好擅作决定。正迟疑间，第52军军长关麟征率军部也赶到了。他听了舒的想法，也表示赞成，遂决定由他即往长官部报告情况，并决心将本军行动改为后退集中。

计议已定，郑即命令部队连夜乘火车至运河以南利国驿站下车，随即驰赴韩庄附近，沿运河南岸占领阵地。同时以无线电指示担任前卫的第6旅与枣庄、临城间的第85军联络，相机由津浦路东侧向韩庄以东地区归还。

当晚，濑谷支队长为增强右追击队，将第3中队的1个小队、第4中队的1个小队，归还第63联队第1大队（右追击队的基干）建制，同时派中国驻屯重炮兵第3大队前去支援右追击队。日军右追击队获得增援后，士气大振，从19日正午开始进攻韩庄守军，下午1时便占领北部韩庄。

下午2时左右，郑洞国率师部和第4旅到达利国驿车站，这时日军已夺占韩庄。郑得报，担心日军强渡运河，即命第4旅冒着日军浓密的炮火跑步沿运河南岸布防，与日军隔河激战。约1个小时后，配属第2师的1个炮兵营已运到。该营配备有12生榴弹炮12门，这是当时威力较大的一种火炮。郑即命炮兵营长立即放列射击。没过多久，中国军队的大炮怒吼起来，一排排炮弹准确地落入日军阵地，直炸得天昏地暗，据守运河南岸的该师官兵见状欢悦无比，齐声喝彩。自抗战以来，该师都是在日军的优势炮火压制下作战，吃了不少亏，唯有这一次算是狠狠地给了日军一次教训。

日军右追击队并不打算强渡运河，见守军炮火猛烈，遂以炮兵还击，双方隔河展开炮战，至晚方息。20日，日军修复临城机场。飞行第7大队内田中队一部遂在该机场着陆，和濑谷支队直接取得联络。而掩护内田中队的飞行第2大队1架95式战斗机因受到地面火力射击，发动机出现故障，也在临城机场迫降，安全着陆。

表4-3　东崮山、峄县、沙沟附近战斗双方战斗序列（1938年3月18日—3月20日）

中国军队	
第85军	军长王仲廉
第4师（峄县附近）	师长陈大庆
第12旅	旅长石觉
第23团	团长陈纯一
第89师（东崮山附近）	师长张雪中
第265旅	旅长赖汝雄
第530团	团长谭乃大
第267旅	旅长舒荣
第533团	团长李守正
第52军第2师一部（沙沟附近）	
日本军队	
濑谷支队	支队长濑谷启
右追击队	

步兵第63联队第1大队（欠1个中队）

联队炮1个小队

速射炮1个小队

独立轻装甲车第10中队

临时野炮兵中队

工兵2个分队

旅团无线1机

左追击队

步兵第63联队第2大队

联队炮中队（欠1个小队）

速射炮中队（欠1个小队）

独立轻装甲车第12中队

野炮兵第10联队1个中队

临时山炮兵中队

工兵1个小队

旅团无线2机

卫生队一部

兵站汽车第15中队

本队

步兵第63联队（欠2个大队、联队炮中队、速射炮中队）

独立机枪第10大队（欠1个小队和1个中队）

野战重炮兵第2联队（欠第2大队）

中国驻屯炮兵联队第3大队

工兵2个分队

卫生队（欠三分之二）

野炮兵第10联队（欠1个中队）

先遣辎重队

弹药4个小队

飞行第7大队（侦察机）内田中队（88式侦察机1个中队）

飞行第2大队（战斗机）一部

濑谷支队的分兵部署

日军濑谷支队自3月14日发起攻击以来，进展较为顺利，至3月19日，已相继攻占界河、南沙河、官桥、滕县、临城等要地，韩庄、峄县则指日可下。这时，第10师团长矶谷廉介中将又企图夺取台儿庄，然后控制韩庄－台儿庄段运河。这段运河，是京杭大运河中至关重要的一段。京杭大运河整体上呈南北走向，而这段运河却呈东西走向，是整个京杭大运河中唯一完全东西流向的一段。而且，其堤岸北高南低，有利于在北岸组织防御。如果濑谷支队控制这段运河，既可以巩固新占领的地区，又能在将来发起徐州会战时取得良好的态势（虽然此前日军大本营没有批准徐州会战的计划，但华北方面军一直有发起徐州会战的企图）。

与濑谷支队势如破竹的进攻相比，这期间第5师团的坂本支队却在临沂附近，遭到庞炳勋第3军团和张自忠第59军的顽强抵抗，战况不利。这样，当天第2军参谋冈本清福大佐来到兖州，向矶谷师团长转达坂本支队南下困难的情况，表示希望第10师团方面对坂本支队给以支援。

为此，矶谷决定以濑谷支队向韩庄、台儿庄一线伸展，同时分兵支援临沂。20日，他命令濑谷支队长："须确保韩庄、台儿庄运河一线，并警备临城、峄县，同时应以尽可能多的兵力向沂州方面突进，协助第5师团战斗。"

濑谷奉命后，决定以第10联队主力支援临沂，以峄县的第63联队一部进攻台儿庄。当时，第10联队以一部担任滕县的警备，其主力正集结于临城北方地区，接替滕县防务的第39联队第3大队也即将抵达，第10联队的兵力完全可解放出来。反观第63联队，其主力（欠第1、2大队）在临城附近，第1大队在韩庄附近，第2大队在峄县附近。第2大队虽然攻占峄县县城，但守军第4师部队仍在峄县东北一带山地与其对峙。原在临城附近的第89师也转进到峄县西南山地，峄县第2大队的压力陡然增大，如果其再受领攻占台儿庄的任务，其兵力将不敷使用。再看临城附近，几乎没有中国军队了，第63联队主力继续留在那里已无必要，完全可以推进到峄县。于是，濑谷于21日以如下命令（摘录），命第63联队主力由临城进入峄县附近。

（一）步兵第63联队长以步兵约1个中队担任滕县（不包括）以南、临城火车站（包括）以北的津浦线的警备，从今天起纳入本人的直辖。

（二）第63联队（欠第1、2大队1个中队，配属野炮兵第10联队第1大队（缺2个中队））明日从临城出发，向峄县前进，一并指挥左追击队，搜索台儿庄及兰陵镇方面之敌情地形。

22日早晨7时，第63联队主力从临城出发，当日下午5时30分抵达峄县，一并指挥左追击队。濑谷见峄县兵力已大为增强，便于10时下达如下命令（要旨），命令第63联队与第10联队分别向台儿庄和临沂方面派遣部队。

（一）右追击队作为韩庄守备队，负责守备韩庄附近。

（二）台儿庄派遣队（第63联队第2大队、野炮1个大队为基干）明23日从峄县出发，确保台儿庄附近运河一线。

（三）沂州支队（第10联队主力为基干）明23日从临城出发，向沂州（临沂）方面前进，策应坂本支队作战。

（四）濑谷支队主力集结于峄县附近。

然而，出乎濑谷预料的是，当日午后他收到情报（飞机侦察）："微山湖有船团，约1250只，敌侵入夏镇。"于是濑谷暂时中止了沂州支队的派遣和主力在峄县的集结，准备应付微山湖方面中国军队可能发起的进攻。但第63联队第2大队的任务不变，仍向台儿庄进攻。23日，该支队以主力扫荡临城西面地区，结果发现夏镇方面并无有力的中国部队，白忙了1天。

中国军队侧击峄、枣的部署

至3月20日，各方的形势如下：津浦路正面，日军右追击队已占领韩庄，正隔着运河与南岸的第52军部队对峙；枣台支路方面，日军左追击队虽占领峄县城，但第85军却处于日军侧背的有利位置，其第4师在峄县东北，第89师在峄县西南一带山地与日军对峙，还时常派出小部队四处袭扰日军。峄县城城外之土山、双山、马山、九山等重要据点，也仍控制在第85军手中；又有傅山、石城岗、青山为其依托的纵深根据，这样就创造了侧击日军的契机。

为抓住战机，第五战区司令长官李宗仁决定：战区以收复鲁中广大地区为目的，以一部在运河之线取攻势防御态势，以主力由峄县东南及东北山地，侧击南下之敌，将其聚歼于临枣支路与韩庄运河间地区。

汤恩伯的想法与李基本一致。当日，第20军团后续的第52军全部到达运河以南的利国驿附近，并沿运河加紧布防。于是，汤为充实反攻的兵力，特向李宗仁请示，以第20军团第13军第110师张轸所部，归李直接指挥，接替第52军所担任的运河以南贾桥亘微山湖间的河防，以便抽调第52军北渡运河，协同第85军向深入枣台支路的日军侧背反攻。

此前，第五战区因第22集团军、第85军战事不利，津浦路北正面形势紧张，向军事委员会求援。这样经蒋介石裁定批准，命第2集团军转隶第五战区。该集团军原为第26路军，是中原大战后冯玉祥的西北军余部，总司令孙连仲。该集团军辖第30、42两个军。第30军，军长田镇南，下辖第30师，师长张金照，第

31师，师长池峰城；第42军，军长冯安邦，下辖第27师，师长黄樵松，独立第44旅，旅长吴鹏举。

本来，该集团军已于3月14日奉命调往郑州、洛阳，担任河防任务。18日，该集团军还在行进途中，就接到转隶第五战区的命令，其第31师（附独立第44旅）刚到许昌，即转向徐州进发。19日午夜，该师到达徐州车站，接着又奉战区命令，开往车辐山集结，归汤恩伯指挥。第2集团军其他部队也奉命开往归德附近集结待命。

第五战区得到第2集团军的增援，信心大增，拟定了侧击日军的作战方案，21日报请蒋介石审核。各部队的部署及任务是：（一）汤军团（欠110师）及新配属第31师，应集中主力于峄县东侧及枣庄西北方焦山头附近一带山地，于3月21日（后改为24日）拂晓全线开始攻击，务先击破峄、枣之敌，向临城、沙沟两地附近侧击，压迫敌于微山湖东岸而歼灭之。其一部集结于台儿庄北方地区，准备对峄县及其西北地区协力于主力作战。（二）孙集团军（欠31师）新配属110师，应以一部在侯新闸以西运河南岸防御，待机渡河北进，主力控置于贾汪附近及荆山、茅村镇间。

当晚9时，蒋介石复电，原则批准，但对其部署作了修正，指示：“（一）汤军团进出运河后，以约两师对峄县方面佯攻，以三师由峄县以东梯次迂回求滕县以南亘峄县间敌之侧背攻击之。（二）张轸

▲台儿庄战役中，坚守阵地的中国士兵。

师（指第110师）及独44旅归孙仿鲁（孙连仲）指挥，守备运河。（三）孙仿鲁部两师集结徐州待机。”

第85军在此前的战斗中，伤亡很大。这样，当21日早晨汤恩伯得知第110师张轸部到达运河南岸，开始接替第52军关麟征部河防时，认为运河南岸的防务已较为完备，不再担心日军向徐州猛扑，于是命令第85军入暮后迅速与日军脱离，秘密向峄县东北地区之傅山口、平山、青山、石城岗、女峰山、坦上集一带地区转进，准备等第52军到达后，再向枣、峄方面攻击前进。

而后，汤恩伯亲自前往运河南岸第52军军部，准备同该军军长关麟征协商侧击枣、峄的相关事项。虽然第52、85两军同属中央军嫡系，但第85军是汤恩伯的老底子，第52军则与汤没有多少渊源，因此汤一见到关麟征就说：“我是来搬兵的，我看到你们2个师人强马壮很高兴。咱们2个军合起来一定能打个大胜仗。”接着，汤向关介绍了第85军的战况与枣峄方面的态势，并转达了第五战区长官部的上述作战命令。两人经过商议，决定第85军仍在傅山口一带山地，准备侧击枣庄日军；第52军交代河防后，即北渡运河，开往峄县东北之兰陵、向城一带集结，准备侧击峄县日军；并由新配属第20军团的第31师，诱使峄县日军主力南下深入；待峄县日军主力进攻台儿庄，第52、85两军即行南下，积极向临枣地区日军之侧背攻击，断其退路，并将其压迫至微山湖畔歼灭之。

不久，汤、关二人又在台儿庄南站会晤了第31师师长池峰城，向他下达了作战指导要领：“（一）设峄县之敌凭借峄县山城固守，则军团之攻略不易得手。（二）第31师应诱敌脱离山城，则歼灭易举。（三）设军团企图为敌所窥觉而不轻动，以师任监视峄县之敌，军团主力指向枣庄，扑灭该处之敌，径下临城，再回军击灭峄县之敌。（四）军团所顾虑者，（贵）师不难于诱出峄县之敌，而在于敌之锐意南侵，非（贵）师兵力所克制止。但军团以迅速之行动，足以附其背蹑踪而歼灭之。”并命第31师先掩护第52军北进，待该军到达向城后，第31师才开始诱敌行动。池峰城奉命后，慷慨激昂地表示，决与日军死拼到底，以尽军人之天职。此时，与池同行的第31师代理参谋长屈伸插话问关麟征：“我师与敌接战后，贵军究竟能在多长时间挥军南下夹击敌人？我师守台儿庄最低限度须坚守几日？”关说：“贵师与敌接触，枪声一响，我们便能马上回援，按距离最多不出一日定可回援。贵师坚守台儿庄能坚持3日即算完成任务。”

泥沟、北洛附近的战斗

第31师辖第91、93两个旅以及工兵营、辎重兵营、骑兵连、特务连、通讯连、卫生队等师直属部队，共约8000余人，只有编制兵员的七成。第91旅，旅

池峰城抗战简历

陆军中将。原名池凤臣，字镇峨，河北景州（今景县）人。1903年12月8日出生，1955年3月16日病逝。陆军第16混成旅学兵大队、中央军校高教班第2期、陆军大学将官班甲级第1期毕业。全面抗战爆发时，任第31师师长。

1939年2月17日	第30军军长
1940年4月	兼豫鄂边区游击总指挥
1943年11月	长江上游江防总司令部副总司令兼第30军军长
1944年10月	带职入陆军大学将官班甲级第1期深造
1945年1月	第33集团军中将副总司令

他参加的战役有：平汉线作战、娘子关战役、台儿庄战役、徐州会战、武汉会战、枣宜会战。1938年6月7日获颁青天白日勋章。1940年5月8日获颁三等宝鼎勋章。1944年6月27日获颁四等云麾勋章。

长不详，下辖第181团，团长戴炳南，第182团，团长韩世俊。第93旅，旅长乜子彬，下辖第185团，团长王郁彬，第186团，团长王震。该师各连步枪较杂，多为旧枪，汉阳造和79步枪居多，也有日本三八式步枪，每连配有轻机枪3－4挺，并有少量掷弹筒，手榴弹较充足。营配有重机枪3－4挺，团有迫击炮连，配82迫击炮3－4门。

21日，第31师在车辐山集结完毕，次（22）日便以第93旅北渡运河，进至台儿庄附近，接着以其主力在该地布防，以一部搜索峄县以南地区之地形及敌情；第91旅则集结于水晶沟庄附近待命。而第52军将运河南岸的防务移交给第110师后，即在第31师掩护下，由台儿庄以东渡河，开往兰陵镇、向城一带集结。

22日下午1时许，第31师各部先后到达指定地点，此时通过侦察员的报告，师长池峰城得知以下情况："峄县城内步骑兵之敌约二三千人，自占领峄县后，连日积极构筑工事中。敌之警戒哨在丁家坝山头红柚一带，其游击队约10人，常于黄山湖、北山西、獐山一带地区活动。"这样，池峰城决心以第93旅主力配备于南北洛，以一部进至前城、赵庄，以便衣队向獐山、北山、西黄山湖搜索，师骑兵由兰城店向乱沟、丁家坝一带活动，待敌情明悉后，以纵深之配备，于次日（23）拂晓向峄县日军施行佯攻，以将其诱至抑留于南北洛附近，待第20军团主力南旋将其歼灭。

据此，池于下午3时30分作出部署：（一）第93旅之第185团以主力配备于北洛，以一营进至前城、赵庄地区；第186团（欠禹营）担任台儿庄之守备；旅部率禹营位置于南洛附近；该旅之便衣队即向獐山、北山西、黄山湖搜索而占领之；次日（23）拂晓后，（该旅）向峄县日军进行佯攻，后逐次抵抗于北洛附近。（二）第91旅以第181团控置于台儿庄，以第182团担任台儿庄运河南岸警戒。（三）师骑兵（欠2班）于明日拂晓向峄县东南地区极力活动。（四）师部推进至台儿庄。

23日凌晨，第31师以骑兵连（连长刘兰斋）为前锋，向峄县搜索前进；以第185团1个加强连为骑兵支援队（队长由第185团第1营副营长王保坤担任），在骑兵连后跟进；以第185团第1营（营长高鸿立）为前卫，在骑兵支援队后跟进；第185团主力在前卫后跟进。其任务不仅是向峄县方向作威力侦察，还准备诱敌南下。

▲中国军队开赴台儿庄前线。

可是，即使第31师不诱敌深入，日军也会南下台儿庄的。如上所述，日军在22日编组了“台儿庄派遣队”（以第63联队第2大队、野炮1个大队为基干），准备以其夺取台儿庄。

23日早晨，日军“台儿庄派遣队”开始在峄县东门外的村落集合，准备向台儿庄前进。此时中央军第4师一部依然控制潭山附近的高地，发现这个状况，立即向日军猛烈射击。福荣联队长见状，命山炮中队开炮压制，使“台儿庄派遣队”前进容易。因为受到第4师的干扰射击，“台儿庄派遣队”出发的时间有所延迟，上午8时才从峄县东南侧开始行动，沿枣台支路向台儿庄前进，途中在康庄与第31师骑兵连遭遇。骑兵连与日军接触后，即向潘家庵撤退。日军并未跟踪追击，继续南进。

11时，当“台儿庄派遣队”的左侧卫（第5中队的1个小队），前进至赵庄（峄县东南方约11公里）附近时，又与刚进抵该地的骑兵支援队遭遇。日军立即在联队炮、大队炮的支援下予以攻击。骑兵支援队仓促应战，伤亡很大，副营长王保坤、连长寇葆贞以下官兵数十人阵亡，其残部被迫撤了下来。

日军占领赵庄后，继续南下，中午12时左右到达泥沟以北地区。通过侦察，他们发现泥沟及其以东的火车站约有500名守军，立即展开队形，实施攻击。守军第185团第1营依托既设阵地，待日军进入有效射程，才集中火力射击，使其进攻受阻。但日军的火力毕竟占绝对优势，加上泥沟附近一带地势平坦，缺乏可以凭借的地形地物，守军在日军猛烈的炮轰下，伤亡惨重。下午1时左右，日军借助炮火掩护，突入泥沟守军阵地一角。打到这个时候，守军终于顶不住了，被迫撤向南洛附近，日军趁势夺取泥沟全部阵地，并向南发起追击，接连夺取黄家埠、北田营及南田营。

随后，日军乘胜南下，向欢堆（今欢屯村）附近第185团颜营阵地进攻。激战至下午4时30分，该营主动向东南方撤退，日军乘机占领欢堆。接着，日军继续从西方及北方两面进攻北洛西南方村落（今小北洛村）的守军阵地。虽然第185团团长王郁彬率部奋勇抵抗，可该地仅有的简易工事，经不住日军猛烈炮火的轰击，很快就被摧毁殆尽，北洛也中弹，数处着火，官兵伤亡很大，这样他们坚持到下午6时，即奉命转移到南洛。日军趁势于当晚7时占领北洛西南方村落，接着又夺取北洛。

此时，天色已暗了下来，而日军“台儿庄派遣队”经过了一天的战斗，较为疲劳，于是停止前进，以一部集结于欢堆，以主力集结于北洛，严加警戒，准备而后的行动。

当第185团与日军在泥沟、欢堆、北洛附近激战的时候，第31师师部对日军作战意图及动向进行研究判断，发生了较大分歧。一些人判断，虽然当天日军攻势迅猛，但由于汤恩伯第20军团已绕到日军侧

▲孙连仲与池峰城研究作战方案。

背，日军不能弃置不顾，因此判断日军当晚将放弃今日之战果，撤回峄县以对付汤军。

第31师师附王冠五对此深表赞成，会上他以拳击桌，断然说道：“日军今晚一定撤回，只要消灭了汤军团，台儿庄岂不是日军的囊中物？我敢说，日军若继续南下，砍我的脑袋。”该师代理参谋长屈伸本来就有不同意见，王冠五的发言更是激怒了屈，他对王说：“冠五，我先不谈你的意见正确与否，就你这一种绝对化的态度，就不符合战术原则。在战场上判断日军情况，只能从战术到行动，或者最使我痛苦之日军行动而判断之，而且还不能作绝对化的断语，因我究非日军，日军如何行动，毕竟有自由的意志。比如说，诸葛亮尚不能判断马谡的违制布阵，况且与我对立者为独立不羁之日军，你这种绝对化的态度是十分错误和危险的。所谓错误，因它完全不符合情况，它的危险在于必然会采取一种完全错误的部署。如果肯定日军撤到峄县去，我们就应该全线前进，牵制日军的行动。如果日军继续南下，我军无精神准备，势必遭到很大的损失，甚至被歼。”

王冠五听了屈的话，哑口无言。屈伸则不失时机地说出了他自己的判断：日军将以一部牵制汤军团之行动，以主力南下进攻台儿庄。理由如下：（一）日军以有力之一部，牵制汤军团（如一个混成联队），可以至少使汤军团不能顺利南下；日军以主力部队的绝对化优势对我发动攻势，我师绝不能持久，将我师击溃后，日军占领了台儿庄，即可席卷运河防御线或乘虚进窥徐州。徐州动摇，整个战局就会产生很大影响。（二）台儿庄是我旋回轴作战的中心，轴心一失，攻防两个兵团就失去联系，汤军团后方联络线中断，势难持久。

虽然屈伸分析得有理有据，可池峰城师长也有自己的见解，不偏信任何一方。他把日军是否续攻南洛，作为评判日军作战意图的参照。他认为，如接下来日军续攻南洛，表明日军企图攻占台儿庄；如日军未续攻南洛，表明日军企图退保峄县。

至晚7时，池峰城决定仍按原定计划，与当面之敌保持接触，吸引日军南进，以配合第20军团之攻势，歼敌于台儿庄以北地区，为此作出如下部署：（一）师骑兵仍于潘家庵、苏家埠附近地区，监视峄县敌之行动。（二）第93旅（欠第186团（欠1营））以一部位置于南洛、贾家口、孙庄各据点，与敌保持接触，主力控置于板桥。第186团（欠第3营）仍任台儿庄之守备，速构筑防御工事。（三）第91旅以一部进驻北站附近，并对该处工事应速加强。

初战台儿庄

24日拂晓前，日军“台儿庄派遣队”集结于北洛，准备绕过南洛守军阵地，经刘家湖向台儿庄发起攻击。其部署是：第5中队（配属机枪1个小队）沿北洛－孙庄－刘家湖道路前进，担任右侧的警戒；另外先遣步兵1个小队沿三佛楼－杨家庙－枣庄－刘家湖－台儿庄道路前进；主力延迟1个小时，早晨6时从北洛出发，沿先遣小队的进路向台儿庄前进。

日军各部按部署行动，其主力的先头部队于上午7时40分前出到刘家湖东侧，停了下来，一面集结部队，一面侦察敌情

屈伸抗战简历

陆军少将。字宜之，陕西省三原县人。1911年出生，1981年10月22日病逝于西安。全面抗战爆发时，任第31师参谋主任，代理参谋长。1939年夏以后，历任第30军军部参谋处处长兼30军补2团团长、第30军干部训练教育长兼兵学研究班主任等职。他参加的战役有：台儿庄战役等。

地形。日军集结完毕，即以第5中队（欠1个小队，配属机枪1个小队）从刘家湖分进，牵制三里庄以西铁道方面的守军；联队炮中队（欠1个小队）及野炮兵大队在刘家湖东侧占领阵地，使各队的前进容易；第2大队主力则向邵庄前进，准备在该地附近展开队形，向台儿庄东北方地区攻击前进。

日军发起行动后，被台儿庄西北端的守军迫击炮连发现，立即发炮阻挠其前进，但没过多久日军野炮兵大队就开炮压制，迫使迫击炮连停止射击，转移阵地。上午9时左右，第2大队主力抵达邵庄南侧地区，随即在炮火支援下，驱逐台儿庄东北各村落的守军警戒部队，10时30分前出到台儿庄东北侧地区，其第一线距台儿庄城墙仅有约200米距离，准备对台儿庄实施进攻。

第2大队长安永兴八决心一举攻占台儿庄，于是要求配属的野炮大队在城墙上轰开缺口，开辟突击路。日军炮兵即向台儿庄北部城墙作破坏性的猛烈轰击，瞬间硝烟弥漫，城墙被轰开两处缺口，城墙上的守军随塌陷的砖土翻滚城下而伤亡者众多。

下午3时30分，日军完成突击准备。其野炮及联队炮一齐对左右两个缺口开始压制射击，其他的重武器则压制缺口两侧

▲日军野炮兵第10联队第1大队装备的明治38年式改75毫米野炮。

表 4-4　明治 38 年式改 75 毫米野炮性能数据

口径	75 毫米
炮管长	2325. 0 毫米（L 31）
重量	1135 公斤
配用弹种	榴弹，纵火弹，化学弹
火炮俯仰角	−8度—+43. 0 度
弹丸重量	6. 41 公斤
弹丸初速	510 米/秒
最大射程	11500 米

城墙上的守军。几乎在炮火延伸射程的同时，日军第一线的第7中队（欠1个小队）及第6中队利用炮击效果，开始并列向两个缺口突进。

当日军右第一线的第7中队迫近城墙时，突然受到密集机枪火力的扫射。冲在后面的日军虽反应很快，立即卧倒隐蔽起来，仍有不少人猝不及防，被扫倒在地，或死或伤，就连中队长大野谨之助大尉也负伤了。而前面的日军则处于守军的射击死角，他们在第2大队副官奥谷勤中尉（碰巧在第7中队担任联络）的率领下，不顾一切地冲入右面的缺口。第185团团长王震、副团长姜常泰见情势危急，带领预备队及时赶到，马上组织反击，集中轻重机枪向突入的日军猛烈扫射。此时，日军后续部队受到守军的火力拦阻，无法前进。突入城内的日军就成了孤军，尽管他们拼死顽抗，但终于寡不敌众，奥谷以下全部战死。而守军为了消灭突入城内的日军，也付出了极大的伤亡代价，王震、姜常泰两人均负重伤。

这期间，日军左第一线的第6中队冒着枪林弹雨，向左面的缺口突击。其先头虽顺利地突入缺口，却受到守军持续的反击，死伤迭出，遂败退城外。此时日军炮兵弹药告罄，无法对第一线步兵实施有效的炮火支援。鉴于这样的情况，安永下令中止进攻，将兵力集结于台儿庄以北的园上村附近，作以后攻击的准备。

当日军第2大队主力进攻台儿庄的时候，第5中队也准备对台儿庄西北的三里庄发起攻击。因其受到来自台儿庄北站方向的猛烈侧射，白天实施进攻困难，只好等天黑后再发起夜袭。当晚8时20分，该中队趁着夜幕的掩护，占领三里庄。接着，该中队在扫荡附近各村落的时候，得知第7、第8中队的各1个小队，大队大行李及联队小行李正举着火把追赶大队主力，于是将其引导到墩上（刘家湖以西偏南、铁道东侧的村落），彻夜严加警戒。

日军兵临台儿庄城下时，池峰城这才如梦初醒，认识到日军确实企图攻占台儿庄。下午1时，第31师又收到23日早晨以来就失去联系的第20军团发来的电报："军团主力迂回已远，未能即时回军南下以歼当面之寇。"于是，池命令第185团应不顾一切牺牲，向刘家湖、邵庄之敌攻击。南洛附近的第185团奉命后，即以一部向日军侧后进攻。可日军早有准备，以第8中队（欠1个小队）在孟庄西北的村落担任后方的警戒，下午4时30分其发现五六十名中国兵攻击而来，便在炮火支援下将其击退。

当日，蒋介石抵达徐州视察，并将随行的副参谋总长白崇禧、军令部次长林蔚及厅长刘斐等留第五战区协助李宗仁指挥作战。李宗仁则令第31师改为防守台儿庄，同时解除其配属第20军团的任务，归还第2集团军建制，由第2集团军总司令孙连仲统一指挥台儿庄方面的作战。孙连仲于当日进至台儿庄运河南岸的韩家寺，将第27师由贾汪推进至台儿庄附近，以其1个营接替第31师河防之1个团，使该团增加到第一线。

当夜12时许，白崇禧和孙连仲来到台儿庄南站第31师师部，了解敌情及战况。当他得知该师装备仅有步机枪与迫击炮，即下令增调炮第7团的野炮1个营（有沈阳造仿克虏伯75毫米野炮10门）、战车防御炮1连及铁甲车第3中队配属第31师，以加强台儿庄守军的火力。

表4-5 台儿庄附近战斗双方战斗序列之一（1938年3月23日—3月24日）

中国军队	
第31师	师长池峰城
第93旅	旅长乜子彬
第185团	团长王郁彬
第186团	团长王震
日本军队	
台儿庄派遣队	
步兵第63联队第2大队	
配属部队	
联队炮中队（欠1个小队）	
速射炮中队（欠1个小队）	
野炮兵第10联队第1大队（欠第1、3中队）	
工兵第1中队的2个分队	
卫生队六分之一	
旅团通信班的无线1机	
旅团通信班的对空班及有线班的一部	
飞行第7大队（侦察机）内田中队（88式侦察机1个中队）	

郭里集、纪官庄附近战斗

23日，第52军（附野炮兵1个营）抵达向城，就地休整，准备向峄县方面攻击前进。休整期间，却意外接到汤恩伯命令（摘录）：“着第52军于3月24日晨由向城出发，向枣庄以东鹁鸽窝、郭里集之线前进。到达该线后，即与在枣庄东北山区的第85军联系，准备从东、北两方面协同向枣庄方面攻击前进。”据此，第52军进攻峄县的原定任务取消，转而准备和第85军一起进攻枣庄。

当晚，濑谷启不知通过什么渠道，得到汤恩伯第20军团将于24日侧击枣、峄的情报。于是，他决定将支队主力集结于临城、峄县，准备与汤军作战，原定支援临沂的部队减为1个大队，同时增强枣庄的守备力量，对进攻台儿庄的兵力与任务则不变动。据此下达如下命令：

（一）支队以一部遣往沂州方向策应坂本支队，主力确保韩庄及台儿庄附近的大运河一线。

（二）沂州支队（以第10联队第2大队为基干）24日从临城出发，向沂州方向前进，策应坂本支队作战。

（三）第10联队（欠第2大队，配属炮兵等）以一部确保韩庄附近大运河线，主力于临城集结。

（四）第63联队（欠1个大队，配属炮兵等）以一部确保台儿庄附近大运河线，主力集结于峄县。

（五）支队司令部及直属部队（第63联队1个大队、野炮兵第10联队本部及其第4大队主力等）集结于枣庄附近。

此时，第10联队正集结于官路口（临城北方约8000米）附近，接到上述命令后，赤柴联队长立即作出部署：

（一）以第2大队为基干，编组沂州支队，24日正午从孔庄出发，向沂州（临沂）方向前进，策应坂本支队作战。

（二）联队主力（欠第2大队）以第3大队主力（欠第9中队）作为韩庄守备队，25日拂晓以前和步兵第63联队部队交接，确保韩庄附近大运河一线，并担任韩庄车站（包括）以北、沙沟车站（不含）以南的津浦线的警备；第1大队主力（欠第1、4中队）25日拂晓以前和步兵第63联队部队交接，担任沙沟车站（包括）以北、滕县车站（不包括）以南的津浦线警备；其余部队集结于临城。

24日晨，第52军分为2个纵队，由向城出发，向鹁鸽窝、郭里集之线前进。其前进部署如下：第25师为左纵队，经辛兴庄沿九顶山北麓向郭里集前进，到达后，即向枣庄方向严密警戒。军部率第2师和炮7团之野炮兵1个营为右纵队，在第25师之右后成梯次沿沾尚岩、税郭以北高地边缘向鹁鸽窝地区前进，到达该地区后，与在右翼山区的第85军联系，准备协同向枣庄攻击前进。

当天，日军第10联队为策应临沂方面的坂本支队，以第2大队为基干，编组了沂州支队（支队长加村）。正午时分，该支队分成2个梯队，从孔庄（官路口东南约2千米）出发，向临沂方向前进。第1梯队为汽车编成（搭乘兵站汽车第15中队的汽车实施摩托化机动），由加村亲自率领，包括第2大队（欠第6、8中队）、独立轻装甲车第12中队一部、工兵1个小队、师团无线一部等部队。第2梯队则徒步行军，由第6中队长高田大尉率领，包括第6、8中队、独立机枪1个中队、野炮兵第5中队、独立山炮中队、卫生队一部和辎重的三分之一等部队。

下午6时，第1梯队到达郭里集。郭里集是一个比较大的村落。加村命主力就地宿营，第5中队的佐藤小队前出到郭里集东方约7公里的兴龙山实施警戒。接着，他还向纪官庄（郭里集东南约2千米）派出了军官侦察队（以第5中队的石井直好少尉为首），以侦察那里的敌情、地形。

碰巧此时第25师的先头第75旅正向郭里集前进，途中他们经过纪官庄后，留有部队驻守该地。日军侦察队在纪官庄附近侦察时，抓了1个俘虏，押送回郭里集，交给加村审问。加村从俘虏的口中，得知“第25师的步兵部队今晚就要夺回枣庄，目前正向该地前进，其后续的高等司令部和炮兵团（12门）已到达纪官庄，而担任掩护的兵力薄弱，仅步兵60人”。据此，加村决定以石井指挥的小队（第5中队第3小队）向纪官庄发起夜袭，消灭那里的中国军队司令部及炮兵部队。25日凌晨3时，石井少尉奉命率40名部下从郭里集出发。

这时，尽管加村知道第25师想夺回枣庄，可他万万没想到的是，该师大部队也正向郭里集前进。没过多久，该师第75旅就到达郭里集附近，发觉该地有日军盘踞，遂将其层层包围，并以一部向郭里集南部发起进攻。这里的日军为第5中队，因其石井、佐藤2个小队被抽走，仅剩中队部及1个小队，兵力薄弱。第75旅一部乘机冲入其阵地，双方随即展开激烈的白刃战，用刺刀、大刀、枪托，甚至是牙齿和双手进行搏斗。由于第5中队在人数上处于劣势，渐渐顶不住了。第7中队长大熊迁之大尉得知第5中队陷入危机，就从本中队抽出兵力增强第5中队的正面。第7中队增援部队赶到后，和第5中队一起，凭借良好的体格和拼刺技术，打退了中国军队的进攻，保住了郭里集南部的阵地。

这期间，从纪官庄方向传来激烈的枪声，那边的石井小队是怎么个情况呢？加村完全不知道，和佐藤小队也失去了联络。这样，早晨7时30分左右，加村派轻装甲车队（94式轻型装甲车4辆）前往纪官庄，企图和石井小队取得联络。

轻装甲车队出村后，径直冲向第149团第3营的一线阵地。当时，该营配属有1个苏罗通机关炮排（瑞士苏罗通 S5-106 20毫米机关炮），却不在一线阵地。第3营官兵敌不过4辆94式轻装甲车的攻击，纷纷撤退到机关炮排所在的村子里面。机关炮排排长张晴光得知轻装甲车逼近后，立即部署机关炮，对准轻装甲车迎头痛击。轻装甲车小队长的座车冲在最前面，毫无防备，刚刚开到村口，即被破甲弹击中，小队长当场战死。

苏罗通机关炮本来是用来防空的，但实际上还具有相当程度的反装甲能力。其破甲弹是纯钢弹头，具有很强的穿透力，在400米距离可以轻松穿透30毫米优质钢板。在800米距离，也有超过20毫米的穿透力。而94式轻装甲车的车体装甲厚4－12毫米，炮塔装甲厚6－12毫米。这样，苏罗通机关炮排仅用了3发破甲弹，1发曳光弹，就将日军小队长的座车彻底击毁。其余3辆见状，连忙掉头逃回郭里集。此前，日军轻装甲车曾在官桥、临城附近横行无忌，这次终于遇到克星了。

再说说纪官庄这边的情况，石井小队于凌晨5时许悄悄地来到纪官庄西端高地。当时，第75旅主力正在包围郭里集，其一部则在纪官庄宿营。日军通过侦察，发现纪官庄的中国军队警戒松懈，疏于防范，即利用地形地物的掩护，隐蔽地进入到纪官庄村边的碉楼里，然后出其不意地向第75旅部队开火，打死打伤其十余人。

第75旅部队发现碉楼里藏有日军，即

▲中国军队装备的瑞士苏罗通S5-106 20毫米机关炮。

表 4-6　瑞士苏罗通 S5-106 20 毫米机关炮性能数据

口径	20 毫米
弹头重	0.134 公斤
初速	835 米/秒
最大射程	5600 米
最大射高	3600 米

向其攻击，用轻重机枪和苏罗通小炮封锁碉楼射击孔，并挖掘地道，准备用炸药炸毁碉楼。第52军军部得报，也派野炮兵1个连，直接瞄准碉楼射击，碉楼上层当即被轰垮。石井小队失去碉楼的掩护，仍依托民房拼死顽抗，与第75旅部队展开激烈巷战。然而，该小队毕竟寡不敌众，一个接一个地倒下，打到上午10时30分，就只剩17人了，其中完全健康的只有松田丰伍长以下5人，其余12人全部负伤，石井本人身上数处受伤。他见大势已去，遂令松田丰伍长率4名无伤的士兵突围，向大队长报告情况，他自己则率剩余的11名伤兵留下掩护。松田分队离开后，石井等12人并没有坚持多久，就被全部歼灭了。

第75旅部队发现有少数日军突围逃跑，希望多捉几个俘虏，即发起追击。但日军士兵身体素质比中国士兵好，逃得很快，没有追上。松田分队突围后，即向郭里集急进。然而，该地附近到处是中国军队，经过几次遭遇战，松田分队3人战死、1人被俘，只剩下大桥上等兵1人。他为了不引起中国军队的注意，就丢弃装具，脱掉上衣，不顾一切地逃命，终于在当日下午2时30分进入第5中队阵地。加村从他的口中，得知石井小队已全部覆灭。

让我们把目光又转向郭里集。下午1时左右，第75旅在炮火掩护下，再次向郭里集发起进攻。这次，他们把进攻的重点指向第7中队方面。该中队从昨晚开始，进行了大量的防御准备工作，如清扫射界、对阵地前要点的测量、开设联络路线（打通相邻民房的土墙）等，加上其采用了适当的战术，即把中国官兵放到很近的距离，才突然集中火力，一齐射击。这样中国军队多次进攻，均无功而返，且伤亡惨重，被迫停止攻击，双方转为对峙。

当第25师第75旅在郭里集、纪官庄附近与日军激战时，该师的另一个旅第73旅在新兴庄附近待命，同时严密监视枣庄方面的敌情。下午3时左右，其侦察员发现枣庄约有二三百名日军向郭里集前进，这是沂州支队的第2梯队，正经由枣庄向郭里集进发，以追赶第1梯队。旅长戴安澜得报，率部拦截。日军第2梯队行至郭里集西方2公里的桃园附近，即与第73旅主力遭遇，战斗随即展开。此时，配属第2梯队的野山炮中队还留在枣庄等待弹药补给，这样日军因缺乏炮火支援，战至当晚7时30分，仍未能越雷池一步，还折损了一些人马，仅第6中队就战死近藤达海小队长以下13人，战伤高田中队长以下20余人。随后，双方进入胶着状态。

当日下午4时左右，第52军军部在鹁鸽窝附近高地上，观察到枣庄通往临城的大道上尘土飞扬，判断是大股日军由临城向枣庄前进。关麟征认为这股日军很可能于次日对郭里集一带大举进犯。当即令第25师留下1个加强营附各团便衣队，于郭里集外围各据点欺骗日军，佯示对郭里集准备续攻的态势。如日军向该营攻击，可逐步向东撤退。该师主力则于当晚撤至郭里集东北山地隐蔽，准备乘日军东进或南下之际，会同第2师和第85军，以全力攻击其侧背。接着，第52军军部将敌情和处置报告了汤恩伯，并要求汤恩伯令第85军与第52军协同一致向日军攻击。

26日上午8时，日军第2梯队发现其当面的第73旅已撤走，即以第8中队为第一线，向郭里集攻击前进。留在该地附近的第25师加强营按照原定计划，边抵抗边逐步向东撤退。上午10时左右，第2梯队进入郭里集，与第1梯队会合。接着，第2梯队留在枣庄等待弹药补给的野山炮中队和一度失去联络的佐藤小队也相继抵达郭里集。

中午12时，第52军部队在鹁鸽窝观察郭里集附近日军行动，清楚地看到日军除以一部向东搜索外，大部陆续向郭里集附近村庄集合整队。

关麟征抗战简历

陆军中将。原名志道，字雨东，陕西省户县人。1905年4月18日出生，1980年8月1日在香港因心脏病去世。长城抗战爆发时，为第17军第25师师长。全面抗战爆发时，任第25师师长。

1937年8月9日　第52军军长

1938年6月17日　第32军团军团长兼第52军军长

9月27日　第32军团军团长

1939年1月17日　第31集团军副总司令

5月11日　第15集团军副总司令

10月2日　第15集团军总司令

1940年7月13日　第9集团军总司令

1945年3月5日　第1方面军副司令长官兼第9集团军总司令

他参加过的战役有：长城抗战、平汉线作战、台儿庄战役、徐州会战、武汉会战、第一次长沙会战、1939年冬季攻势等。1935年7月17日以长城抗战攘御外侮有功绩获青天白日勋章。

枣庄、韩庄附近的战斗

24日晚，第85军第4师陈大庆所部进入科拉崮、云谷山一带，准备进攻枣庄；第89师张雪中所部，也到达东凫山、井庄一带占领阵地，掩护第4师攻击。

25日凌晨，第4师第10旅倪祖耀所部，以卓山、马山、黄山为根据，从东西北三面，进攻枣庄煤矿。该煤矿分为南大井、北大井、东大井三部分，每部分均有城墙，就像独立的城堡一样。日军第63联队第12中队（欠半个小队，配属机枪1个小队）23日接替第8中队防务后，即以中队主力配置于南大井，以3个分队配置于北大井，以2个分队配置于东大井。

事前日军得到情报，“第4师正集结于煤矿东北方约8公里的山地内”，因此加强了戒备。25日凌晨1时30分左右，突然有数发迫击炮弹落在东大井附近爆炸，日军知道中国军队来夜袭了，立即各就各位，进行抵抗。战斗打响后，第10旅以主力包围东大井，并分别以一部向北大井、南大井逼近。日军中队长发现这个情况，即在南大井东侧城墙上，架好1挺92式重机枪，向东大井、南大井之间的中国官兵，猛烈开火，将其击退。与此同时，第10旅也以迫击炮向南大井实施集中射击。密集的弹雨一古脑儿地倾向南大井内，没头没脑地乱炸。可日军多隐蔽在坚固的工事内，伤亡轻微。

第10旅旅长倪祖耀见东大井久攻不下，便把进攻的重点转向北大井。倪果断改变部署，一度取得效果，该旅一部成功地登上北大井城墙，和日军展开巷战。日军第12中队长得报，即以1个小队前往救援，并将轻重机枪架到南大井北侧城墙上，掩护其前进。日军救援小队在机枪火力掩护下，突进北大井内，通过白刃格斗击退了中国军队。

当日早晨，正当双方杀得难分难解的时候，日军沂州支队第2梯队到达枣庄附近，发现中国军队正围攻该地，便以第8中队为右第一线，第6中队为左第一线，向其发起进攻。第10旅在日军内外夹攻之下，渐渐顶不住了，便以一部留在枣庄附近监视日军，主力则向枣庄东北的山地撤退，控制为机动态势。

前面说了枣庄的情况，再说说韩庄这边的状况。当日凌晨4时，第10联队第3大队（欠第9中队、机枪1个小队，配属独立野炮中队、野炮兵第6中队和旅团无线一部）和第63联队第1大队交接了韩庄的防务。可是，第3大队很不走运。天亮以后，第110师即开始以迫击炮大举炮轰韩庄。当晚，该师以一部突入该地，并占领火车站的一角。第3大队随即向其发起反击，战至晚11时50分，才将第110师部队击退。

刘家湖之战

3月24日，日军第63联队第2大队主力进攻台儿庄受挫后，退据台儿庄以北的

陈大庆抗战简历

追晋陆军一级上将。别字养浩，江西崇义人。1905年出生，1973年8月22日在台北逝世。黄埔军校第1期毕业。抗日战争爆发后，任第4师师长，新编第2军军长，第29军军长，第30集团军副总司令，第19集团军总司令兼苏鲁豫皖边区副总司令及边区党政分会秘书长。1945年3月授陆军中将，任第三方面军副司令官。当选国民党第六届中央候补监察委员。他参加的战役有：台儿庄会战、武汉会战、随枣会战、豫南会战和豫中会战。

园上村附近，转入防御。另外，第5中队虽于当晚占领台儿庄西北的三里庄，却与主力失去联系。由此，日军“台儿庄派遣队”的兵力分散于东西两地区。东面：第5中队（欠1个小队，配属机枪1个小队）以及随后赶来的第7、第8中队的各1个小队，大队大行李及联队小行李位于三里庄、墩上。西面：第2大队主力位于园上村附近；野炮兵大队、联队炮中队、卫生队、第8中队主力（欠1个小队）位于孟庄西北的村落附近。

当晚，第31师又调整了部署：（一）第91旅（欠第181团）守备北站。第181团即进至南洛、三里庄、板桥各村，归乜旅长指挥。（二）第93旅（欠第186团）附第181团，仍确保刘家湖、邵庄、南洛、三里庄各据点，并协力第186团于明（25）日拂晓前肃清孟庄、园上之敌。禹功魁营待第181团到达，即开赴台儿庄归还建制。师附王冠五着接代王团长震职务，率第186团任台儿庄之守备，归师直接指挥，应于明（25日）拂晓前肃清当面之敌。

▲台儿庄守城指挥官王冠五。

25日凌晨2时许，台儿庄守军第186团以一部向孟庄、以主力向园上村日军出击。由于日军第2大队主力依托民房及碉楼拼死顽抗，该团又缺乏炮火支援，这样打了约1个小时，该团伤亡甚大，却毫无进展。这期间，第93旅旅长乜子彬也率第181、185团侧击日军第5中队。第185团由南洛向日军右翼绕攻，很快驱逐日军少数警戒兵，占领刘家湖。第181团则由北站向三里庄攻击前进，这让日军第5中队大感威胁，慌忙退出三里庄，将兵力集中于墩上。第181团遂顺利占领三里庄。

拂晓以后，第185团以第3营，继续由刘家湖向墩上发起进攻。这里的日军为第5中队（欠1个小队，配属机枪1个小队）及第7、第8中队的各1个小队、大队大行李及联队小行李，由于其缩小了防御正面，兵力、火力较为集中。这样，虽然第3营发起连续冲击，奈何日军火力凶猛，该营付出了较大的伤亡代价，仍不能取得进展。上午8时，池峰城亲率铁甲车第3中队到达南洛北端。该中队的装甲列车即以机枪及火炮向第5中队阵地开火，可日军凭借坚固的建筑掩护，伤亡较小。而且，孟庄西北的日军炮兵发现中国的装甲列车，也向其开炮，打伤其2名士兵，还击毁了1挺机枪，迫使列车撤回南站。

当第3营完全把注意力放在西南方，几乎投入全部兵力对付第5中队的时候，其侧后却缺乏掩护，使日军有了可乘之机。

当日凌晨4时30分，日军第10中队（配属机枪1个小队、第3大队炮小队、联队无线1个分队）奉命从峄县出发，增援“台儿庄派遣队”。为补给“台儿庄派遣队”弹药，该中队官兵在各自的背包里增加30发子弹，还有2辆装满弹药的辎重车辆随行。9时30分，他们到达北洛，接着又经三佛楼、枣庄（这里的枣庄是一个村庄）向刘家湖前进。当其先头前出到枣庄南端时，听到从墩上方向传来激烈枪声，立即停了下来，侦察附近的状况。

通过侦察，日军发现约有300名中国兵正和墩上的第5中队相对峙，在其北方仅配置了少数兵力。面对如此良机，日军岂肯放过。11时40分，第10中队开始由东北方进攻刘家湖。该地北侧仅有少数中国警戒兵，他们突然发现不知从哪儿钻出来的日军，立即开火，延缓了日军的进攻。第3营营长高鸿立得报，立即率部回援刘家湖。随后，第3营陆续向刘家湖北侧及东侧增加兵力，向日军猛烈射击。可第10中队第一线小队利用地形地物的掩护逐步接近，并以大队炮、掷弹筒打掉了刘家湖北端的机枪。守军失去机枪火力的支撑，很快出现动摇。日军乘机发起突击，一举冲入刘家湖，与守军展开白刃格斗。顿时，不同音调的喊杀声，手榴弹的爆炸声，冷兵器的碰击声，汇成一片。混战中，守军伤亡很大，营长高鸿立头部负伤，其残余官兵不能支持，纷纷向三里庄溃退。中午12时50分，刘家湖落入日军手中。南洛守军也因此受到影响，于下午1时，放弃南洛，退守鱼鳞。

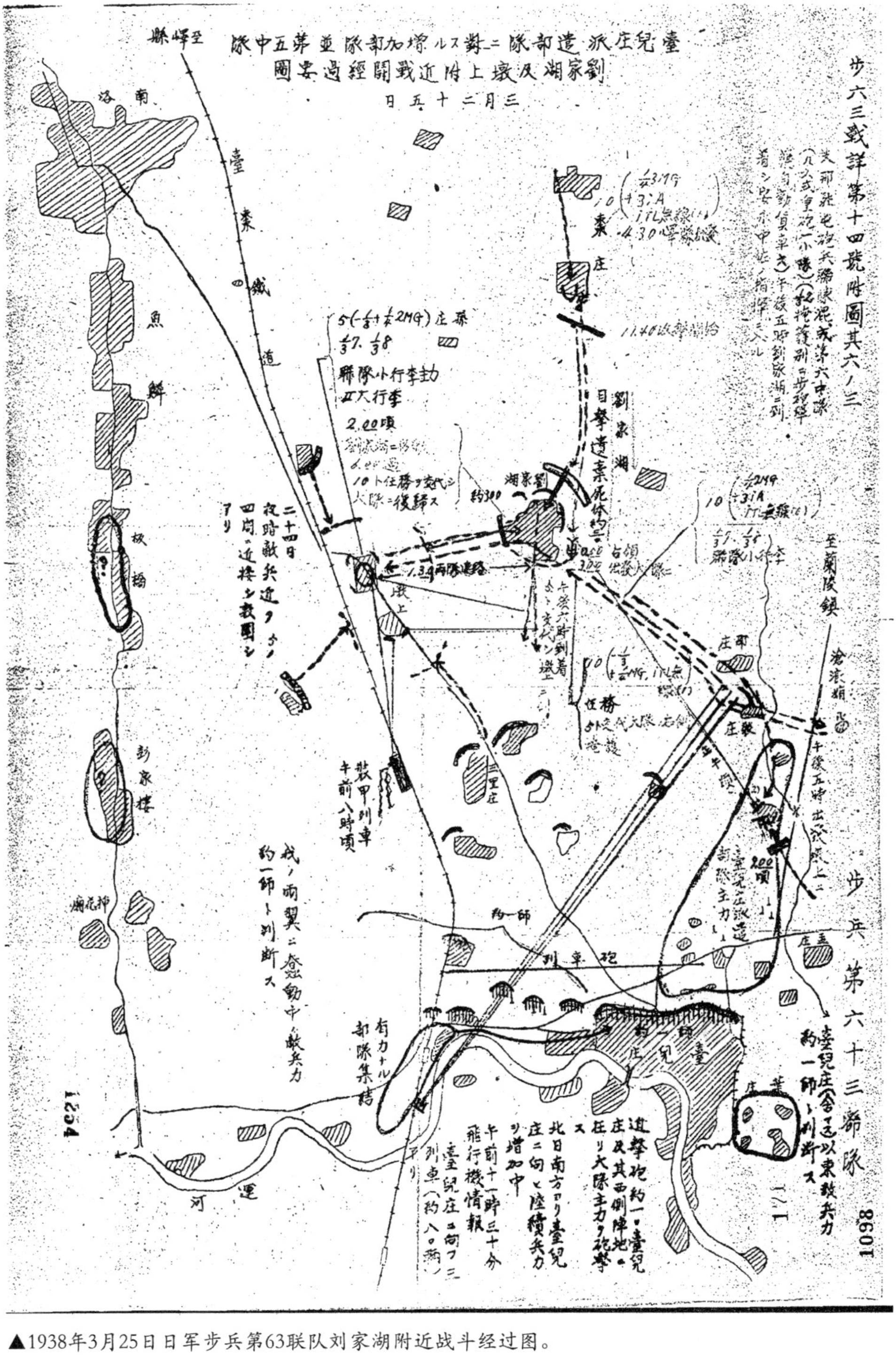

▲1938年3月25日日军步兵第63联队刘家湖附近战斗经过图。

下午1时30分，第5中队的联络者来到刘家湖。第10中队长永岛朝好中尉这才得知第5中队的状况，但仍不知道第2大队主力的状况。随后，第5中队长山本春信中尉率部来到刘家湖，与第10中队会合。永岛和山本见面后，即达成协议：第5中队及大队大行李继续留在刘家湖，掩护大队主力的右侧。联队小行李及其掩护部队第7、第8中队的各1个小队，和第10中队一起，向台儿庄东北地区前进。

下午3时左右，永岛指挥第10中队、第7、第8中队的各1个小队、第3机枪中队的1个小队、第3大队炮小队、联队小行李从刘家湖出发，途中经过裴庄附近时，忽然受到来自台儿庄方向的炮击，因日军行军队形疏散，反应及时，没有造成伤亡，终于在4时左右安全抵达沧浪庙，和第2大队长安永取得联络，纳入其指挥。而1个小时后，“中国驻屯炮兵联队”混成第6中队（中队长内野贞利大尉，由观测小队、96式150毫米榴弹炮2门、中队段列和大队段列的一部组成）也在第2中队1个小队掩护下，到达刘家湖附近。安永在得到步兵约2个中队、重炮2门的增援，并补充了弹药后，决心27日拂晓对台儿庄再兴攻势。

安永掌握第10中队后，除留下1个小队及大队炮小队以外，又将机枪1个小队及联队无线1个分队配属给该中队主力，命其立即到刘家湖附近，和第5中队交接防务，担任该大队的右侧掩护。该中队奉命后，于下午5时撤出沧浪庙，向指定地点前进，经过1个小时的行军，抵达刘家湖，接替了第5中队的防务，接着又转移到墩上，彻夜严加警戒。第5中队移交防务后，于26日凌晨1时30分从刘家湖出发，利用暗夜，经邵庄前进，3时30分终于在台儿庄东北村落和大队主力会合，纳入安永的指挥下。

当第185团第3营在刘家湖、墩上附近和日军第5、10中队激战的时候，该团主力（欠第3营）也向孟庄西北的炮兵阵地出击。日军炮兵队的自卫步枪手早就在村落的边缘构筑了防御阵地，严阵以待。另外第2大队还以第8中队一部担任炮兵的掩护任务。由于日军布防严密，第185团主力逼近到距炮兵阵地七八百米的距离，就再也无法前进。团长王郁彬得知情况后，心急如焚，亲自赶到第一线督战，却被一发子弹洞穿大腿。而后，该团见无隙可乘，遂撤了下来。

当日，中国炮兵第7团第1营抵达台儿庄运河南岸。该营装备沈阳兵工厂仿造的克虏伯75毫米野炮10门，各炮配附的炮弹仅数十发。第31师代理参谋长屈伸根据战场实际情况，建议该营将3个连区分为3个炮兵群，在台儿庄运河南岸东西二三公里内，占领互相隔离之隐蔽阵地，阵地上除火炮外，人马弹药都远离阵地，加以掩蔽。接着，炮兵第10团1个连也抵达宿羊山车站东北占领阵地，该连装备德国莱茵金属150毫米榴弹炮2门。下午1时，炮7团第1营3个炮兵群已在水晶沟、冈子一带放列完毕，开始和炮兵第10团1个连一起，向日军第2大队主力阵地怒吼。孟庄西北的日军炮兵见中国炮兵开始射击，即开炮还击。双方炮战持续了约2个小时，中国方面损失较大，第31师指挥所传令通讯兵等负伤6名，炮7团第1营士兵伤亡3名、野炮被击毁1门，铁甲车野炮车被击毁1辆。这天下午1时许，日军飞行第7大队内田中队的7架88式侦察机飞临台儿庄上空，投弹40余枚，均落西关及城内中区，炸毁若干幢民房，还造成多人死伤。

▲藏于锦州辽沈战役纪念馆的莱茵式32倍150毫米榴弹炮。

表 4-7　莱茵式 32 倍 150 毫米榴弹炮性能数据

口径	149. 1 毫米
炮管长	4825 毫米
高低射界	-3度—+45 度
方向射界	64 度
放列全重	6500 公斤
榴弹全重	42. 3 公斤
1 号榴弹初速	203 米/秒
8 号榴弹初速	494 米/秒
8 号榴弹最大射程	15100 米

裴庄附近的战斗

峄县的福荣联队长始终关注着台儿庄方面的战况。25日下午，虽然“台儿庄派遣队”已获得增援，但福荣仍决定进一步向该方面增兵。5时，他又命第2中队长指挥第2中队（欠1个小队）及野炮兵第3中队，于次（26）日凌晨4时从峄县出发，向刘家湖前进，纳入安永大队长的指挥。然而，濑谷支队长更为关注郭里集方面，当晚命令福荣：“预定明日早晨派遣到台儿庄的步兵1个中队和炮兵1个中队，以其部队占领峄县东北方高地，使支队主力在郭里集附近的战斗容易。”

福荣接到这个命令后，认为不能漠视台儿庄方面的战况，遂决定抗命不从，第2中队等部队依然照原计划行动。26日凌晨2时30分，福荣接到“台儿庄派遣队”的电报：“（一）敌兵力为3个师（城内1、城东1、城西及包围我的1），城内及火车站附近有列车炮。（二）派遣队等待增援，27日开始攻击。（三）战死20，战伤112，突入城内生死不明者15。（四）希望补充的弹药数：联队炮榴弹300发、速射炮穿甲弹300发、速射炮榴弹300发、大队炮弹200发、掷弹筒弹药200发。”

25日晚，第27师第80旅之第160团（团长李靖华），已全部由台儿庄以南之浮桥渡河，进驻赵村。该师其余步兵部队，也在台儿庄南站附近集结完毕。第2集团军总司令孙连仲遂于晚8时50分下达如下命令（摘要）：（一）军为确保台儿庄及北站之目的，乘敌向刘家湖南下时，以机动手段侧击之。（二）第31师以主力占领台儿庄及北站地区，加强工事，拒止当面之敌。以一部占领三里庄、板桥及其以南地区，乘机侧击南下之敌。（三）第27师以1旅集结陶沟桥、上村、雷草葛，构筑据点，侧击南下之敌，以1旅集结黄家楼、水晶沟附近，为军预备队。

第80旅旅长侯象麟奉命后，即于26日凌晨4时下令，第160团由赵庄进占台儿庄东北的裴庄、前后彭村、雷草葛、燕子景之线，并派游击队一队，由燕子景向日军之左后方极力活动。第159团2个营位于陶沟桥一带，策应第160团，相机侧击刘桥之敌。

26日上午6时，日军“中国驻屯炮兵联队”混成第6中队由刘家湖推进到裴庄东北附近占领阵地，准备对台儿庄各要点实施破坏射击。第160团发现这股日军，即以郑云奇团附率兵2连，由前彭村向其猛烈进攻。日军炮兵的自卫步枪手及掩护步兵见中国军队逼近，立即以步、机枪进行火力拦阻。郑云奇部因裴庄附近地势开阔，无地形地物可利用，根本攻不上去，遂退回前彭村。

不久，混成第6中队又发现一支中国部队由边庄附近北上，沿陶沟桥－上村－燕子景一线北进，对该中队的后方联络线构成威胁。该部为第160团向燕子景附近派出的游击队。11时10分，另一支中国部队进入邵庄，对裴庄附近的日军炮兵实施射击。

第27师部队的行动，令日军大感威胁，即以第8中队及第10中队的1个小队，在野炮兵第1大队的炮火掩护下，向邵庄的中国部队发起反击，将其击退。与此同时，混成第6中队也以威力强大的2门96式150毫米榴弹炮，向前彭村以及北进的游击队轰击。刹那间，前彭村里，爆炸声震耳欲聋，一股股硝烟腾空而起。在日军猛烈的炮火下，郑云奇中弹殉国，其余官兵伤亡90余名，残余官兵纷纷退到后彭村。北进的游击队也受到较大损失。

日军炮兵解除了侧后的威胁，即准备向台儿庄各要点实施破坏射击。上午11时40分，混成第6中队在孟庄南端位置设置观测所，与野炮兵大队紧密联系，准备战斗。中午12时45分，该中队开始射击，首先破坏了数日来对日军第一线进行侧射的机枪掩体，接着又破坏了作为守军观测所的瞭望楼，充分发挥了重炮的威力。可是下午5时以后，第27师的行动又变得活跃起来，从东方迫近台儿庄－临沂公路。第10中队的1个小队根据这个情况，在裴庄、该地东南村落及刘家湖各配置2个分队，以掩护后方。

当日凌晨4时，日军第2中队（欠1个小队）及野炮兵第3中队在第2中队长指挥下，从峄县出发，以增援“台儿庄派遣队”，上午11时许到达刘家湖，下午1时15分纳入第2大队长安永的指挥下。接着，野炮兵第3中队复归其所属大队，在裴庄占领阵地。

26日下午，因郭里集附近之第20军团主力已向西南面退却，濑谷支队长下令，第10联队为基干的部队占领，并警戒从郭里集到峄县一带东面地区的要点。同时将第63联队主力及其配属部队编组为“台儿庄攻略部队”（第63联队长福荣大佐担任指挥），增派到台儿庄。

下午5时55分，福荣接到濑谷的电令：（一）第63联队长作为“台儿庄攻略部队长”，一并指挥第11、12中队、野战重炮兵第2联队（欠第2大队、联队段列半部）及战车队（预定当夜到来）等部队，明27日早晨出发，向台儿庄前进。（二）以中川大队的一部担任峄县的守备。

表4-8　台儿庄附近战斗双方战斗序列之二（1938年3月25日－3月26日）

中国军队	
第2集团军	总司令孙连仲
第31师	师长池峰城
台儿庄守备队	队长王冠五
第186团	
第181团第3营	
第27师张营	
北站守备队	队长韩世俊

第182团
左翼机动部队
第93旅（欠第186团）
第181团（欠第3营）
炮兵队
炮7团（欠2营）附重炮1连
工兵营
骑兵连
第27师一部

日本军队
台儿庄派遣队
步兵第63联队第2大队
步兵第63联队第2中队（欠1个小队）
步兵第63联队第10中队（配属机枪1个小队、第3大队炮小队、联队无线1个分队）
配属部队
联队炮中队（欠1个小队）
速射炮中队（欠1个小队）
野炮兵第10联队第1大队（欠第1中队）
工兵第1中队的2个分队
卫生队六分之一
旅团通信班的无线1机
旅团通信班的对空班及有线班的一部
中国驻屯炮兵联队混成第6中队
飞行第7大队内田中队（88式侦察机1个中队）

当晚，野战重炮兵第2联队主力、卫生队主力、第1野战病院一部、独立机枪第3中队、第63联队第1大队相继到达峄县，均归福荣指挥。据此，福荣决定以第1大队及第3大队一部留守峄县，他自己则亲率第3大队主力、联队炮、速射炮各1个小队、战车队、独立机枪第3中队、重炮联队主力、工兵半个小队、卫生队（欠三分之一）、旅团无线1个分队，次（27）日早晨从峄县出发，向台儿庄前进。

随后，福荣又将自己的部署分别告知濑谷和安永。

郭里集东北方高地的战斗

25日，沂州支队第1梯队在郭里集附近被中国军队包围。濑谷支队长得报，决定调集支队主力，在郭里集附近与第20军团进行决战。当时，第63联队主力（欠第1大队）主要应对台儿庄方面的战斗，第10联队第2大队主力则被包围于郭里集附近，这样再除去守备各地的小部队，濑谷支队可调集的主力为已抵达枣庄的第63联队第1大队（欠第2中队）及临城附近的第10联队主力（欠1个半大队）。接着，濑谷推进到枣庄坐镇指挥，并于当晚9时给临城的赤柴联队长打电话，命令“第10联队以一部留在临城，以主力本夜到达枣庄”。该联队奉命后，其主力相继从临城向枣庄南方出动。

26日早晨6时30分，日军飞行第6大队的4架93式重型轰炸机，从彰德起飞，途中和从大汶口起飞的2架93式重型轰炸机会合，一起轰炸了徐州东站。

上午10时左右，当第10联队主力抵达枣庄以南地区时，第63联队第1大队也推进到东花沟附近，沂州支队第2梯队则进入郭里集，和第1梯队会合，而该地附近的第25师早已撤退。为此，濑谷下令占领，并警戒从郭里集到峄县一带东面地区的要点。这样，当日下午以后，第10联队主力奉命确保东花沟（不包括）、郭里集东方棱线，侦察前方的敌情地形；第63联队第1大队奉命确保峄县、潭山、红村、东花沟东方棱线，侦察前方的敌情地形。

第10联队第2大队通过侦察，发现有中国部队占领着古屯店子（郭里集北方约2公里）附近高地，即以第8中队（中队长藤田大尉）攻击古屯店子附近的“寺院高地”。第8中队在炮兵的火力掩护下，于下午3时30分占领该地。该中队进攻得手后，还没来得及高兴，突然一发步枪子弹飞来，击中藤田中队长的眉心，致其当场战死。这时，该中队官兵又发现，依然有约400名中国兵据守着古屯店子东北高地，判断其为有力部队。当日，飞行第9大队也出动了5架93式双发轻型轰炸机，轰炸了郭里集东北方高地的第52军部队。

27日上午，第10联队正准备进攻古屯店子东北高地，却意外接到濑谷命令，“支队企图以一部确保峄县、郭里集附近，以主力进攻台儿庄。步兵第10联队除以一部留守中兴煤矿、峄县以外，主力立即准备集结于南田营（台儿庄西北约2里半）、泥沟之间。”

濑谷为何要下达这道命令呢？原来，虽然濑谷决定把重点放在郭里集方面，以主力对付该地附近的第20军团，但第10师团长矶谷却更看重台儿庄方面，26日即要求濑谷，向台儿庄方面采取果敢的攻势。为此，濑谷于27日晨下达上述命令。

对此，赤柴虽大感意外，但军令如

山，据此将该联队主力集结于黄楼附近，准备于下午1时从宿营地出发。但是，上午11时45分其又接到濑谷“以目前态势待命”的电报。这时，赤柴感到，有必要对郭里集东北方高地以及太平庄（郭里集东方约12公里大道上）附近各1个师的中国军队加以痛击。如对其放任不管，联队南下台儿庄时，背后将受到威胁，会给将来的作战带来祸根。根据这个判断，赤柴向濑谷呈报意见，以该联队独力攻击北方山地的中国军队，并给予其大的打击。下午6时，濑谷回电，同意该意见。当晚，濑谷又正式下令，“以第10联队主力等攻击郭里集东北面之敌”。

27日晨，日军“台儿庄派遣队”又开始攻击台儿庄，7时50分占领其东北角，台儿庄方面的形势变得严峻起来。这样，孙连仲向汤恩伯发出告急电报：“第27、第31师与敌对战于燕子景、孙庄一带，台庄北垣被敌炮毁，突入敌人三四百与我混战，敌由峄县南下千余，炮10余门，战车10余辆，汽车30余辆，另敌千余，用汽车向北洛输送中”，要求汤恩伯军团南下，支援台儿庄方面作战。

汤恩伯综合全般情况判断，日军先头部队虽已开始进攻台儿庄，但其主力仍被我牵制于峄县及枣庄一带，遂仍将第20军团主力控置于抱犊崮以南山区，相机攻击郭里集附近日军；并借以测知日军主力所在。如果日军已集攻台儿庄，则以全力南下，直捣敌后，与孙集团军紧密协同，消灭进犯台儿庄之敌。

至当晚9时，汤恩伯见郭里集附近的日军一直没有大的动作，判断日军主力已转向台儿庄方面。于是，他终于下定决心，以军团主力全力攻击进犯台儿庄之敌侧背，协同第2集团军，一举将其聚歼于台儿庄附近。即令第52军当晚由傅山、青山一带南下，以便和第2集团军协同夹击歼灭进犯台儿庄之敌。同时令第85军以一部占领云谷山、黄山、马山、神山一带，牵制齐村、枣庄、郭里集一带日军，主力当晚集结神山、向水泉、猪山一带待命。汤下达这一命令后，便将司令部由毛家宅子移到双河，准备随时南下，指挥第20军团与进犯台儿庄之敌决战。随后，第52军先行南下支援台儿庄方面的作战。第85军则以一部留在郭里集东北方高地牵制日军，主力集结于向水泉附近待命。

28日早晨7时，日军（第63联队第1大队和第10联队）第一线部队展开于指定地点，完成进攻准备。日军炮兵即开始炮火准备。40分钟后，日军步兵开始向郭里集东北高地第4师第10旅阵地攻击前进。第10旅的任务是牵制郭里集附近日军，并不打算在一线阵地和日军死拼，所以稍作抵抗即放弃一线阵地，后撤到蚊山、黄山、马山一带。这样日军进展较为顺利。战至8时25分，中第一线的第10联队第2大队占领大岭（郭里集东北约4公里）南侧高地，左第一线的第63联队第1大队占领双山（郭里集西北约3公里），右第一线的第10联队第1大队则急追北撤的第10旅部队。

9时30分，濑谷来到“寺院高地”。鉴于第10旅部队已退入北方山地，他命令第10联队只以一部急追，并占领葛家洼（郭里集东北8公里）北方高地带，主力集结于其后方，准备而后的机动。

可是，日军一线各部队正打得顺手，都不肯停下来。

第10联队第1大队9时30分占领杜庄（郭里集东北约9公里）南侧高地，第10旅部队逐次北撤，为此大队长末永少佐决定以一部进攻杜庄北方高地，主力则前出到崖头、苗庄（杜庄东北约2公里）方向，以切断其退路。11时，该大队由苗庄方向前出到土门（杜庄北方约4公里）东侧，切断黄山守军向东的退路。

第10联队第2大队9时30分前出到葛家洼、道沟（郭里集北方约8公里）南方地区，接着又向北方的蚊山、黄山攻击，正午时分夺取两高地。

步兵第63联队第1大队9时前出到申桥（郭里集北方约4公里），未发现中国军队，便在11时占领大郭庄（郭里集西北约8公里），正午时分前出到后管（大郭庄北方约4公里）。

汤恩伯得知日军攻势迅猛，11时电令第85军军长王仲廉：“贵军应以主力占领抱犊崮、向水泉、猪山一带高地，以为而后出击据点，以一部仍据卓山、黄山、马山、周村一带，实行佯攻枣峄之敌，以牵制敌主力，使其不能急犯台儿庄。”第10旅奉命后，即在土门、周村（杜庄北方约4公里）、寨山一带，重新组织抵抗。

此时，台儿庄方面的战事已处于白热化状态。这样濑谷决定停止郭里集东北方高地的战斗，将主力集结于郭里集，准备而后转向台儿庄方面。下午4时，赤柴接到濑谷电令：“贵队前出到杜庄、马山之线后，以一部在杜庄位置监视敌人，主力先集结于郭里集附近。而后，以步兵约1个中队、独立机枪约半中队布置于郭里集附近，作为侦察的据点，主力集结于枣庄煤矿附近。”实际上，第10联队早已超越了杜庄、马山之线。而后，第10联队第2大队以一部止于杜庄北方鞍部，主力集结于杜庄附近。第63联队第1大队以一部止于官庄北方高地，主力集结于朱楼附近。

然而，第10联队第1大队依然没有停手的意思，继续向土门、周村守军进攻，却遭到其顽强抵抗。寨山守军也以迫击炮向该大队实施侧射。战至当晚7时50分，该大队仍无进展，只得悻悻退往苗庄。随后，第10联队主力陆续向集结地域郭里集开进。29日凌晨1时，该联队本部及第2大队在郭里集集结完毕（第63联队第1大队集结于枣庄）。第10联队第1大队也于5时向郭里集撤退。

29日，矶谷师团长担心台儿庄方面战况，命令濑谷支队长，“应以主力迅速击败台儿庄附近之敌”。濑谷奉命后，决心尽快将主力转向台儿庄方面。上午9时30分，赤柴接到濑谷命令：“（一）目前台儿庄方面状况急迫。（二）第10联队击灭土门附近之敌后，迅速集结于峄县。

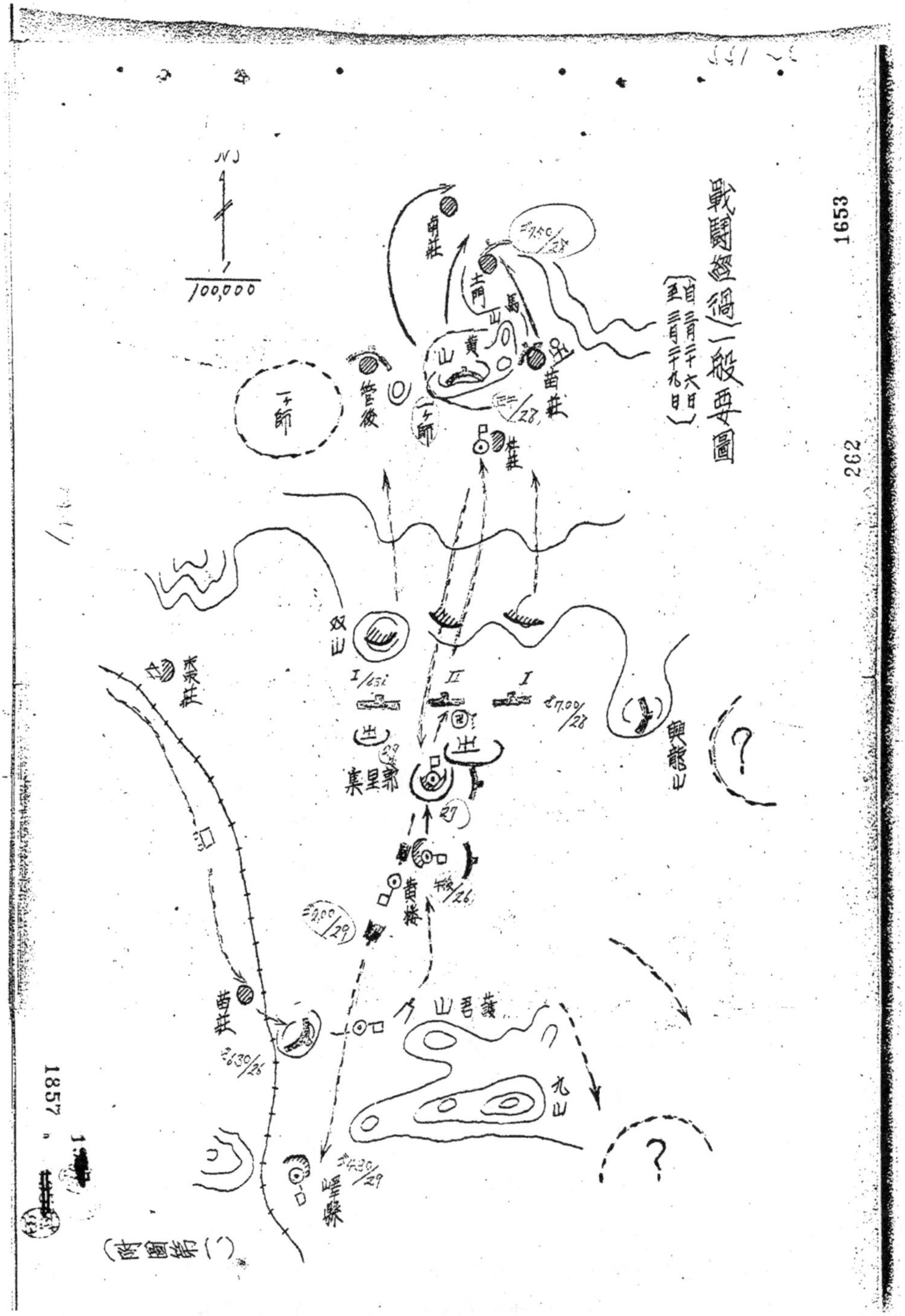

▲日军步兵第10联队郭里集附近战斗经过图。

（三）本人在枣庄，明日早晨到峄县。”据此，第10联队于下午2时从郭里集出发，向峄县前进，4时30分在该地集结完毕，准备从30日开始南下，参加台儿庄附近的战斗。

随后，第85军也准备向台儿庄方面转进。

据日军战报称，郭里集附近战斗（1938年3月24日至3月29日），第10联队及其配属部队战死73人，负伤68人。

表4-9　郭里集附近战斗双方战斗序列（1938年3月24日—3月29日）

中国军队	
第20军团	军团长汤恩伯
第52军	军长关麟征
第2师	师长郑洞国
第25师	师长张耀明
第85军	军长王仲廉
第4师	师长陈大庆
第89师	师长张雪中
日本军队	
步兵第10联队	联队长赤柴八重藏大佐
配属部队	
步兵第63联队第1大队	
独立机枪第10大队（欠第3中队）	
工兵第10联队第1中队（欠一部）	
野炮兵第10联队第2大队	
临时编成山炮中队	
临时编成野炮兵中队	
独立轻装甲车第10中队	
独立轻装甲车第12中队	
兵站汽车第15中队	
第10师团卫生队三分之一	
旅团无线2机	
师团无线1个分队	
飞行第7大队（侦察机）内田中队（88式侦察机1个中队）一部	

第五章　血战台儿庄（二）

1938年3月27日

日军攻入台儿庄城内

台儿庄位于徐州东北约90华里大运河北岸的平原地带，是鲁苏边境一个较繁华的小商业城镇。津浦线台枣（庄）支线和台潍（坊）公路在此形成交叉，铁道从它的西边通过，京杭大运河紧沿它的南城墙向东南流去，水深2米多不能涉渡。隔河有南北两个火车站。滕县、临城、峄县和韩庄相继失守后，台儿庄成为屏障第五战区中枢所在地徐州的最后一道防线，战略地位显得格外重要。

3月25日晚，第31师的部署：王冠五为台儿庄守备队长，指挥第186团（配属第181团第3营及第27师之张营）守备台儿庄；韩世俊为北站守备队长，指挥第182团守备北站；第93旅（欠第186团，配属第181团（欠第3营））作为左翼机动部队，以一部扼守三里庄，主力在彭家楼附近，准备支援台儿庄及北站两据点之作战，从西面侧击日军；师指挥所设在南站；炮7团（欠2营，10门沈阳造仿克虏伯75毫米野炮）在台儿庄以南五六里的村庄选择阵地，炮兵第10团1个连（2门德国莱茵金属150毫米榴弹炮）在宿羊山车站东北占领阵地，支援台儿庄及北站的战斗。另外，池峰城令工兵营收集船只在台儿庄西门外运河上搭起一座较宽的浮桥，这是师指挥所与台儿庄城内唯一的交通运输补给线。

27日凌晨1时，第27师的2个旅也推进到台儿庄东北地区，准备进攻日军的左侧背。其攻击部署及攻击准备位置为："（一）第80旅于燕子景、雷草葛之线，向岔路口、潘坠、刘桥、刘家湖之敌攻击，务将敌驱逐于北洛、欢堆方面。（二）第79旅（欠1团）附战车防御炮2门，于彭村附近，向裴庄、邵庄、沧浪庙、孟庄之敌攻击，务将敌驱逐于铁道以西地区。其余1团为师预备队，位置于黄庄、陶沟桥附近。"

再说日军这边，3月24日，日军"台儿庄派遣队"首次进攻台儿庄，以失败告终。但是，其在次（25）日下午即获得增援，安永大队长遂决定27日拂晓再次进攻台儿庄。至27日凌晨，日军突击部

黄樵松抗战简历

陆军中将。原名德全，号怡野，字道立，河南尉氏人。1901年出生，1948年11月28日遇害。陆军大学将官班乙级第2期毕业。全面抗战爆发时，任第27师79旅旅长。

1937年11月　　第27师师长

1941年3月　　第68军143师师长

他参加的战役有：平汉线作战、娘子关战役、台儿庄战役、徐州会战、武汉会战、枣宜会战、鄂西会战、常德会战、豫西鄂北会战等。

队在园上村附近基本完成进攻准备，其兵力区分为：第6中队（配属机枪1个小队、工兵1个分队）为第一线突击部队，第5中队（配属工兵1个分队）为第二线突击部队，第8中队的1个小队为预备队。

同时，安永为了保障突击部队的侧后安全，以第7中队的1个小队掩护突击部队的左侧，以第7中队的另一个小队掩护突击部队右侧背。另外，第10中队主力（欠1个小队）和第3机枪中队的1个小队在墩上，掩护“台儿庄派遣队”的右侧背。

火力支援方面：第2机枪中队主力（欠1个小队，6挺92式重机枪）在第7中队主力（欠2个小队）的掩护下，于园上村附近占领阵地，准备直接配合第6中队的战斗；联队炮中队的1个小队（2门41式山炮）在园上村以北地区占领阵地，准备向24日轰开的老缺口射击；野炮兵第1大队（欠1个中队，8门明治38年式改75毫米野炮）在第8中队主力（欠1个小队）的掩护下，于孟庄西北占领阵地，准备在台儿庄北城墙上轰开新的缺口，并为突击部队提供必要的炮火支援；“中国驻屯炮兵联队”混成第6中队（2门96式150毫米榴弹炮）在第10中队1个小队的掩护下，于裴庄附近占领阵地，准备为突击部队提供必要的炮火支援；速射炮中队1个小队（2门94式37毫米速射炮）、第2大队炮小队（2门92式步兵炮），于园上村附近占领阵地，准备在野炮兵大队在城墙上轰开新的缺口后，压制、消灭缺口以东城墙上的机枪火力；第3大队炮小队（2门92式步兵炮），于园上村附近占领阵地，准备在野炮兵大队在城墙上轰开新的缺口后，压制、消灭缺口以西城墙上的机枪火力。

27日早晨6时，日军炮兵开始向台儿庄北城墙猛烈轰击，一发发炮弹带着刺耳的呼啸，向北城垣倾泻。一时间，爆炸声震耳欲聋，北城垣被硝烟和厚重的灰尘所笼罩。不久，台儿庄北城墙经不住日军炮火的猛轰，在硝烟弥漫、地动山摇的震撼中，开始一段段的崩塌，形成几个缺口，北门及小北门也均被击毁。守两北门之第

181团第3营官兵死伤于日军炮火及被倒塌的城墙压埋而阵亡的甚多，但其残部仍沉着地坚守岗位，准备抗击日军进攻。

几乎在日军开始炮击的同时，其左侧背突然传来了中国军队的冲锋号，那是第27师第79旅部队从台儿庄东北的彭村附近，向孟庄西北、裴庄发起了进攻。这一带为日军炮兵阵地（野炮兵第10联队第1大队（欠1个中队）和“中国驻屯炮兵联队”混成第6中队）。可日军在炮兵阵地防备甚严，不仅布置了步兵部队担任掩护，炮兵部队本身还有一定数量的自卫步枪手。而且，日军炮兵队长得知情况后，命野炮1个中队调转炮口，向第79旅部队实施拦阻射击。这样，当第79旅部队逼近炮兵阵地东方五六百米时，即受到密集的火力拦阻，无法进展。双方转为对峙。

第27师第80旅部队也于早晨5时30分开始进攻。由于其进攻的村落均只有少数日军警戒部队，所以进展顺利。9时30分，郭金荣团长率所部奋勇攻击，将岔路口、潘坠两处日军驱逐。该团之丁营将前后枣庄、杨家庙、张楼各村日军击溃，确实占领这些村落。同时李团之刘营亦攻克邵庄。

虽然“台儿庄派遣队”左侧背受到第27师部队的进攻，其突击部队却并未受到影响，依然照原计划对台儿庄发起进攻。日军炮击台儿庄北城垣期间，其第一线突击部队第6中队及第二线突击部队第5中队，利用昨夜以来工兵构筑的交通壕，相继推进到进攻出发地。炮火刚停，这两个中队即利用炮击效果，向缺口发起冲锋。

当日军先头兵快要靠近缺口时，缺口西方城墙上的守军机枪突然怒吼起来，向日军喷出一道道火舌。与此同时，埋伏在缺口两侧的第181团第3营官兵，也以几十颗手榴弹一起投向日军。手榴弹接连爆炸，冲锋的日军死伤迭出。对此，参加过此战的第5中队士兵涩谷升在当天的日记中有如下描述：“第5、第6两中队结成敢死队由城墙之破裂口冲入。墙边有河浜，手榴弹如雨飞来，数人中弹倒毙，其惨状实为人间地狱。”但是，尽管日军突击部队伤亡较大，仍继续突击前进，终于冲入城内，与第3营官兵展开肉搏战。由于该营官兵的拼刺技术逊于日军，不到1个小时就伤亡殆尽。上午8时左右，日军占领城内一角，城头飘起了太阳旗，第2机枪中队（欠1个小队）趁势入城，而后在其掩护下，日军突击部队又继续向纵深发展。正当城内日军大肆逞凶的时候，城外的日军炮兵却变成了哑巴。这是怎么回事呢？原来，此时日军炮兵的弹药渐渐不足，其侧背又受到第79旅部队的威胁，再加上守军的炮火打断了其通信线路，各部队的通信联络几乎断绝，协同作战非常困难，这样日军炮兵害怕误伤自己人，基本停止对突击部队提供炮火支援。

上午11时许，日军飞行第7、9大队的11架88式侦察机及93式双发轻型轰炸机，飞入台儿庄上空，重点轰炸了停在北站附近的中国装甲列车，投弹70余枚，炸伤守军担架兵10余名及铁甲车第8中队炮

▲日军的93式双发轻型轰炸机。

兵2名，炸毁铁轨10余根。这之前，日军临时航空兵团在第2军的要求下，决定加强对台儿庄的轰炸，陆续将飞行第6、9大队投入到对台儿庄及徐州的空袭中。

日军突击部队凭借轰炸效果，于11时20分夺取北街尽头的大庙，在城内取得支撑点。这时，第186团第3营正奉命向北门增援。该营先头的第8连见日军占领大庙，即向其发起反击，双方又是白刃相见。随后赶来的第7、9两连也利用附近建筑物，全力支援第8连战斗，但未能奏效。苦战到中午，第8连自连长裴克先以下大部战死。第7、9两连则凭借破屋断墙，继续顽强阻止日军扩张战果。而经过几个小时的激战，日军第5、6中队也伤亡很大，于是暂时停止了进攻，依托大庙和东南碉楼进行防御，并将死伤者全部收容于大庙内。此后，台儿庄城内的战局暂时稳定下来，双方转为对峙。

日军攻入城内后，台儿庄守备队队长王冠五连连告急，甚至在电话上建议池峰城放弃台儿庄。而池峰城坚定地说："台儿庄是我们的坟墓，坚决顶住，不能撤退！援军马上就到！"随后，池一面命令师直属的工兵营（营长彭定一）和骑兵连（连长刘兰斋）即刻跑步进入台儿庄增援，归王冠五统一指挥；一面派代理参谋长屈伸到城内的王冠五指挥所，传达他的决心。工兵营（配属机枪1个连）奉命后，即冒着日军炮火跑步进城，从西向东沿南部街坊填补防御薄弱部分，阻塞街道，以防止日军扩大战果，从而加强了城内的防御力量。

随后，第27师师长黄樵松也派第158团第3营副营长时尚彬，率7、8两个连及迫击炮1个排，入城增援。时尚彬奉命后，即由台儿庄东南地区，以疏散队形，冒着日军猛烈的炮火，跑步向南迂回，经南门进入台儿庄，投入了反击战。由于庄内地形复杂，未经详查，第8连进庄后遭到日军机枪火力的伏击，不到1个小时，全连官兵牺牲殆尽。黄昏时分，副营长时尚彬见着第7连连长王范堂的时候，声泪俱下地哭道：“王连长，完了！完了！8连全完了！”此后，第7连作为机动部队，随时准备应急。

当晚，攻入城内的日军突击部队也获得增援。晚7时10分，第7中队的1个小队借助夜幕的掩护入城，联系东北部的第5中队以左占领阵地。接着，速射炮中队（欠1个小队）和第2大队炮小队也相继入城。而第2大队本部并没有紧随第一线部队入城，依然在城外准备而后的进攻。

当日军第2大队向台儿庄攻击时，在墩上担任该大队右侧掩护的第10中队（欠1个小队，配属机枪1个小队，联队无线1个分队），也向台儿庄西北的三里庄攻击前进。该中队通过昨天下午的侦察，发现三里庄附近的守军兵力显著减少，于是决定乘机占领该地。此时三里庄的守备确实非常空虚，仅有10多名警戒兵。这样，第10中队的进攻异常顺利，很快便占领三里庄，接着又于8时30分占领三里庄南方的无名村落。可是，当其继续向北站方向进攻前进时，却受到据守该地的第182团火力拦阻，前进困难。为此，该中队不得不停止南下，就地转为防御，准备而后的行动。而这之前，野战重炮兵第3中队（装备有4门4年式150毫米榴弹炮，由第11中队的1个小队担任掩护）为增援“台儿庄派遣队”，已到达刘家湖占领阵地。当他们得知其右前方的第10中队占领了三里庄，立即将阵地变换到该地东北的村落。

日军战车队受到重创

当日军大举进犯台儿庄、三里庄的时候，第93旅（欠第186团，配属第181团（欠第3营））正集结于三里庄西北的板桥附近。上午9时，该旅旅长乜子彬为支援台儿庄、北站各守备队的战斗，以第181团（欠第3营）附第185团第2营，进攻三里庄、墩上和刘家湖，这一带是日军的右侧背。由于墩上日军已转移到三里庄附近，第185团第2营于11时许占领该地。第181团第1营也几乎在同一时刻驱逐了刘家湖的少数日军，占领该地。而第181团第2营从西北方进攻三里庄时，却受到日军第10中队的顽强抵抗。该中队先默不发枪，待第181团第2营官兵进入有效射程后，才集中步机枪火力射击。该营官兵在日军火力急袭之下，伤亡较大，被迫撤回进攻出发地。随后双方转为对峙。

正午刚过，突然有7辆89式中型坦克从东北方开来，出其不意地杀到刘家湖第181团第1营的左侧背。该营官兵猝不及防，只得仓促应战。经过一番激战，他们最终敌不过日军坦克的90式57毫米坦克炮以及7.7毫米车载机枪，被迫撤往墩上。

为何日军坦克会突然出现在刘家湖附近呢？它们又是从哪里来的呢？说来话

▲一群日军坦克兵正在89式中型坦克旁休息。

长，27日早晨8时，福荣大佐指挥的“台儿庄攻略部队”主力从峄县出发，向台儿庄前进。30分钟以后，福荣行至峄县东南方约4公里的李庄附近，便接到安永大队长的电报：“（一）上午7时50分突入城内，占领其一角，正在扫荡中。需要紧急追送弹药。（二）敌人固守城内，没有退却，目前还在激战中。”这时碰巧“中国驻屯临时战车队”（以下简称为战车队，装备有7辆89式中型坦克、5辆94式轻型装甲车）先遣联络军官指挥的1个小队追赶上来。福荣便对该联络军官下达命令：“（一）第2大队已占领台儿庄的一角，正在扩张战果。（二）战车队迅速往台儿庄方向突进，和第2大队长联络，突破北门，进入城内，协力第2大队扩张战果。”（而后战车队主力于上午11时12分在泥沟附近追上“台儿庄攻略部队”，福荣对该队队长下达了同样的命令。）9时20分，独立轻装甲车第10中队也追赶上来，福荣向其说明了第2大队的状况后，又命“轻装甲车中队迅速前出到孟庄，切断该方面敌人的退路，配合第2大队的进攻”。

战车队先遣小队（5辆装甲车）奉命后，即向台儿庄方向突进，上午11时许经南洛向板桥前进途中，突然受到来自公路前方及两侧中国军队的三面射击，加上路外行驶困难，被迫折返，于南洛东侧越过铁道线，经孙庄到达刘家湖附近，这时又发现约80名中国兵正在向东移动，立即向其发起进攻。这支中国部队见到装甲车，并未慌乱，立即退据附近的村落。日军先遣小队正准备对其实施强攻，又有约50名中国兵从墩上北进而来，双方形成混战。经过一番激战，日军联络军官负轻伤，几辆装甲车上的机枪也接连发生故障，被迫中止战斗，集结于孙庄，一边排除故障，一边警戒。

11时20分左右，战车队主力（7辆坦克）到达北洛西侧，正好碰到独立轻装甲车第10中队。双方达成进路协定后，战车队主力即经孙庄及刘家湖东侧，向台儿庄西北门方向前进，途中得知三里庄东北村落的野战重炮兵第3中队及三里庄附近的第10中队，已被中国有力部队包围。这支中国部队，正是第93旅。随后，战车队主力即向第93旅左侧背发起突击，很快便击退刘家湖的第181团第1营。第181团第2营见状，也放弃对三里庄的攻击，撤往铁道西侧，三里庄之围得以解除。但第185团第2营仍占领着墩上，威胁着三里庄日军的后侧。战车队主力帮第10中队解围后，又以中队长座车为先头，排成战斗队形，继续向台儿庄西北门前进。

然而，当战车队主力前出到西北门北侧时，却发现该门外有水壕阻隔，而且更糟糕的是，水壕唯一的桥梁也被破坏，坦克根本就过不去。这样，战车队长中岛俊夫大尉先率7辆坦克逼近到西北门外300米，用57毫米坦克炮向西北门轰击，将该门破坏。随后，中岛为了尽快和日军入城部队取得联络，派1个小队长率2辆坦克前往台儿庄东北角方向，希望他们能从那里和入城部队取得联络，并能探明入城的通路；其他的5辆坦克退到安全的距离待机（其待机位置以下称为战车队主力位置）。而他自己则徒步向西北门走去，以侦察那里的敌情。

中岛很不走运，刚接近西北门，就被中国军队发现，手榴弹像雨点一般投掷过来，落在他的前方爆炸。中岛见势不妙，连忙向战车队主力位置后退，途中却被子弹击中，身负重伤，其部下拼尽全力，才把他从火线上抢救下来（后送途中死亡），留在战车队主力位置的小队长立即代理战车队队长。

中岛负伤后不久，突然一发发穿甲弹，从北站北侧村落、台儿庄西侧村落射出，如暴风骤雨般向台儿庄西北门外待机的5辆坦克泼来，它们与空气摩擦发出的啸声震人心魄。然而，中国炮手准头欠佳，开头的几发炮弹均未命中。战车队代理队长见状，根据射出炮弹的方向，大致判断出了中国炮兵阵地的方位，随即率5辆坦克实施突击，妄图将其打掉。那么，到底是何方神圣在这个炮兵阵地上呢？又为何不早不晚在这个时候炮击日军坦克呢？

话得从头说起，26日晚9时，中国炮兵第54团第8连（以下简称战防炮连）由开封抵达南站。该连装备有6门M1932型45毫米战车防御炮。该炮用汽车牵引，是苏联在其仿制自德国PaK 36战防炮的

M1930战防炮的基础上，进一步把其口径由37毫米加至45毫米而成的战防炮。该炮和其前身M1930战防炮相比，除了增加口径外，炮栓款式也从侧开的水平滑楔式改为垂直滑楔式，虽然同样是滑楔式炮栓，垂直式可以利用重力位能锁闭，节省炮手体力消耗。

第2集团军总司令孙连仲得到这样的“宝贝”，即以2门配属第27师，其余4门配属第31师。第31师官兵得到4门战防炮，当然高兴，但接下来的问题来了，应该把它们配置在哪里呢？在前几天的战斗中，台儿庄附近尚未出现日军坦克部队。这样，第31师参谋长屈伸认为，日军如使用坦克，可能在台儿庄至北站之间。此地因搭有浮桥，为城内生命线所系，日军坦克可能利用台儿庄西北角丘陵地带掩护前进，以占领浮桥。战防炮连长也同意屈的判断，屈遂决定将该连分为两部分，2门配属第182团，归韩世俊团长指挥，于北站占领阵地；2门由该连长指挥，布置于浮桥，守桥部队协助掩护。接着，屈领着这位连长见池峰城，报告他的意见。池同意后，屈即通知韩世俊和浮桥附近部队派人带该连前往侦察地形，构筑阵地。

27日下午，屈伸乘铁甲车赴北站第182团视察战防炮阵地，到时战防炮尚未进入阵地，却接到师指挥所转来的戴炳南报告，说他们看到日军坦克部队正经过南洛、刘家湖南进中，似有进犯台儿庄之模样。据此，屈亟令战防炮迅速进入阵地，做好射击准备。等战防炮连进入指定阵地时，日军5辆坦克已停在西北门外待机。于是，4门战防炮一齐向坦克发出怒吼。可是因为距离过远，加上缺乏训练，射出的炮弹均未击中目标。5辆89式中型坦克趁势向战防炮阵地方向扑过来。

89式中型坦克的主要武器是1门90式短身管57毫米坦克炮。它名为坦克炮，实际上并不是通常所说的加农炮，而是榴弹炮。这种90式57毫米榴弹炮，是由英国海军的57毫米舰炮改装而成，身管长为18.4倍口径，炮口初速350米/秒，最大射程5600米，高低射界－8度－＋30度，不转动炮塔的方向射界为左右各10度。炮弹的弹药基数为100发。使用的弹种有榴弹和穿甲弹。榴弹的杀伤半径为10米，穿甲弹的威力是在100米的射击距离上可击穿25毫米厚的垂直钢装甲。

M1932型45毫米战防炮，身管长为43.8倍口径，使用的弹种有榴弹和穿甲弹。炮口初速：榴弹360米/秒，穿甲弹757米/秒，最大射程4500米，高低射界－8度－＋25度，最大回旋角度60度，发射速率7－12发/每分钟，其中UBR-243SP披帽穿甲弹的威力是在100米的射击距离上可击穿51毫米厚的垂直钢装甲及43毫米30°倾斜钢装甲。在1500米的射击距离上可击穿35毫米厚的垂直钢装甲及28毫米30°倾斜钢装甲。

两者比较性能，虽然90式57毫米坦克炮在口径、射程上占据了优势，但M1932型45毫米战防炮却在穿甲能力上更胜一筹。而且，坦克在明处，战防炮在暗

▲M1932型45毫米战防炮。

处。只要战防炮隐蔽得当，战场上一般很难发现。

日军先头的坦克很快就冲到距战防炮阵地300米的地方，坦克引擎的轰鸣和履带的转动声震耳欲聋。但是，因战防炮隐蔽良好，日军仍未发现目标。而中国炮手们已瞄准了最前面的坦克。“砰！砰！”4门战防炮突然开火了，一发发穿甲弹相继从炮口飞出，最前头的1辆坦克当即中弹起火，日军坦克手灭火未果后，纷纷跳出车外。后续坦克见状，立即停了下来，开炮还击，但并没有打中目标。接着，在战防炮近距离的打击下，又有1辆坦克中弹，顿时巨大的爆炸声和冲天的烟尘覆盖了整个车体，这辆坦克被击毁。战车队代理队长见大势已去，连忙率领剩下3辆坦克掉头，向三里庄逃跑。逃跑途中，代理队长的座车也被一发穿甲弹命中，冒出了黑烟，开不动了。等坦克乘员七手八脚地把负伤的代理队长救出，又有更多的穿甲弹射来，将这辆坦克彻底击毁。

再说说前往东北角的那个小队长，虽然成功到达目的地，和第2大队取得联络，得知了城内的战况，但东北角城墙北侧也有水壕，坦克不能入城。于是，那个小队长又返回战车队主力的位置。这时，向战防炮阵地突击的战车队主力，已遭到惨败，不仅损失了3辆坦克，还有不少的人员伤亡。其残余的2辆坦克正向三里庄逃窜。而战车队还有一批人员仍留在原战车队主力位置。该小队长得知情况后，即一并指挥其部下及留在原战车队主力位置的人员，向孙庄转移。途中，小队长的座车也被一发炮弹命中，虽未丧失行动能力，但小队长却身负重伤。经过一番波折，他们总算到达孙庄，和这里的先遣小队（5辆装甲车）会合。随后，他们一边修理损伤的坦克，一边对部队进行缩编。“中国驻屯临时战车队”本来是1个中队的编制，这次却因其装备、人员的损失，被缩编为1个小队。

这期间，战车队主力残余的2辆坦克，在逃向三里庄的途中，又受到损失。其中1辆中弹失去了行动能力，另一辆虽逃到了三里庄，但其内部的机械设备却发生故障，暂时不能使用，正在紧急维修中。而集结于孙庄的2辆坦克，也有1辆在维修中。当时，由于战车队长以及2名小队长相继负伤，指挥先遣小队的联络军官遂代理指挥战车队残部。

随后，孙庄的战车队残部得到了燃料、弹药的补给，受损的坦克也基本修复，恢复了一点元气。此时，还有一些人员下落不明。联络军官判断他们应该还滞留在台儿庄附近的战场上，或死或伤。这样，联络军官为了收容滞留在战场上的死伤者，于下午3时左右率领2辆坦克与2辆装甲车，向台儿庄前进。当他们经过三里庄东侧时，1辆坦克又发生故障，等将其修好，天已经黑了，仍继续向台儿庄前进。

当他们靠近白天被击毁的坦克时，其引擎的轰鸣声暴露了其行动，一发发炮弹

▲外国记者在被中国军队缴获的日军坦克上。

立即飞过来。鉴于这种情况，联络军官认为以少量坦克收容死伤者是不明智的，于是先退到刘家湖，再编成徒步的收容班，派往战场收容死伤者。可是，中国军队已在损毁坦克的周围派遣了警戒部队，因此收容班的行动大受限制，只找到部分负伤者，至于损毁坦克周围的日军遗体，则未能收容。当收容班返回刘家湖的时候，战车队残部正集结于该地，检修车辆，准备而后的行动。

当天的战斗，日军战车队受到重创，被击毁4辆坦克，还伤亡了10余人，元气大伤。

再说说日军独立轻装甲车第10中队（以下简称装甲车中队）的情况，该中队自上午11时20分于北洛西侧，和战车队达成进路协定后，即经北洛、三佛楼向台儿庄前进。此前，中国第27师第80旅已相继占领岔路口、潘坠、前后枣庄、杨家庙、张楼、邵家庄等村。这样，当装甲车中队途经孙庄北端时，若干发步机枪子弹突然从东方的后枣庄射来。与此同时，该中队又发现约100名中国兵正由西向后枣庄南端前进，立即向其发起突击。然而，第80旅部队毫不示弱，依托村落进行顽强抵抗。中队长座车冲到后枣庄西南端时，手榴弹如雨点般投过来，将其履带炸坏。日军见势不妙，被迫停止前进。这期间，第80旅部队以一部从潘坠方向赶来支援。装甲车中队见状，遂兵分两路迎战：以一部从东南方进攻中国援军，以主力迂回到后枣庄守军阵地的背后。几辆装甲车奉命后，出其不意地冲入后枣庄，横冲直撞，反复碾压，没过多久，就迫使守军向潘坠溃退。

可是，日军还没来得及高兴，忽然有20多发迫击炮弹从潘坠方向飞来，落在装甲车周围爆炸，虽然没有给日军造成任何损失，但还是令其大吃一惊。而后，装甲车中队集结于三佛楼南侧无名村落，正准备前进时，“台儿庄攻略部队”主力赶来了，于是该中队又接受了新的任务。

墩上附近的战斗

福荣联队长在相继派出战车队、装甲车中队先行增援“台儿庄派遣队”以后，他自己也亲率“台儿庄攻略部队”主力向台儿庄急进。中午12时20分，福荣途经北洛西端的时候，接到“台儿庄派遣队”队长的电报，得知野战重炮兵第3中队正受到中国军队的包围攻击。此时，他已能听到台儿庄方向的炮声。这样，福荣决定将“台儿庄派遣队”合并到“台儿庄攻略部队”一起，迅速攻占台儿庄，随即作出如下部署：

（一）联队以2个大队为基干的兵力，攻打台儿庄。

（二）第3大队（欠第12中队，配属速射炮1个小队、联队炮1个小队、独立机枪第3中队（欠1个小队））为右第一线，迅速展开于亘三里庄以西铁道附近，进攻当面之敌，将其压迫到台儿庄西南侧运河。

（三）第2大队为左第一线，继续执行原来的任务。

（四）两大队的战斗地境为刘家湖、台儿庄西端相连一线（线上属左第一线）。

（五）炮兵各队由野战重炮兵第2联队长统一指挥，野战重炮兵第2联队第1大队（欠1个中队）配合第3大队的战斗；该大队以外的炮兵部队配合第2大队的战斗。

右第一线第3大队奉命后，即向三里庄南进。下午1时30分，其尖兵中队到达南洛南端的时候，发现鱼鳞、板桥附近中国军队正向东北方前进。这支中国部队为第93旅一部。机枪中队随即和尖兵中队相配合，向其射击。接着，该大队展开队形，重点指向铁道沿线发起进攻。紧跟其后的野战重炮兵第1大队（欠第3中队）也在南洛东侧占领阵地，配合该大队作战。

第93旅部队与日军遭遇后，以主力占领鱼鳞东方铁道沿线村落及刘家湖西北村落一线，一部在鱼鳞及板桥附近，侧射第3大队的右翼。为此，第3大队大感威胁，要求重炮及联队炮压制向其侧射的中国部队，随即又向铁道附近的中国部队发起进攻。尽管这里的中国部队依托铁道路盘顽强抵抗，但终因寡不敌众，被迫向西南方退却。第3大队趁势前出到刘家湖西方地区。此时，他们听到三里庄附近传来激烈的枪炮声。那是墩上的第185团第2营正在进攻三里庄。于是，该大队的左翼部队又杀向三里庄方向，和三里庄及其东北村落的第10中队及野战重炮兵第3中队一起，两面夹击，将第185团第2营包围。经过一番激战，营长张振波阵亡，该营官兵大半殉国，其残部被迫往西南方退却，墩上又落入日军手中。据日军战报称，此次战斗结束后打扫战场，发现300多具中国官兵的遗体。张振波营作战失利，致使第93旅出击部队全线动摇，纷纷向西溃退。乜旅长遂于彭家楼、插花庙地区收容整理溃散的人马，同时以第185团第1营扼守榆林、板桥两据点，担任掩护。

这期间，第9中队主力前进到铁道西侧，受到来自其右方村落中国部队的侧射。据此，第3大队长以联队炮及重炮配合该中队，对中国部队实施火力压制。

下午4时30分，第10中队长和代理第3大队长会面，向其介绍了附近的状况。黄昏的时候，该大队在铁道西侧的部队集结于东侧，同时合并了第10中队长指挥的部队，占领三里庄及该地南方无名村落，和该地南方约600米的村落（即位于北站北方的小金庄）的中国部队对峙，准备而后的进攻。野战重炮兵第1大队（欠第3中队）也将阵地推进到墩上附近。

“台儿庄攻略部队”的进攻部署

下午1时30分，当第3大队在南洛附近与第93旅部队遭遇时，福荣联队长也率领联队本部、预备队（第12中队、独立机枪第3中队的1个小队及工兵2个分队）从北洛出发，紧跟着野战重炮兵第2联队本部及卫生队（欠三分之二），向刘家湖前进。途中得到情报，装甲车中队正在进攻后枣庄的约100名守军。

当福荣一行于2时15分抵达三佛楼南侧无名村落时，正好遇到装甲车中队在集结。福荣听取了该中队在后枣庄附近的战斗经过和当前的情况汇报，预想中国军队已进入后枣庄以南地区。据此命令轻装甲车中队而后警戒主力的前方，向刘家湖前进。与此同时，福荣还将获取的情报以及他的作战意图一并以电报的方式报告濑谷支队长。

4时15分，福荣一行途经孙庄东南侧的时候，在他们前方的第12中队（欠2个小队）及装甲车中队突然受到来自于东南方村落（刘家湖东北方约600米）守军步机枪的猛烈射击。因有车体掩护，装甲车中队没有任何损失，即掩护第12中队向该村落发起突击。可是，村落前有水壕，装甲车不能通过，加上守军火力较强，攻击迟迟没有进展。这期间，甚至还有流弹飞到军旗附近，为此福荣深感忧虑。

不过，日军很快便改变了战术。装甲车中队一边沿水壕横向行驶，一边用91式6.5毫米机枪向守军实施压制射击。接着，又由第12中队从正面佯攻，吸引守军

▲入侵中国村庄的日军94式轻装甲车。

注意力。装甲车中队则绕过水壕，迂回到守军的背后，出其不意地向其发起急袭。守军仓促抵抗，伤亡惨重，遂退往东南方的邵庄。

而后，装甲车中队趁势向邵庄发起追击，却受阻于前方的水壕，无法靠近该地。邵庄守军为第27师之第80旅一部，正在掩护第79旅部队侧击裴庄的“中国驻屯炮兵联队”混成第6中队。第79旅部队上午进攻受阻，下午3时以后改变了战术，采用对壕作业的方式推进。随着时间的推移，第79旅部队越逼越近，日军炮位阵地渐渐处在了该旅部队的有效射程内。步枪子弹如下雨一样向日军飞去，虽然日军混成第6中队尽最大可能进行隐蔽，仍有3名一等兵相继中弹身亡。装甲车中队得知混成第6中队处境后，即绕过邵庄，迂回到第79旅部队的后方，突然发起急袭。该旅部队猝不及防，没过多久便顶不住了，被迫向彭村方向退却。装甲车中队解除了混成第6中队的危机后，即留在裴庄，担任警备。

这期间，福荣一行继续南进，于下午5时20分到达刘家湖。当时，从台儿庄正面及其东方、西方、东北方的各村落都传来枪炮声。但是，台儿庄周围的实际战况如何呢？福荣却不太清楚。于是命通信班以刘家湖为基点，架设各部队间的电话线。

台儿庄东北地区的第27师发现日军援军赶到后，师长黄樵松即于下午6时给孙连仲打电话，报告称：“本日黄昏前发现敌大部援军，步兵约2000余，骑兵二三百，战车及装甲车共五六十辆，沿台枣公路南进，似有攻我台儿庄之企图。”孙得报，即令炮7团张团长转饬重炮连（2门150毫米榴弹炮）向刘家湖射击阻敌前进。该连奉命后即向该处射击，因距离较远，射击效果并不理想。大多数的炮弹都落在刘家湖村外，仅少数炮弹落在刘家湖村内。可中国军队的炮火还是让福荣大吃一惊，部署手下加紧在刘家湖构筑防御工事。

当晚，电话网架设完毕后，福荣逐步掌握了台儿庄战斗的具体战况：

> 中国军队固守台儿庄及停车场（北站）附近一线，使之作为据点，并从后方陆续增加兵力，从停车场西方及台儿庄东方兵力陆续北进，企图包围我攻略部队。

据此，福荣决定先将战力集中于台儿庄，迅速攻占该地。同时，他为扩张城内日军战果，企图以第11中队长指挥的部队突入西北角，和第2大队一起，两面夹击城内守军，并于当晚11时30分作出如下部署：

> （一）安永部队（第2大队）大致已占据台儿庄城内北门南北贯通之线以东地区的北半部，正在和当面顽强抵抗之敌交战。
>
> （二）联队继续进行攻击，明28日夺取台儿庄。

（三）第3大队（欠第10中队的1个小队，第11中队的1个小队、第12中队、大队炮小队，配属联队炮1个小队、速射炮1个小队、第3机枪中队、工兵2个分队）明日拂晓先进攻三里庄南方约500米的阵地，在炮兵队的突击支援射击掩护下，突入敌阵地，夺取之，接着对台儿庄城墙西北角实施炮兵的破坏射击后，向其突击，攻占城内西半部。

炮兵队破坏三里庄南方无名村落南方约500米的阵地及城墙后，延伸射程时，应该使用发烟弹，但那时如以曳火弹、榴霰弹射击，需要标示。

（四）第2大队（欠第8中队，配属联队炮中队（欠1个小队）、速射炮中队（欠1个小队）、第3大队炮小队）以现在的态势，明日拂晓后利用炮兵队对台儿庄西半部的扰乱射击效果，扩张战果。

（五）两大队的战斗地域的境界：刘家湖西端、台儿庄北门相通的南北道路相连一线（线上属于第2大队）

（六）炮兵队明日拂晓开始射击，炮火准备后，协力第一线两大队，尤其是第3大队的进攻，第3大队夺取台儿庄西北阵地后，在台儿庄的城墙西北角开设突击路。

为了压制敌炮兵及对付从铁道线路以西进攻之敌人，随时准备不少于2个中队的火力指向该方面。

（七）战车中队在三里庄西侧铁道线路附近警戒右侧，对从该方向出击之敌，随时攻击之。

（八）独立轻装甲车第10中队在邵庄及孟庄附近掩护该地附近的炮兵阵地。

尤其是要警戒从左侧出击之敌。

为了联络，以1辆装甲车控置在刘家湖位置。

（九）第2中队（欠1个小队）、第8中队、第12中队作为预备队。

第8中队在现在地掩护野炮兵第1大队及“中国驻屯炮兵联队”混成第6中队的阵地，其余部队在刘家湖位置。

（十）联队通信班以联队本部作为基点，担任第一线两大队间的有线联络。以旅团通信班、师团通信队各一部担任联队本部与支队司令部间的无线联络。

当晚，第31师因伤亡较大，对部队进行整编如下：（一）第181团（欠第3营）合编为1营，以张聘三为营长，即进驻台庄西关，接第186团之守备。（二）第185团合编为1营，以李生馨团附为营长，控置于土城。上述张李两营归戴团长指挥。（三）第186团附第181团第3营，合编为2个营，分别以王祖献、禹功魁为营长，但第181团第3营以编连补充禹营之建制。（四）第182团仍为原建制。

整编后各部守备区分为：（一）台庄地区守备部队——队长王冠五师附。第186团王禹两营、工兵营、骑兵连。（二）中央地区守备队——队长乜子彬旅长、戴团之张李两营、战车防御炮1排。（三）北站地区守备队——队长韩世俊团长，第182团战车防御炮1排。

第93旅（欠第186团，配属第181团（欠第3营））在当日的战斗中，伤亡惨重，因此在黄昏后，秘密向台儿庄运河南岸的土城集结整理。

1938年3月28日

台儿庄西北城角失守

至28日凌晨，日军在台儿庄西北及东北形成了2个炮兵群。

西北炮兵群由墩上附近的野战重炮兵第2联队第1大队（欠第3中队，装备有4年式150毫米榴弹炮8门）和三里庄东北村落的该大队第3中队（装备有4年式150毫米榴弹炮4门）组成。4年式150毫米榴弹炮的身管为12.6倍口径，全重2.8吨，高低射界－5度－+65度，水平射界左右3度，可使用破甲榴弹、10年式钢性铣榴弹、榴霰弹、92式榴弹、11年式榴弹、13年式发烟弹等多种弹药，炮口初速为398米/秒，最大射程为8800米。

东北炮兵群由孟庄西北的野炮兵第1大队（欠1个中队，装备有8门明治38年式改75毫米野炮）和裴庄附近的“中国驻屯炮兵联队”混成第6中队（装备有2门96式150毫米榴弹炮）组成。

拂晓以前，第27师杜幼鼎团向东北炮兵群发起进攻。日军掩护部队仅有第8中队（欠1个小队）、第10中队的1个小队及独立装甲车第10中队，即使加上炮兵

▲日军的4年式150毫米榴弹炮。

自身的自卫步枪手，兵力还是处于劣势。尽管如此，日军仍依托村落、火炮附近的防御工事，以步机枪进行火力拦阻，并以轻装甲车发起反冲击，最终挫败了杜团的攻势。那么，为何日军能以小部队阻止中国大部队的攻势呢？对此，著名记者范长江后来有如下总结："在守点战斗上，敌人相当顽强。这是以三种条件构成其顽强的事实。其一，敌人轻兵器射击，故只要少数人死守碉楼堡寨，我即不易接近。其二，敌人做防御工事，甚有研究，野外工事隐蔽甚好，不易发现。对于村落墙壁，其利用方法尤有独到处。如在墙内顺墙基，往下掘立体式散兵孔，然后顺地平面自墙脚向外开射击孔，孔内大外小，不易被外间发现，散兵孔上斜覆门板等，上更加以沙土，枪头不出射击孔外。此种工事除炮弹落其头上外，概不易损伤，而且不易被墙外发现。其三，敌虽已决定大部退却，但往往仍留少数射手于工事内，必将其彻底消灭，始能确实占领一村。故甚为费事。"

天亮以后，日军2个炮兵群开始轰击台儿庄。其射击的重点，当然是西北城角。中国炮兵随即进行还击，其射出的炮弹不时落在三里庄、刘家湖附近及孟庄西北附近爆炸。为此，日军炮兵大感威胁，开始搜寻中国火炮的位置，同时分出一部分火炮，准备对其予以压制射击。

早晨7时，日军右第一线第3大队以第10中队（欠1个小队）作为第一线，展开于三里庄南方无名村落一线，完成进攻准备。50分钟后，"中国驻屯炮兵联队"混成第6中队将西北城角轰毁3丈余，形成数处缺口。接着，第10中队又在野战重炮兵第2联队第1大队（欠第3中队），配属联队炮、速射炮的炮火掩护下，向三里庄南方约600米的小金庄攻击前进，8时10分突入该地，该地守军向北站方向撤退。

随后，第3大队即向西北城角攻击前进，途中却受到北站守军迫击炮的集中射击。虽然日军炮兵很快予以压制射击，但由于守军迫击炮频繁变换阵地，这并没有多大效果。此时，第93旅戴团张营已奉命配置于西关（戴团之李营仍控置于土城），以策应台庄及北站之战斗，发现日军的行动，也以机枪向第3大队猛烈开火。第3大队前进受阻。

这样，第3大队长决定先攻占北站，为此向福荣联队长报告，要求炮兵火力指向该地。日军炮兵随即向北站北侧的守军阵地以及西关张营阵地猛烈开火，使两处阵地陷入一片火海之中。第3大队趁势迫近北站，守军第182团官兵沉着应战，当日军炮击时隐蔽起来，日军步兵逼近时突然集中火力射击。他们采用这种战法，打退了第3大队的2次进攻，但自身伤亡也大。10时许，第182团预备队已用尽，池峰城遂令袁团刘营迅速增援北站。而日军第3大队长因进攻北站受阻，再次请求炮火支援。然而，这时日军炮兵的弹药不足，而且还时常受到中国炮兵的射击，暂时不能实施支援。

福荣联队长得知第3大队的状况后，决定将主要攻击力量集中于台儿庄城内，便于下午3时40分以电话下令："（第3大队派）约1个中队从城墙东北部进入城内，归第2大队长的指挥，向西方扫荡，主力从现在地方继续向台儿庄进攻"。

据此，第3大队长将兵力区分如下：

转属第2大队的部队：

第9中队（欠1个小队，配属机枪1个小队）

确保当前占领地（小金庄附近）的部队：

第10中队（欠1个小队）、机枪中队（欠2个小队）

准备突入城内西北角部队：

第11中队（欠1个小队，配属机枪1个小队、速射炮1个小队、工兵2个分队）

预备队：

第9中队的1个小队、独立机枪第3中队（三里庄南方无名村落）

联队炮中队的1个小队（三里庄西南侧位置）

第9中队奉命后，其主力（欠1个小队，配属机枪1个小队）于下午4时50分从三里庄南方村落出发，天黑后抵达台儿庄城外东北部的第2大队预备队的位置，纳入安永大队长的指挥下。

这期间，第11中队也在准备突击西北城角。下午3时30分，"中国驻屯炮兵联队"混成第6中队再次向西北城角射击，又轰开了一条大的缺口，为第11中队的突击创造了条件。

黄昏时分，第11中队（欠1个小队，配属机枪1个小队、工兵2个分队）从三里庄南方村落开始行动，准备突入西北城角。当晚7时25分，该中队在炮火支援下，一举突入城内，同时发出突击成功的"白吊星"信号。

台儿庄守备队长王冠五得知日军攻入西北城角，焦虑万分。正在这关键时刻，守备城内西部的王祖献营长突然下落不明，怎么找也找不到（战后以阵亡上报）。王在无奈之下，只得令秦营附代理营长，抽出部队向西北城角的日军发起反击。随后，他又命27日入城增援的第27师第158团第3营第7连（连长王范堂）向西北城角日军发起反击，同时打电话向师指挥所告急。

当时，台儿庄城内西北隅，有一片较为空旷的区域，东西长约100米，南北长约120米。该区域内只有一间被打塌的井房。第11中队突入西北城角后，刚占领井房，其两翼就各受到约50名守军的反击，死伤迭出。可没过多久，该中队就稳住了阵脚，并以井房为支撑点，拼死顽抗，终于打退了守军的反击。而后，第7连赶到西北城角附近，即抢占上述空旷区域周围的房屋，阻击日军前进。其友邻部队也用重机枪从两侧组织火力交叉网，配合该连轻机枪，加强了阵地前的火力封锁。第11中队在密集的火力拦阻下，难以取得进展，便就地构筑工事，转为

▲中国守军在台儿庄城内与日军展开激烈巷战。

防御。此次战斗中，第11中队有2挺轻机枪被打坏。

再说说台儿庄城内东北部的战况。天亮以后，野炮兵第1大队（欠第1中队）向城内实施扰乱射击，城内守军大受威胁。日军左第一线第2大队趁势向运河一线扩张战果。台儿庄守军则依托断垣残壁，一边以步机枪实施火力拦阻，一边以迫击炮猛轰大庙及东南碉楼。日军前有守军的火力阻拦，还不时有迫击炮弹从天而降，从而陷入困境，被迫转为守势，与守军对峙。对于当时的情景，日军士兵涩谷升从军日记有如下记述：“敌众我寡，无从扫荡敌兵，仅与之对峙相持，迫击炮如雨飞来，我方死伤益见惨重，余员不分日夜，从严防守，各中队人数六七十人。”第31师师附王冠五因阻击攻城日军有功，当日擢任为第91旅代理旅长。

当日上午，日军第63联队发现东北炮兵群的东北方彭村、潘坠、岔路口、燕子景、雷草葛、上村附近一带充满中国兵，并在各村落的缘端构筑工事，其中彭村附近的中国兵正向北方移动。福荣联队长对炮兵阵地的安全深感忧虑，于是先从预备队中抽出第12中队的1个小队，派往墩上，担任该地野战重炮阵地的掩护。接着又于中午12时30分命第2中队长率部下中队（欠1个小队）前往裴庄附近的混成第6中队阵地附近，一并指挥第10中队的1个小队，担任炮兵阵地的掩护。第2中队奉命后，下午2时从刘家湖出发，1个小时后到达裴庄。

下午4时以后，台儿庄东北地区的第27师以迫击炮向日军东北炮兵群大举射击。一发发迫击炮弹频频落在裴庄的混成第6中队炮位阵地上，造成不少的死伤者。孟庄西北的野炮兵第3中队也有1门明治38年式改75毫米野炮被打坏。这期间，第27师还在向台儿庄东北方地区陆续增加兵力，随时可能向日军左侧背追近。孟庄西北及裴庄的日军东北炮兵群尤其受到威胁。

福荣联队长根据上述情况，决定次（29）日从左第一线第2大队以外的部队抽出兵力，击灭台儿庄东北方地区的第27师。

下午4时9辆日军卡车、6时第63联队小行李的一部（第2中队的1个小队担任掩护）相继追送弹药到达刘家湖，兵站汽车第15中队的一部也于当夜到达该地。日军各部队随即配发了弹药，士气大增。

当天中午12时，日军飞行第6大队的97式重型轰炸机、97式俯冲轰炸机各3架，以及飞行第7大队内田中队的数架88式侦察机，一起轰炸了徐州北站，数发航空炸弹命中停在该地的列车。在返航途中，内田中队1架88式侦察机因故障迫降在枣庄附近，着陆时机体撞地，机身受损，但未造成人员伤亡。当天，内田中队还另以一部出动3次（上午9时、中午12时、下午3时），对台儿庄附近的守军阵地进行侦察。

表5-1　台儿庄附近战斗双方战斗序列之三（1938年3月28日晚）

中国军队	
第2集团军	总司令孙连仲
第31师	师长池峰城
台儿庄地区守备部队	队长王冠五
第186团王禹两营（这两营由第186团及第181团第3营合编）	
第27师第158团第3营第7连	
工兵营	
骑兵连	
中央地区守备队	队长乜子彬
张聘三营（该营由第181团（欠第3营）合编）	
李生馨营（该营由第185团合编）	

- 上述张、李两营归戴炳南团长指挥
- 战车防御炮1排

北站地区守备队　　队长韩世俊

- 第182团
- 战车防御炮1排

第27师　　师长黄樵松

- 第79旅　　旅长黄樵松（兼任）
  - 第157团　　团长杜幼鼎
  - 第158团　　团长杨守道
- 第80旅　　旅长侯象麟
  - 第159团　　团长郭金荣
  - 第160团　　团长李靖华
- 炮7团的1个营附重炮连（配属）

日本军队

台儿庄攻略部队

- 左第一线第2大队
  - 侵入城内东北部的部队
    - 第5中队
    - 第6中队
    - 第7中队的1个小队
    - 第2机枪中队
    - 速射炮中队（欠1个小队）
    - 第2大队炮小队
  - 城外的部队
    - 大队本部
    - 第7中队（欠1个小队）
    - 联队炮中队（欠1个小队）
    - 第3大队炮小队

右第一线第3大队

转属第2大队的部队

第9中队（欠1个小队，配属机枪1个小队）

侵入城内西北角的部队

第11中队（欠1个小队，配属机枪1个小队、工兵2个分队）

城外部队

第10中队（欠1个小队）

第3机枪中队（欠2个小队）

第9中队的1个小队

独立机枪第3中队

联队炮1个小队

速射炮1个小队

炮兵队

野战重炮兵第2联队（欠第2大队）

“中国驻屯炮兵联队”混成第6中队

野炮兵第10联队第1大队（欠1个中队）

中国驻屯临时战车队

独立轻装甲车第10中队

掩护炮兵的步兵部队

第8中队（欠1个小队）

第10中队的1个小队

第11中队的1个小队

预备队

第2中队（欠1个小队）

第8中队的1个小队

第12中队

飞行第7大队（侦察机）内田中队（88式侦察机1个中队）

飞行第9大队（轻型轰炸机）一部

飞行第2大队（战斗机）一部

1938年3月29日

园上、裴庄附近的战斗

3月28日下午，第30师抵达车辐山车站，即以先头部队前出到顿庄闸，准备支援台儿庄保卫战。当晚，该师主力（欠第89旅）在侯新闸集结完毕，准备渡河。第89旅（欠第176团）则以2个营担任台儿庄东南浮桥至万里闸间河防守备，其余部队集结于燕子辅附近。

第30师的到来，令孙连仲信心大增，决定次（29）日以全集团军兵力，向日军发起总攻，因此作出如下部署：从次（29）日拂晓开始，第27师出击园上、孟庄之敌；第30师、独立第44旅截断敌之联络线，阻敌增援南下，并侧击刘家湖；第31师全力肃清庄内日军。冯安邦军长、田镇南军长赴前线督战，对退缩不前与作战出力官兵，确实依法惩奖。而后，孙为督饬各部作战，还派第42军军长冯安邦赴右翼第27师督战，第30军军长田镇

孙连仲抗战简历

陆军中将加陆军上将衔。字仿鲁，河北雄县人。1893年2月2日出生，1990年8月14日在台湾病逝。全面抗战爆发时，为第26路军总指挥。

1937年9月13日	第1军团军团长
10月4日	第2集团军副总司令
11月	第2集团军总司令
1938年6月	第3兵团总司令兼第2集团军总司令
年底	第2集团军总司令
1939年11月26日	第五战区副司令长官兼第2集团军总司令
1943年2月23日	第六战区副司令长官（代理司令长官）
1943年5月	第六战区司令长官
1945年6月26日	第十一战区司令长官、河北省主席兼国民党河北省党部主任委员（直至抗战结束）

他参与和指挥的战役有：平汉线作战、娘子关战役、台儿庄战役、徐州会战、武汉会战、随枣会战、1939年冬季攻势、枣宜会战、鄂西会战、常德会战等。1939年8月1日以台儿庄大捷有功获青天白日勋章。

南赴左翼第30师（配属独立第44旅）及第31师督战，对退缩不前与作战不力官兵，确实执法严惩。

当时，第2集团军各部队中，以第27师的态势最为有利，对日军的威胁也最大。该师主力已全部展开于台儿庄东北方地区，不仅可直攻日军东北炮兵群和少数掩护部队，还对日军"台儿庄攻略部队"的右侧背形成侧击态势。该师可以用于出击的兵力为3个团，还配属有山炮1个营（炮8门）、战车防御炮1个排（炮2门）。

第27师各部奉命后，于夜12时以前准备完毕。29日凌晨3时30分左右，各部相继开始行动。5时左右，第80旅第160团（团长李靖华）派出的突击队，突然从东北方向刘家湖日军发起急袭。可是，因日军防范很严，袭击未能奏效。

50分钟后，第27师配属山炮营也开始向裴庄附近的"中国驻屯炮兵联队"混成第6中队放列阵地实施集中射击，造成佐野准尉以下多人负伤。日军吃了亏，自然很不甘心，随即开始搜寻中国山炮位置，上午8时20分终于发现在孟庄东方村落有4门中国山炮，即以孟庄西北的野炮兵第1大队对其进行压制射击。

9时15分，杜幼鼎团开始以主力（约1000人）向混成第6中队的放列阵地发起猛攻。由于日军第2中队和装甲车中队在此前均撤出裴庄，留在该地的掩护部队仅有第10中队的1个小队。当杜幼鼎团官兵接近到日军阵前200米时，日军掩护小队即进行猛烈射击。野战重炮兵第2联队1个中队也调转炮口，向其射击。杜团在日军步机枪、重炮的火力拦阻下，难以前进。双方转为对峙。混成第6中队虽暂时阻止了杜团的进攻，仍陷入困境，杜团步机枪子弹已能打到炮位附近，偶尔还有令人恐怖的迫击炮弹、山炮弹落在阵地周围。该中队为摆脱这种不利的态势，便于10时开始变换阵地，准备将放列阵地转移到刘家湖附近。但不久便在中国军队的射击干扰下，被迫中止作业。

11时10分，中国军队的山炮、迫击炮突然一齐向混成第6中队猛轰，同时杜团也从东方向放列阵地发起冲锋。日军掩护小队依然采用上次的战法，把杜团官兵放到阵前200米处，突然集中步机枪火力向其射击。同时，野炮、重炮也向杜团实施射击，终于将其击退。但这期间，集结于炮位后方的日军车辆被炮弹击中，引发大火，共烧毁卡车6辆、牵引车1辆、轿车1辆、弹药车6辆和观测车1辆（包括观测器材的大部），并造成13人死伤。

通过这次战斗，混成第6中队更加认识到，裴庄一刻也不能停留了，得马上转移。中午12时20分，该中队终于成功转移，在刘家湖南方附近占领阵地。杜团则趁势占领裴庄。

混成第6中队转移到新阵地后，又开始大肆逞凶。下午1时许，第27师配属的山炮营刚把阵地变换到沧浪庙东北侧，仅发数炮，就暴露了其位置。混成第6中队便向其猛烈射击。山炮营被击毁4门山炮，并伤连排长各1人，炮兵20余人。随后，该中队又向中国战防炮阵地猛轰，击毁2门战防炮，炮手阵亡2人。

当杜幼鼎团向裴庄攻击的时候，第79旅第158团也在炮火掩护下，向园上村发起猛攻。当时，日军第63联队第2大队主力已进入台儿庄城内。该地仅有大队本部以及少数掩护部队。然而，安永大队长率部拼死顽抗，并得到野炮兵第1大队、联队炮中队（欠1个小队）的炮火支援。战至中午12时，第158团因伤亡过重，暂时停止了进攻。下午4时，该团又以一部进入台儿庄东北门以北的村落，切断了城内外的日军交通，安永大队长得报，大感威胁，即抽出预备队的一部，向其反击，终于在薄暮时分占领该地。

连日的战斗，孟庄西北的野炮兵第1大队（欠第1中队）伤亡也较大。截至当日，该大队已死伤约100人、死伤的马匹几乎达到总数的一半。

潘坠附近的战斗

当第27师部队向日军进攻的时候，日军也以一部向该师发起攻击。原来，第63联队长福荣在28日晚就察觉到第27师已展开于台儿庄东北方地区，对该联队的左侧背构成较大威胁，于是决定在29日抽调部队主动向其进攻，将其击灭。可是，因各处均在激战，抽调兵力困难，而后福荣决定仅抽出裴庄附近的第2中队和装甲车中队作为进攻部队。其部署为：

第2中队早晨撤出现地（裴庄），经刘家湖、孙庄，上午10时以前移动到杨家庙，再从岔路口方向向敌的右侧背攻击。独立轻装甲车第10中队配合第2中队的攻击。

29日早晨，第2中队及装甲车中队相继撤出裴庄，集结于刘家湖。9时，第2中队（配属机枪1个小队、联队无线1）从刘家湖出发，向杨家庙前进，途中到达后枣庄时，忽然受到来自东方潘坠守军的射击，因此决定先向该地进攻。

潘坠、岔路口、燕子景等处阵地的守军原为第80旅第159团（团长郭金荣），但当日凌晨该团因作为第27师预备队而前往陶沟桥，上述阵地便由第160团（团长李靖华）派队接防。日军第2中队通过侦察，发现潘坠约有200守军，立即展开于后枣庄东端一线，向其进攻，没有受到大的抵抗，10时左右便将守军击退，占领潘坠。此时，第160团部队仍占领着潘坠周围的岔路口、彭村及其以东的各村落。其中彭村的防御设施最为坚固，周围挖有反坦克壕。第2中队判断该地兵力约300人以上，同时发现数百守军正从邵庄东方陆续向彭村以东方向北上。那是第160团刘营正赶来增援岔路口、彭村等地的守军。

日军炮兵随即以1个中队配合第2中队作战。11时35分，“黑龙”信号从潘坠西侧腾空而起，炮兵中队开始向岔路口等地的守军实施压制射击。

下午2时，刘营主力已抵达岔路口，并以一部前出到杨家庙，向第2中队的左侧射击。为此该中队长决定以1个小队进攻岔路口守军。3时左右，该小队展开完毕，便在装甲车中队的掩护下，从西南方攻击岔路口杨营阵地。仅用了30分钟的时间，便击退守军，占领岔路口。这期间，第2中队主力展开于潘坠东端一线，也向彭村发起进攻，却受到守军密集的火力拦阻，加上步炮联络不畅，迟迟不能进展。随后，装甲车中队又向彭村攻击前进，却受阻于反坦克壕，不能接近守军阵地，只得停下来向其实施压制射击，并于5时返回潘坠。

因白天攻击困难，第2中队长正打算日落后进攻，没想到这时却接到联队命令，令其撤回刘家湖。该中队奉命后，日落后就和装甲车中队一起，撤出潘坠、岔路口等地，返回刘家湖。此时，混成第6中队又将阵地变换到三里庄附近。据此，福荣便派遣第2中队到三里庄，和第12中队的1个小队一起，担任该地附近野战重炮兵第3中队及混成第6中队的掩护，另外派遣装甲车中队的1个小队到孟庄西北方村落，归野炮兵第1大队长的指挥，掩护野炮兵大队。

2个中队奉命后，相继开始行动。第2中队于当晚11时许到达三里庄附近。装甲车小队则于30日凌晨1时许到达孟庄西北方村落，归野炮兵大队长指挥。

“中国驻屯临时战车队”在27日的战斗中损失的人员和装备较多，此时正集结于孙庄休整。福荣命令其抽出人员及坦克，向刘家湖西方铁道线附近行动，担任警戒。该队奉命后，即开始行动，在野战重炮兵第2联队第1大队翼侧担任警戒。

当日，第63联队第1大队（欠第2中队、第4中队（欠1个小队）、机枪1个小队）奉命增加到“台儿庄攻略部队”中，即乘卡车从枣庄南下，途中接受了中国驻屯独立野炮兵中队（90式野炮）的配属。下午1时，该大队到达北洛西南村落。中川大队长及其副官等人则于2时20分到达刘家湖，复归福荣指挥。福荣正为缺兵少将发愁，第1大队的归建，令他喜出望外，即命该大队“从北洛东进，进攻岔路口、雷草葛、上村、陶沟桥村附近之敌，前出到台儿庄东方，使联队主力的战斗容易，炮兵队以一部协力。”同时，福荣还给正在潘坠附近作战的第2中队发报，通报了其意图。

第1大队奉命后，下午4时15分从北洛西南村落出发，经三佛楼向岔路口前进，5时20分前出到杨家庙，发现其东南侧房屋有少数守军，立即发起攻击，将其击退。这时，第80旅第160团部队正在燕子景、雷草葛、彭村等村落占领阵地。第52军的先头部队第2师第6旅之第12团也推进到张楼。

第1大队得知这一情况，便集结于杨家庙，准备于次日拂晓攻击前进，同时对四周警戒，并继续侦察敌情、地形。而后，该大队还给福荣发报，向他汇报侦察到的情况。

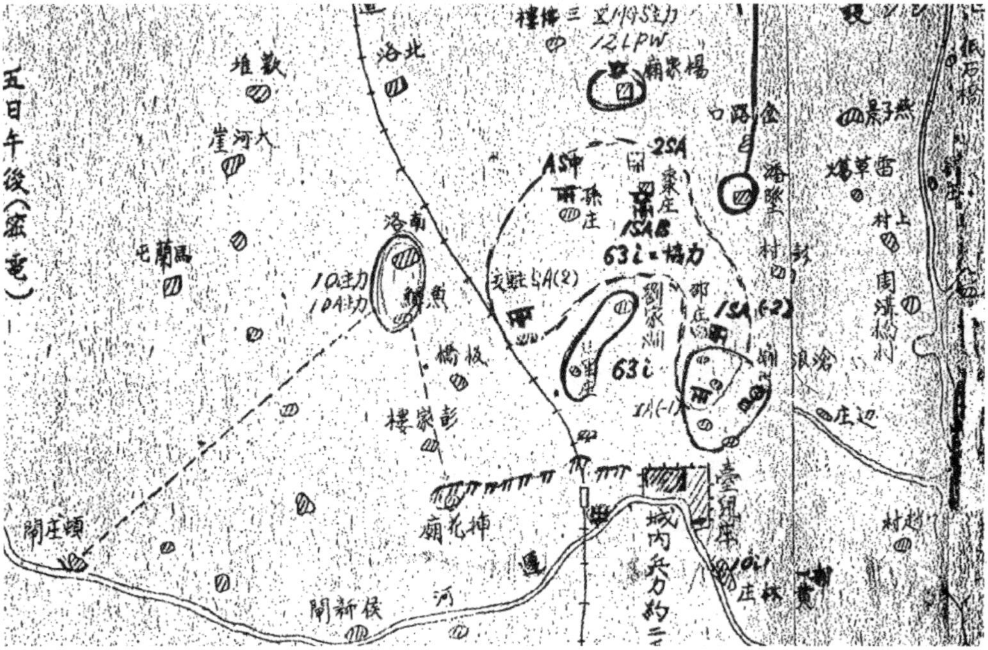

▲日军绘制的台儿庄附近地区的地图（但图中所示的双方态势是1938年4月初的状态）。

台儿庄城内的战斗陷入僵持

当第27师在台儿庄东北与城外日军激战的时候，台儿庄城内的战斗也很激烈。先说说台儿庄西北城角的状况。29日早晨，第31师副师长康法如率特务连1排及第30师第176团（团长袁有德，欠第3营）抵达西关附近。团长袁有德即以第1营控置西关，赶筑工事，并严密警戒；以第2营入城增强城内守备。而后，双方在台儿庄城内的对阵形势为：王冠五督率第186团及其配属部队对付台儿庄城内东北部的第2大队，康法如督率第176团第2营及第27师第158团第7连对付西北城角的第11中队。

当日拂晓，在西北城角与第11中队对峙的第158团第7连（连长王范堂）突然发现，在该连阵地前百米多的开阔地带，出现好多纵横交错的壕沟，偶尔可见到日军太阳旗在晃动。原来，第11中队因受到其当面守军的火力封锁，前进受阻，于是他们便改用对壕战进攻，避开守军地面火力网，通过挖筑的坑道，向守军前沿逼近。王范堂见状，即向康法如反映了上述情况，并建议尽快集中庄内迫击炮，每炮连续打30发炮弹，强轰敌阵，摧毁敌人坑道，再组织轻重机枪，进行有目标的扫射，歼敌于坑道之内。康法如听到反映后，亲自来到前沿阵地观看，立即采纳了王范堂的建议。然而，当时第31师各团（除第182团）的迫击炮排均归王冠五指挥，康难以调动，于是他即令第30师第176团抽派迫击炮、机枪各1个排，攻击西北城角日军。日军第11中队构筑有防炮的隐蔽部，这样在第176团迫击炮、机枪的轰击扫射下，虽然该中队有多人伤亡，还有1挺机枪被打坏，但其大部则及时躲入隐蔽部，待炮击结束再出来顽抗。对此，守军暂时也无可奈何，而后双方又处于对峙状态。

下午2时，第31师师长池峰城又下达指示：王冠五部队、乜子彬部队、袁有德团（欠第3营）担任台儿庄及西关之攻防，统归康法如指挥。

自28日晚第11中队突入西北城角后，日军右第一线第3大队主力仍在城外，遂决定向第11中队派遣增援部队。29日凌晨4时，日军速射炮小队和第11中队的5名士兵一起，从三里庄南方村落出发，准备进入西北城角，和第11中队主力会合。可是，当他们接近到离城墙缺口约200米处时，突然受到来自台儿庄西侧守军阵地的步机枪射击，前进受阻。

第3大队代理大队长为确保和城内第11中队的联络，也以大队本部、第9中队的1个小队（留置1个分队）及独立机枪第3中队（欠1个小队，留置1个分队）向台儿庄西北城角前进，当他们接近到城墙前方约600米附近时，即受到守军交叉火力的射击，死伤迭出，无法继续前进。

鉴于这种情况，代理大队长决定等到薄暮时分，仅以速射炮小队入城。该小队奉命后，就在守军阵地前约200米的位置准备前进，日没后即利用夜幕的掩护入城，纳入第11中队长的指挥下。小行李一部紧接着也进入西北城角，为第11中队主力补给了弹药，而后又返回三里庄南方村落。

而池峰城为了封锁西北城角日军和城外的交通，也于下午5时许，命北站的第182团抽派1连跃进到台儿庄城外西北部的已毁坦克处，无令不得撤退。

这期间，日军第3大队的第10中队（欠1个小队，配属机枪中队（欠2个小队））一直在小金庄（三里庄南方约600米的村落）南端一线，和北站守军近距离相对峙，等候攻击前进的机会。可是，守军的抵抗非常顽强，而且该中队还不时受到炮击，始终无法前进。

当天，日军左第一线第2大队在台儿庄城内东北部的战斗，几乎没有任何进展。由于白天守军对缺口的火力封锁，28日晚前来增援的第9中队（欠1个小队，配属机枪1个小队），直到29日日落才进入城内，担任向右翼扩张战果的任务。

当晚，福荣命令第一线两大队于次日拂晓继续对当面守军进行攻击。

另外需要说明的是，当日第30师主力（欠第89旅，配属独立第44旅）因候新闸无渡河设备，仅民船3只，渡河迟缓，因此当天未能按计划出击。

这天，日军飞行第9大队的6架轻型轰炸机从大汶口起飞，轰炸了台儿庄东南方约4公里郭庄的大运河桥梁。

▲中国守军在台儿庄城内坚持抵抗。

1938年3月30日

黄庄附近的战斗

27日晚，第20军团长汤恩伯根据各方面的情报，判断日军主力已转向台儿庄方面，于是命第85军以一部占领郭里集东北方山地，牵制枣庄、郭里集一带日军，主力集结于神山、向水泉、猪山一带待命。同时命第52军先行南下，以协同第2集团军，南北夹击进犯台儿庄之日军，准备将其聚歼于台儿庄附近。

然而，日军濑谷支队却于28日，以第10联队为基干的部队，大举进攻郭里集东北山地的第4师第10旅阵地。这使汤恩伯认识到，日军主力仍在峄县附近。据此，他改变了原定部署，于上午11时命第52军仅选派有力之3个团，附全部山炮及战车炮以极机动之态势，迅速增援台儿庄，以便与第2集团军夹击犯台之日军。而该军主力则暂不南下，确保女峰山、石城岗一带。同时命第85军以主力占领抱犊崮、向水泉一带高地，作为而后出击据点，以一部仍据黄山、马山、周村一带，以牵制枣庄、郭里集一带日军主力，使其不能急犯台儿庄。

第52军奉命后，即派第2师第6旅向台儿庄急进。其先头部队第12团（欠1营）于29日凌晨3时到达常沟附近，即派人侦察南北洛、刘湖、前后枣庄、孙庄一带敌情，准备袭击日军左侧背。当日下午5时左右，第6旅旅部及第11团主力也抵达常沟附近。该旅在常沟聚齐了人马，便将第12团推进至张楼附近。

5时20分以后，日军第63联队第1大队各部队陆续到达张楼西南的杨家庙集结，准备于次日拂晓进攻岔路口、彭村、雷草葛、上村、陶沟桥村的第27师部队，解除其对第63联队左侧背的威胁。而当晚，鉴于第2中队白天进攻彭村受挫，福荣联队长电命第1大队应避开彭村，从张楼、黄庄方向突破守军防线，再向燕子景、雷草葛以南地区攻击。张楼、黄庄正是第6旅的防区。

当晚10时许，第12团1个营以一部从东南方、以主力从东北方，突然向杨家庙发起夜袭。但第1大队早有防备，于阵前将其击退。

鉴于台儿庄方面的战况严峻，第五战区于29日夜下达命令，赋予第20军团的任务为：

（一）王军（第85军）明30日应对峄县之敌佯攻牵制该敌之南下。（二）关军（第52军）明30日应速向泥沟、北洛前进，到达该地后，以一部向南洛协助孙集团军解决台儿庄附近之敌，以主力极力破坏铁路公路，遮断峄县与台儿庄之连络，并与王军协同阻止峄县南下之敌。

汤恩伯奉命后，令第52军军长关麟征指挥第4师、第25师及第2师的1个旅，当晚由女峰山，经尚岩、兰陵镇，向台儿庄东北沙江凹攻击前进。令第85军军长王仲廉指挥第89师及第2师的1个旅，当晚确实占领平山、傅山、石城岗、女峰山一带高地，一面对临沂方面搜索警戒，一面向峄县佯攻，牵制当面之敌，掩护第52军侧背。命令下达后，汤即率军团司令部以急行军由双河出发，经向城南移，30日上午11时到达四户镇附近指挥。

30日上午7时30分，日军第1大队（欠第2中队、第4中队（欠1个小队）、机枪1个小队，配属中国驻屯独立野炮兵中队、联队无线1个分队）开始从杨家庙出发，驱逐该地东北方无名村落的少数中国兵后，前出到其北侧张楼西方地区。9时10分，该大队在混成第6中队及野炮1个中队的炮火掩护下，开始攻击张楼及其北侧村落的守军第12团1个营。该营抵抗了半个小时，便顶不住了，向东南方撤退。张楼落入日军手中。

下午2时25分，该大队又开始向黄庄发起攻击。然而，这个时候日军突然发现有中国大部队正从北方向西南方移动，因距离远，识别困难，便以独立野炮兵中队的4门90式75毫米野炮向其射击。90式野炮为日本陆军采购法国技术开发的野炮，也是太平洋战争开战前日本陆军最先进的一款75毫米火炮。该炮采用开脚式炮架，使炮身制退行程可以加长，因此可使用更高威力装药以及大仰角设计，帮助其最大射程达到13890米。该炮还使用了驻锄设计，改善了炮体稳定度。不过，该炮也有弱点，就是重量太大，从而导致其机动力不佳。

这支中国大部队是从女峰山南下的第52军主力的先头部队，受到90式野炮突如其来的射击后，陷入一片混乱，立即向北撤退。第1大队解除了后顾之忧，遂在炮火掩护下，全力进攻黄庄，终于在3时击退守军，占领该地。

5时左右，第52军又以一部从杨楼（黄庄东北约5公里）南下，向黄庄附近的第1大队发起进攻。日军采用老战法，把中国官兵放到阵地前300米时，突然以各种武器向其进行急袭射击，接着又实施白刃突击，挫败了其攻势。第52军部队进攻失利后，退往郁庄附近。当晚，第52军主力各部队陆续到达腰里徐、柿树园集结，准备次日再次进攻黄庄日军第1大队。

第1大队把第52军部队打退后，刘家湖的野战重炮兵第2联队的观测所又观察到，彭村以南的第27师部队有动摇的模样。这样，福荣联队长于6时35分给第1大队长中川发去如下电报：

彭村以南之敌有动摇的模样，重炮目前正在射击退却中的敌人，指示贵官的目标陶沟桥村，地图上的位置和实际有差异，贵队入夜将敌人攻击压迫至赵村附近。

▲日军的90式75毫米野炮。

第1大队奉命后，于晚7时从黄庄出发，8时许在燕子景西北无名村落完成集结。（当日下午，第2中队归还第1大队的建制。）

第732团出击三里庄失利

29日下午，第30师主力（欠第89旅）渡河完毕。此时，独立第44旅的第一线已推进至鱼鳞、板桥一带，威胁着三里庄日军的右侧背。

当晚，第30师师长张金照通过友军的通报，得知敌情如下：“敌在台儿庄已成孤军深入之态势，其兵力较小，处于内线作战，形成被动地位。我之兵力数倍于敌，且左右均有我军，形成外线作战，时时有被我包围歼灭之可能。而敌犹敢顽强抵抗，死据台儿庄者，恃其后方联络未被切断，峄县之敌尚可增援，刘家湖与台儿庄之敌且可相互策应也。”据此，张认为，如第30师能以优势兵力，迅速截断刘家湖与台儿庄间敌之联络线，再移此兵力侧击刘家湖之敌，则可于敌增援部队尚未到达以前，协助第27、31两师，分别将刘家湖、台儿庄之敌各个击破，然后再以战胜之兵力阻敌增援南下。

晚8时，该师拟于当夜12时，以主力袭击三里庄，以一部袭击南洛之敌，即向所属各部下达如下作战任务（概要）：

（一）令第44旅由杨团长率兵4营，于29日夜12时开始袭击三里庄之敌，占领后筑工事确保之。（二）令第88旅屯吴团长率兵2营，于29日夜12时开始袭击南洛之敌，奏功后筑工事确保之，以阻敌增援队之南下。

第175团团长吴明林奉命后，即决定以第1、2营进攻南洛，部署如下：“以第2营为主攻部队，担任南洛西侧正面之攻击，以第1营之第1连担任南洛北侧之绕袭，并令该连之动作提前半小时，以便与敌接触后使敌误认我由北面施行夜袭，待敌以主力应付我北面攻击之部队时，我再以攻南洛之主力（第2营），由正面猛烈冲袭，即可完全占领。”

该团部署完毕后，第1连即于11时30分出动，30日凌晨0时30分即与南洛北面日军警戒哨接触。当时南洛仅有少数日军，其北面的警戒较为松懈。于是，村内日军听到北面枪声与手榴弹的爆炸声大作，其大部立即前往救援北面的警戒哨。南洛西侧的第2营乘机猛攻，于0时50分摸至日军阵地前约数十米时，一起投出手榴弹，接着与日军展开肉搏。北面日军还没来得及回援，该营已将村庄占领大半。日军见大势已去，遂向东窜去。30日凌晨2时，第175团完全占领南洛。

当第175团夜袭南洛的时候，独立第44旅第732团（附第730团之1营）以主力由板桥向三里庄前进，以一部由鱼鳞向三里庄前进。然而，暗夜中其主力迷失方向，竟错把三里庄南方村落当成了三里庄，并错向该地行动。此时，三里庄南方

▲中国军队向日军发起反击。

村落的日军为第3大队预备队第9中队的1个小队和独立机枪第3中队。30日凌晨3时左右，当第732团主力摸至日军阵地前200米时，就被发觉，日军即以步机枪实施猛烈射击。该团在密集的火力拦阻下，无计可施，只好撤回原阵地。凌晨3时30分，第732团一部也向三里庄北侧的野战重炮兵第2联队第2中队放列阵地发起夜袭。但是，该中队凭借几发零距离射击的炮弹，将其击退。

黄口附近的战斗

拂晓以后，第2集团军总司令孙连仲接到一个报告，称第27师已占领孙庄。据此，孙判断："三里庄、刘家湖等处之敌，被我台儿庄、板桥、鱼鳞、南洛、孙庄各处部队形成包围形势，敌已陷于孤军被困积极待援之势。"他为了歼灭刘家湖、三里庄等处日军，便命令第27师及第30师于当日中午12时开始向其攻击。其中，第30师的任务是："以一部固守南洛、鱼鳞、板桥等村落，防敌突围及阻敌增援之南下，以主力攻击三里庄之敌，奏功后协同第27师扫荡残敌而歼灭之。"

第30师于上午8时奉命后，即开始进行各项准备。这时，日军增援部队也正从峄县向台儿庄开进。独立第44旅旅长吴鹏举得知日军增援部队南下，便于9时以电话向第30师师长张金照报告称："此时由北沿峄台公路向南驰驶敌之装甲汽车4辆，现已进入北洛村内，尚无动作。同时由北田营向南前进之敌步骑、炮兵约1联队，附坦克车20余辆，正向贾口方向前进。"

张金照判断这些日军是增援台儿庄的部队，不敢怠慢，立即用电话转报孙连仲。孙见敌情有变，就对张说："本日命令作废，新发现之敌由该师长酌量情形迅速派队迎击，而后情形随时报告。"

张金照为阻击日军增援部队南进，命第177团以1个营即向贾口、黄口一带，迎击该敌。同时命各守备部队仍固守原防。他自己则亲率第177团主力（欠1

张金照抗战简历

陆军中将。字辉亭，河南省郾城县人。1902年出生，1970年在郑州去世。全面抗战爆发时，任第30师副师长。

1937年8月 第30师师长

1939年3月 第五战区司令部少将高参

1941年初 冀察战区游击总指挥部特务旅旅长

1941年12月 请假回到郾城原籍

他参加的战役有：平汉线作战、娘子关战役、台儿庄战役、武汉会战等。1938年6月获得青天白日勋章。

营）及师指挥所移于龚庄。

上述日军增援部队为濑谷支队主力（第10联队、临时编成山炮兵大队、野炮兵第10联队（欠第1、3大队，第6、10中队）、独立机枪第10大队（欠1个半中队）、独立轻装甲车第12中队和“中国驻屯炮兵联队”第3大队（欠一部）等），其于30日凌晨5时，开始从峄县附近南下，向台儿庄进发。大部队出发前，濑谷派出第9中队的1个小队占领獐山山顶，并确保该地。另外，濑谷还以独立轻装甲车第12中队一部，搜索七里店－马寨－官庄－北洛道路沿途地区。第10联队则派出侦察人员，深入到大河崖以南地区活动。

8时40分以后，濑谷支队主力各部队陆续到达大河崖北侧（台儿庄西北约10公里），集结于该地。第10联队长赤柴大佐抵达大河崖北侧后，根据先遣队第7中队长大熊中尉的报告，得知8时许黄口（日军称为阎家口，台儿庄西北约7公里）附近的守军约1000人，已向南洛（台儿庄西北约5公里）方向移动，遂决定迅速从黄口方向对东南方的彭家楼攻击，据此于9时下达命令：

（一）支队先击灭台枣铁道线西方地区之敌。（二）第6中队（配属独立机枪1个小队）以主力确保兰城店，以一部确保小集，掩护支队的右侧背。（三）联队（欠第3大队（欠第9中队、机枪1个小队）、第6、9中队，配属临时编成山炮兵中队）迅速从阎家口（黄口）方面对东南方彭家楼方向攻击。野炮兵第2大队（欠第6中队）、第4大队（欠第10中队）、天津重炮兵大队在贾口及其北方大河崖附近占领阵地，举全力配合联队的攻击。

第10联队的第一线部队奉命后，即前出到贾口（大河崖南方约1公里）南侧地区，进入进攻准备位置。第1大队（欠第4中队，配属临时编成山炮兵1个中队、联队炮中队、速射炮中队）作为右第一线，展开于贾口南侧地区，准备先夺取黄口守军阵地，再向彭家楼方向攻击。第7中队（配属机枪1个小队）作为左第一线，联系第1大队，展开于其左方。第2大队（欠第6、7中队、机枪1个小队）作为预备队，先在大河崖北侧位置待机。10时左右，该联队本部推进到贾口南侧第1大队本部的位置。

当第10联队在贾口南侧准备进攻的时候，奉命迎击该敌的第177团（团长李文彩）第2营（营长王迺谦），及时抵达贾口南方约300米的刘庄（今东刘庄村），加紧构筑工事，以阻击日军南下。日军发现这一情况后，决定先夺取刘庄，再进攻黄口。

11时左右，日军第一线部队开始向刘庄攻击前进。然而，第2营依托寨墙顽强抵抗，并巧妙地将轻重机枪集中配置在阵地前沿两翼，对阵前构成侧防交叉火网。日军在密集的火力拦阻下，难以前进，只得请求炮火支援。

而后，日军炮兵向刘庄守军阵地猛烈开火，同时各以一部射击马兰屯（贾口东南约1.5公里）及鱼鳞，以掩护日军进攻部队的侧方。但是，守军的工事不但坚固，而且较为隐蔽，日军的炮击效果不佳。不久，濑谷支队长亲自前往第10联队长位置督战，希望该联队能迅速取得进展。

正午过后，日军炮兵又以燃烧弹向刘庄射击，引发熊熊大火，该村遂化为灰烬。然而，守军依然死战不退，其侧防火力，也没有丝毫减弱。

起初，日军炮兵预想守军主阵地应该在黄口，刘庄仅是其前进阵地，就将射击的重点放在其预想的主阵地黄口。这样，日军炮兵的放列阵地过于靠近刘庄守军阵地，并考虑了节约使用弹药的问题。第1大队长末永少佐则鉴于刘庄守军的顽强抵抗，渐渐地判断出刘庄才是守军主阵地。

由于野炮、重炮配合不给力，第1大队长末永少佐终于决定，凭借步兵（包括联队炮、大队炮等隶属步兵联队、大队的重武器）独力实施突击，便将联队炮、大队炮全部推进到步兵第一线，只要一搜寻到守军侧防机枪的位置，就直接瞄准轰击，逐一摧毁守军的侧防机枪火力点。与此同时，日军步兵也借助地形地物的掩护，悄悄地向守军阵地逼近。下午2时10分，第2中队首先突入刘庄西端。接着第1大队主力也冲入村内，与守军展开肉搏。打到这个时候，第2营终于顶不住了，被迫后撤。刘庄遂落入日军手中。此次战斗中，第2营伤亡很大。据日军称，战后打扫战场，发现约200具守军遗体。

随后，第1大队趁势继续向南攻击前进，很快夺取张庄（刘庄南方约400米）。3时55分，该大队几乎未受到任何抵抗，又轻易占领黄口（张庄南方约300米）。末永判断，守军放弃主阵地刘庄后，士气低落，一直在向南撤退，所以向上级提出建议，要求部队从黄口向东南方的插花庙急追，一举前出到大运河之线。濑谷本来也正有此意，立即批准。

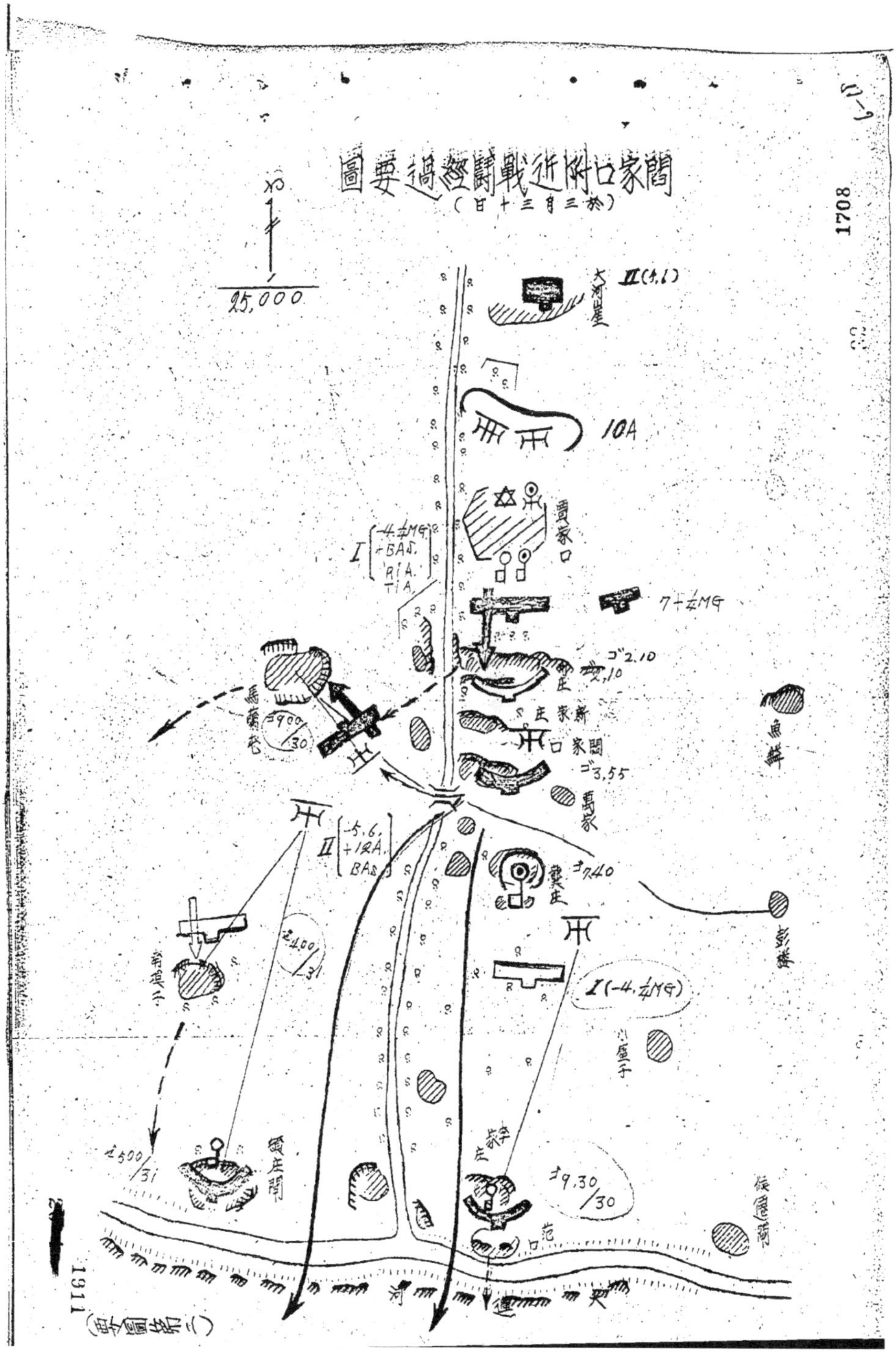

▲日军步兵第10联队黄口（日军称为阎家口）附近战斗经过图。

这样，赤柴遂以第1大队（欠第4中队）附炮兵1个中队向范口（台儿庄以西偏南约7公里）攻击前进，以第2大队（欠第5、6中队，配属野炮兵第12中队、临时编成山炮兵中队）沿峄城大沙河右岸地区向顿庄闸（台儿庄以西偏南约9公里）攻击前进。

刘庄、黄口相继失守后，龚庄（刘庄南方约2公里）的第30师师长张金照，即率第177团主力退守马兰屯；同时以第178团第3营迅速占领南坝子、李家沟各据点，以独立第44旅部队迅速占领候新闸至顿庄闸沿运河南岸之守备，阻止日军南进。

这样，日军第1大队遂兵不血刃地占领龚庄。他们通过审问俘虏，得知其当面守军为第30、5、6等3个师。第1个番号属实，但第2、3个番号则可能是俘虏糊弄日本人的。

当第1大队轻易占领龚庄的时候，第2大队却在马兰屯附近受到第177团主力的顽强抵抗，尽管其得到日军炮兵的支援，仍然进展缓慢，直到当晚9时才占领该地。接着，该大队继续向南追击。

当晚9时45分，濑谷于贾口下令：“第10联队（欠第6中队、第3大队）依然继续进行攻击，于运河以北捕捉歼灭敌人。但在任何情况下都不能越过运河一线。”

这之前，日军第1大队继续南进，当晚9时30分前出到李家庄（范口北侧），还屡次派出军官侦察员，搜索范口及其附近大运河的状况。根据侦察结果，他们发现范口过于靠近河岸，容易遭到对岸守军的狙击，徒生损失，于是决定先确保李家庄。但不久，该大队又发现范口对控制大运河有重要意义，遂向该地发起突击，没有遇到任何抵抗，即占领该地。

第2大队也于31日凌晨4时击破南坝子（贾家口西南约4公里）守军第178团第3营。1个小时后，又南下占领顿庄闸。因对岸有守军阵地，该大队就在寨墙上穿开枪眼，伺机向对岸守军实施狙击。

由于第30师及时退到运河南岸，第10联队并没有将其捕捉歼灭。但此时该联队基本控制了顿庄闸与范口间大运河北岸之线，因其并不打算过河，遂与南岸守军相对峙。

台儿庄城内战斗的激化

日军第63联队右第一线第3大队，于30日凌晨打退第732团的进攻后，其第一线部队终日受到守军炮火的集中射击，大队本部和预备队也屡屡遭到炮轰，被死死压在阵地上，动弹不得。尽管该大队一发现中国火炮及机枪位置，就通报给野战重炮兵第2联队第1大队，要求将其打掉，同时还请求该重炮大队向守军阵地实施扰乱射击，但炮击效果不佳。而且，配属第3大队的联队炮1个小队的弹药渐渐告罄，不能充分配合该大队作战。

城外第3大队主力的日子不好过，西北城角第11中队也好不到哪里去。上午8时许，第31师认同了康法如的计划，拟先歼灭西北城角的日军，解除西门交通之危害，遂令第176团收集现有迫击炮弹，使用于碉楼之破坏。10时许，守军迫击炮开始向西北城角猛轰，第11中队官兵连忙躲进隐蔽部内，一动也不敢动，待守军逼近，又出来开火，将其击退。

当日，日军炮兵队对所属各部进行任务分工：野炮兵大队负责对付中国炮兵，担任炮战；其他炮兵部队负责配合第一线部队进攻。在日军野炮兵阵地东方及北方活动的第27师部队，于29日的战斗中，受到很大的损失，后退了约1公里。拂晓后，配属该师的山炮营第3连于刘家桥附近，发现日军野炮的放列阵地，即向其射击，有多发炮弹落到日军炮位附近，炸死、炸伤多人。可日军野炮随即开始还击，当场击毁1门山炮，其他3门赶紧撤出阵地。日军独立轻装甲车第10中队的1个小队，从上午8时30分开始，也向园上村东北方村落的第79旅第158团发起突击，很快将其击退。这样，当天台儿庄东北地区的第27师部队基本上没有积极活动。

上午10时以后，日军野战重炮兵第2联队第1大队在城内的联络军官及观测人员的指引下，对守军防御设施要点，逐一实施破坏射击。下午1时许，日军飞行第9大队的9架93式双发轻型轰炸机窜入台儿庄上空，对城内及北站附近守军阵地实施狂轰滥炸。3时40分，飞行第9大队的3架97式俯冲轰炸机又飞抵台儿庄上空，再次轰炸城内的守军阵地。这两次轰炸，共投弹100余枚，城内的街巷几乎全被倒塌的房屋所遮蔽，无法辨认，守军防御工事受到严重破坏，康法如副师长身负重伤，官兵伤亡300余人，特别是第176团第2营最为惨重。这期间，日军飞行第6大队也以3

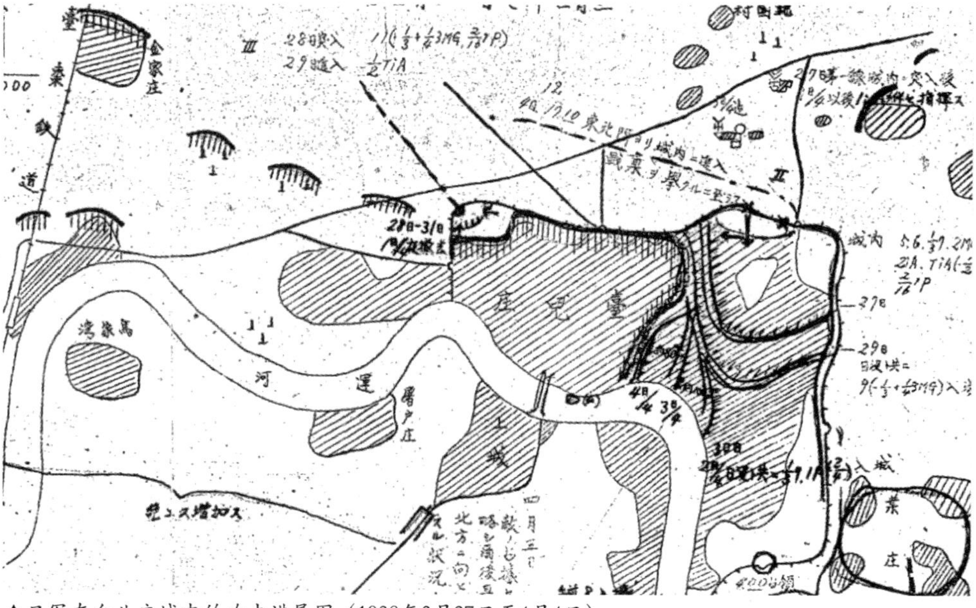

▲日军在台儿庄城内的攻击进展图（1938年3月27日至4月4日）。

架重型轰炸机轰炸了台儿庄南侧运河南岸守军炮兵阵地以及台儿庄西南约25公里的石庄。

城内东北部新加入第一线的日军生力军第9中队，利用炮击、轰炸效果，逐次扩张战果，大致在日落以前扩张到东北门及西北门间城墙突出部南北相连一线，并向南前出到大运河北岸，这里已能观察到台儿庄南岸地区的情况。台儿庄东半部几乎完全落入日军手中。日落后，安永大队长率第2大队本部进入城内。

此时，由于情况危急，第176团第1营由西关入城增援，迅速占领南北大街之预备阵地，战线得以稳住。而第31师也重新调整了部署，给王冠五代旅长、韩袁两团长手令如下：

（一）袁团（第176团）全部集中台庄，其刘海涛营即以疏散队向台儿庄出发。（二）台儿庄部队均归王代旅长指挥，速抢修强工事，并多筑强固之预备阵地。（三）韩团长所派城西北角外之一连由乜旅长派兵接替，于黄昏后归还建制。（四）乜旅长仍是西关（含）至北站（不含）间之守备，并支援台庄北站两据点之战斗。

此后，台儿庄城内的全部守军均归王冠五指挥。王冠五决定组织敢死队，收复西北城角。各部官兵闻讯，纷纷踊跃报名，最后圈定57名，各悬奖洋30元，预定于当夜进攻。

晚9时左右，守军再次集中迫击炮火力轰击敌阵，继以轻重机枪扫射。敢死队

▲中国军队后续部队通过浮桥增援台儿庄。

在炮击开始时出西门，在城墙外集结。待炮火停止后，沿墙向北跑步进入预定位置，待机枪停止扫射时，分数路由庄外越墙插入敌侧。57名壮士，有的进入日军所占院落，有的杀入日军掩蔽部，以手榴弹、大刀片反复冲杀，终因院落深重，交通复杂，未竟全功，但还是夺取了日军5个掩蔽部和数幢民房，完全切断第11中队与城外的联系。

9时30分，第3大队代理大队长向福荣联队长报告称："第11中队受到敌的反击，敌的一部由城墙西北角破坏孔迫近中队的背后，切断城内外的联络。"福荣得报，立刻派遣在刘家湖待机的第11中队1个小队前去增援第11中队，以确保其背后的安全。该小队于10时20分出发，但接近城墙时，受到守军的火力拦阻，未能入城，被迫退回刘家湖。

当日，第11中队长指挥的部队又有1门速射炮、1挺重机枪及1挺轻机枪被打坏。

1938年3月31日

坂本支队前来增援

濑谷支队长于30日夜接到情报："从沂州（临沂）方向退却之张自忠军约2个师，停留在峄县东面地区。"这样他命令顿庄闸及范口附近的第10联队主力转进到獐山东侧，攻击这支中国军队。第10联队主力于31日凌晨接到这个命令，随即开始准备北上。

上述所谓的"张自忠军约2个师"，实际为中央军第52军，该军于31日凌晨展开于腰里徐、柿树园之线，准备进攻南、北洛和北大窑之敌。其第2师在攻击前，为了防备由峄县南下之敌威胁该军侧背，派出1个营向獐山前进，拟占领该地，以掩护该军右侧背。但是，日军第10联队第9中队服部小队早在30日就占领该地。他们发现中国军队靠近，即猛烈抵抗。中国军队由于缺乏重武器，在日军火力拦阻下难以前进，就将该地包围。

此时，第10联队主力尚未北上。赤柴联队长得报，决定以一部（步兵2个中队、机枪2个小队、野炮的一部）留守顿庄闸、范口附近运河之线，主力立即开始行动，尽快转进到郝庄、泥沟、獐山之线，而后确保该线，迎击从北方南下的中国军队（第52军）。同时，赤柴还以第5中队迅速增援獐山的服部小队。

上午8时30分，第5中队赶到獐山附近，随即和服部小队一起，在野炮的炮火支援下，向包围该地的守军1个营发起内外夹击。该营稍作抵抗，即退至獐山东南台枣支线以东一个村落占领阵地，以掩护第2师右翼。

服部小队被解围后，该小队长作出错误判断，认为其守备獐山的任务已解除，便率部撤出该地，于下午4时30分抵达北洛。赤柴得知情况后，大为震怒，命令该小队立即返回獐山固守。但是，他又考虑到中国军队可能已乘机占领獐山，于是派遣联队副官中西少佐和服部小队先行，该方面行动的独立轻装甲车第10中队转属左第一线第2大队长安永指挥。下午3时左右，第7中队的1个小队在联队炮、装甲车的掩护下，向无名村落守军发起进攻。可守军士气旺盛，毫无畏怯，利用断垣残墙，以步机枪、手榴弹等与日军拼斗，坚持了2个小时才主动撤退。

当日凌晨，乜子彬旅长亲率韩戴两团各1个营，抵达台儿庄西北的板桥，准备侧击三里庄日军。福荣得知情况后，便于上午8时急派已基本恢复元气的“中国驻屯临时战车队”前往板桥以北的鱼鳞，阻止乜部前进。这样直到下午1时，乜部仍等不到侧击日军的机会，又撤回原阵地。

西北城角日军开始撤退

31日上午，鉴于濑谷支队主力已前出到第63联队的北方，福荣对其后方的顾虑大大减轻，希望尽快攻下台儿庄。9时许，他抵达野战重炮兵第2联队本部（仅指挥1个大队），要求其以全部炮兵火力，对台儿庄城内实施集中射击。同时命令左第一线第2大队利用炮击效果，一举攻占台儿庄。

上午11时14分至下午2时40分期间，日军炮兵集中15门各式火炮，向台儿庄城内实施了4次集中射击，对城内可作为守军观测所的望楼进行了彻底的破坏。然而，由于城内双方的第一线部队离得很近，日军炮兵害怕误伤自己人，并未向守军第一线阵地射击。这样，守军第一线部队依然顽强抵抗，日军第一线部队并不能利用炮击的效果，进攻仍然毫无进展。当天，戴团李营、第176团第3营先后入城增援，均加入第一线，使守军防线更加稳固。

而后，中国炮7团向三里庄附近的日军炮兵阵地进行还击，回敬了上百发炮弹。下午3时46分，日军野战重炮兵第2联队第3中队的放列阵地突然受到数发150毫米炮弹的轰击，其1门4年式150毫米榴弹炮被击毁。日军发现运河南岸的雄山北麓有中国炮位，即以重炮1个中队实施高强度的压制射击，但没有取得任何战果。

当日，第63联队右第一线第3大队长大村中佐病愈归队，重新指挥该大队。此时，该大队的处境相当不妙。在三里庄南方约600米的小金庄位置的第10中队（欠1个小队）及机枪中队主力，不断受到北站第182团枪炮弹的射击，其防御阵地内的房屋，尽成焦土废墟。台儿庄西北城角的第11中队也和大队主力失去了联系。

据此，福荣判断，而后即使向台儿庄西北城角增加兵力，攻击进展也会相当困难，于是命令大村大队长日没后将第11中队撤出西北城角，并从预备队中抽出第11中队的1个小队及独立机枪中队的1个小队，配属给第3大队，日没后派到三里庄。增加的部队一到三里庄南方村落，大村便命令其由步兵小队长指挥，并配属步兵1个分队、大队机枪1个小队及小行李一部，向台儿庄西北城角前进，突破守军的

徐州会战台儿庄附近战斗经过要图

（民国27年3月23日至31日）

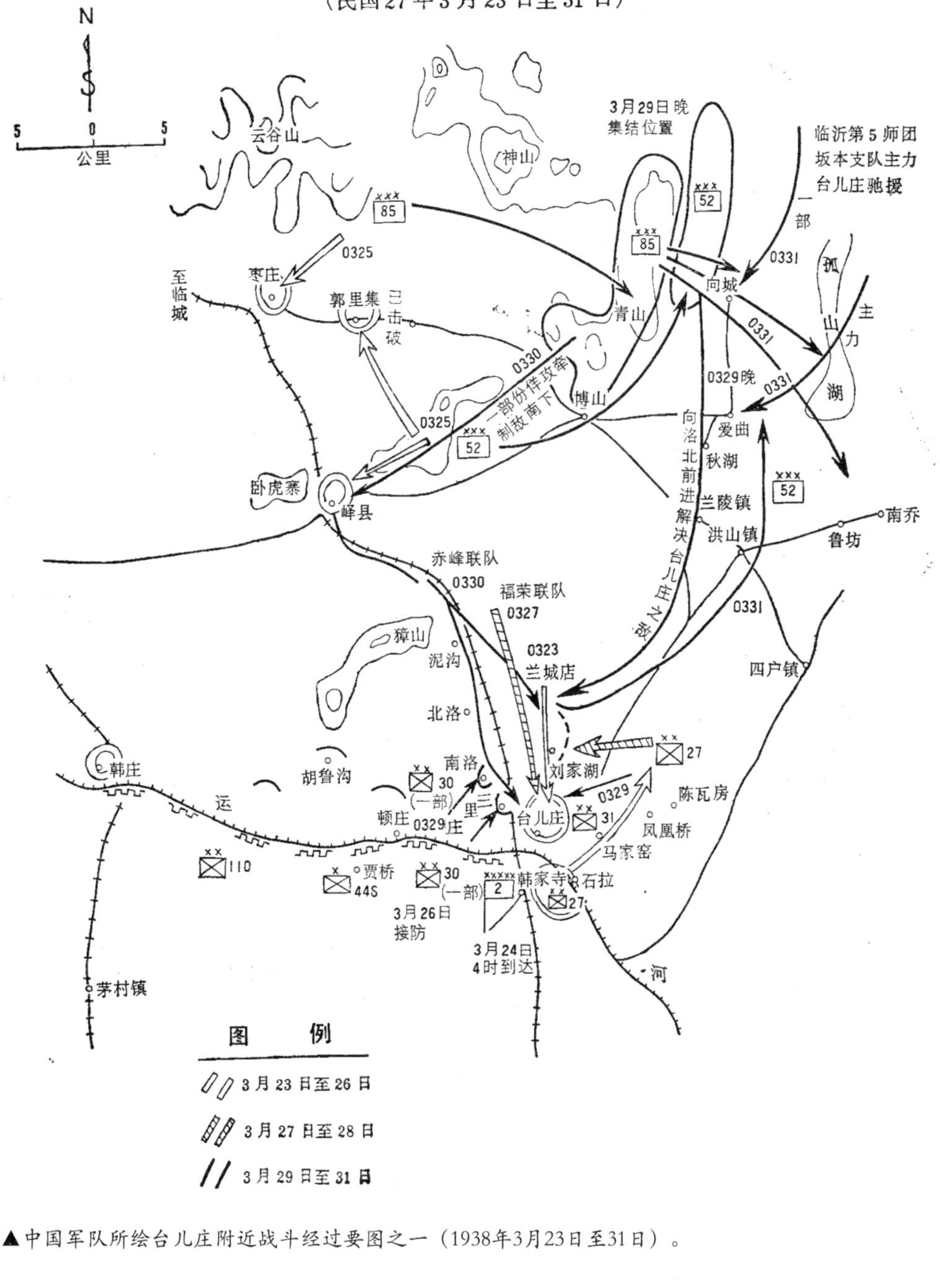

▲中国军队所绘台儿庄附近战斗经过要图之一（1938年3月23日至31日）。

包围线，和第11中队取得联络，传达撤出阵地的命令，并掩护该中队撤离。

而后，这支混编部队在夜幕掩护下，隐秘地向西北城角前进。此前，大村和炮兵队达成协定，由炮兵队实施掩护射击，以帮助该部队入城。这样，野战重炮兵第2联队第1大队根据大村的要求，于下午5时50分开始对城内实施扰乱射击，当晚8时又向台儿庄西侧村落集中射击。

日军混编部队在炮火掩护下，成功入城，并于当晚11时30分和第11中队长取得联络，随即掩护该中队撤退。4月1日凌晨4时30分以前，该中队已将大部分的死伤者搬出城外。但此时，第11中队还有一部分伤员及遗体留在城内，如将其全部转移，还需要耗费相当的时间。但拂晓以后，该中队的行动又将变得困难起来。这样，第11中队长决心依然保持现位置，待日没再撤出全部兵力。而混编部队则于1日拂晓前将搬出的死伤者后送到大队本部位置，并准备1日日没后再次行动。

第六章　血战台儿庄（三）

1938年4月1日

洪山镇、兰陵镇附近的战斗

3月31日，由临沂进至向城附近的坂本支队，前进到凤落、秋湖、爱曲一带，危及第20军团的侧背，因此当晚第4师奉命由水湖附近移于洪山镇一带，迎击坂本支队，该师即以第10旅第19、第20团占领洪山镇、洪山、烟头一带阵地，以第12旅第23团由东西房前对秋湖之敌攻击前进。

当时，坂本支队正分为两路纵队南下，其左纵队第11联队向洪山镇前进，其右纵队第21联队及骑兵第5联队向兰陵镇前进。4月1日凌晨，左纵队的先头部队第3大队发现洪山镇一带有中国军队布防，即在炮火掩护下，向洪山、前烟头一带猛攻。守军第10旅凭借仓促构筑的工事，以步机枪向日军猛烈射击，在数小时内，打退其数次进攻。第11联队长长野大佐见状，又将第1大队增加到第3大队的右方。日军投入生力军后，经过一番激战，夺取后烟头，隔断了洪山、兰陵之间守军的联络，第10旅只得且战且退。第89师见第4师战况不利，即以第534团从秋湖西侧向第11联队猛攻，牵制了其兵力，使第4师从容转移于洪山新阵地固守，待机反攻。

第52军军长关麟征31日晚得知由临沂开来的日军（坂本支队）已进至爱曲附近后，也作了如下处置：（一）令在军部附近的第75旅徐文亮营和军直属骑兵连，即刻跑步向兰陵镇方面前进，务须以广正面攻击行动，诱使敌人过早展开，尽力迟滞敌人前进，争取时间，以便我由第一线抽调兵力迎击该敌。（二）同时令第25师第75旅迅速撤离第一线，跑步开到军部附近，接受命令迅速向兰陵镇方面前进，迎击来犯之敌。

徐文亮营长接受命令后，即率领该营和骑兵连向兰陵镇方向跑步前进。4月1日上午，他们又前出到兰陵镇西北地区，即与坂本支队的右纵队遭遇，向其猛烈攻击。日军也立即展开，向该营炮击，约1小时后，第75旅主力赶到，马上投入战斗。同时，第52军军部又令第25师师长张耀明率该师第73旅开至兰陵镇附近参加战斗。日军右纵队急于同濑谷支队取得联系，无心恋战，除留骑兵第5联队担任掩护外，主力绕过兰陵镇西北第25师阵地，很快占领兰陵镇，接着又向该镇以南、台枣支线南段东侧的杨楼、底阁一带前进，企图与台儿庄附近的濑谷支队会合。当晚，洪山镇附近的日军左纵队也绕过第4师阵地，向兰陵镇转进，接着又向贺庄、萧汪（今蒲汪）攻击前进。

第52军的其余部队，31日晚除留一部于柿树园、张楼一带监视外，均与日军第10联队脱离，急向右旋回约20公里，在4月1日拂晓到达洪山镇以东的鲁坊、南桥附近。此时，第五战区配属给第20军团的第139师已开到岔河镇。

低石桥附近的战斗

31日，日军进攻台儿庄未见进展。当晚，对此焦虑万分的濑谷支队长，决定次日以第63联队为左翼队，重点进攻燕子景以东地区的第27师部队；以第10联队为右翼队，进攻北站。炮兵队以主力占领彭家楼、三里庄附近，主要配合右翼队的战斗。此次，濑谷支队将重点放在右翼的第10联队方面，还将"中国驻屯临时战车队"配属该联队。

这时，第10联队正在郝庄、泥沟一带与第52军对峙。野炮兵第10联队长谷口春治中佐接到上述命令后，匆匆赶到第10联队本部，就相关事项和赤柴联队长磋商。此前，野炮兵第10联队主力（联队本部、第2大队（欠第5中队）和第4大队（欠第10中队））一直在配合第10联队作战。谷口认为，其炮兵阵地目前正指向东北方，如将阵地变换到彭家楼、三里庄附近，完成射击准备需要相当的时间。何况，从次日早晨起，日军在优势的中国炮兵火力威胁下，贸然攻击坚固的守军阵地，颇为不利，这样应将开始攻击的时间延期1日，改为4月2日实施。在此之前，宁愿以步兵向其前面的北方之敌（指第52军）实施迂回行动，迫近其阵地的右翼。随后，谷口见赤柴没有任何异议，就分别给濑谷支队长及炮兵旅团长打电话，呈报了这个意见，得到批准。

虽然濑谷同意延迟1日进攻，可他并不打算让战力完整的第10联队在4月1日"无事可做"。此时，尽管第52军主力已撤离柿树园、官庄一带。但濑谷支队长却蒙在鼓里，仍担心第52军威胁其侧背，便于4月1日凌晨命令第10联队主力，将北面之敌（第52军）压迫到东北面，再行攻击。

1日上午7时30分，第1大队开始向官庄攻击前进。因第52军主力早已撤走，日军扑了个空，8时15分占领官庄。这之前，第39联队第1大队（欠3个中队、机枪1个小队）赶来，归赤柴指挥。

9时20分，第10联队本部到达兰城店，赤柴决心追击第52军，即以第1大队从河湾、大庄（兰城店东方约3公里）向黄庄（兰城店东南约6公里）前进，联队本部、第2大队向小集、张楼（兰城店东南约3公里）前进。此时，濑谷却另有打算，想以第10联队支援潘坠附近第63联队第1大队作战。这样，20分钟后，第10联队又接到濑谷下达的命令：

> 坂本支队从上午8时30分到9时，正攻击兰陵镇之敌，向堡子（兰陵镇西南约14公里）进出。步兵第10联队以主力沿河湾—马庄—低石桥攻击前进，配属野炮第10联队。

赤柴奉命后，即率部向马庄前进。下午1时，第10联队本部到达马庄。赤柴因第1大队未到，决心以第2大队（欠第5、8中队、机枪1个小队，配属联队炮、速射炮（各欠1个小队）、战车队、轻装甲车队）向低石桥攻击。10分钟后，该联队接到濑谷支队本部的通报："彭村（台儿庄东北约4公里）之敌向东南方溃逃"（实为误报），即以第2大队进攻寻家庄（马庄南方约1.5公里），占领该地后，又向沙江凹（寻家庄南方约1公里）攻击前进。

下午2时，日军野炮兵联队一部到达马庄占领阵地，开始向沙江凹实施强力射击。同时，战车队也向该地发起突击。沙江凹、低石桥守军为第27师第80旅之第159团丁营，战至此时，该营伤亡已达百余名，并被日军炮兵击毁重机枪4挺，遂退出沙江凹，将兵力集中于低石桥。第2大队占领沙江凹后，又将进攻的矛头直指低石桥。第10联队本部则沿大道西侧前进，前出到沙江凹南方。随后，日军炮兵又将阵地变换到沙江凹南方地区，向低石桥射击。2时50分，第6中队在火炮、战车掩护下，趁势突入低石桥西北端，占领该地的一角。然而，丁营官兵仍士气旺盛，抱着与阵地共存亡之决心，毫不退缩，凭借各碉楼的掩护，以步机枪、手榴弹顽强抵抗。第6中队官兵在坦克的掩护下，放心大胆地接近碉楼，没想到这时手榴弹像冰雹似地砸了过来，随着一阵阵惊心动魄的爆炸，坦克后面的日军步兵死伤迭出，被迫又退回原阵地。第6中队进攻受阻，便改变战术，采用火攻，逐一将各碉楼烧毁。守军失去碉楼的掩护后，仍坚持抵抗。直到6时许，第6中队才完全占领低石桥。当晚，第10联队主力集结于低石桥、沙江凹附近。

当日黎明，潘坠附近第63联队第1大队再兴攻势。按照部署，该大队先以第3中队攻击潘坠南侧村落守军，待其得手后，再以大队主力攻击彭村守军。

日军炮兵即集中火力向潘坠南侧村落轰击，民房墙壁被摧毁殆尽。第3中队趁势向该地发起进攻。可该地守军1个营，顽强抵抗，拼死不退，日军的进攻迟迟没有进展。上午10时，第1大队又以第1中队迂回到该营阵地的左侧，对其进行两面夹击，但战况仍无进展。

下午2时，第10联队部队已前出到彭村东北方地区。第63联队第1大队长中川得报，命令第3中队（配属机枪1个小队），继续对潘坠南侧村落进行攻击，同时以主力由潘坠向东迂回，从东北方攻击彭村守军。3时30分，日军炮兵一部推进

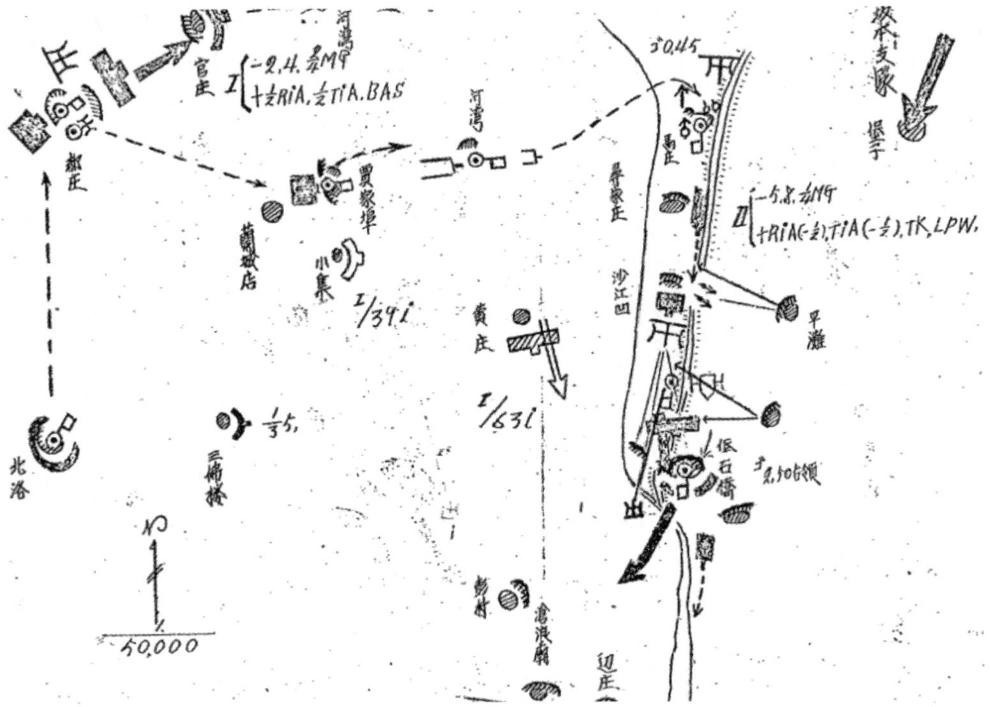

▲1938年4月1日日军第10联队低石桥附近战斗要图。

到后枣庄附近，并在潘坠开设了观测所，随时观察四周的状况。

彭村守军为王景山营，虽然该地防御设施极为坚固，但第10联队攻占该地东北方的低石桥后，使其有所动摇。第63联队第1大队趁势在炮火支援下，于4时50分突入彭村，守军被迫撤退。而后，该大队以第2中队的1个小队（配属机枪1个分队）担任彭村扫荡，当晚8时以主力集结于潘坠，准备于次日向该地南方攻击。

守军收复西北城角

4月1日拂晓，第30师第175团（团长吴明林）奉命进入台儿庄城内，接替伤亡较大的第176团的防务。第176团移交防务后，撤至杨楼整理；戴炳南团李生馨营则回驻台儿庄南岸的土城，担任浮桥间守备。另外，第186团整理为1个营，由禹功魁营长指挥；第31师直属骑兵连、工兵营、特务连，均归工兵营营长彭定一指挥。

下午1时40分，苏联志愿航空队3架轰炸机飞到台儿庄上空，在约2000米的高度投下数颗航空炸弹，炸死炸伤日军多名。

2时40分，日军野战重炮兵第2联队第1大队及混成第6中队，开始对台儿庄城内西半部各要点实施破坏射击。第63联队第2大队利用炮击成果，攻击前进，结果受到守军轻重机枪及迫击炮的火力拦阻，毫无进展。第31师师长池峰城见近日敌情较为沉寂，判断日军可能正在整顿，于是在当天召集幕僚开会，研究如何消灭城内之敌，所得意见如下：

（一）城内情势在敌我两方正面进展均难，故敌积极由西北城角发展。（二）我方应由城外东北或东方向城内突进，出敌不意，一举袭击，确实占领，再会同守备队夹击而歼之。（三）巩固台儿庄，应收复园上以断敌之外援与交通。

而后，池将上述意见，转陈第2集团军总司令孙连仲。据此，集团军总部即作出部署：

（一）第27师抽先锋队二三百人，并以一营基干，向台儿庄东北角之敌冲击。开始时以先锋队居先，以一营为后，与敌猛拼，确保既得之要点。对园上须控置一营兵力，防敌反攻，并派若干小队向刘家湖扰击。（二）第30师（欠袁吴两团）集结最优秀兵力向三里庄袭击，确实占领之。（三）第31师在第27师开始夜袭时，同时向当占之敌出击。

第31师奉命后，令各部准备策应友军的攻击。

天黑以后，日军1个小队前出到台儿庄西北城角缺口外，以掩护第11中队撤出城内。福荣联队长为帮助第11中队顺利撤出，还于当晚7时从预备队中抽出第12中队的一部（15名），7时40分又派遣联队小行李的一部（手曳辎重车10辆），归第3大队长大村指挥，帮助该大队搬出城内的日军伤员与遗体。第11中队在上述部队的掩护和帮助下，于4月2日凌晨2时10分全部撤出西北城角，但仍有少数伤员及遗体留在城内。4时30分，该中队和掩护部队一同集结于三里庄。

第11中队撤走后，西北城角就完全没了动静。据此，第175团中校团附张紫宸判断，那里的日军不是被全部消灭，也是撤退了，再以日军不作夜战的惯例，判断不会有支援的部队，而且日军在遭受重创后，已变为寡不敌众之势，我进入敌阵必操胜算。张紫宸随即派出2个班由南北两头跳进敌阵，不大一会儿来人向他报告说，西北城角之敌全部被消灭，有少数伤者还会说话。天亮后，第31师代理参谋长屈伸亲往西北城角视察，发现日军遗尸10余具，其中被烧死者二三人，另外还生俘日军伤兵2人。

2日凌晨1时，第27师第79旅第157团第2营营长孙迂贤带着该营及奋勇队200余人，趁着夜色向台儿庄东北城角前进。可是，还没等他们靠近城角，就被日军发现。东北门及其西方缺口北侧村落的日军第7中队的1个小队、第3大队炮小队、联队炮中队（欠1个小队），即向其猛烈开火，孙营官兵当场死伤40余人。孙迂贤见日军防范甚严，无隙可乘，遂率部撤回原阵地。

1938年4月2日

傅庄附近战斗

4月1日，日军坂本支队突破兰陵镇附近守军阵地以后，其左纵队向贺庄、萧汪方向攻击前进，其右纵队向辛庄、五窑路方向攻击前进。第20军团发觉坂本支队动向，即以主力跟踪追击。同时，第52军还以第25师第73旅之第145团（欠1个营），围攻日军留在兰陵镇西北的傅庄（日军称为金庄）担任掩护的骑兵第5联队。

第145团奉命后，一边将傅庄包围，一边准备攻击，并作出如下部署：以第2营为主攻，围攻傅庄南、西两面；第3营派兵1个连，助攻傅庄北面；其余为团预备队。骑兵联队发现被围，曾几次试图突围，但均未得逞。

坂本支队长得知骑兵第5联队陷入重围后，急命向城守备队第21联队第1大队以主力前去救援。该大队接到命令，即以一部留守向城，以主力向傅庄急速前进。途中，第21旅团副官二宫少尉率第11中队、机枪1个小队搭乘汽车赶了上来，也归第1大队长指挥。该大队获得增援，于2日凌晨2时30分占领傅庄西方高地。可是，因天太黑，他们根本搞不清骑兵联队的具体位置，便于4时30分回到小锡裡，决定天亮后再搜寻骑兵联队的位置。

拂晓以后，该大队接到骑兵侦察员的报告，骑兵联队依然在傅庄处于中国军队的重围之中。接着，他们在侦察员的引导下，向傅庄前进。由于骑兵联队在傅庄内的高大树木上挂有太阳旗，第1大队终于明确了骑兵的具体位置，便以第11中队（羽仓）、第2中队（足立）向傅庄攻击前进。然而，2个中队在第145团的密集的火力拦阻下，难以前进。据此，该大队决定乘薄暮再突破中国军队的阵地，进入傅庄，随即进行相关的各项准备。

2日下午4时，第145团准备完毕，开始向傅庄发起攻击。傅庄居民约50多户，男女老少早已逃走。村外四周是麦田，地形平坦开阔。而且骑兵联队在傅庄房屋墙壁上挖有枪眼，墙脚下挖洞，上盖门板，门板上盖土，日军则躲在洞里打枪，因而第145团官兵进攻时颇有伤亡。尽管如此，该团官兵仍在重机枪、迫击炮的火力掩护下，逐步逼近。黄昏前，其已接近到傅庄百余米的地带。少数士兵利用地形，接近到傅庄周围水壕的外缘。因壕沟水较深（约四五尺），不易通过。第2营营长奚卓之把这种情况以电话告诉第3营营长段培德，并征询段对进攻的意见。段建议，向附近居民问明水浅的地段有几处，连同通庄内的大车道，区分成若干个突击点，并准备云梯，在重武器掩护下，同时突击。

入夜后，为了要探询水浅地段，及其他准备事项，拖延的时间很久。这期间第9连连长曾派传令兵向段培德口头报告说：“东面没有我军，万一敌由东面窜出怎么办？”段说：“由你们连派1个班，布置到连的左后方，选择便于向突围之敌施行侧击的地点。”随后，段仍不放心，即以电话建议奚营长：“应派一部分兵力于傅庄东南方，以侧击由东面突围之敌。”但是，由于兵力不足，奚并没有采纳段的意见。

正当第145团为水壕所阻，无法前进的时候，第21联队第1大队突然向该团阵地发起突击，当晚9时30分突破其阵地，进入傅庄，与骑兵联队会合。可是，他们并不打算在傅庄久留，3日凌晨0时即撤出该地，4时到达小锡裡。

天亮后，第145团进入傅庄，获得军马约30匹，其中仅3匹未受伤，骑鞍还能用者约20副，除此之外没有任何俘获。该团在这次战斗中，有2名排长阵亡，3名排长负伤，士兵伤亡80余人。

当第145团围攻骑兵联队的时候，第20军团主力却被坂本支队后卫部队阻于西房前、小王庄、风落、作字沟等地。坂本支队主力趁势大举南下，前出到第27师的后方，向其猛攻。这样，第27师便受到坂本支队、第10联队、第63联队第1大队的三面夹攻，陷入困境。坂本支队主力击退其当面的第27师部队后，推进到台儿庄以东五六公里地区，与濑谷支队取得联系。（第21联队第3大队（欠第11中队，附速射炮）于2日晚10时完全占领辛庄、五窑路，准备3日对火石埠的攻击。第11联队也于当日占领萧汪、贺庄。）

2日，第五战区司令长官部得知日军濑谷、坂本两支队有合流趋势，遂命令八义集的第13师、邳县的炮4团立刻开赴岔河镇，随即和已到该地的第139、第6师一起，均归汤恩伯指挥。同时，李宗仁还将从临沂调来的第57军第111师第333旅拨归第20军团指挥，开到南桥、鲁坊待命。

边庄附近的战斗

坂本支队的到来减轻了濑谷支队的压力，濑谷启决定集中兵力对台儿庄东北侧守军第27师阵地放手一击，遂于4月2日凌晨下达濑支作命第70号命令：

（一）支队以主力在台儿庄北方及东北方地区集结兵力，继续攻打台儿庄。

（二）步兵第10联队（欠缺部队如故，配属独立机枪1个中队（欠1个小队）、战车队、工兵1个小队）在刘庄、低石桥、寻家庄附近集结兵力，明日拂晓以后前出到边庄附近，攻略叶庄（台儿庄东方无名村落）附近敌阵地，前出到黄林庄附近运河一线。

（三）步兵第63联队（配属独立机枪主力、独立轻装甲车第10中队、工兵1个中队（欠2个小队））占领雷草葛附近后，继续对台儿庄进行扫荡。

（四）两联队的战斗地境为刘庄、上村、沧浪庙、孟庄各东端、台儿庄东北角相连一线及台儿庄东侧围墙（线上属步兵第63联队）。

（五）炮兵队明日拂晓以后以主力在三里庄、沧浪庙、刘家湖附近占领阵地，先协力步兵第10联队对叶庄的攻略。

第10联队奉命后，决定第2大队继续执行原任务，向边庄前进，并准备攻击台儿庄东侧叶庄的守军阵地。第1大队则暂时集结于低石桥附近，准备而后的前进。

早晨6时，第2大队从低石桥出发，先向刘庄（低石桥以南偏西约2公里）前进。由于刘庄仅有少数中国警戒部队，第2大队没费大多劲，就于8时将其驱逐，占领该地。而后，该大队开始侦察附近的敌情、地形，发现刘庄东南的陶沟桥有约200名守军，刘庄以南偏西的边庄有约500名守军。另外，刘庄和边庄之间还有2个不知名的村落，日军将其中靠东边的村落临时命名为“ロ”村落，靠西边的村落临时命名为“ハ”村落。“ロ”村落仅有约100名守军。根据侦察结果，第2大队决定首先夺取“ロ”村落。

10时左右，当日军利用涛沟河西岸的地形隐蔽前进的时候，突然守军迫击炮弹如雨点一般从天而降，顿时炸声如雷，硝烟弥漫，日军立即卧倒，就地利用地形地物隐蔽起来，但还是有人躲闪不及，被炸得血肉横飞。接着，守军迫击炮又向刘庄开炮射击，其中1发炮弹击中第7中队指挥班阵地，造成代理中队长管少尉以及平井少尉、川西准尉等20人死伤。而第7中队长大熊中尉在4月1日的战斗中负伤。至此，该中队已没有准尉以上的干部了。10时25分，赤柴得报，即命第7中队出身的联队旗手石井中尉代理该中队长。

10时30分，第6中队向“ロ”村落发起猛攻，却受到陶沟桥守军侧射火力的拦阻。第3大队长加村得报，命第7中队牵制攻击陶沟桥，吸引该地守军的火力。

11时，第6中队在火炮、坦克的掩护下，再次进攻“ロ”村落，终于得手，占领该地。随后，该中队又准备进攻“ハ”村落。日军炮兵也开始猛烈轰击该地。炮火刚停，第1小队长西村芳男少尉即手持军刀，率部冲入守军阵地，接着第2小队长土井少尉也率部突入。然而，守军并没有被日军的嚣张气焰所吓倒，依然顽强抵抗，向其投掷大量手榴弹，西村等人被当场炸死，还有土井以下多人被炸伤。日军并未因丧失指挥官而产生混乱，双方随即展开惨烈的肉搏战。拼搏中，双方都抱着必死之心，刺刀、枪杆打断了，就用拳头甚至牙齿与对方厮打，直至战死。守军因寡不敌众，一个接一个地倒下，战至下午3时，其有组织的抵抗结束，第6中队完全占领“ハ”村落。

守军第27师第80旅部队在4月1、2日英勇顽强的抵抗，令日军大为钦佩，当日其在《第10联队战斗详报》中这样写道：

研究敌第27师第80旅自昨日以来之战斗精神，其决死勇战气概，无愧于蒋介石的极大信任。凭藉散兵壕，全部守兵顽强抵抗直到最后。宜哉，此敌79名于此狭窄的散兵壕内，重叠相枕，力战而死之状，

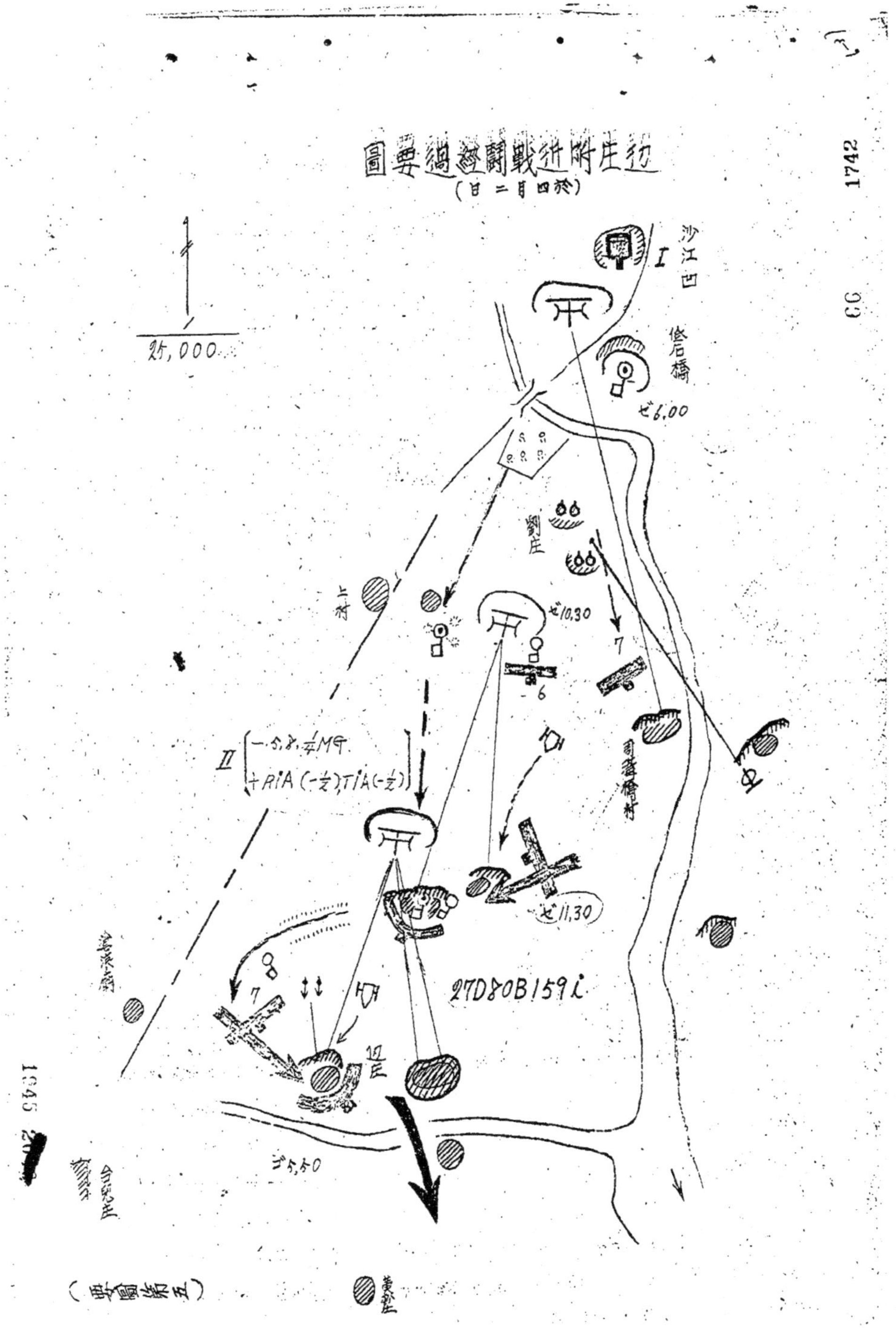

▲日军步兵第10联队边庄附近战斗要图。

虽为敌人，睹其壮烈亦将为之感叹。联队本部前出到该村落的时候，第6中队仍遭到残敌的抵抗，向掩蔽部投掷手榴弹，或以刺刀突刺，努力歼灭之。其顽强可想而知，曾使翻译劝其投降，应者绝无。尸山血河，非独日军所特有。不识他人，徒自安于自我陶醉，为国军计，更应以此为慎戒。

接下来，日军又把进攻的矛头指向边庄。这次，第7中队作为第一线。该中队在淅淅沥沥的小雨中，借助地形地物的掩护，悄悄地迫近到边庄的右侧背。此时，野炮兵第2大队也向边庄猛烈开火，使其笼罩在火焰和烟雾之中。战车队则在守军阵地正面佯攻，吸引守军的注意力。独立机枪中队则对炮弹打不到的死角中出现的机枪火力实施压制射击。

第7中队在野炮、坦克、重机枪的配合下，于下午5时50分从西方突入北部边庄，经过近2个小时的巷战，守军顶不住了，被迫撤退。当晚7时50分，第7中队完全占领北部边庄。

而后，第10联队以第7中队集结于北部边庄，主力集结于其东北方无名村落附近，准备以第1大队攻击黄林庄。

孟庄附近的战斗

2日上午8时30分，第63联队第1大队（欠第4中队）从潘坠出发，前出到彭村，1个小时后又从该地出发，以疏散队形向孟庄前进，正午时分前出到孟庄西北方野炮阵地所在的村落。在孟庄西北方村落掩护炮兵阵地的独立轻装甲车第10中队随着该大队的前进，急袭了从裴庄东方地区后退的约100名守军，下午1时50分集结于原位置。

中川大队长和野炮兵大队长协商后，决定对孟庄及其西南村落的守军发起进攻。下午4时50分，第63联队第1大队展开完毕。野炮兵第1大队（欠第1中队）首先开始射击，接着野炮兵大队配属的独立机枪小队及大队炮也相继开火。孟庄及其西南村落的守军阵地，转瞬间就被炮弹爆炸的闪光和硝烟所吞没。5时10分，第1大队利用炮击效果，开始攻击前进，其重点保持在右方。孟庄守军田营发现日军步兵接近，集中步机枪火力，向其实施猛烈射击。台儿庄东侧城墙的守军也以迫击炮向日军轰击。独立轻装甲车第10中队为配合第1大队进攻，不断在田营的左侧背行动，以压制田营。台儿庄北侧村落位置的第63联队联队炮中队（欠1个小队）看到第1大队攻击前进，也决定向孟庄守军侧面实施集中射击，接着和中川大队长取得联络，开始支援该大队右第一线中队的攻击。

第1大队第一线部队在炮火的掩护下，于5时30分冲入田营阵地。双方随即展开肉搏战，每一处阵地都经过几次反复争夺。然而，日军毕竟在体力、格斗技术上优势明显，这样日落以前田营伤亡惨重，渐渐顶不住了，其残余官兵被迫撤出阵地。而后，第63联队将第1大队作为预备队，确保其占领地，侦察附近的敌情地形。

当日，第27师遭到坂本支队主力、第10联队主力、第63联队第1大队三支日军部队的进攻，伤亡很大。这样，当晚该师将战线稍为缩短，固守赵村、纪庄、丁家桥、东庄、火石埠等处阵地，师部移驻板板埠。

日军在城内放火

2日，除了将第11中队撤出西北城角以外，第63联队第3大队（欠第9中队（欠1个小队）、第10中队的1个小队、第12中队、机枪1个小队、大队炮小队，配属联队炮中队1个小队、速射炮中队1个小队、独立机枪第3中队（欠1个小队））没有任何大的行动。

上午10时50分，小金庄的第10中队突然受到守军迫击炮的集中射击。大村大队长即要求野战重炮兵第2联队压制守军迫击炮，但该联队以炮兵白天变换阵地困难为由，婉言拒绝。

下午1时40分，日军4架轰炸机又向台儿庄及北站投下若干枚航空炸弹，城内守军阵地顿时被硝烟所笼罩，但守军及时进入隐蔽部内躲避，伤亡很小。

野战重炮兵第2联队在三里庄及刘家湖附近的炮兵阵地及观测所，于1日受到中国炮兵10次集中射击，其通信线被严重破坏，人员、器材也受到很大损失。而且，该联队长还发现，守军的炮弹散布界越来越小，其效力陆续增强。他认为如果而后人员、装备依然集中在同一阵地，炮兵和附近部队都会徒增损失。随后，野战

▲台儿庄守军坚守阵地。

重炮兵第2联队（欠第2大队，配属混成第6中队）奉命配合第63联队作战，准备在日没后变换阵地，其第1大队在邵庄、裴庄附近，混成第6中队在彭村附近占领阵地，预定次（3）日开始战斗。

福荣联队长于凌晨5时从刘家湖出发，到达邵庄。此时发现第63联队第1大队及第10联队部队正由东北方南下。而邵庄所有的房屋化为灰烬，这样就没有了可凭借的房屋。

由于受到中国炮兵的威胁，福荣规定：联队本部位置各机关及预备队，白天尽量不要到房屋外活动，夜间严禁烧火，如因炊事等必须要烧火，一切在白天实施，还要注意遮蔽。

当晚，配合第63联队的日军炮兵也开始行动，野战重炮兵第2联队（欠第2大队）在刘家湖、邵庄、裴庄地区占领阵地，直接协同第63联队。刚刚抵达战场的中国驻屯炮兵联队第3大队（混成第6中队已转进到孙庄附近待机）在彭村附近占领阵地，负责压制、消灭台儿庄东端与雄山相连一线以西地区的中国炮兵。野战重炮兵第2联队第1大队负责对日军第一线部队提供炮火支援。

当日，第63联队第2大队（欠第8中队，配属第9中队（欠1个小队）、第3机枪中队1个小队、第3大队大队炮小队、联队炮中队（欠1个小队）、速射炮中队（欠1个小队）、工兵第1中队（欠2个小队））依然试图在城内扩张战果。福荣鉴于该大队进展缓慢，于1日晚给其配发了放火用的油料。该大队又将油料配发给城内中央位置的第9、第5中队。2日上午10时许，城内刮起了东风，这两个中队遂在工兵配合下，开始在前线放火，守军据守的部分民房被引燃，一时间烈焰四起，浓烟冲天。可是守军并没受到多大影响，依然坚守阵地，日军还是未能取得进展。

中午以后，因第63联队第1大队及第10联队部队前出到台儿庄东方地区，第2大队的后方变得安全了，安永大队长即命第7中队的1个小队及此时到来的工兵第1中队（欠3个小队）于日落后一同进入城内。

表6-1　台儿庄附近战斗双方战斗序列之四（1938年4月2日晚）

中国军队	
第2集团军	总司令孙连仲
第31师	师长池峰城
台儿庄地区守备部队	队长王冠五
禹功魁营（该营由第186团合编，	营长禹功魁

附第27师第158团2个连残部）	
彭定一营（该营由工兵营、骑兵连、特务连合编）	营长彭定一
第30师第175团（配属）	团长吴明林
中央地区守备队	队长乜子彬
张聘三营	营长张聘三
李生馨营	营长李生馨
第30师第176团（配属）	团长袁有德
北站地区守备队	队长韩世俊
第182团	团长韩世俊
第27师	师长黄樵松
第79旅	旅长黄樵松兼任
第157团	团长杜幼鼎
第158团	团长杨守道
第80旅	旅长侯象麟
第159团	团长郭金荣
第160团	团长李靖华
第30师一部	
独立第44旅一部	
炮7团的1个营附重炮连（配属）	

日本军队

瀬谷支队

　第63联队

　　左第一线第2大队

　　　侵入城内东部的部队

　　　　第2大队本部

　　　　第5中队

　　　　第6中队

　　　　第7中队的2个小队

　　　　第9中队（欠1个小队）

第3机枪中队的1个小队
第2机枪中队
速射炮中队（欠1个小队）
第2大队炮小队
工兵第1中队（欠3个小队）
城外的部队
第7中队（欠2个小队）
联队炮中队（欠1个小队）
第3大队大队炮小队
工兵1个小队
右第一线第3大队
第11中队
第10中队（欠1个小队）
第3机枪中队（欠1个小队）
第9中队的1个小队
独立机枪第3中队（欠1个小队）
联队炮1个小队
速射炮1个小队
第1大队（欠第4中队）
炮兵队
野战重炮兵第2联队（欠第2大队及联队段列半数）
中国驻屯炮兵联队第3大队
野炮兵第10联队第1大队（欠1个中队）
掩护炮兵的部队
第8中队
第10中队的1个小队
第12中队的2个小队
独立轻装甲车第10中队
预备队
第4中队的1个小队
第12中队（欠2个小队）

第10联队（欠第3大队（欠
第9中队、机枪1个小队））
配属部队
野炮兵第10联队（第2大队（欠第5中队）
第4大队（欠第10中队））
独立机枪第10大队（欠1个中队和3个小队）
中国驻屯临时战车队
临时编成山炮兵中队
独立轻装甲车第12中队
工兵1个小队
飞行第7大队（侦察机）一部
飞行第9大队（轻型轰炸机）一部
飞行第2大队（战斗机）一部

1938年4月3日

黄林庄附近的战斗

3日凌晨，日军坂本支队开始大举进攻第27师新阵地。第27师经过连日的激战，伤亡很大，其战斗员仅剩1000余人，因此无力阻击该支队的进攻。战至上午10时，坂本支队相继夺取赵村、东庄、火石埠等地，第27师主力退守石拉、梁王城附近。接着，独立第44旅的1个团赶来增援，该师暂时稳住了阵脚。下午，第139师1个旅抵达岔河镇、东西马甸之间，即向贺庄、耿庄方向攻击。第52军、第89师也从北方逼近坂本支队的侧后。该支队因侧后受到威胁，不得不从第一线抽调部队北上，并暂时停止了对第27师阵地的攻击。

当坂本支队与第27师主力交战的时候，第10联队也准备向第27师一部驻守的南部边庄、叶庄、黄林庄等地发起攻击。当日早晨，第10联队以第2大队作为预备队，在北部边庄位置待机；以第1大队作为第一线，展开于北部边庄附近，准备先攻占南部边庄，接着在夺取台儿庄东侧的叶庄后，又向台儿庄东南方的黄林庄攻击。

第1大队自4月1日以来一直是第10联队的预备队，已休整了2天，因此投入进攻后，攻势迅猛，当日上午相继占领南部边庄、叶庄，随后又对黄林庄进行威力侦察。日军炮兵为扫清该大队的进攻障碍，也向黄林庄猛烈轰击，同时对台儿庄东侧城墙上的守军机枪火力点进行破坏射击。

下午3时30分，第1大队准备完毕，开始向黄林庄发起猛攻。当日军冲到黄林庄阵地前数百米时，台儿庄东城墙上的守军机枪突然吼叫起来，一排排子弹带着尖利的啸声，疾风暴雨般地向日军横扫过来，因为日军队形极为疏散，所以仅有少数几个人被撂倒在地，其他的人连忙卧倒隐蔽。此前，日军早就安排了野炮，专门压制进攻当中突然出现的侧防火力。因此，中国机枪火力点暴露后没多久，就遭到日军野炮的集中射击，变得沉默起来。而第1大队官兵还没等炮击结束，就在黄林庄前方释放烟幕，遮蔽了守军的视野。该大队的第1中队趁势发起突击。小队长唐泽少尉挥舞着军刀，第一个冲入守军阵地。黄林庄守军第27师工兵营第1连，见日军扑了上来，即以步枪、机枪、手榴弹一阵狠打，冲在前面的日军唐泽等多人当场中弹毙命，但后面的日军仍不顾一切地往前冲，双方随即展开巷战。战至5时10分，守军因伤亡惨重，被迫撤退，日军占领黄林庄。

随后，第10联队以第1中队（配属机枪2个小队）确保黄林庄附近，主力集结于边庄附近待命。

日军占领东南门

当日上午7时30分，第1大队的1个小队及第3中队（欠1个小队）到达沧浪庙，纳入福荣的指挥，为此他将第12中队（欠1个小队）复归第3大队。同时按照濑谷命令，于8时10分将独立轻装甲车第10中队解除配属，9时25分将师团的1个无线分队也解除配属。

这时，福荣联队长为促进城内的扫荡，作出判断：如迅速前出到台儿庄南侧，便可随时指向守军的后方射击，并能切断其后方。上午9时50分，他给第1大队长中川打电话，命令其以步兵约1个中队占领台儿庄东南城墙，使城内的第2大队以及在台儿庄以东地区行动的第10联队的战斗容易。中川奉命后，立即派遣第1中队（欠1个小队，配属机枪1个小队）入城，向东南门前进，下午4时左右占领该门，封锁了黄林庄及台儿庄南侧守军向城内的通路。连日以来，运河南岸的中国炮兵给日军造成极大威胁。因此，第1中队刚占领东南门，日军野炮兵部队就将观测所推进到这里，以搜寻运河南岸的中国炮兵。

濑谷支队长为视察战况，随支队本部的一部，搭乘汽车向前线前进。当濑谷一行到达裴庄附近的时候，突然几发炮弹落在汽车不远处爆炸。他们赶紧下车隐蔽到村内。上午10时30分，濑谷到达沧浪庙，和福荣会面，在听取情况汇报，视察当面的状况后，于11时返回。

此日，第63联队右第一线第3大队一直在加强工事，并对台儿庄以西守军进行监视，准备配合左第一线第2大队在城内的扫荡。

第63联队左第一线第2大队本打算在当日早晨开始攻击，向西方扩张战果。可拂晓以后，因台儿庄城内烟雾弥漫，炮兵实施射击有困难。于是，该大队修改了和炮兵的协定，预定下午1时开始攻击。

该大队的攻击部署如下：

右第一线：第9中队（欠1个小队，配属第6中队、机枪1个小队）

左第一线：第5中队（配属第7中队、机枪2个小队）

第2大队炮小队、速射炮中队（欠1个小队）配合第一线两中队。

联队炮中队（欠1个小队）、第3大队炮小队，归联队炮中队长指挥，配合大队扫荡。

工兵第1中队（欠2个小队）配合第一线中队扫荡。

下午1时，野战重炮兵第2联队第1大队及中国驻屯炮兵联队第3大队以全部火力，开始对城内实施集中射击。炮火刚停，第一线两中队就发起进攻。但守军以机枪火力封锁了大小道路，加上中国的各式火炮也屡屡向日军射击，第2大队的进攻极为困难。安永为了迅速取得进展，又将联队炮、大队炮、速射炮推进到步兵第一线，对守军阵地实施抵近射击，同时以工兵对守军工事实施爆破，甚至还施放了催泪性毒气，终将守军禹营、彭营防线打开一条缺口，日军第一线中队趁势将战线向西方推进约100米。

下午2时许，日军飞行第7大队内田中队的4架88式侦察机轰炸了台儿庄及西关，接着又以机枪向守军河防部队扫射，还将浮桥炸出2个孔。

当晚，安永企图再兴攻势。但由于日军炮兵应第3大队的要求，对北站的守军实施轰击，无暇配合第2大队的进攻。加上其当面守军的抵抗并没有丝毫减弱，于是改为次（4）日拂晓后再实施进攻。此日，第8中队归还第2大队建制，进入城内，安永大队长以其担任城内日军占领区域的警备。

晚8时，日军一种“大杀器”运抵台儿庄，即4具火焰喷射器。此前，在前方视察战况的华北方面军作战参谋大野武城，见台儿庄方面的战况迟迟没有进展，就直接给华北方面军司令部打电话，要求派飞机送来火焰喷射器，用以扩大战果。

1938年4月4日

第20军团对坂本支队发起总攻

随着第75军、第13师、炮4团、第333旅等增援部队的到来，第20军团长汤恩伯信心大增，决定对坂本支队发起总攻。3日晚，汤急调第13师到南桥、鲁坊向北警戒，并搜索日军第5师团由临沂而来的后续部队，同时作出部署：次（4）日，第52军（辖第2、25师）、第85军（欠第4师）、第75军（辖第6师，配属第139师），按从右至左的顺序，全力指向台枣支路，开始总攻。（第4师收复兰陵镇及凤凰山后，已转移于四户镇附近为第20军团总预备队。）

各军奉命后，于4日相继发起攻势。

第139师从东面的马甸、岔河镇，第6师从南面的西黄石山、胡山，第89师从东北面的大良壁，第52军从北面的兰陵镇、洪山镇向坂本支队发起全面进攻。结果，第89师的表现最为出色，夺取日军多处据点，而其他部队的进展却不大。

当日凌晨，第85军军长王仲廉督率第89师到大良壁附近，准备进攻大顾珊等地。第89师的部署是，以第533团攻击沟徐、蔡庄、朱滩、大顾珊，以第534团攻击鸾墩、饿虎桥、潭庄之线，以第265旅为预备队。

凌晨3时许，第89师前线各团开始攻击。经过1个小时的激战，第533团相继克复沟徐、朱滩，接着继续进攻蔡庄及大顾珊。王仲廉见该团进展神速，即以第265旅第530团一部由清墩迂回至大顾珊之侧背，协同第533团攻击。蔡庄日军约二三百人，在中国军队的猛攻之下，抵挡不住，被迫撤退。大顾珊日军起初异常顽强，死守不退，但经过第89师部队的三面夹攻，也渐渐不支，狼狈溃逃。而鸾墩、饿虎桥日军仍然负隅顽抗，第534团数度猛攻未下，直到蔡庄为中国军队克复，两地日军感到重大威胁，才向潭庄撤退。第534团夺取鸾墩、饿虎桥之后，趁势追击，又占领潭庄。这样，经过半天的激战，第89师已占领了7个村落。而后，第89师将上述村落交第333旅第665团接防后，又在配属该师的野炮兵第4、第8两连的火力掩护下，夺取东西范墩及黄渊。

4月3、4日的战斗，第52、第85军官兵伤亡约2000多人。

正午12时许，第6师第32团之一部，也开始向火石埠日军进攻，双方战至下午1时30分，日军1个中队，由五窑路增援火石埠。同时日军炮兵以4门火炮向李家圩、梁王城两处射击，以拦阻第6师部队攻击前进。第27师师长黄樵松得知情况后，即令第80旅游击队，由杨庄向火石埠日军进攻，并协助第6师右翼；第159团第3营派一部由王庄向火石埠以西攻击；第160团第1营派一部进占李家圩东南之坟地，协助第6师夹击日军。然而，战至下午4时，由于日军的顽抗，第32团及第27师部队的进攻均无进展。

当日下午1时许，第158团第1营营附赵汝泮，率兵100多名将赵村日军驱逐，夺回该村。残敌六七十人，向纪庄退去，赵汝泮率部乘胜追击，继续奋勇进攻纪庄，至下午3时许，终将该敌击溃，确实占领纪庄，与斗沟、边庄日军对峙。

第63联队的攻击一再受挫

4日拂晓，日军第63联队第2大队在台儿庄城内再兴攻势。这次，他们用上了4具93式火焰喷射器。这种武器重25公斤，可装燃料14升，发射时可以成线状喷射出火焰。其构造是这样的，在2个背负式燃料罐之间，连接着喷射用的氮气压缩罐，燃料是混合了汽油和焦油的凝胶状燃料。燃料点火的方式是，最初采用了通过电热线来点火的方式，可是，由于在东北寒冷地带，这些点火方式被认为不适合，后来变更为通过手枪空弹的点火方式。

因为93式火焰喷射器的射程仅有28米，所以第2大队首先集中轻重机枪火力封锁民房枪眼，并压制附近工事的守军。背着火焰喷射器的日军士兵，在其掩护下，推进到有效距离，逐屋喷射火焰，将里面的守军烧死。一个又一个的民房被引燃，冒起了滚滚黑烟。恰好此时城内刮起了强劲的东南风，火借风势，迅速蔓延，全城一片火海，无法扑救。但是，守军官兵在烈焰之下，仍宁死不退，始终坚守阵地。中午12时许，第2大队乘火焰稍衰，又向守军阵地持续猛攻，第2营第2连伤亡50余人，被迫退守第二线阵地。日军第一线中队趁势在运河北岸方面将战线向西方推进约80米。

日军的火焰喷射器性能并不稳定，投入使用后，没过多久就有2具出现故障，不能使用。雪上加霜的是，而后火焰喷射器的燃料也用光了，他们只得向上级请求尽快补给。这样，日军的进攻又停滞不前了。

▲日军的93式火焰喷射器。

当日，中国空军集中第3、4两个大队共23架伊-152战斗机及伊-16战斗机，下午2时从归德机场起飞，经过了约50分钟的飞行，抵达台儿庄附近地区的上空，对台儿庄北侧城墙、孟庄、裴庄、沧浪庙的日军实施了约10分钟的轰炸扫射。因日军隐蔽良好，伤亡轻微。

下午2时以后，日军野战重炮兵第2联队第1大队为支援第2大队的进攻，猛烈轰击台儿庄城内的守军阵地。但双方的战线离得很近，一些“没有眼睛”的炮弹落到了第2大队阵地上，造成了不小的伤亡。安永气急败坏，立即叫炮兵停止开炮，不要再帮倒忙。

当天日军第一线中队的进展仍很缓慢，仅在运河北岸方面将战线向西方推进约80米。由于战果不佳，安永大队长决心先充实左翼第5中队战力，次（5）日拂晓再次发动进攻。晚10时40分，他将配属第9中队的第6中队转属第5中队。

当晚，第31师决定向日军发起夜袭，便从台儿庄地区守备队第175团中选拔奋勇队100名，从中央地区守备队袁团、戴团中各选拔奋勇队50名，组成临时编成攻击队，以孙迁贤营长为队长。9时，攻击队在迫击炮的掩护下，向日军第2大队发起攻击。当时，第2大队在城内除了第一线各中队以外，还以第1中队警备中央以

▲正与日军展开巷战的台儿庄守军。

南东南部城墙一线，确保该大队左侧背的安全，以第8中队担任中央以北占领地域的守备。攻击队发起夜袭以后，因日军依托民房拼死顽抗，攻势顿挫，被迫返回原阵地。

当第2大队在城内进攻的时候，福荣联队长却在谋划另一项计划，即再次以第3大队一部，突入城内西北部。同时，他还对第11中队在西北城角的失败，进行了反思，认为失败的主要原因是当时城内第2大队的前线和西北城角距离过远，使两者不能有效的协同作战。如果，再以第3大队的一部从西北城墙靠近第2大队的地方突入城内，或者以第3大队一部从东北门入城，前出到第2大队的右翼，再向西扩张战果，定可收到夹击效果。这样，他经过深思熟虑后，于下午4时作出如下部署：

方针

利用炮火，（第3大队）一部从炮兵轰开的缺口突入城内西北部，取得立足之地后，可增加兵力，向城内南方扩张战果。

第1突入部队

第12中队（欠1个小队，配属机枪1个小队）

下午5时以后开始行动。

第2突入部队

第9中队的1个小队、独立机枪第3中队（欠1个小队）

随时准备向城内急追。

步炮协定

炮兵射击的要求　　赤吊星

炮兵射击的中止　　白吊星

现第一线中队（第10中队、机枪2个小队）

确保现在线，立即准备以步兵1个小队前出三里庄南方村落。

机枪1个小队随时集结于大队本部，步兵炮小队准备夜间实施支援射击。

其余的各队准备出发。

下午5时以后，日军炮兵开始向西北城墙猛烈射击。西北城墙上的守军为第175团，其官兵在日军炮火威胁下，仍英勇沉着，奋不顾身，一面补修被毁工事，一面严密监视日军。薄暮时分，第12中队利用炮击效果，向西北城墙作近接运动。第175团官兵发现日军行动，抱歼敌于阵地前之决心，严阵以待不为所动。待第12中队进至护城河北岸附近时，日军炮兵开始延伸射程，以掩护其步兵突击，守军看到歼敌机会到了，就集中火力，一齐向日军开火。第12中队遭到这突如其来的打击，死伤迭出，遂放弃由西北城墙入城的意图，于晚7时10分从东北门入城，前出到第2大队的最右翼，企图从这里向西方扩张。但是，其当面的守军也很顽强，未使其越雷池一步，还打伤第12中队长以下多人。

当日下午，集结于边庄附近第10联队主力，将第7中队（中队长石井中尉，配属机枪1个小队）派往彭家楼（台儿庄以西偏北约4公里）。4时15分，该中队抵达该地，和第39联队的1个中队交接了守备后，又前出到该地南方的村落构筑工事，以固守该地。当晚，第10联队主力又奉命向鱼鳞附近转进集结，以警戒台儿庄西面的中国军队。他们经过2个多小时行军，于5日凌晨2时25分到达鱼鳞。

1938年4月5日

大顾珊、潭庄附近的战斗

第89师于4日对坂本支队第21联队侧后发起迅猛攻势，接连占领沟徐、蔡庄、朱滩、大顾珊、鸾墩、饿虎桥、潭庄等多座村落，并切断了坂本支队的后方补给线。因此，第21联队长片野大佐大感威胁，遂于当晚决定向第89师发起反击。片野预定用于反击的部队，除了第2大队以外，还准备从第一线第3大队抽出第10中队。

然而，第10中队接到命令时，已是5日白天。此时，该中队正于火石埠附近和第6师部队近距离对峙，在大白天脱离前线谈何容易，这样迟迟不能北上。但片野却等不及了，还没等第10中队脱离前线，就命令第2大队先从堡子向大顾珊、蔡庄发起攻击。

大顾珊附近地势开阔，西北为台儿庄至向城的公路线。该地守军为第333旅第665团第3营。5日下午1时，日军第2大队的先头部队开始攻击大顾珊守军，第3营凭借工事，发扬火力，打退了日军的首次进攻。随后，第2大队后续部队相继赶到，以2门火炮轰击第3营阵地，掩护其步兵再次发起攻击，双方以白刃、手榴弹拼杀，激战至下午5时，第3营已伤亡100余人，被迫撤出阵地，大顾珊落入日军手中。这期间，第2大队还分兵夺取了蔡庄、潭庄。

第89师师长张雪中得报，即以第529团反攻潭庄、蔡庄，第530团反攻大顾珊，以第665团为预备队配置于沟徐附近。野炮兵第7团第4、第8两连为配合攻击部队，也将阵地推进至淡墩西北。

第529团团长罗芳珪奉命后，亲临前线督率进攻。该团官兵士气大振，于枪林弹雨之下，抱着有我无敌之决心，再度夺回潭庄。但该团也付出了极大的伤亡代价。该团第3营营长叶支荣身负重伤，全营伤亡几乎达到三分之二。

当晚8时，第530团也开始反攻大顾珊。日军借助民房的掩护，以步机枪进行密集的火力拦阻。虽然该团数度冲进村围，但均被打了回去，而且伤亡很大，遂成对峙状态。

此日，第52军也向其当面日军发起猛烈进攻。该军由兰陵镇附近沿桥头、甘露寺及由洪山附近沿孙楼、柳树、王房庄、晁村一带节节进逼，占领底阁、杨楼、陶墩、常沟之缘。而第75军第6师则因受到炮火封锁，以致与日军相峙于耿庄与东范墩之间。

当日，坂本支队因后方被切断，从第5师团补给有困难，便从第10师团得到弹药、粮食的补给。

顿庄闸、插花庙附近的战斗

5日凌晨2时25分，第10联队主力刚转进到鱼鳞，就听到从西南方的顿庄闸传来激烈的炮声。赤柴担心顿庄闸守备队方面的状况可能有变，即命人给该守备队发报，询问道："听到炮声，状况如何，速速回电。"顿庄闸守备队立刻回电："正子（0时）起，（敌人）夜袭而来，因为受到炮击，3处起火，目前正交战中，敌人有逐次退却的模样。"

赤柴得报，认为顿庄闸守备队的情况不妙，遂以该联队主力集结于南洛、鱼鳞，同时派出第2大队（欠第5、7、8中队，附联队炮中队）迅速救援顿庄闸守备队。

第2大队奉命后，即向顿庄闸前进，上午7时20分与该地守备队（第8中队）取得联络。当时，第30师之第177、第178团正在南坝子、龚庄、小屋子一带，与日军顿庄闸、彭家楼守备队相对峙，并不时袭扰日军。10时左右，在南坝子北方无名村落的约200名中国兵，突然向顿庄闸守备队的侧后发起攻击。日军联队炮中队发现情况，即变换射击方向，向其轰击。日军大队炮也紧接着开火，将这支中国部队击退。据此，第2大队认为顿庄闸守备队当面的敌情并不严重，便于下午返回鱼鳞。

下午2时30分，赤柴接到濑谷下达的命令："攻击插花庙，确保该地。"此时，离该地最近的是警备彭家楼南方村落的第7中队（中队长石井中尉，配属机枪1个小队）。为此，赤柴将第3机枪中队的1个小队配属该中队，并以速射炮小队及轻榴1个中队配合其作战。

6时许，第7中队展开完毕。晚7时30分，日军炮兵开始向插花庙实施集中射击。该地完全被炮火所映红。这期间，日军唐内小队逐步逼近守军阵地，炮火刚停，即发起突击，占领插花庙东部的1处望楼。石井中队长得报，决定由此处扩张战果，便以主力东进。但是，守军利用村内的多个望楼顽强抵抗。而且，各望楼间以火力相互策应，并大量投掷手榴弹，使日军步兵难以接近。第7中队见难以扩张战果，只能在村落前方50米附近与守军对峙。

而赤柴得知状况后，命令第7中队主力于半夜退回原阵地。石井奉命后，不得不将唐内小队单独留在村内，他自己则率领主力撤回原阵地。

当日，第63联队右第一线第3大队依然近距离和北站附近的第182团对峙，这种状况一直没有变化。该联队左第一线第2大队于拂晓时分集中炮火向守军猛轰，使第31师工兵营及禹营伤亡100余人。但该大队步兵进攻时，却遭到迎头痛击，又被打了回去。此后，该大队在台儿庄城内的攻击一直没有进展。而安永大队长认为，以常规战法已无法取得进展，只有寄希望于燃烧弹以及其他特殊弹（可能指毒气弹），并决心于次（6）日拂晓再次发动攻击。

此日下午2时许，日军飞行第7大队内田中队的4架88式侦察机飞抵台儿庄上空侦察，并向铁桥投弹10余枚，均未命中。

表6-2 台儿庄附近战斗双方战斗序列之五（1938年4月5日晚）

中国军队	
第2集团军	总司令孙连仲
第31师	师长池峰城
台儿庄地区守备部队	队长王冠五
禹功魁营（该营由第186团合编，附第27师第158团2个连残部）	营长禹功魁
彭定一营（该营由工兵营、骑兵连、特务连合编）	营长彭定一
第30师第175团（配属）	团长吴明林
第27师孙遇贤营（配属）	营长孙遇贤

中央地区守备队	队长乜子彬
张聘三营	营长张聘三
李生馨营	营长李生馨
第30师第176团（配属）	团长袁有德
北站地区守备队	队长韩世俊
第182团	团长韩世俊
第27师	师长黄樵松
第79旅	旅长黄樵松兼任
第157团	团长杜幼鼎
第158团	团长杨守道
第80旅	旅长侯象麟
第159团	团长郭金荣
第160团	团长李靖华
第30师一部	
独立第44旅一部	
第110师一部	
炮7团的1个营附重炮连（配属）	

日本军队

濑谷支队

第63联队

左第一线第2大队

侵入城内东部的部队

第2大队本部

第5中队

第6中队

第7中队的2个小队

第8中队

第1中队（欠1个小队，配属机枪1个小队）

第9中队（欠1个小队）

第3机枪中队的1个小队

第2机枪中队
速射炮中队（欠1个小队）
第2大队炮小队
第3大队炮小队
工兵第1中队（欠3个小队）
城外的部队
第7中队（欠2个小队）
联队炮中队（欠1个小队）
第1大队炮小队
工兵1个小队
右第一线第3大队
第3大队本部
第11中队
第12中队（欠1个小队，配属机枪1个小队）
第10中队（欠1个小队）
第3机枪中队（欠2个小队）
第9中队的1个小队
独立机枪第3中队（欠1个小队）
联队炮1个小队
速射炮1个小队
第1大队（欠第1、4中队及大队炮小队）
炮兵队
野战重炮兵第2联队（欠第2大队及联队段列半数）
野炮兵第10联队第1大队（欠1个中队）
第10联队（欠第3大队（欠机枪1个小队））
配属部队
野炮兵第10联队（第2大队（欠第5中队）、
第4大队（欠第10中队））
中国驻屯炮兵联队第3大队
中国驻屯临时战车队
临时编成山炮兵中队

临时编成野炮兵中队
工兵1个小队
支队直辖部队
步兵第39联队第1大队
步兵第10联队的第9中队
独立机枪第10大队（欠1个中队和3个小队）
独立轻装甲车第10中队
独立轻装甲车第12中队
飞行第7大队（侦察机）一部
飞行第9大队（轻型轰炸机）一部
飞行第2大队（战斗机）一部

1938年4月6日

坂本支队向临沂方向突围

4日以后，坂本支队在萧汪、大顾珊附近受到第20军团的围攻，伤亡较大。而第5师团长板垣征四郎急于攻占临沂，迫切地希望该支队能尽快结束支援濑谷支队的战斗，以转向临沂方面，这样于4日令坂本支队“迅速歼灭当面之敌后，应立即转进，攻下沂州（临沂）”。坂本奉命后，于5日决定向临沂方向转进。当晚7时37分他命令第21联队主力准备返回临沂。8时30分，坂本又致电濑谷：“（坂本）支队为攻占沂州（临沂），奉命返回，预定明6日日没后开始行动，7日拂晓前在三佛楼附近集结兵力。”然而，此时中国军队正从数个方向压迫坂本支队。该支队独自突围有困难。这样，该支队长便决定以委婉的方式向濑谷支队求援，于当晚又发出如下电报：“支队虽奉命返回沂州，但拟给敌一击，希濑谷支队攻击该支队北面之敌背后。”6日上午8时55分，坂本收到濑谷的回电：“预定在怎样的时机下开始返回，请马上告知是盼。”本来，坂本支队是来支援濑谷支队，但此时却需要濑谷支队来救援坂本支队。

5日晚至6日凌晨，第52军、第89师、第75军均与日军坂本支队彻夜激战。第52军由河湾、大庄、张楼附近，向马庄、冯家湖一带进攻，经通宵血战后，克复两地。第89师第530团于6日凌晨4时许冲入大顾珊附近围砦，正准备施行巷战之际，日军忽向该团发起逆袭，双方反复冲杀，激烈异常，喊杀声、枪炮声、手榴弹的爆炸声几乎把小小的大顾珊淹没。混战中，第530团第3营营长黄鼎阵亡。此时，日军第11联队以一部从左侧贺庄向第533团季林阵地猛扑，企图解大顾珊之危。该团即予以迎头痛击，将其击退，但第89师也未能攻克大顾珊。又经过10余次的冲杀，大顾珊日军仍拼死顽抗，双方遂成对峙局面。

这期间，第75军第6师向萧汪、辛庄日军，第139师向贺庄、耿庄、陈瓦房日军猛攻，经激战后，先后克复火石埠、辛庄、东庄一带。

下午4时左右，坂本支队以第21联队主力开始由杨楼、底阁突围，且向第52军右翼迂回。汤恩伯得报，为防止其乘夜脱逃，即令该军以一部协同各军仍继续向前进攻，使其无法脱离，同时以主力再迂回到底阁、杨楼之东北，向日军侧背腰击，以阻止其向东北逃窜。

杨楼、插花庙附近的战斗

当第2集团军与濑谷支队相持不下，第20军团加紧围攻坂本支队的时候，第五战区命运河南岸的第110师立即渡过运河，由西面向日军背后的獐山、泥沟附近进攻，截断日军后方联络线。该师奉命后，即于5日晚由得胜口渡过运河，向獐山、泥沟攻击前进。日军几乎在第一时间就获知了该师的行动。当晚9时左右，濑谷支队收到情报："第110师的1个旅于万里闸附近渡过运河，企图对我右翼攻击。"濑谷支队长并不认为第110师会给其后方造成多大威胁。这是因为，此前濑谷在该支队侧后方的獐山、泥沟附近配置了第39联队第1中队（配属机枪1个小队和轻装甲车1个中队），而且必要时峄县附近的第39联队第1大队主力能赶去支援。此外，濑谷还将第10联队主力和第63联队第1大队作为机动部队，分别控置于台儿庄西北的鱼鳞和台儿庄东北的孟庄，完全可以应对中国军队向该支队侧后的进攻。这样，濑谷得报后，仍督促第63联队主力继续进攻台儿庄及北站。但同时他为了以防万一，还命福荣在6日拂晓以前将2个中队控置于三里庄待命，命赤柴在后半夜撤去范口占领部队，集结于南洛，以增加机动部队的兵力。

6日凌晨，第110师开始向日军第39联队第1中队阵地发起进攻，进展顺利，不久其一部便占领獐山，并威胁泥沟。第1中队遇袭后，一边顽抗，一边向濑谷支队长求援。濑谷得报，还没来得及想对策，又接连传来两个坏消息：

> 坂本支队正在赵村—火石埠—辛庄—肖汪—贺庄—三河口—潭庄—大顾珊一线和约2个师的敌人对战中。
>
> 约半个师的敌人昨夜前出到沙红凹（杨家庙东北约5公里）—寻家庄—马庄—常沟—丁滩—老宅—朱庄—郁庄—平滩地区。

相比之下，后一个消息更坏，因为推进到平滩附近的中国部队半个师（第52军部队），已直接威胁到濑谷支队本部所在地杨家庙。在这种情况下，濑谷决定尽快攻下台儿庄，同时以一部击破杨家庙东北平滩附近的中国部队，解除其对杨家庙的威胁。另外，还以有力的一部集结于南洛，准备随时向西方攻击，作为应急使用。为此，他于早晨7时下达濑支作命第77号命令：

（一）步兵第63联队（欠第1大队（欠2个中队））迅速完成台儿庄的扫荡。

（二）步兵第63联队第1大队（欠2个中队）拂晓以前集结于潘坠后，经河湾，攻击马庄方向的敌人，前出到平滩、常沟一线，配合坂本支队，掩护支队的左侧。

野炮兵第2大队（欠1个中队）配合该大队作战。

（三）炮兵队（欠野炮兵第10联队本部、第2大队（欠1个中队）、第4大队（欠1个中队）、"支那驻屯重炮兵大队"）依然配合步兵第63联队继续执行前任务。

（四）步兵第10联队各以一部占领顿庄闸一插花庙附近。

主力集结于南洛、鱼鳞附近，准备向西方攻击。

配属野炮兵第10联队长指挥的第4大队（欠1个中队）、"支那驻屯重炮兵大队。"

（五）天羽部队（步兵第39联队第1中队（欠1个小队）、独立机枪第10大队的1个小队、独立轻装甲车第10中队）扫荡泥沟附近之敌，并且迅速搜索獐山及獐山西南方地区的敌情。

（六）步兵第39联队第1大队长指挥的部队凭借汽车向泥沟附近急进，一并指挥天羽部队，占领獐山附近。

（七）步兵第10联队的第9中队、独立机枪第10大队（欠1个中队和4个小队）、独立轻装甲车第12中队作为预备队，在杨家庙位置。

其实，第63联队第1大队（欠第1、4中队，配属联队炮中队的1个小队）在这之前的凌晨5时30分就已经开始北进，向杨家庙东北的第52军部队攻击前进。9时30分，该大队击退张楼附近的约200名守军，占领该地。接着，该大队又向小集的200名守军发起攻击。战至11时50分，守军顶不住了，向东北方的马庄方向撤退，小集落入日军手中。下午3时，该大队前出到柿树园，而后继续追击往杨楼方向退却的约500名守军。6时许，该大队占领杨楼后，发现该地以东有中国大部队，于是停了下来，侦察附近的敌情地形，准备而后的攻击。

第10联队对5日第7中队进攻插花庙失败而耿耿于怀。这样，当第63联队第1大队进攻杨家庙东北的中国部队的时候，第10联队也决定以第2大队（欠第5、6（欠1个小队）、8中队，机枪2个小队，配属第3机枪中队的1个小队、联队炮、速射炮各1个小队）向插花庙守军发起攻击。

进攻之前，日军先以4门91式105毫米轻型榴弹炮向守军阵地实施破坏射击，以便为其步兵冲锋扫清障碍。午后，日军

▲日军的91式105毫米榴弹炮。

又开始释放烟幕，遮蔽了守军的视野。第7中队趁势于1时20分突入插花庙，与困在该地的唐内小队取得联络。然而，守军依然死战不退。日军受到守军侧防机枪火力拦阻，长时间无法取得进展，这期间接到撤退命令，天黑以后遂主动退出该地，先集结于彭家楼，而后又向南洛撤退。

第63联队的撤退

6日早晨以来，尽管濑谷仍非常迫切地想拿下台儿庄及北站，但第63联队第一线的第2、3大队经过连续的激战，伤亡较大，而且非常疲劳，在守军第31师的顽强阻击下，无力取得进展，台儿庄及北站的战斗仍呈胶着状态。当濑谷为此焦虑万分的时候，又陆续有情报传来：

坂本支队4月6日早晨以主力于东庄（台儿庄东方6公里）—火口埠—辛庄—贺庄—三河口—邢家楼一线，以一部（第21联队）于堡子—蔡庄—大顾珊—朱庄—郁庄—堡子一线，东西两面均在恶战中。敌人以第6师在古梁王城—西黄石山—后堡—刘庄间，以第139师在李村—岔河镇间，以27师在黄渊—东范墩—杨庄—沟徐—郁庄间，以第111师在寻家庄—沙红凹—平滩—老宅—堡子—顾珊—朱滩—大庄子—丁滩—常沟间地区作战。

坂本支队的骑兵队（包括支援的步兵3个中队）于向城正和敌第2师交战中。

坂本支队依然于现在地附近继续进行攻击。

中川大队及野炮兵第2大队主力本日早晨以来击破小集、张楼附近支队背后西进中的敌人，目前正从河湾向马庄攻击中。

泥沟南侧有若干敌正规军徘徊。

根据上述情报，濑谷得知坂本支队正受到中国军队4个师的包围，已陷入恶战，令他大为震惊。因为此前濑谷收到电报，知道坂本支队将于6日日落后撤往临沂。如果到时该支队撤走，中国军队这4个师再移兵南下，濑谷支队将陷入包围，后果不堪设想。这样，濑谷终于决定从台儿庄撤退，并前去救援已陷入重围的坂本支队，即于下午3时30分电告矶谷廉介：“暂撤离台儿庄地区，部队向后方集结”；同时部署撤退，下令：“支队本日日没后以全力向北转进，击灭威胁坂本支队右侧背之敌”，令第10联队第1大队及第39联队第1大队提前于日没时即占领白山西村及獐山，掩护支队的右侧；第63联队城外部队（不包括第1大队）日没后转进该联队第1大队方面，一并指挥第1大队及野炮兵第2大队的2个中队，向朱庄进攻，救援第21联队后，配合该联队，击破饿虎桥附近的中国部队；第63联队在城内的各队，归第2大队长指挥，日没后隐秘脱离战场，向泥沟集结；顿庄闸、插花庙及黄林庄的各守备队晚8时撤出第一线，向南洛集结。第10联队长指挥该联队主力

台儿庄附近敌我态势图

（四月三日至六日）

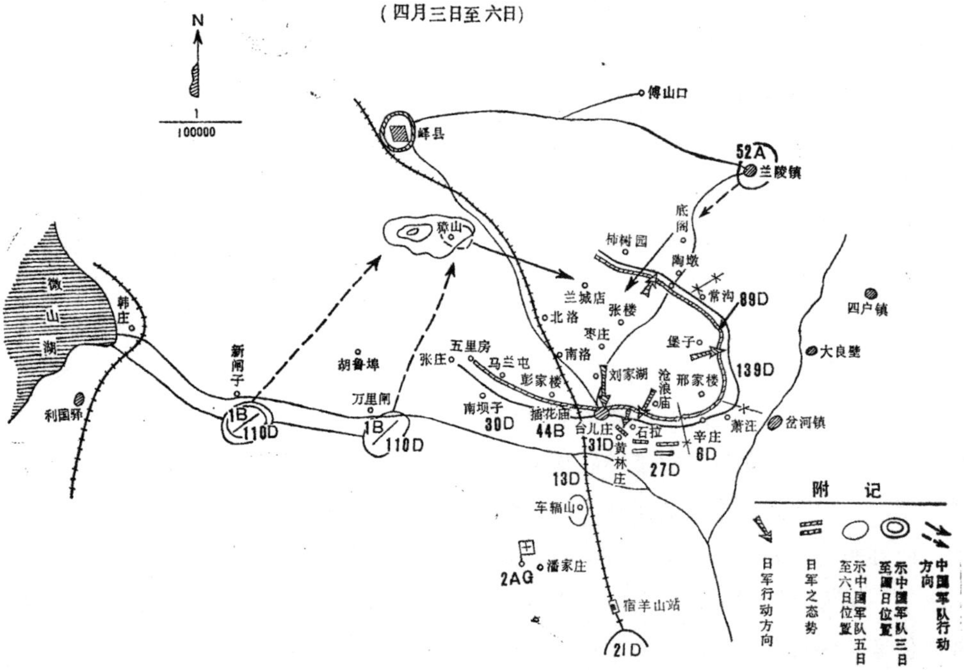

▲中国军队所绘台儿庄附近交战双方态势图。

（欠第1、3大队）及配属部队，向泥沟集结。

在兖州的矶谷廉介接到濑谷启的电报后，立即让参谋长用电话下达命令，命濑谷支队中止后退。但濑谷启身陷险境，深知如果当夜不能迅速脱离台儿庄地区，等次日中国军队合围后就有被全歼的危险，因而抗命不从，继续指挥支队退却。

当日上午11时50分，第2集团军得到第52军的通报，该军一部已到岔路口（实际上，当天该军并没有到达过该地，其推进的最南位置为杨家庙东北的小集、张楼），因白昼运动不便，拟于当晚8时向台儿庄之敌攻击。为此，第2集团军总司令孙连仲大受鼓舞，即下达全面反攻之命令。定于当日晚8时开始，由31师转移攻势，外围部队第27师、第30师视第31师之行动，做有力之配合。第31师师长池峰城奉命后，于中午12时30分下达如下命令："师以协同友军歼灭当面之敌，拟以主力先肃清台儿庄城郊之敌，再将城内之敌包围而歼灭之。"

但是，而后第52军部队在第63联队第1大队的进攻下，节节败退。下午5时许，孙连仲得知第52军部队已由岔路口转向枣庄北进，于是指示各部暂缓行动，另待时机。

日落时分，第63联队主力（欠第1大队，包括配属部队）开始准备撤退。此时，日军在三里庄南方村落、台儿庄城内及刘家湖等地囤积了大量弹药、粮秣等物资，却缺乏足够数量的运输工具，一时难以将其运走。此前，该联队大小行李、弹药分队的车辆损失严重，挽马的死伤也很大。福荣在无奈之下，只得下令各部在脱离战场前，将囤积的物资全部烧毁。

当晚8时，第63联队第一线的第2、3大队乘夜幕的掩护，有条不紊地撤出最前线，其余各队也相继开始撤退。而守军并没有及时察觉日军撤退，只是盲目地向其原阵地射击。这时，台儿庄城内及刘家湖已是火光一片，第63联队在撤退前，不光烧毁了弹药、粮秣等物资以及联队大小行李的26辆辎重车辆（小行李20辆、大行李6辆），也枪杀了大量负伤的马匹。日军城内部队在撤离前，还将城内残存房屋付之一炬。但其陆续通过东北门出城的时候，不断受到守军步枪、轻重机枪及迫击炮的射击，死伤迭出。

对此，日军士兵涩谷升在当天的日记中这样写道："下午7时，收拾死伤兵之枪支，大队部无法支持，退至河浜四周，敌弹愈射愈猛，牺牲数百人之生命而占领之场所又被敌方夺去，我队亦含泪跟随大队部后撤，退却时向战死者暂告惜别，且将所有房屋放火焚烧。"

福荣于晚11时40分到达潘坠后，即在该地集结陆续赶来的各部，7日凌晨1时20分集结完毕。在此之前的11时左右，第10联队也在南洛集结完毕，1个小时后又向泥沟撤退。

当第31师察觉到日军撤退，开始反攻

时，日军早就撤远了，所以扑了个空。7日凌晨4时，该师完全收复已成一片焦土的台儿庄。池峰城即向孙连仲、李宗仁分别打电话告捷。

1938年3月23日至4月7日期间，第2集团军、第20军团等部在台儿庄及其附近地区，与濑谷支队、坂本支队进行的一系列战斗（不包括郭里集附近的战斗），被称为台儿庄附近战斗（和台儿庄战役是不同的两个概念，后文将对此进行说明）。

据《步兵第63联队战斗详报 南部山东剿灭战第1期》记载，从1938年3月19日至4月6日，第63联队（包括配属部队）在峄县、枣庄、台儿庄附近的战斗中，参战6527人（其中战斗人员5399人，非战斗人员1128人），战死267人（其中战斗人员253人，非战斗人员14人），负伤813人（其中战斗人员795人，非战斗人员18人）。其伤亡人数为参战人数的16.55%。

其中，第63联队3个步兵大队参战3066人（其中战斗人员2832人，非战斗人员234人），战死193人（其中战斗人员188人，非战斗人员5人），负伤682人（其中战斗人员671人，非战斗人员11人）。其伤亡人数为参战人数的28.53%。

第1大队参战835人（其中战斗人员795人，非战斗人员40人），战死27人（其中战斗人员27人），负伤79人（其中战斗人员79人）。其伤亡人数为参战人数的12.69%。

第2大队参战1229人（其中战斗人员1125人，非战斗人员104人），战死122人（其中战斗人员117人，非战斗人员5人），负伤408人（其中战斗人员397人，非战斗人员11人）。其伤亡人数为参战人数的43.12%。

第3大队参战1002人（其中战斗人员912人，非战斗人员90人），战死44人（其中战斗人员44人），负伤195人（其中战斗人员195人）。其伤亡人数为参战人数的23.85%。

另外，第63联队（包括配属部队）在峄县、枣庄、台儿庄附近的战斗中，损失的主要装备有：4年式150毫米榴弹炮1门、90式野炮2门、94式37毫米速射炮1门，89式中型战车4辆、94式轻装甲车1辆、载重卡车7辆、军用轿车1辆、弹药车6辆、观测车1辆、牵引卡车8辆、38式步枪103支、38式骑兵枪5支、92式重机枪2挺、11式轻机枪13挺、14年式手枪22把、89式掷弹筒7具、32年式军刀乙1把。

根据《步兵第10联队战斗详报第13号附表》记载，第10联队（不包括配属部队）于1938年3月30日至4月8日期间在台儿庄附近的战斗中，参战2513人，伤亡225人，伤亡人数占参战人数的9%。

坂本支队的伤亡则不详。

表6-3　台儿庄附近战斗双方战斗序列之六（1938年3月23日－4月6日）

中国军队	
第2集团军	总司令孙连仲
第31师	师长池峰城
第27师	师长黄樵松
第30师	师长张金照
独立第44旅	旅长吴鹏举
炮7团的1个营附重炮连（配属）	
第52军一部	
日本军队	
濑谷支队	支队长濑谷启
第63联队（欠第3中队的1个小队、第4中队、机枪1个小队）	联队长福荣真平
配属部队	
独立机枪第10大队第3中队	
中国驻屯临时战车队	
独立轻装甲车第10中队	
野炮兵第10联队第1大队（欠1个中队）	
野战重炮兵第2联队（欠第2大队及联队段列半数）	
中国驻屯炮兵联队第3大队	
中国驻屯炮兵联队独立野炮兵中队	
工兵第10联队第1中队（欠2个小队）	
第10师团通信队无线1个分队	
步兵第33旅团无线1个分队	
第10师团卫生队（欠三分之二）	
第10师团第1野战医院（欠半数）	
第10联队（第3大队（欠第9中队及机枪1个小队））	联队长赤柴八重藏

配属部队

野炮兵第10联队（欠第1、3大队，第6、10中队）

独立机枪第10大队（欠第3中队及第2中队的1个小队）

临时编成山炮兵大队

独立轻装甲车第12中队

工兵1个小队

飞行第7大队（侦察机）一部

飞行第9大队（轻型轰炸机）一部

飞行第2大队（战斗机）一部

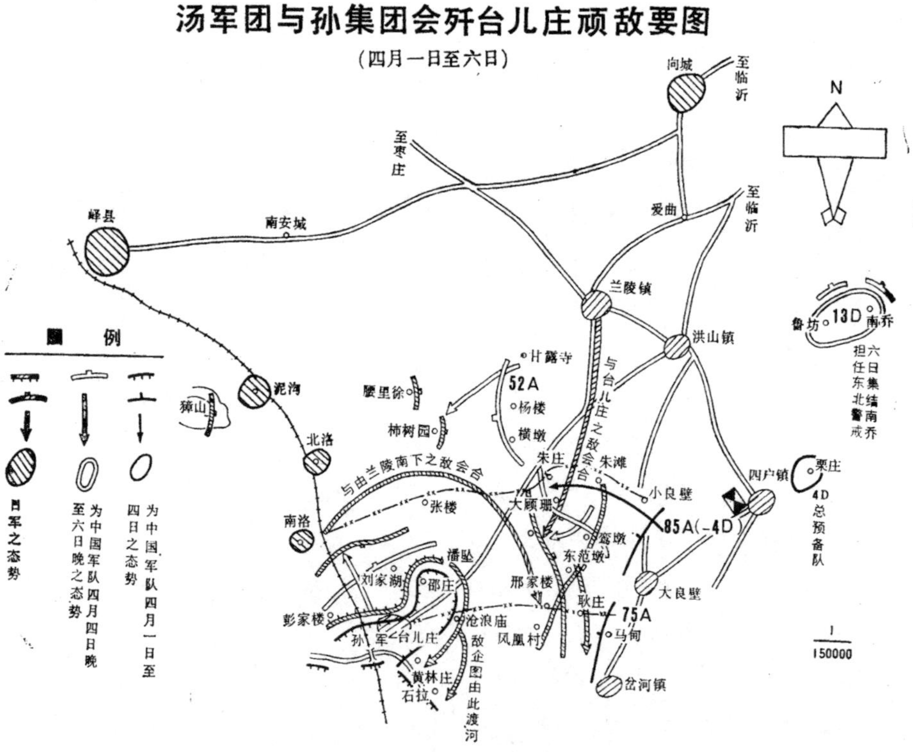

▲中国军队所绘台儿庄附近战斗经过要图之二（1938年4月1日至6日）。

1938年4月7日

杨楼、底阁附近的战斗

福荣率领第63联队主力撤离台儿庄附近的战场后，于7日凌晨1时20分在潘坠集结完毕，而后继续北撤，3时到达河湾（台儿庄以北偏东约10公里），就地休息。此前，该联队的第2大队已配属第10联队，这样福荣直接掌握的兵力如下：

步兵第63联队（欠第1大队（欠第1中队、第4中队的1个小队）、第2大队、第3步兵炮小队、联队炮中队的1个小队、联队无线1）

独立机枪第10大队第2中队的1个小队、第3中队

野炮兵第10联队（欠第1中队，第2、3、4大队）

当时，该联队第1大队正在杨楼附近，准备而后的攻击。福荣决定先掌握该大队，拂晓以后再以全力向朱庄方向攻击，救援被围的第21联队。上午7时10分，他给第1大队长中川下达电令：

联队主力准备从河湾向朱庄攻击。

贵队作为左第一线，包围敌的右翼，向朱庄攻击。

50分钟后，福荣又下达如下命令，部署了各队的行动。

步63作命第280号

步兵第63联队命令　　4月7日上午8时于河湾

（一）第1大队昨6日于柿树园击破约500敌人。日没时占领杨楼。

（二）联队攻击敌第111师（其实应为第52军）的侧面，先前出朱庄附近。

（三）第1大队（欠第1、4中队，配属联队炮1个小队）作为左第一线，从杨楼包围敌的右翼，向朱庄攻击。

（四）第3大队（欠第11中队、第12中队的一部，配属联队炮（欠1个小队）、速射炮、独立机枪第3中队）作为右第一线，午前8时30分从现在地出发，以攻击敌人的态势，往杨楼方向前进。

（五）第1、11中队、第4中队的1个小队、独立机枪2个小队作为预备队，在第3大队的后方前进，但第4中队的1个小队紧跟卫生队三分之一前进，掩护后方。

（六）炮兵队紧跟预备队前进，适时先配合左大队，接着配合两大队。

该联队主力各部奉命后，即开始行动。第3大队（欠第11中队、第12中队的一部，配属联队炮（欠1个小队）、速射炮、独立机枪第3中队）于8时30分从河湾出发，向杨楼方向前进。当该大队经冯家湖东侧，到达柿树园东侧的时候，已是9时50分，此时第1大队联络下士官来到联队本部。福荣听取他的汇报，得知了第1大队的状况。当时第1大队正从杨楼向东方攻击。沙江四、寻家庄、平滩、常

沟、丁滩、大庄子、老宅、朱庄、刘庄、堡子、顾珊、朱滩、晁村等地均有中国军队，仅陶墩没有中国军队。

随后，福荣紧跟在第3大队的后面行进。10时40分，当第3大队的先头到达柿树园东北方约2公里的“集团村落”的时候，突然受到来自东北方底阁方向的中国炮兵的射击。福荣得报，即命第3大队改为左第一线，攻击底阁附近的中国军队，野炮兵第1大队负责配合。

第3大队奉命后，以正在前进的2个中队作为第一线，展开于“集团村落”之线，11时20分开始向底阁攻击，重点指向左方。野炮兵第1大队（欠第1中队）则在“集团村落”西侧占领阵地，配合第3大队的攻击。

由于底阁附近散布着多个不知名的村落，所以日军为便于攻击，给它们临时起上“名字”。靠北的2个村落由西向东分别命名为“ホ”“ヘ”，靠南的那个村落命名为“ハ”，南北之间的3个村落由西向东分别命名为“イ”“ロ”“ニ”。

底阁附近的守军为第52军部队。第3大队第一线2个中队的官兵刚走出“集团村落”，就被发现，迫击炮弹接二连三地飞来，落在他们周围爆炸。可日军的队形较为疏散，零星射来的迫击炮弹并没有多大威胁，因此他们依然继续前进。然而，当日军前出到守军阵地前三四百米之线附近时，又受到“ハ”“ニ”村落及其中间墓地附近守军的侧射，死伤迭出，无法前进。

大村大队长知道情况后，下午1时45分又将预备队第9中队增加到中间位置，以其向中间的“ロ”村落西端发起攻击。该中队投入战斗后，在炮火掩护下，逐步向前推进，2时50分突入“ロ”村落的守军阵地。接着，左翼的第10中队也在独立机枪第3中队及速射炮中队的掩护下，突入“イ”村落的守军阵地。而右翼的第12中队突破“ハ”村落守军阵地后，又向“ニ”村落攻击前进。这期间，第3机枪中队主力、速射炮中队及联队炮中队（欠1个小队）亦向该地前进。然而，此时从“イ”“ロ”村落撤出的第52军部队，已抵达“ニ”村落，他们和该村落的守军会合后，依托民房顽强抵抗。第12中队推进到守军阵地前100米之线时，受到守军步机枪的密集火力射击，同时还从东北方频频飞来迫击炮弹，造成代理中队长以下多人阵亡。

当第3大队攻击底阁附近的村落时，第1大队也向晁村、大庄子、老宅、朱庄的守军发起进攻。上午8时30分，该大队在炮火掩护下，占领杨楼东侧无名村落，前出到其东端之线。接着下午1时30分又开始对晁村守军攻击，5时20分击退守军，前出到晁村东端之线，准备而后的攻击。

尽管第63联队救援第21联队的心情非常迫切，但其在第52军部队的顽强阻击下，进展缓慢。正当福荣焦急万分的时候，该联队第1大队却意外地发现，中国军队约2个师于下午3时30分开始从大庄子、黄墩、侯宅、刘庄方面向东方及南方转进。这是因为，第五战区司令长官李宗仁得知日军濑谷支队北逃的情况后，于下午1时命令第20军团以一部肃清战场，以主力由台、枣支路（不含）以东，沿夏庄、马山、九山、潭山以南地区向峄县追击前进。第20军团奉命后，决定放弃围攻坂本支队，即于2时下令，留置一部牵制敌人（坂本支队），主力沿枣台支路以东地区向峄县追击前进。其追击目标，当然不是杨楼、底阁附近的第63联队，而是郝庄（泥沟东方约4公里）附近的第10联队。

第20军团主力撤走后，坂本支队终于脱困，当晚集结于响连屯（底阁西北约10公里），8日晨转进到峄县东北方地区。而第63联队也算完成了救援任务，当晚集结于官庄，8日上午11时20分转进到赵庄（峄县东南方约10公里），准备日没后移到峄县集结。

据日军战报称，杨楼、底阁附近的战斗中，第63联队战死28人，负伤94人。

坂本支队脱困

7日早晨以来，第20军团各部依然加紧围攻坂本支队。

第52军主力向甘露寺、葡萄店、刘厚一带发起猛攻，这一带日军为第21联队一部，尽管其拼死顽抗，但第52军不顾一切，举全力进击，誓将其捕捉歼灭。与此同时，该军一部也在杨楼、底阁、晁村附近与第63联队激战。

第89师师长张雪中因6日晚围攻大顾珊失利，亲自督率第529团作周密部署，并以配属该师之炮7团第4、第8连集中火力作掩护射击，以协助该团攻击。该团团长罗芳珪也亲临前线督战，不幸中弹殉国。该团官兵复仇心切，立即攻克蔡庄，并再次围攻大顾珊，炮7团第4、第8连向该地发射了若干发炮弹，几乎击毁该地的全部房屋，但第21联队一部仍死战不退，张雪中得报，又将第530团投入战斗，协同第529团围攻大顾珊，终于在上午10时克复该地。此次战斗中，第530团第2营营长童亚阵亡。

当第52、85军围攻第21联队的时候，第75军也向坂本支队主力发起猛攻。当时，炮兵第4团以主力在西黄石山、戴庄、鹅鸭城间，以一部在岔河镇附近占领阵地，以火力指向贺庄、萧汪、辛庄、火石埠、耿庄、五窑路、东庄各点。第139师在炮火掩护下，一度迫近至贺庄、耿庄西南之高家楼围墙前，而后却受到日军密集的火力拦阻，攻击始终没有进展。第6师虽两度攻占辛庄，并与日军反复争夺火石埠南之高地，得失数次，却因受到五窑路、东庄日军侧击，攻击终于受挫。这样，战至下午1时，第6、第139师仍被阻于陈瓦房、凤凰桥之线。是役，第75军伤亡很大，仅第6师就伤亡官兵500余人。

当日下午，第20军团因接到第五战区的追击命令，即放弃围攻坂本支队，改向峄县方向追击前进。坂本支队在第20军团主力撤走后，于7日夜在响连屯（底阁西

表6-4 萧汪、大顾珊附近战斗双方战斗序列（1938年4月1日—4月7日）

中国军队	
第20军团	军团长汤恩伯
第85军	军长王仲廉
第4师	师长陈大庆
第89师	师长张雪中
第52军	军长关麟征
第2师	师长郑洞国
第25师	师长张耀明
第75军	军长周碞
第6师	师长张珙
第139师	师长黄光华
第13师	师长吴良琛
第111师第333旅	旅长王肇治
第27师一部	
日本军队	
坂本支队	支队长坂本顺
步兵第21旅团司令部	
第21联队（欠第1大队）	
第11联队（欠第2大队（欠第7中队）、第10中队、机枪1个小队）	
野炮兵第5联队（欠第2大队、第3大队（欠第8中队半部）、段列一部）	
辎重兵第5联队第2中队	
工兵第5联队（欠一部）	
独立机枪第6大队	
独立山炮兵第3联队第2中队	
卫生队（欠三分之一）	
第4野战医院	
第16师团第2架桥材料中队（欠2个小队）	
病马收容班	
飞行第7大队（侦察机）一部	

北约10公里）集结兵力，8日晨转进到峄县东北方地区。

第110师追至白山西

第10联队主力7日凌晨0时从南洛北进，4时30分到达泥沟东北侧的鲍家庄，就地休息。2个小时后，赤柴接到濑谷的命令，“第10联队以一部占领兰城店及贾房（泥沟东南约3公里），以主力集结于郝庄附近（泥沟东方约4公里），准备而后的攻击”。

赤柴奉命后，即以第6中队（配属独立机枪2个小队、联队无线1基）占领并确保兰城店，以第63联队第5中队占领并确保贾房。他自己则于8时左右亲率联队主力从鲍家庄出发，经过1个小时的行军，到达郝庄，准备而后的攻击。

当日下午1时，李宗仁得知台儿庄附近之敌已向峄县方向逃窜，下达了追击命令：“（一）汤军（第20军团）以一部肃清战场，以主力由台、枣支路（不含）以东，沿夏庄、马山、九山、潭山以南地区向峄县追击前进。（二）孙军（第2集团军）指挥张轸师（第110师）由台、枣支路（含）以西，向峄县追击前进。”

第20军团及第2集团军接令后，开始按命令追击。第2集团军指挥的第110师行动最为迅速。下午3时以后，该师各部相继追至白山西。白山在獐山西北，是个椭圆形的孤山。东北接近峄台支线。山的东北面是个缓坡，西面坡陡，山脚下有个百余户人家的村子，就叫做白山西。濑谷得报，决定次日以第10联队向第110师发起攻势，据此于5时40分在赵庄下达命令：

（一）由台儿庄方向而来的敌人，以主力往白山西西北方向前进，其一部午后4时进入杨庄（獐山西北约6公里）。

（二）支队定于明日拂晓起各个击破白山西附近之敌。

（三）步兵第10联队长依然以现在的兵力占领兰城店及贾房，其余的兵力迅速开始行动，在李庄、郭庄、吴寺附近集结兵力。

赤柴根据上述命令，当晚8时率部从郝庄出发，12时到达吴寺（泥沟北方约4公里），就地休息，准备而后的攻击。

1938年4月8日

高皇庙附近的战斗

8日凌晨5时，第10联队为切断白山西附近第110师的退路，向高皇庙（泥沟西方约8公里）前进，7时30分到达东部高皇庙。其尖兵第1中队于9时40分在西部高皇庙附近捕获了1名中国侦察员。经过审问，日军得知第110师第330旅在高皇庙西方高地，其另一个旅在河崖。赤柴得报，即率部前出到西部高皇庙，亘吴坡之线，侦察前面的敌情、地形。其各部队的具体位置及任务分别为：第1中队（配属机枪1个小队、第3机枪中队的1个小队）于西部高皇庙之线侦察敌情地形。第2大队（欠第5、6中队，配属联队炮（欠1个小队））前出到吴坡，主要准备对白山攻击。野炮兵第4大队（配属工兵中队）依然在现在地附近，配合对白山的战斗。第63联队第2大队（欠2个中队）在东部高皇庙位置作为预备队。

第10联队因其前方的高地为阶梯状斜面，拟定了从西部高皇庙，经该高地山脚，向白山攻击的方案。11时，第8中队竹内少尉作为军官侦察员，前去详细侦察那一带地形，结果发现白山比较容易隐蔽接近。于是，该联队决定从山脚攻击，11时50分展开完毕。此时，刮起了强劲的东风，顿时黄尘万丈，天昏地暗。

下午3时30分，第10联队在炮火掩护下，开始向白山上的第330旅阵地发起全线攻击。第330旅官兵也毫不示弱，以轻重机枪、迫击炮向日军猛烈射击，使其前进受阻。这期间，守军的子弹、迫击炮弹还频频打到第10联队本部附近，打死打伤好几名传令兵。甚至有一发迫击炮弹落在该联队的军旗侧方20米爆炸，抛起的沙土将赤柴掩埋，其部下慌忙把他刨出来，看到他没有受伤，才松了一口气。

而后，野炮兵第10联队开始千方百计地搜寻守军机枪火力点及迫击炮的位置，发现一处，就打掉一处。日军第一线步兵也借助地形地物的掩护前进，到达守军前沿阵地前200米的岩角，等待突击的时机。5时30分，日军炮兵突然集中火力向守军阵地射击，一时间，爆炸声震耳欲聋，阵地上烟雾漫天。第8中队趁势突入守军前沿阵地，守白山山顶的鲍汝锐营长见状，带全营由山腰向下反冲锋，经过一番激烈的手榴弹战，守军伤亡很大，鲍汝锐营长阵亡，柏得福营长身负重伤，而日军也有第8中队长吉元少尉以下多人死伤。5时50分，日军第1中队突入白山山顶，并向北方扩张战果。打到这个时候，第330旅终于顶不住了，遂转移至金陵寺、望仙山一线阵地。

据日军战报称，此次战斗结束后，打扫战场时，发现第110师第328旅第656团第2营长以下约400具遗体。而日军仅战死3人，负伤7人。

高皇庙附近战斗期间，第4师一部追至兰城店附近，与在该地担任掩护的第10联队第6中队激烈交火。濑谷支队长得报，决定尽快把第10联队主力转进到峄县东南方的丁家坝、乱沟、黄家庄、李庄等地，占领各要点，准备迎击中国军队大部队的进攻。濑谷即令第10联队主力（欠第1、3大队主力）在日落时分中止攻击，向李庄（峄县东南约8公里）等地集结；第6中队当夜于乱沟附近归还第10联队建制；第10联队第1大队主力（以下称为末永部队）坚固占领白山以西、以北的高地。

赤柴奉命后，即中止了进攻，天黑以后亲率主力向丁家坝、李庄附近转进。转进之前，赤柴鉴于白山的重要性，遂将第1中队（配属机枪1个小队）留在该地，和白山西附近的末永部队联络。

当晚11时以后，赤柴指挥的部队相继

到达指定地点。野炮兵第10联队（配属掩护小队）集结于李庄附近，第63联队第2大队集结于乱沟附近，其余部队（第10联队本部、第1中队的1个小队、通信班、直辖中队、第3机枪中队的1个小队、联队小行李、联队本部大行李、第2大队）则集结于丁家坝，准备迎击中国军队的进攻。而此前，第63联队主力也已转进到峄县。至此，濑谷支队已全部退至峄县及其东南方地区。

第2集团军除指挥第110师追击日军以外，还以第30师为左翼追击队，以第27师为右翼追击队，向峄县追击。（第31师和独立第44旅留在台儿庄附近整顿）但这两个师行动较为缓慢，直到当日，第30师才追至南北洛附近。

濑谷支队的伤亡情况

台儿庄战役一般是指1938年3月14日至4月7日期间中国第22集团军、第20军团、第2集团军等部与第10师团的濑谷支队在滕县、临城、峄县、郭里集、台儿庄附近的一系列战斗，以及1938年4月1日至4月7日期间第20军团等部与第5师团坂本支队在兰陵镇、萧汪、大顾珊附近的一系列战斗。而日军将台儿庄战役及临沂战役称为“南部山东省剿灭作战第1期”。

目前，中国学术界对于台儿庄战役的时间范围划分，主要有两种：一是1938年3月14日至4月7日，二是1938年3月14日至4月15日。笔者比较认同前者。以下出现的台儿庄战役的称谓，其时间范围都是指1938年3月14日至4月7日期间。

第10师团的濑谷支队主要由第10、63联队以及若干配属部队组成。

根据《步兵第63联队战斗详报第14号附表》记载，第63联队及其配属部队于“南部山东省剿灭作战第1期”期间（1938年3月14日至4月7日）战死346人（战斗人员330人，非战斗人员16人），负伤1154人（战斗人员1121人，非战斗人员33人）。其中第63联队战死268人（其中战斗人员262人，非战斗人员6人），负伤877人（战斗人员850人，非战斗人员27人）。

而根据《步兵第10联队战斗详报第10、11、12、13号附表》记载，步兵第10联队及其配属部队于1938年3月14日至4月8日期间战死124人，负伤400人。其中第10联队战死112人，负伤388人。

两者相加后，我们可以得出这样一个结论：据日本方面的资料记载，台儿庄战役期间第10师团的濑谷支队战死470人，负伤1554人，计2024人。其中两个步兵联队战死380人，负伤1265人，计1645人。而坂本支队的伤亡则不详。

日本亚洲历史资料中心披露的日军战时档案记载，日军华北方面军参谋长因第10师团在台儿庄附近战斗的人员损耗，于1938年4月14日向日本陆军省提出申请为第10师团补充人员2268名（其中步兵2150名、卫生兵50名、辎重兵8名与特务兵60名）。

另据第10师团司令部于1939年3月制

▲手捧同伴骨灰盒的日军。

作的《各期战斗死伤表》记载，从1938年3月3日至4月7日，第10联队战死170人，负伤724人；第63联队战死251人，负伤1011人；第39联队战死9人，负伤74人；野炮兵第10联队战死28人，负伤175人；工兵第10联队战死14人，负伤55人。

尽管日本方面的数据未必完全准确，但濑谷支队在台儿庄战役中伤亡不会特别大，主要有以下两个理由：首先，日军在台儿庄战役中自始至终都掌握主动，有利的时候就进攻，不利的时候就撤退，并未遭到歼灭性的打击。其次，濑谷支队自台儿庄撤退后，在未经休整补充的情况下，又在峄县东南地区进行了数日的防御反击战斗，顶住了中国军队的反攻，并在徐州会战前期转入攻势。

台儿庄战役结束后，中方宣传机构报道了中国军队在此役中取得的战果，对外宣称："歼灭日军2万多人，生俘日军719人，缴获步枪1万余支，机枪913挺，步兵炮77门，大炮50余门，战车40辆……”

当时，在台儿庄附近作战的濑谷支队参战人数约有10000多人，再加上坂本支队的数千人，日军总的参战人数确实接近2万人，但最后日军两个支队的基干部队都成功脱离战场，不太可能被歼灭2万人。

再以缴获的坦克为例，虽然当时宣传说缴获战车40辆，但实际在台儿庄战役中，中国军队只不过缴获4辆被击毁的坦克而已。孙连仲后来回忆，在台儿庄战斗中，我军得到了日军4辆坦克。

日军掩盖濑谷支队败退的真相

濑谷支队在未达成攻占台儿庄之预期目的的情况下，擅自后退，实际上是败退。但是，此事在当时毕竟有损日军“声望”，于是被日本军方极力掩盖。

台儿庄战役结束后不久，日本天皇从报纸上读到中国军队在台儿庄重创并击退日军的消息，这与大本营发出的胜利报告大相径庭。于是，天皇命令调查事情真相。华北方面军便把在台儿庄前线视察的方面军作战参谋大野武城召回，让他说明战场真相，可大野却睁眼说瞎话：“濑谷支队和坂本支队的官兵面对数十倍于我的敌人英勇战斗，没有被中国军队击退的事，请放心。”

而到战后，日本原军方人员仍不愿承认濑谷支队败退的事。当时的大本营作战课长稻田正纯中佐（后升任中将）后来对森松俊夫回忆说：“濑谷、坂本两支队从台儿庄的撤退在战况上是理所当然的，当时第2军不知为什么不肯尽快撤退，真叫人着急。从台儿庄的后撤不是败退，因为大本营从一开始就规定要撤回原出发线

▲台儿庄大捷，汉口举行胜利大游行——孙中山画像后面的军队、学生和民众的游行队伍一望无边。

的，后撤根本不成问题。”

然而，第2军在“南部山东省剿灭作战”刚一开始，就已经决定违背了大本营不扩张战线的方针。而且，4月3日华北方面军接到大本营发来的将进行徐州会战的内定电报。到了这个时候，不管是大本营，还是华北方面军、第2军、第10师团都希望濑谷支队能攻克并确保台儿庄，以便为将来的徐州会战取得一个良好的态势。这样，也就不难理解为何第10师团长屡次催促濑谷支队长要尽快攻下台儿庄了。而濑谷支队的后退恰恰是违背了其上级的意愿。

这样，稻田所说的“从台儿庄的后撤不是败退，因为大本营从一开始就规定要撤回原出发线的，后撤根本不成问题”，完全是不实之言。

第七章　峄县附近的战斗

峄县东南地区的战斗

1938年4月9日

4月9日，中国追击部队已追近峄县。右翼兵团第20军团各部进至峄县以东的王山、马山一带；左翼兵团第2集团军各部进至峄县以南的白山西、泥沟一带。

第五战区司令长官李宗仁为了加强第2集团军的攻击力量，将第6师拨归该集团军总司令孙连仲指挥。当时该集团军各部的态势为：第6师追至黄家庄、贾房一带；第30师以一部占领泥沟、前城、后城，主力在南田营；第110师在白山西、罗山口、250高地与日军对峙；第27师准备向白山西方向攻击前进。

此时，濑谷支队已把主力集结在峄县东南地区，其第10联队奉命占领黄山（峄县西南约6公里）－白山－獐山－李庄（獐山东北方约2公里）－乱沟（獐山北方约4公里）之线，加紧构筑防御工事，准备迎击中国追击部队的进攻。坂本支队也将主力集结在峄县东北地区，加紧构筑防御工事，准备迎击中国追击部队的进攻。

日军第2军的意图是，先以濑谷、坂本两支队在峄县周围布防，挫败中国追击部队的攻击，待后续部队赶到时，即转入攻势。而在8日中午，第2军将坂本支队编入第10师团，归第10师团长矶谷廉介指挥。同时，指示该师团长作战意图，“粉碎敌人的进攻，在后续部队到来的同时击败当面之敌，然后分别向禹王山、四户镇方面猛追”。为此，矶谷廉介命令两支队：“在现驻地附近大力整顿兵力，搜索敌情，作好下一步进攻准备。”

9日白天，第2集团军并没有积极行动。当日上午，布防于峄县东南地区的第10联队调整了防御部署：以联队主力配置于丁家坝；以第2大队在天柱山构筑预备阵地；以第9中队（配属机枪1个小队）作为李庄守备队，确保该地；以第8中队的1个小队（配属机枪1个小队）作为乱沟守备队，确保该地。

当晚10时，濑谷支队长为了加强峄县周围的防御，下达了如下命令：

（一）第10联队长一并指挥白山西及獐山守备队（第39联队第1大队）、李庄守备队，占领白山西、亘獐山附近，准备而后的攻击。以步兵约3个中队置于随时可对所需要的方面进行攻击的态势。

（二）第63联队长一并指挥九山占领部队，坚固守备九山，以步兵约1个大队置于随时可对所需要的方面进行攻击的态势。

而在此之前3个小时，李宗仁下达了进攻命令：第2集团军于当晚夺取獐山150、155高地及天柱山各要点，并准备对峄县攻击。

第2集团军奉命后，即令第6师于当夜占领鲍家庄、柳园之线；第30师于当晚袭取天柱山、草山子、白山各要点；第110师向王庄、虎山间前进，并确实占领虎山，准备对峄县之敌攻击。

夜12时，第30师第178团开始进攻獐山日军第39联队第1大队。该团以第1营1个排由童庄袭击155高地，以第2营1个排由獐山头袭击獐山，进至日军阵地前沿时，即被发觉。日军当即向其猛烈射击，双方激战约1小时。因第39联队第1大队居高临下拼死顽抗，而第178团的攻击部队仅2个排，众寡悬殊，仰攻不易，被迫于10日拂晓前撤回原阵地。是役该团伤亡60余人。

当第178团夜袭獐山的时候，第110师第328旅第656团第3营也向白山（由第10联队第1中队长西中中尉率领该中队主

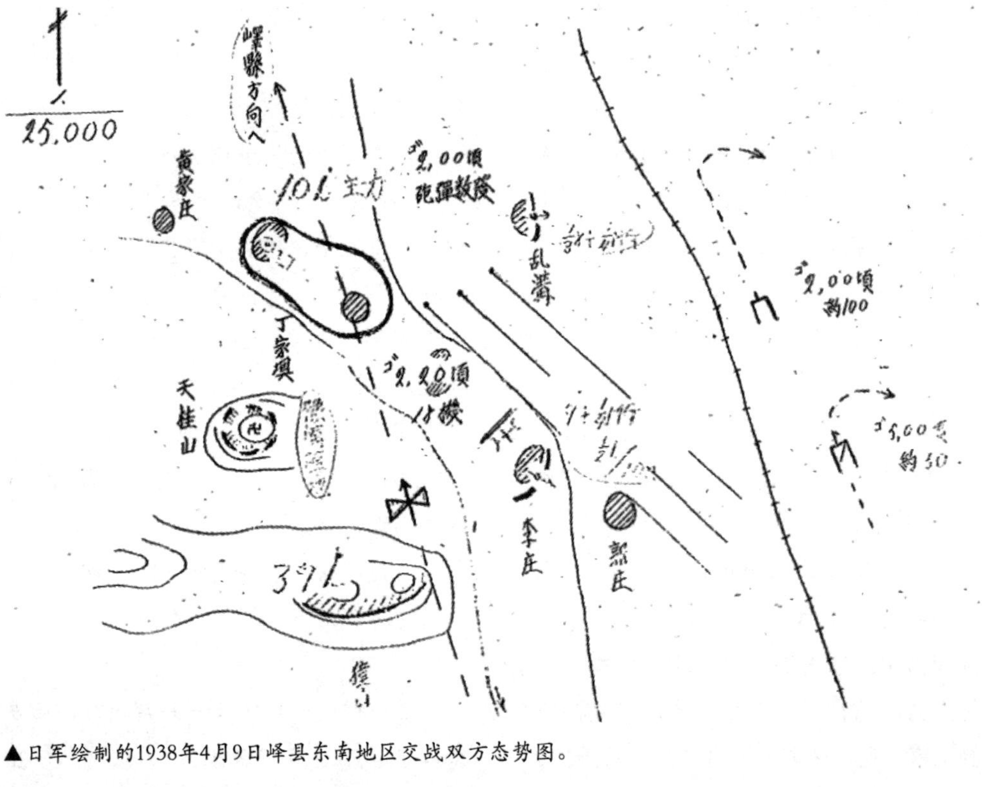

▲日军绘制的1938年4月9日峄县东南地区交战双方态势图。

力守备，日军称为“西中高地”）发起攻击。但日军早有准备，他们把中国官兵放到30米的距离，突然一齐投出手榴弹，使其攻势顿挫。

1938年4月10日

10日，孙连仲亲赴贾家口视察战况，得知如下情况：

（一）敌占领双山、潭山、七里店、王庄、曹庄、田楼、关家林、乱沟、獐山之线为主阵地，枣庄之敌正加强工事中。（二）汤军团之第52军昨晚攻双山未下。（三）第6师占领泥沟东之官庄。（四）第30师昨晚袭击獐山、天柱山未下，现占领泥沟北之柳园、西邵里、童家庄一带。（五）第110师在白山西一带与敌对峙中。

尽管当日凌晨各部夜袭均告失败，但孙仍决定于次日凌晨继续向日军发起攻击。正当该集团军加紧准备的时候，于下午5时接到李宗仁的如下命令：

（一）孙集团今晚进攻，限明拂晓进至乱沟、丁家坝、天柱山、草山子之线，到达后将重炮推至郭庄附近，以便对双山、潭山、峄县射击。

（二）汤军团今晚由潘家庵侧击乱沟，协助孙军之前进。

该集团军奉命后，于6时给各部下达

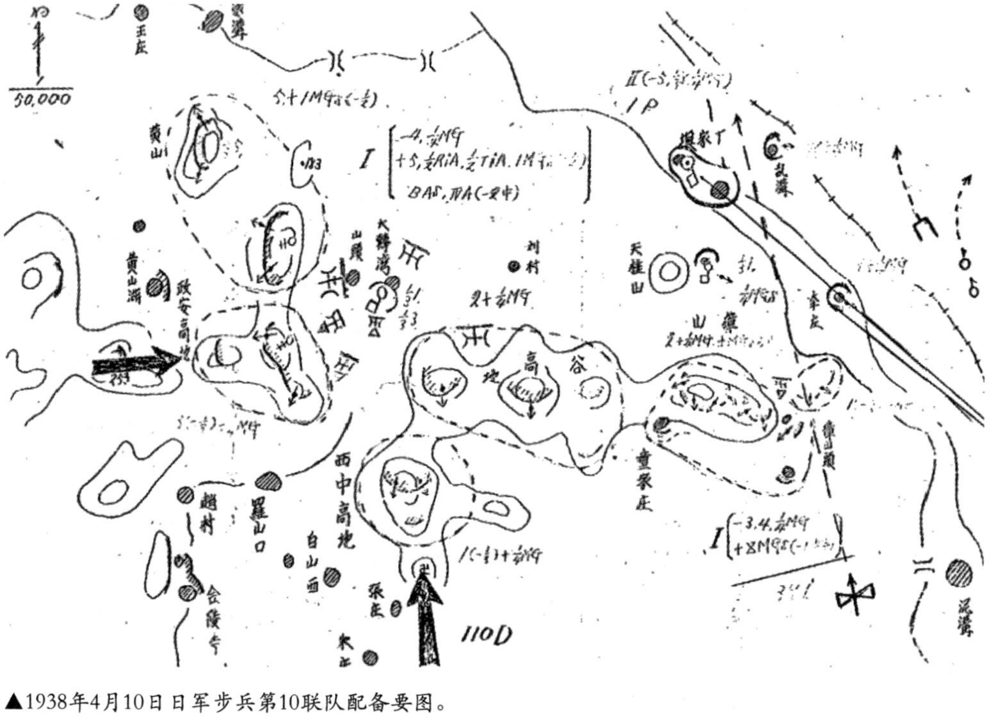

▲1938年4月10日日军步兵第10联队配备要图。

如下命令：

（一）第6师限于本日黄昏前占领戴家庄、李家楼之线，准备明（11）日拂晓向乱沟、徐家庄之敌攻击。

（二）第30师俟第6师进抵戴家庄、李家楼之线后，以一部夜袭天柱山，一部由张庄、赵庄、柳庄向白山西之敌攻击。

（三）第110师务于明（11）日拂晓向七里山、濠城之线侧击敌人。

1938年4月11日

11日凌晨，第2集团军各部向日军发起全线进攻。

白山西方面

第30师第89旅第177团李文彩部，于凌晨1时起，开始以第1营袭击白山（日军称为“西中高地”），以第3营袭击草山子（日军称为“谷高地”）。战斗打响后，这两个营的官兵以大刀、手榴弹开路，奋不顾身地猛冲登山。白山日军第10联队第1中队主力，草山子日军第10联队第2中队，即以步机枪、手榴弹实施火力拦阻。这样，虽然第177团官兵推进到日军阵地前较近的距离，却始终无法突入日军阵地，只好就地构筑工事，与日军对峙。由于双方距离较近，加上天黑，日军炮兵无法对第一线实施炮火支援，只好向附近的村落盲目乱轰。天亮以后，两营受到天柱山日军的侧射，加上白山及草山子均系石山，无法遮蔽，其官兵伤亡甚重。这样，两营分别在两地留下一部，牵制日军，其主力则相继撤出。

第175团（吴明林团）于凌晨1时30分，以该团第1营分成若干小部，同时攻击朱庄、赵庄、白山西、张庄等处日军。该营长亲自指挥迫击炮，向各村庄连续射击，竭力压制日军，该营官兵趁势奋勇直前，占领了日军的一些警戒分哨阵地。但天亮以后，因遭到日军猛烈炮火的轰击，被迫撤退。此战该营伤亡20余人。

正午过后，高皇庙附近守军4门火炮，向日军第10联队第1大队本部所处的村落附近及炮兵阵地东侧附近发射了约30发炮弹。与此同时，第3中队阵地（日军称为“政安高地”）也受到来自其西方标高250高地上守军迫击炮、机枪的射击。虽然没有对日军造成多少损失，却令其胆战心惊。

下午1时以后，日军发现一支约100人的中国部队从西匡谭（黄山西方约4公里）附近，陆续经王庄（黄山西北约3公里），向濠沟（黄山北方约2公里）附近移动，同时西匡谭附近有迫击炮及重机枪向黄山射击。

据此，日军炮兵即向王庄、濠沟附近移动中的中国部队猛烈射击，使其向西匡谭地区后退。而后第1大队长末永又向黄山附近增加预备队1个小队，以其确保黄山东方独立高地，并将大队炮、联队炮各1门的阵地变换到黄山东侧。

獐山方面

第30师第89旅第178团李公敏部，

于凌晨1时，以其第1、2两营向獐山日军攻击前进。然而，当该团官兵抵达獐山头（獐山东南侧）南侧村落附近时，即被日军发现。獐山日军第39联队第1大队即以炽盛之火力，向其猛烈射击。而后，第178团官兵冒着枪林弹雨，利用地形、地物的掩护，缓慢地向獐山日军阵地接近。3时30分，该团官兵迫近到日军阵地前数十米时，一齐发出呐喊，发起突击。日军以猛烈的步机枪火力向其猛射，该团第2营担任正面攻击的第4连之先头排当即全部死伤，何排长也中弹阵亡。随后，该连董连长及姬排长也均负重伤，另一个排长则不知下落。这期间该团右翼第6连也被日军埋设之地雷所阻滞，日军趁机以炽盛火力向其猛射，第6连连长重伤，士兵伤亡大半。第2营得报，就以第5连迅速增援，希望能挽回颓势。但第5连增援上去后，在枪林弹雨下仍难以取得进展。该团第1营的进攻也同样受挫，伤亡官兵一百六七十名，营附邓天锡阵亡。

天亮以后，日军第一线中队发起全线反击，迫使第178团进攻部队退往西邵礼。

据日军战报称，此战日军战死7人，负伤38人。

李庄、乱沟方面

第6师也于凌晨1时分别以1个营夜袭李庄、乱沟。

李庄日军把第6师1个营放到100米的距离时，突然猛烈开火，使其攻击顿挫。

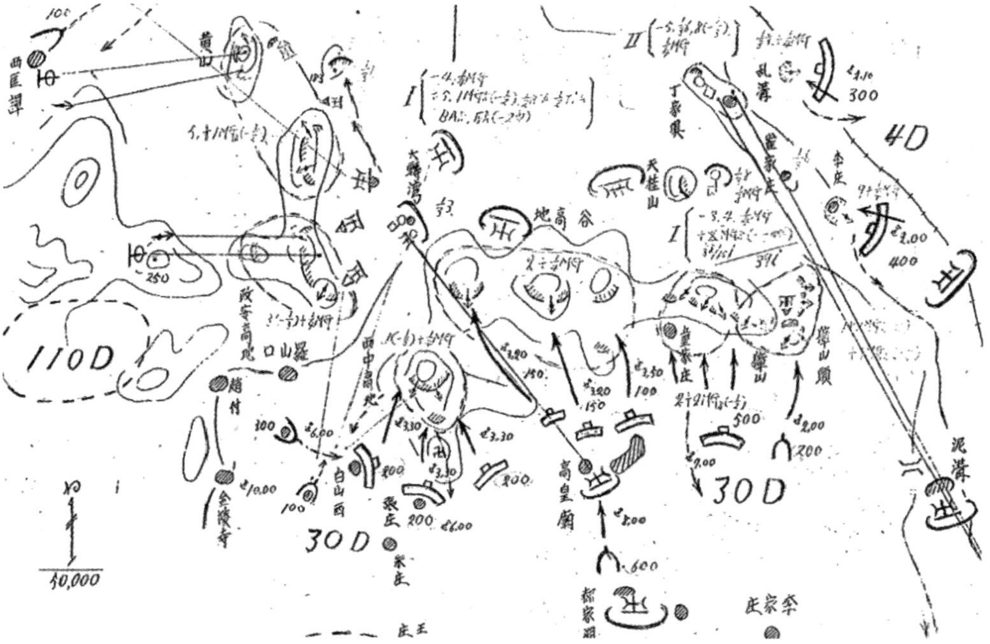

▲1938年4月11日日军步兵第10联队战斗要图。

该营被迫退至村落前方200米的凹地与日军对峙。据日军战报称，此战日军仅负伤4人。

这期间，第6师另一个营由代庄向乱沟袭击，日军占据碉寨顽抗，攻击部队受阻于外濠及围墙，无法突入，并受日军炽盛火力射击，伤亡颇重，至天明攻击未奏效，仍撤回原阵地。

1938年4月12日

白山西方面

11日晚10时，第177团再次以1个营夜袭白山。这次，他们吸取了教训，更隐蔽地行动，终于成功突入日军第10联队第1中队（欠藤田小队）阵地，双方随即在月光下展开白刃战。末永大队长得报，即以第1中队的藤田小队增援白山。日军第1中队获得增援，士气大振，更加疯狂地抵抗。战至12日凌晨0时，该中队经过一番白刃格斗，将第177团部队逐出阵地。但此后第177团部队仍在日军阵地前不远处，与第1中队对峙，直到上午10时30分才向东撤退。据日军战报称，此战日军战死9人，负伤38人。

末永大队长鉴于白山反复受到中国军队袭击，就和炮兵队长三田村少佐达成协定，夜间对中国军队可能集结的村落加以炮击。可是，下午5时50分，还没等到天黑，配属第2集团军作战的炮7团重炮连、山炮连就先发制人，炮轰白山。日军藤田少尉等3人猝不及防，被炸得血肉横飞，当场阵亡，另外还有11人负伤。

此前，第175团一部于11日凌晨夺回白山西。末永大队长担心夜间中国军队会以该地作为进攻集结地，决定将其烧毁。下午6时，第3中队（欠1个小队）、机枪中队（欠3个小队）奉命向该地攻击前进，晚7时30分击退少数守军，占领该地，随即付之一炬。

獐山方面

当第177团攻击白山的时候，第178团也以一部从东南方向獐山发起进攻。日军第39联队第1中队及第1机枪中队察觉后，在黑夜中对该团疯狂扫射，使其无法靠近。战至12日凌晨3时，该团见始终等不到突击的时机，遂南撤。50分钟后，第178团又以一部进攻日军第2中队正面。但他们冲到日军阵前数十米时，突遭火力急袭，终于败下阵来。据日军战报称，此战日军战死1人，负伤16人。

天亮以后，中国炮7团（欠2个营）开始时断时续地炮轰獐山。日军则趁着炮击间歇，加固了工事，还增设了障碍物。

李庄方面

11日晚10时，第6师1个营在迫击炮的掩护射击下，再次进攻李庄。日军又以上次的战法，将其击退。天亮以后，第6师部队在迫击炮、野炮的火力掩护下，再兴攻势，仍告失败。

尽管第2集团军各部的攻击连遭失利，但孙连仲并不气馁，决定将预备队第27师投入战斗，13日凌晨继续以全力向日军进攻。同时还要求炮7团（欠2个营）

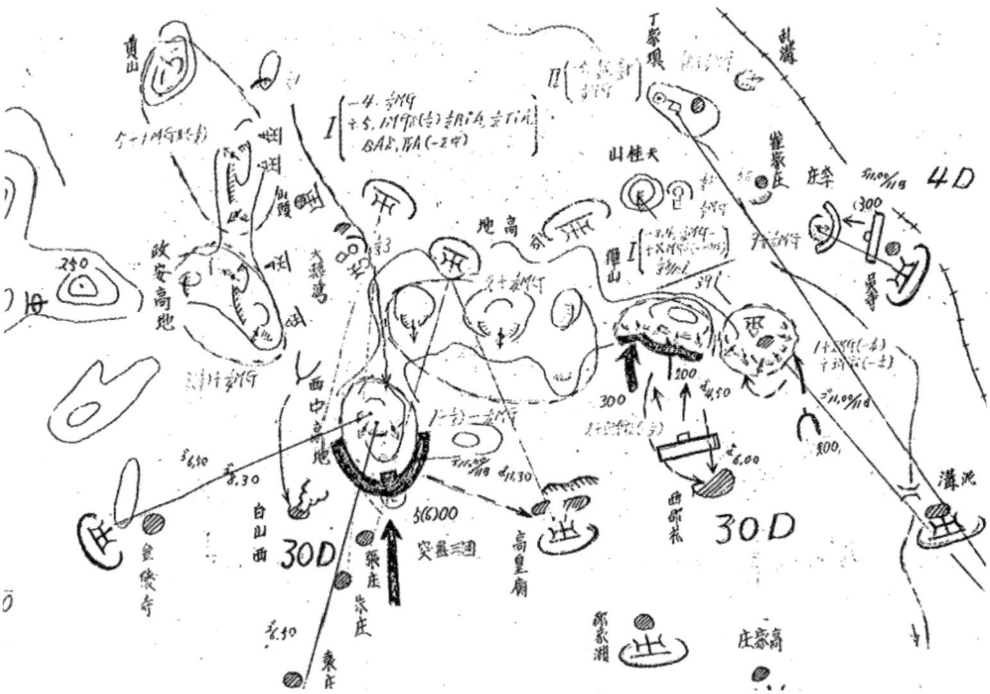

▲1938年4月12日日军步兵第10联队战斗经过要图。

对天柱山日军射击，并派野炮1连，于当（12）日黄昏前在朱庄附近占领阵地，准备射击白山、罗山口日军。

1938年4月13日

从13日凌晨起，中国炮7团（欠2个营）以及若干门迫击炮开始向日军阵地轰击。日军各阵地上，火光四起，浓烟滚滚。第2集团军各部趁势发起猛攻。

白山西方面

从凌晨1时30分开始，陆续有数十发迫击炮弹落在第10联队第1大队本部附近爆炸。虽然日军立即以“政安高地”上的大队炮予以压制，但效果不佳。3时，日军发现从黄山西方升起了信号弹，判断中国军队将要进攻，于是加强了戒备。几乎在同一时刻，第27师1个连夜袭黄山，因兵力过少，很快就被击退。

7时40分，白山日军又遭到中国军队劈头盖脸的猛烈炮击。一时间，日军阵地上炸声如雷，呛人的硝烟弥漫了整个阵地。第1中队官兵躲在掩体内，一动也不敢动。第30师第88旅第176团趁势向白山逼近，并一齐向日军阵地投出手榴弹。日军不敢露头，只好躲在战壕内扔手榴弹还击。

末永大队长见白山已危如累卵，要求炮兵立即实施炮火支援。此时，日军的山炮弹已全部打光了，105毫米榴弹炮的炮弹也仅剩7发。但野炮兵第4大队三田村少佐也管不了那么多，命令部下以91式105毫米榴弹炮向进攻白山的第176团部队开火。其第1发炮弹打偏了，可第2发炮弹则落入第176团正在冲锋的人群中，造成很大的伤亡。这次炮击使该团停止了进攻，暂守既占阵地。而末永则抓住第176团攻势停顿之机，将1门92式步兵炮弄上白山以北的高地，同时从预备队中抽出第3中队的1个小队增援白山。这样，该大队就没有预备队了。鉴于其防御正面宽，兵力不敷使用的现状，末永遂向赤柴呈报意见，将位于枣庄的师团预备队第4中队归还第1大队建制。

据日军战报称，此战日军战死9人，负伤20人。而且，从4月9日以来截至此时，第10联队第1中队的伤亡已累计达约100人。该中队除西中中队长以外，军曹以上的干部仅剩1人。

10时左右，虽然日军发现在朱庄（白山南方1公里）附近有中国军队的迫击炮，在王庄（朱庄南方约2公里）附近有中国军队的野炮，却因弹药不足，干着急没办法。

下午5时20分，第1大队看到四五百名中国官兵正经西王庄（白山以南偏西约4公里）西进，其先头已抵达辛庄（白山西南约4公里）。1个小时后，他们又看到行军队列长达2公里的中国部队正经吴坡（白山东南约3公里）西进。

末永大队长判断中国军队向西方移动兵力，可能是为了攻击该大队阵地右翼。据此，末永命令各部严加警戒。

獐山方面

第178团1个排于13日凌晨1时30分，夜袭日军第39联队第2中队右正面，因受到独立机枪第2中队的猛烈侧射，交战30分钟后，无法坚持，被迫南撤。

2时30分，该团1个连攻击日军第1中队正面，进至距石圩子约10米处时，第1中队及机枪中队即以步机枪、掷弹筒向其猛烈射击。该连因日军火力猛烈，以及被石圩子之障碍阻止不能近前，即与日军隔圩对峙。而后日军又以手榴弹向其投掷，并借居高临下之势，不断以机枪扫射，不久该连伤亡过半，遂撤至距石圩子50余米处，与日军对峙。

李庄方面

12日黄昏，第6师1个营在迫击炮、野炮的火力掩护下，以迅雷不及掩耳之势冲入李庄，与日军第9中队（配属机枪1个小队）展开白刃战。虽然第9中队凭借优良的格斗技术暂时将其击退，但随后第6师另一个营又从崔家庄（丁家坝、李庄中间村落）攻击过来，两营一起从东、南、西三面将第9中队包围。此时，因电话线被炮弹打断，加上被包围，第9中队已与外界失去联系，但仍然拼死顽抗。

13日早晨6时许，中国炮兵又集中火力向李庄射击。这次，炮打得很准，第一发炮弹就落在村落内爆炸。接着，一发又一发炮弹像雨点一般飞来。整个李庄都笼罩在硝烟之中。顶部积土厚达50厘米的日军掩蔽部也被打塌。这样，日军不管是在掩蔽部内，还是在掩蔽部外，都不安全，有人被沙土掩埋，有人被炮弹炸死炸伤。战至6时30分，第9中队死伤已达30余人。而且，雪上加霜的是，该中队的弹药告罄，每人仅剩数发。

从7时起，中国军队的炮击开始逐渐减弱，但第6师部队却陆续缩小包围圈，其第一线采取对壕作业办法，近接到日军阵前50至200米。

第9中队长水田大尉见状，认为日落以前很难确保李庄，据此于7时45分对赤柴联队长呈报意见，“以一部火速从铁道方向实施攻击”。赤柴采纳了水田的意见，决心从铁道方向出击，据此于下午2时命令第2大队攻击包围李庄的第6师部队。第2大队奉命后，决定以第6中队从崔家庄方面，以主力（第7中队）从乱沟方面攻击，同时还派出军官侦察员侦察铁道方面的敌情。

3时，第2大队在野炮兵第1大队（欠第1中队，各中队2门）的掩护下，开始攻击。半个小时后，其第7中队一部占领乱沟东方铁道。包围李庄的第6师部队感到背后的危险，4时40分开始向东退却，第2大队趁势沿铁道一举前出到李庄东北方，解除了第6师部队对李庄的包围，时为5时50分。随后，该大队集结于丁家坝。当晚，赤柴鉴于第9中队伤亡较大，命第2大队长加村以第6中队和第9中队交接李庄的防务。

乱沟方面

13日凌晨，第4师1个营对乱沟的夜袭也以失败告终。

八里屯方面

9日下午3时，第110师把金陵寺、望仙山一带防务交给第27师部队。当夜，该师进占八里屯，并驱逐日军监视部队，占领老虎山。八里屯距峄县城只有8华里，是一个有700余户人家的大村落，老虎山、卧虎寨为八里屯以北较高的2座山峰。12日晚，第110师又包围了卧虎寨（位于峄县西北方）的日军第63联队第2中队的2个分队。第63联队长福荣得报，大感威胁，于13日早晨命第1大队长中川少佐派一部向卧虎寨急进，击破包围该地的中国部队。

中川奉命后，不敢怠慢，即派出第1中队（欠1个半小队，配属机枪1个小队和大队炮小队）向卧虎寨方向攻击前进。该中队几乎没遇到什么抵抗，就与卧虎寨日军会合，而后继续向八里屯追击。第110师张庚寅营王连见日军来势汹汹，就避开当面阵地，隐蔽在右侧森林中，向日军猛烈侧射，使其前进受阻。

当日，孙连仲得知日军一部由税郭向第20军团反攻，该军团第25师、第21师伤亡甚重。孙为尽快夺取峄县，并解第20军团之危急，命令各部继续向日军猛攻。当晚，独立第44旅赶到战场，接替第27师阵地。第27师交防后，除将第159团留在第一线准备夜袭谢庄外，其余部队即向卜集、老龙潭、乌家山及东西荫棠一带集结。

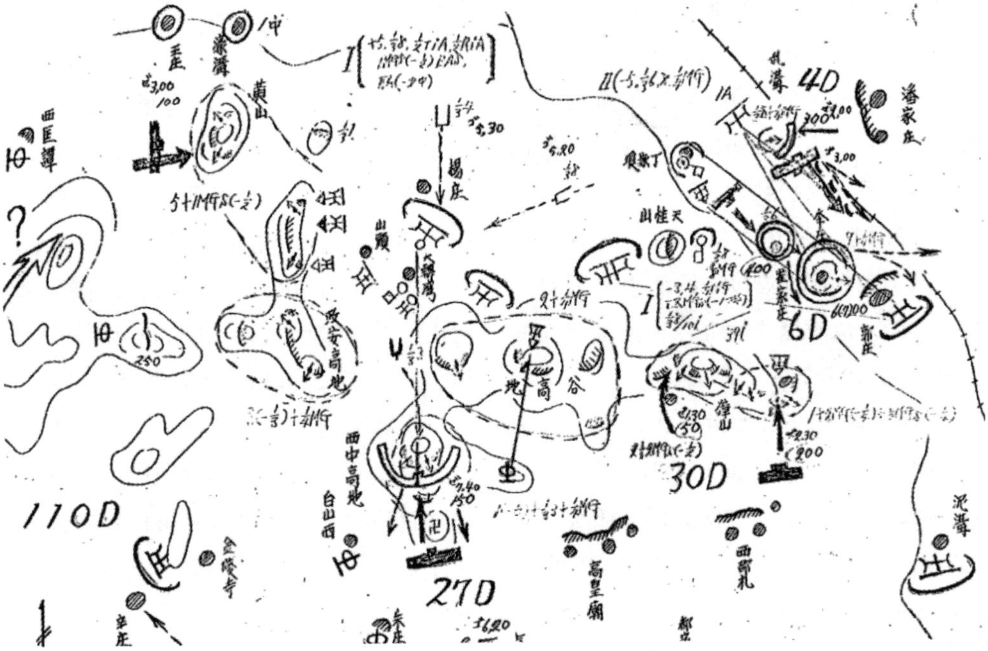

▲1938年4月13日日军第10联队战斗经过要图。

1938年4月14日

14日，峄县东南地区的白山西、獐山、李庄、乱沟等地附近，除了双方互相炮击以外，并没有发生大的战斗。峄县西北地区的八里屯战斗则较为激烈。

当日上午，第63联队第1大队主力从峄县西门出发，沿卧虎寨高地南侧地区向八里屯攻击前进，其第1中队也从卧虎寨向老虎山进攻。第110师部队将2门迫击炮、3挺重机枪密置于卧虎岩山麓，待日军接近时即猛烈侧击，一度使日军前进受阻。但随后第1大队第一线中队利用地形地物的掩护前进。11时40分，第4中队占领卧虎寨东南麓的无名村落，第2中队也前出到该线。中川趁势将第6中队增加到第2中队以左。接着，第110师部队以迫击炮向第4中队正面猛烈开火。该中队第一线小队长渡部章一少尉当场就被炮弹炸死。日军的攻势又停滞不前了。

天快黑的时候，中川命令第2、6中队趁薄暮夺取前方的村落。但日落后，第110师又将预备队第2营（由第655团长鲍汝澧率领）投入战斗，切断日军左翼联络线，并向日军侧射，守八里屯的张庚寅全营同时奋勇逆袭。中川见状，只得中止了第2、6中队的攻击，命这两个中队准备迎击中国军队的反击。自此以后的20多天里，第110师部队始终坚守八里屯、老虎山，不曾动摇。

当日，孙连仲接到蒋介石“限期2日攻下峄县、枣庄”的手令后，急于攻克峄县，拟以一部监视天柱山、草山子、獐山之敌，以主力突破黄山、白山、李庄阵地，直接进击峄县，将敌包围歼灭，并据此调整了部署。此时，第五战区又将第93师拨归孙指挥。孙即令该师准备由东西两面攻击峄县西南的日军。

1938年4月15日

白山西方面

从15日凌晨3时起，金陵寺附近占领阵地的中国炮7团一部开始猛轰白山、黄山。与此同时，独立第44旅也以轻重机枪向“政安高地”猛烈射击。日军即以山炮、联队炮、大队炮对中国炮兵实施火力压制，同时也对周围村落进行盲目射击。4时以后，独立第44旅接连向黄山发起了2次攻击，均被日军黄山守备队（第5中队）及黄山东方高地守备队（第4中队一部）击退。11时左右，第30师又以1个营进攻白山。该营推进到该山南方棱线时，即受到密集火力拦阻，无法前进，遂与日军对峙，一直坚持到下午5时，才撤了下去。

李庄方面

从14日晚11时起，约150发炮弹陆续由郭庄射入李庄。日军李庄守备队（第6中队）队长高田大尉认为，这是中国军队要来夜袭的先兆，于是命令部下加强警戒。15日凌晨2时，第6师1个营开始向李庄发起攻势。而日军早有准备，依然采取放近射击的战法，将其击退。而后，第6师部队再次攻击李庄，仍被击退。

下午6时30分，中国炮兵又开始猛轰李庄。该村寨墙被轰开了数处缺口。第6师一部趁势于7时左右由缺口突入，与日军展开白刃战。由于第6中队拼死顽抗，第6师部队经过了30分钟的肉搏，伤亡很大，被迫撤退。

而后，李庄因被炮火击中而发生火灾。该地立刻笼罩在火光和烟雾之中。第6师部队趁机又从三面发起突击，双方又是白刃相搏。赤柴得知李庄的状况危急，要求野战重炮兵中队向郭庄射击。日军的炮击使第6师有所动摇。该师突入李庄的部队也于8时30分被日军刺刀逼退。

乱沟方面

15日上午7时30分，乱沟日军发现中国军队约20名骑兵、约150名步兵进入乱沟东侧潘家巷。赤柴得报，为了加强联队左侧的警戒及确保和峄县的后方联络，决定以一部占领坝子（丁家坝北方约1公里），为此于上午8时命第2大队长以步兵约1个小队占领该地，担任联队左侧的警戒及后方联络线的警备。第2大队奉命后，以第8中队渡边小队占领该地。

当日第2集团军各部不但进攻毫无进展，而且伤亡惨重。这使孙连仲清醒地认识到，直取峄县并不现实，应该先行扫荡峄县以南山地之敌，然后再攻打峄县。同时，他还决定将生力军第93师投入战斗。另外，由于第30师自3月28日参战以来截至当日，伤亡很大，官兵士气低落，孙连仲只得下令将该师攻击任务转由第6师担任。而后，第30师残部缩编为4个营，守备东西邵里至北山西之线。

1938年4月16日

乱沟、坝子方面

16日凌晨，第93师各以1个营夜袭乱沟、坝子，因日军警戒甚严，均遭失败。

黄家庄方面

当日早晨，第93师1个连秘密地前插到丁家坝西方1公里的黄家庄，对日军的侧后构成威胁。赤柴得报，决定调集部队将其歼灭。他的部署是，以第9中队（配属机枪1个小队）担任正面攻击；以第2大队（欠第5、6、8中队）担任迂回包抄；联队炮中队（欠1个小队）在丁家坝附近占领阵地，配合第9中队作战。

第2大队奉命后，即从丁家坝出发，沿天柱山北侧地区迂回，前出到东楼河（丁家坝西北约2公里）隐蔽起来，准备等第9中队攻击得手后再出击。

9时50分，在丁家坝西侧占领阵地的联队炮1个小队（队长和田少尉）开始向黄家庄射击，射击距离800米，赤柴在丁家坝望楼上亲自指挥战斗。下午1时，第9中队在火力掩护下，突入黄家庄。守军利用民房院墙作掩体，与日军展开巷战。虽然双方人数相差不大，但战斗技能却比较悬殊。这样，随着时间的推移，守军伤亡越来越大，不能支持，开始陆续向西北方撤退。日军第2大队在黄家庄以西的东楼河已等候多时，见状立即向东出击。

3时40分，守军在日军的夹击之下，终于全部战死。日军打扫战场时，发现139具守军遗体。而后，赤柴以第9中队守备黄家庄。

白山西方面

当天早晨，独立第44旅也多次进攻“政安高地”及黄山，均未奏效。但炮7团对白山、“政安高地”及黄山的炮击，却对日军造成极大威胁，使其死伤迭出。而日军炮兵则因缺乏弹药，无法实施火力压制。

第10联队第1中队因连日的激战，伤亡很大。于是，末永大队长以第4中队接替该中队的防务。10时55分，第1中队移交完防务，即向第1大队本部的位置撤退。该中队当初几乎满员，这时仅剩下西中中队长以下75人。

当日下午，濑谷支队长得知长濑支队将于次日拂晓以前开进枣庄附近，即命独立机枪第10大队本部及2个中队（另一个中队继续配属獐山守备队）、第39联队第1大队的1个小队、中国驻屯临时战车队、野炮兵第10联队第2大队、轻榴1个中队、野战重炮兵第1旅团司令部、野战重炮兵第2联队第1中队、卫生队一部等转属长濑支队，日落时撤出阵地，并在次日拂晓以前抵达枣庄，归长濑支队长指挥。

第2集团军也同样是在下午接到李宗仁的训令：因峄县之敌凭借控制高点和优良装备的有利条件顽抗，改变强攻计划，实施围攻，一面监视当面之敌，一面逐次袭占各要点，削弱其凭借，并阻敌增援，断绝其补给。至此，第2集团军追击围攻峄县的战斗告一段落。

17日，第2集团军各部均在原阵地与日军对峙，偶尔派出小部队袭扰日军。炮7团以及各部的迫击炮仍向日军阵地猛烈射击。

根据《第10联队战斗详报第14号附表》记载，自1938年4月9日至4月18日期间，第10联队及其配属部队战死62人，负伤280人，计342人。另据《第63联队第1大队战斗详报第7号附表》记载，自1938年4月8日至4月14日期间，第63联队第1大队战死4人，负伤10人，计14人。

表7-1　峄县东南地区战斗（日军防御阶段）双方战斗序列（1938年4月9日—4月18日）

中国军队	
第2集团军	总司令孙连仲
第30师	师长张金照
第27师	师长黄樵松
独立第44旅	旅长吴鹏举
第110师	师长张轸
第6师	师长张珙
第93师	师长甘丽初
日本军队	
濑谷支队	
步兵第10联队（欠第3大队（欠第9中队及机枪1个小队）	
配属部队	
步兵第39联队第1大队	
卫生队三分之一	
临时编成山炮兵中队	
独立机枪第10大队	
野炮兵第10联队第4大队	
野战重炮兵第2联队第1中队	
步兵第63联队第1大队	

峄县东北地区的战斗

坂本支队在4月7日大顾珊、萧汪附近战斗结束后，本来决定返回临沂。当晚，该支队在响连屯集结期间，得知一支有力的中国部队（第55军）已由北向南进至枣庄以东地区。同时，中国追击部队第20军团正由东向西，第2集团军正由南向北往峄县追击前进。坂本支队长鉴于这种状况，决定改变原定计划，以第11联队向第55军出击，同时以第21联队转进到峄县东北地区，占领九山、潭山、税郭等各要点，构筑防御工事，准备迎击中国追击部队的进攻。

9日，第21联队（欠第1大队）奉命占领九山－刘岳之线。此时，该联队各中队由于减员较大，重新进行了编组，每中队或辖2个小队，或只辖1个小队。

当日，第20军团各部已迫近峄县以东地区。第85军第4师追至苏家埠、出头林，在该师后面跟进的第89师集结于红瓦屋屯。第52军在占领四流井、马山、王山等地后，又向九山发起进攻。

九山是峄县城附近的制高点，可以俯瞰全局，为良好的炮兵观测所。夺取九山是第52军由东北面进攻峄县的重要步骤。该地日军为第21联队第2大队（欠第6、8中队、大队炮小队）和第63联队1个中队。第52军部队攻到九山脚下，日军凭险据守，弹如雨下。加上獐山、天柱山日军的猛烈侧射，以及双山、潭山日军交叉火力射击，该军无法接近日军阵地，被迫停止攻击，以小部队监视日军，主力进行整顿。

鉴于攻击受挫，汤恩伯认为獐山、天柱山与双山、潭山鼎立，可掩护峄县，而苏家埠、万岭、官庄、九山之位置，均处于獐山之瞰制范围以内，而且日军利用獐山、天柱山之观测，容易占领良好之炮兵阵地，并以炽烈之重炮火力，向我九山、苏家埠一带阵地之侧背袭击。因此，虽然我欲再从峄县东南方向冒险挺进，但终究不能奏功。因此，他认为必须改变攻击方向，另从峄县东北之傅山口、税郭、南安城一带，向峄县进攻。而后，第20军团即开始进行相关的准备。另外，汤恩伯为掩护军团之侧背，以第139师主力配置于傅山、青山、石城岗、平山、筐山一带，还以其一部围攻向城。

当日军第21联队处于守势的时候，第11联队却向枣庄以东的第55军一部发起攻势，于9日下午3时占领郭里集，并向南安城方向扩大战果。11日，第11联队击破第55军部队。据此，坂本支队长决定集中支队主力进攻第20军团。

当日下午，第52军第25师开始按照汤的上述方针行动，准备由峄县东北地区向敌侧后实行包围攻击。然而，该师抵达陈岭、桃源附近时，即与日军第11联队主力遭遇并发生激战。第25师右翼之第145团第1营很快受到第11联队三面包围攻击，该师右翼因此受到日军反包围。该师全力反攻，经过3小时苦战，右翼阵地始稳定下来。黄昏前后，第21联队第3、第2大队（欠第6中队、第8中队的1个小队，配属机枪中队、第12中队）也相继赶来，向第25师侧背攻击，该师陷入苦战。日军炮弹也不断落到师指挥所周围，形势严峻。

当时汤恩伯已进抵傅山口，得知情况后，即面谕第52军，仍以第25师担任正面，并令右翼追击队第92军第21师，再向石城岗、平山、筐山迂回，包围敌之左翼，限于4月12日天明以前到达，向李家口、桃园、税郭、南安城敌之侧背进攻，以与第52军协同歼敌于税郭一带。当晚，第25师与坂本支队主力在陈岭、桃源一带反复争夺，该师一夜之间伤亡达五六百人之众。

12日，第21师投入战斗，即向朱庄日军侧击。朱庄附近的第21联队第8中队因寡不敌众，被迫向税郭撤退。第21师趁势追击，并于上午11时将税郭附近的日军野战重炮兵队包围。第21联队得知情况后，派第9中队（配属机枪2个小队）前往救援。下午3时，该中队好不容易才冲破第21师部队的包围圈，与野战重炮兵队会合。而后，片野联队长又派遣第5中队确保兴龙山，并命第2大队（欠第5、7、8中队、第6中队的1个半小队）急援税郭。这样，该联队才勉强将第21师阻止于税郭。

当晚11时30分，第21师又以1个营夜

李仙洲抗战简历

陆军中将。原名李守瀛，字仙洲，山东省长清县人。生于1894年6月17日，1988年10月22日在山东济南病逝。全面抗战爆发时任第21师师长。

1938年2月12日	升任第92军军长兼第21师师长
1938年3月1日	晋任陆军中将
1938年6月8日	辞去师长兼职
1941年5月6日	升任第15集团军中将副总司令兼第92军军长
1943年1月6日	辞去军长兼职。
1943年2月24日	调升第28集团军中将总司令（直至抗战结束）

他参与的战役有：南口战役、太原会战、徐州会战、武汉会战、枣宜会战、豫南战役、豫中会战等。1944年7月31日获颁四等云麾勋章，1945年10月10日获颁忠勤勋章，1946年3月2日获颁青天白日勋章，同年5月5日获颁胜利勋章。

袭蛇山（税郭东北方4公里）的日军第7中队（69人）与第2机枪中队第3小队（19人）。双方多次展开肉搏，虽然日军伤亡30多人，但还是在13日凌晨5时击退了第21师部队的攻击。

战至14日晚，第21、25师仍在税

表7-2 峄县东北地区战斗双方战斗序列（1938年4月8日—4月18日）

中国军队	
第20军团	军团长汤恩伯
第52军	军长关麟征
第2师	师长郑洞国
第25师	师长张耀明
第85军	军长王仲廉
第4师	师长陈大庆
第89师	师长张雪中
第92军	军长李仙洲
第21师	师长侯镜如
日本军队	
坂本支队	支队长坂本顺
步兵第21旅团司令部	
第21联队（欠第1大队）	
第11联队（欠第2大队（欠第7中队）、第10中队、机枪1个小队）	
野炮兵第5联队（欠第2大队、第3大队（欠第8中队半部）、段列一部）	
辎重兵第5联队第2中队	
工兵第5联队（欠一部）	
独立机枪第6大队	
独立山炮兵第3联队第2中队	
卫生队（欠三分之一）	
第4野战医院	
第16师团第2架桥材料中队（欠2个小队）	
病马收容班	

郭、桃园附近与坂本支队相持不下。此时，第20军团决定遵奉李宗仁命令，停止连日围攻峄县日军的计划，并由汤恩伯星夜亲往下村一带，向第52军军长关麟征、第92军军长李仙洲传达命令。

15日上午，第20军团作出新的部署：第52军全部调回青山、傅山、马岭、鹅山一带，第92军（欠第95师）仍留置于筐山、后峪、女峰山，监视桃园、李家口一带之敌；第85军仍守备平山、石城岗、石门庄、王山、马山之线，监视当面之敌，右与第21师联系；第93师仍配置于马山、官庄、苏家埠附近一带地区，第139师仍围攻向城。

1938年4月9日至15日期间，鲁南地区发生的较大战斗，除峄县附近的战斗以外，还有朱陈附近的战斗（后文将详述此战）、向城附近战斗以及枣庄北方高地的战斗。

10至12日，第139师多次进攻孤立于向城的日军骑兵联队及第21联队第1大队，均未奏效，还受到很大伤亡。14日，日军第41联队第3大队赶来增援，将第139师击退。但是，该大队并不打算留在该地，而后和骑兵联队一同转进义堂集，第21联队第1大队继续守备向城。15日晚，第20军团决定集中第13、第139两个师的兵力，进攻向城。但日军事先得到情报，加强了防范。尽管上述两师于16、17两日在炮火掩护下，多次向向城发起攻击，但均告失败。

12日，第55军一部南进至枣庄北方高地，威胁枣庄日军侧后。此前，日军第39联队主力（欠第1、3大队、第7、8中队）已到达枣庄。该联队得报，即以一部向第55军部队发起反击，经过1天的激战，将其击退。

第八章　兰陵镇、禹王山附近的战斗

日本大本营决定实施徐州会战

日军华北方面军早就有发起徐州会战，打通津浦路的打算。台儿庄战役期间，在日本大本营还未改变不扩大战局的方针的时候，华北方面军迫切希望大本营正式批准其实施徐州作战。1938年3月24日，该方面军参谋部第1课长下山大佐就徐州作战的重要性，给日本参谋本部继任作战课长的稻田正纯中佐发出电报如下：

第2军的作战，始终是基于屡次报告的方针进行指导的，但与优势之敌已近于接触，形成对敌之所谓决战攻势，不能不予以迎击的形势。这次战斗肯定对我十分有利，尤其在蚌埠方面，依靠友军的积极行动，予以策应，很明显会收至更大成果。

其结果敌放弃徐州也未可知。可是现在敌可自由运用其兵力，我则逐次不可避免地以劣势打优势，造成的重大损失，对全局极其不利，自不待言。徐州之得失尚属次要，主要为发挥我全面战略态势之有利方面，对正在以徐州为中心聚集之敌集团，尽可能以最小牺牲给敌以最大打击。如何处理，已是燃眉之急。

倘使敌人断然自由运用其兵力，很可能机动地对我进行各个击破。此点盖已暴露于从旁截获电报中。所以如此，岂非由于窥知我方用兵多所限制也。敬候明断，不胜切盼。

稻田本身就是扩大派，当然支持华北方面军发动徐州会战的意图。而且，日本大本营在台儿庄战役期间获悉在台儿庄方面集结有大批中国军队，认为这是实施南北夹击，痛击中国军队、瓦解其抗战意志的大好时机。因此，日本大本营陆军部于4月3日内定实行徐州作战，当天即向侵华日军传达了要旨，并将华北、华中日军的参谋召回东京，进行了研究。

4月7日，日军大本营下达“大陆命”第84号命令，部署徐州作战。其内容是：4月7日以华北方面军的有力部队自北发起攻势，击败徐州附近之敌后，占领兰封（今兰考）以东、陇海线以北地区。另以华中派遣军一部在右方策应，自南发起攻击，力断敌之退路，而后占领徐州（不含）以南津浦线及庐州附近地区。同日，日军参谋总长下达“大陆指”第106号的《徐州附近作战指导要领案》。日军计划华北方面军投入4个师团，华中方面军投入2个师团，以南北对攻的方式击破徐州方面的中国军队。

10日，日军华北方面军根据大本营的命令及指导方案与华中派遣军联系后，制订了徐州会战的指导方案。主要精神是以第2军将中国军队牵制于徐州附近及津浦路以东地区，并从西面包围，另以第1军一部切断陇海线，而后攻占徐州、歼灭中国军队。2天以后，华北方面军按照制订的作战指导方案下达了作战预令，并规定“第1军司令官应作好准备：以一部由兰封附近至范县之间渡黄河，切断兰封附近的陇海路，为第2军的作战创造有利条件”。

17、18两日，日军在济南召开了徐州会战作战会议，华北方面军、华中派遣军主要主持作战策划的作战课长、副参谋长及大本营直接指导两军作战的派遣班负责人（作战部部长）参加了会议。

会上，各方就这次会战的目的存在争论，一种意见是占领徐州，打通津浦线；另一种意见是歼灭徐州附近的中国野战军。经过激烈的辩论后，最后确定徐州会战的最终目的为攻占徐州，而消灭该地附近的中国野战军是为达到此目的的手段。

第五战区的作战指导

台儿庄战役末期，中国统帅部为增援在台儿庄附近作战的第2集团军及第20军团，相继将周碞的第75军、李仙州的第92军（欠第95师）、吴良琛的第13师、黄光华的第139师等部调往鲁南。战役结束后，中国统帅部又陆续派遣于学忠的第51军、卢汉的第60军、樊松甫的第46军、甘丽初的第93师、王长海的第132师、李延年的第2军、谭道源的第22军、石友三的第69军、王文彦的第140师等部增援鲁南战场，另以冯冶安的第77军、刘汝明的第68军、周祖晃的第7军、罗奇的第95师、徐源泉的第10军等部增援淮北、淮南战场，均归第五战区司令长官李宗仁指挥。第五战区接收了如此众多的增援部队，实力大增。

台儿庄大捷后，第2集团军及第20军团等部向败退到峄县附近地区的日军濑谷、坂本两支队发起反攻，却遭到其顽抗，进展甚微。军令部第一厅（主管作战）厅长刘斐估计日军一定不会甘心失败，必将增援反攻。于是他向李宗仁建议说，如果第20军团不能乘敌援军未到以前一举将败退峄枣地区之敌歼灭，就应该及时调整部署，集结强有力的部队于适当地点，确保主动，准备以机动灵活的部署，再相机打击敌人。而后，刘又主张：鲁南作战应改为机动防御，除以一部分军队和敌保待接触外，主力应集结于机动有利的地位，再相机打击敌人；一面于运河线布防，控制强大的预备兵团在徐州以西，俾能及时应付各方面的情况，免陷于被动地位。

第五战区司令长官李宗仁也认识到，“我方集大军数十余万人于徐州一带平原地区之内，正是敌方机械化部队和空军的最好对象。以我军的装备，只可相机利用地形的有利条件，与敌人作运动战，若不自量力而与敌人作大规模的阵地消耗战，必蹈宁沪战场的覆辙。当徐州保卫战时，我军元气已有限，类似上海的会战，断不可重演。”

蒋介石同意第五战区采用机动防御及运动战制敌的方针。4月21日，统帅部以蒋介石的名义，用训令的形式向第五战区下达命令。

然而，徐州会战期间日军第5、10师团多路进攻鲁南各阵地，如果不在第一线布置强大的兵力，是顶不住的。这样，李宗仁还是陆续将增援鲁南的几乎所有部队都投入第一线，始终不能在后方掌握强大的机动兵团，机动防御最终落空。

太平庄东北方高地之战

4月15日，当日军濑谷支队、坂本支队还在峄县附近和第2集团军、第20军团激战的时候，第10师团按照第2军的意图，决定从18日早晨开始，以濑谷、坂本两支队，及新增加的长濑支队，转入全面攻势。该师团的部署是：坂本支队在左，先向向城，再向四户镇进攻；长濑支

▲台儿庄大捷后，军委会调集多支部队增援徐州，这是开向徐州的增援部队。

队在中，先向兰陵镇、甘露沟，再向禹王山进攻；濑谷支队在右，以目前的态势牵制其正面之敌，同时与长濑支队的攻击进展相呼应，沿枣台铁路向台儿庄进攻。其中，长濑、坂本两支队以并列队形攻击前进。该师团的进攻重点保持在枣庄－傅山口－兰陵镇一线（即长濑支队正面）。

18日，日军第10师团的长濑、坂本、濑谷3个支队相继开始攻击前进，而第5师团的国崎支队早在16日即开始发起进攻，这样日军第2军在鲁南发起的第二次大规模攻势已全面展开。此次攻势是由几乎同时进行的4个战役组成，为了能完

长濑武平

日本富山县人，1884年2月20日出生。1905年11月25日毕业于日本陆军军官学校第18期，1918年11月29日陆军大学第30期毕业。1958年3月8日亡故。

1919年5月26日	第9师团司令部附勤务
1919年11月5日	陆军步兵学校教官兼该校研究部员
1922年2月8日	晋升陆军步兵少佐，第1师团参谋
1922年8月15日	近卫师团参谋
1923年8月6日	步兵第7联队大队长
1925年12月2日	步兵第7联队附
1926年3月2日	晋升陆军步兵中佐，步兵第10联队附
1927年3月15日	第9师团参谋
1929年3月16日	步兵第7联队附
1930年8月1日	晋升陆军步兵大佐，近卫师团司令部附
1932年8月8日	步兵第17联队长
1935年8月1日	晋升陆军少将，佐世保要塞司令官
1936年3月7日	步兵第8旅团长
1938年7月15日	陆军中将，留守第12师团长
1940年8月1日	待命
1940年8月31日	转为预备役
1945年4月8日	西部军管区司令部附（召集）
1945年4月15日	对马要塞司令官

中国抗战时期，他参与的侵略作战有津浦线作战、山东作战、徐州会战等。1938年10月13日获得勋二等瑞宝章，1940年4月29日获得勋一等旭日大绶章。

整畅通地介绍日军的此次攻势，以下笔者便按长濑支队在太平庄、兰陵镇、禹王山附近与第89师、第51、60军的一系列战斗，坂本支队在连防山、大袁庄附近与第52军的一系列战斗，濑谷支队在马家庄、兰城店、官庄、张楼、小集、白山西附近与第6、93、27、110师及独立第44旅的一系列战斗，国崎支队在临沂、郯城、南北涝沟附近与第40、59、46军的一系列战斗的顺序来叙述日军在鲁南的第2次大规模攻势。

16日晚，此前一直担任后方警备的长濑支队，奉命集结于枣庄地区，作攻击准备。长濑支队由步兵第8旅团（旅团长长濑武平少将）及若干配属部队组成。该旅团下辖步兵第39联队（联队长沼田多稼藏大佐）和步兵第40联队（联队长西大条胖大佐）。矶谷廉介对这支生力军寄以厚望，打算以该支队作为第10师团的主要突击力量，从濑谷、坂本两支队的中间突破守军纵深阵地带，向禹王山、胡山之线进击。

18日凌晨，长濑支队左翼的第39联队（欠第5中队，配属独立机枪第10大队（欠2个中队）、独立轻装甲车第10中队（欠1个小队）、战车中队）以第2大队（欠第5中队，配属联队炮1个小队）为右第一线，以第3大队（配属第5中队、机枪1个中队、联队炮1个小队）为左第一线，展开于税郭、桃园之线，完成进攻准备。该支队右翼的第40联队（欠第1大队），以第2大队（欠第6、7中队）为右第一线，以第3大队（欠1个小队和第11中队，配属独立机枪中队、联队炮中队）为左第一线，展开于吕庄、辛庄南侧河流之线，完成进攻准备。

拂晓以后，长濑支队各部开始向其当面的第89师阵地发起猛攻（第20军团放弃进攻峄县的意图后，第85军仍守备平山、石城岗、石门庄、王山、马山之线，监视当面日军）。

第39联队第2大队（配属联队炮1个小队）在重炮、坦克、装甲车的掩护下，于6时15分突入朱庄，接着又于8时15分攻入三家屯。而后其进攻太平庄时，遇到顽强阻击。守军依托民房或碉楼，向日军大量投掷手榴弹，使其难以靠近。日军见难以取得进展，便放火烧房，终于将守军击退，下午5时占领太平庄。

当天，第39联队第2大队的进攻较为顺利，但该联队第3大队的攻击却遇上了不少麻烦。该大队于早晨6时占领陈岭以后，平山及四流井的中国炮兵开始向该大队猛烈开火，一发发炮弹相继落在陈岭及桃园附近爆炸，一个个烟柱腾空而起，日军死伤迭出。天亮以后，守军的炮击越来越猛烈，日军的伤亡人数也不断增加。

7时40分，该大队第一线中队近接到守军阵地前300米，准备突击。这时，该大队又将独立机枪第2中队的主力增加到第一线，主要配合第10中队的战斗。而在这个关键时刻，担任炮火支援任务的野战重炮兵第3大队和该大队的电话线断了，不能适时对步兵第一线实施配合。该大队只得将联队炮、大队炮、重机枪全部推进到第一线，集中指向突击点射击。在其掩护下，日军相继于8时、9时夺取三家屯东北方的2个高地。而后，第3大队长堀尾少佐决定不给守军喘息之机，继续发起攻击。10时48分，堀尾下令，以第10中队作为右第一线，第11中队作为左第一线，预定于12时30分进攻太平庄东北方高地。第3机枪中队、独立机枪第2中队、大队炮小队、联队炮小队担任火力掩护。野战重炮兵1个中队配合该大队作战。

下午1时，该大队第一线两中队在炮火掩护下，开始攻击前进。守军阵地上有日军炮弹打不到的死角。这样，守军在日军炮火压制下，仍能组织密集的机枪火力向日军猛烈扫射。中国炮兵发现日军的行动，也向其开炮射击。尽管日军的攻击队形非常疏散，且利用地形地物掩护，压低身姿前进，但在枪林弹雨中，接连有人中弹倒下。日军的第一线中队依然不顾一切地前进，2时30分占领太平庄东北方高地西侧无名村落，接着后续的独立机枪中队及大队炮小队也赶到第一线中队位置，在较近的距离内压制太平庄东北方高地守

▲日军正向中国军队阵地射击。

军。5时，该大队第11中队开始向太平庄东北方高地发起突击，经过半个小时的激战，占领该高地的右半部。这期间，第10中队的攻击受挫。堀尾鉴于该大队官兵经过1天的战斗，较为疲劳，而且弹药不足，于是决定暂时中止攻击，准备而后的战斗。

当晚9时，堀尾作了部署：以第11、第12中队确保太平庄东北方高地，其余部队集结于该高地的西侧山脚。部署完毕半个小时后，第89师部队突然向第12中队正面大举反击。稍晚一些时候，该师又分别以一部向第11中队正面，第10中队左侧发起反击。手榴弹像雨点一般向日军飞过来。双方随即展开了一场惨烈的肉搏战。漆黑的夜里，到处都能听到搏斗在一起的吼叫声、刀枪的撞击声、手榴弹的爆炸声以及枪声、呐喊声。双方官兵都抱定了誓死之心，相互间用枪托砸、刺刀戳、开枪射击、扔手榴弹。高地上及山脚下，尘土飞扬，血肉横飞，人人都成了血人。有人重伤倒地，还死死咬住对手的脚不松口。日军毕竟在体格和白刃拼刺技术上占据优势，这样在白刃战中第3大队尽管付出了较大的伤亡，但终于在19日凌晨打退了第89师部队的反击。

18日，第40联队的进攻也遇到第89师部队的顽强抵抗，进展缓慢。其第3大队于当日薄暮时分才夺取王山；其第2大队则通过苦战，于19日早晨5时50分占领马山。

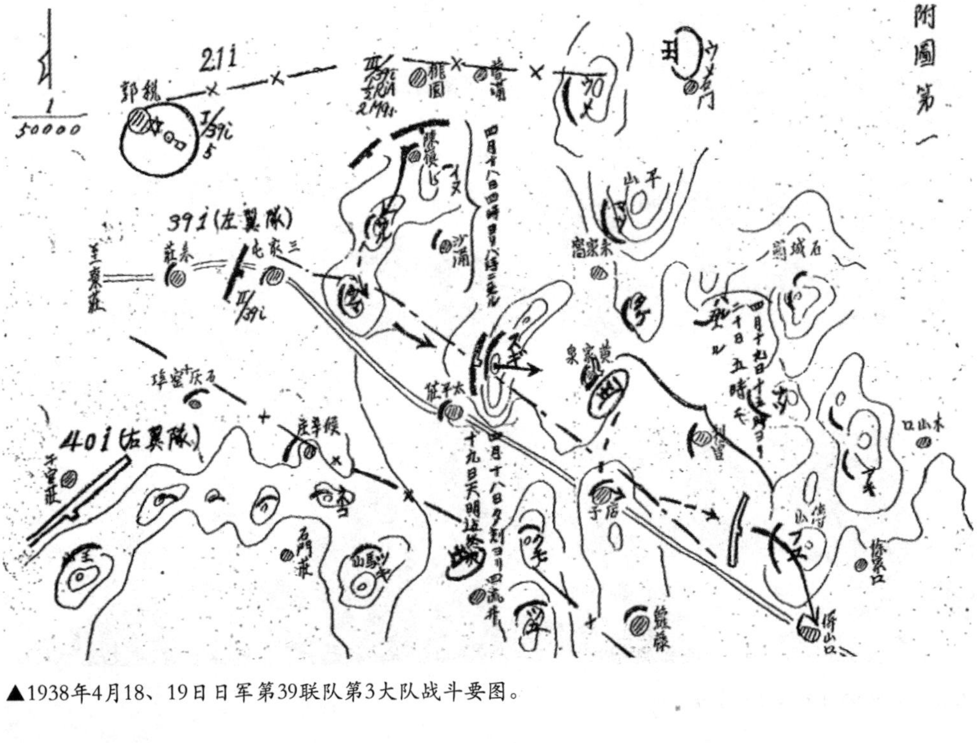

▲1938年4月18、19日日军第39联队第3大队战斗要图。

傅山附近的战斗

19日上午7时，日军第39联队第2大队从太平庄出发，向东南方攻击前进，在相继夺取店子西南方的2个高地后，又以一部占领“箩藤”。薄暮以前，该大队还以一部攻占傅山口南方的“ソラ”阵地。

当日上午，该联队第3大队准备经黄家泉，攻击傅山守军第52军一部。其部署是：第10中队作为右第一线，第9中队作为左第一线（各配属机枪1个小队）。第3机枪中队（欠2个小队）在第一线两中队的中间附近前进，主要配合左中队的攻击。独立机枪第2中队在第一线两中队的后方前进。大队炮及联队炮小队在独立机枪第2中队的后方前进。第11、第12中队作为预备队，在第一线两中队的后方前进。协同该大队进攻的野战重炮兵第3大队也将观测所推进到太平庄东北方高地，引导其重炮轰击平山南方高地及黄家泉的守军阵地。

下午3时，该大队展开于太平庄东北方高地南侧，先对黄家泉及平山南方高地守军实施攻击，却受到守军密集步机枪火力射击，死伤迭出。其第一线中队于3时40分前出到黄家泉东侧地裂沟之线时，就无法向前推进了。

鉴于这样的情况，堀尾大队长决定将前进目标变更为店子方向。而后，该大队在独立机枪第2中队的掩护射击下又开始前进，途中受到来自北方高地线守军的侧射，伤亡较重。但该大队不顾伤亡，以第10中队（配属机枪1个小队）为先头，利用地形地物的掩护逐步推进，下午5时许占领店子，处置死伤者后，又于5时30分展开于店子东侧，开始向傅山攻击前进。傅山西方地区为平坦开阔的田地，缺乏遮蔽物。但该大队在重机枪、火炮的火力掩护下，于6时30分前出到傅山西麓400米地裂沟之线。这时，傅山上的守军机枪突然向日军吐出一道道火舌，利曾东侧高地上守军机枪也向日军猛烈侧射，该大队再次前进受阻，遂与傅山守军在400米的距离相对峙。

此前，长濑支队长得知该大队伤亡较大，便派野炮兵第3大队配合该大队。当晚，堀尾正准备凭借夜袭夺取傅山的时候，野炮兵大队即到达店子附近，还派出军官来到该大队本部进行联络。为此，堀尾中止了夜袭准备，决心次日拂晓在炮兵的配合下，一举夺取傅山，接着向兰陵镇方面攻击。

当日，第40联队的攻击进展仍较为缓慢。其第2大队在第89师部队及第52军一部的顽强阻击之下，付出了较大的伤亡代价，仅夺取马山南方高地、忧庄、鹅山三地。其第3大队则在占领四流井、城前之后，彻夜攻击前山头附近守军阵地。

20日凌晨，傅山、前山头之线的第89师及第52军一部开始全线后撤，往向城东南地区转移。长濑支队发觉后，立即发起追击。当其追至兰陵镇、甘露寺之线时，即受到刚抵达该线布防的第51军第

表8-1 太平庄、傅山附近战斗双方战斗序列（1938年4月18日—4月19日）

中国军队	
第85军	军长王仲廉
第89师	师长张雪中
第52军一部	
日本军队	
长濑支队	支队长长濑武平
步兵第39联队	联队长沼田多稼藏
步兵第40联队	联队长西大条胖
配属部队略	

114师阻击。

兰陵镇附近的战斗

当长濑支队开始猛攻第89师太平庄、马山一带阵地的时候，邳县东北大小良壁之线、兰陵镇附近，没有兵力防守，成为真空地带，情况十分紧急。18日，汤恩伯命令第111师第333旅占领兰陵镇、洪山镇附近阵地。19日下午以后，原防守在津浦铁路南端固镇至五河之线的于学忠第51军（欠第113师第339旅第677团和军属山炮兵营）各部，陆续抵达台儿庄，随即奉命接替第333旅的防务，在兰陵镇东西之线占领阵地，防堵日军南下。该军的兵力部署是：第113师在兰陵镇（不含）以东庄家堂之线占领阵地，拒止日军；第114师在兰陵镇及其以西之线占领阵地，拒止日军。

20日凌晨，日军第39联队第3大队发觉傅山守军后撤，趁势于3时30分占领该地。沼田联队长得报，决定立即发起追击，同时鉴于第3大队伤亡较大，改以第1大队为左第一线。沼田的追击部署如下：以第1大队（欠3个中队，配属联队炮中队（欠1个小队）、速射炮中队、独立机枪第2中队、工兵1个小队）作为左第一线，直接向兰陵镇追击；第2大队（欠第5中队，配属联队炮1个小队）作为右第一线，前插到兰陵镇南方地区，切断守军的退路。这期间，第40联队也发现前山头守军后撤，即向甘露寺发起追击。

此日上午，第39联队抵达兰陵镇附近后，一面侦察该地附近的敌情、地形，一面准备进攻。通过侦察，日军发现兰陵镇有约2000名守军，阵前设有鹿砦，而且附近地形开阔，不容易接近。据此，沼田决定将攻击重点放在担任穿插任务的第2大队方面。

由于第114师刚抵达战场，对友军的战斗情况不完全了解，也不清楚当地地形，再加上该师后续部队尚在车运中，未及赶来。这样战斗刚一开始就受到很大损失。而后，该师的后续部队相继到来，逐次填补火线，暂时稳住了阵脚。

战至下午6时，第39联队担任穿插任务的第2大队占领朱庄西方高地，接着又前出到兰陵镇西南的桥头，直接威胁第114师兰陵镇守备部队第684团的侧后，使战场形势直转。第39联队担任正面进攻

于学忠抗战简历

二级陆军上将。字孝侯，山东省蓬莱县人。1889年11月19日出生，1964年9月22日在北京因肝癌去世。长城抗战爆发时，任第1军团总指挥、第51军军长、军事委员会北平分会委员、河北省主席。全面抗战爆发时，任江苏绥靖主任兼第51军军长。

1937年10月4日	第3集团军副总司令兼第51军军长
1938年1月13日	第3集团军总司令兼第51军军长
6月7日	第5集团军副总司令兼第51军军长
1939年1月14日	鲁苏战区总司令、第5集团军总司令、第51军军长
2月7日	鲁苏战区总司令兼第51军军长
3月18日	鲁苏战区总司令
1941年底	鲁苏战区总司令兼山东省主席
1942年5月	鲁苏战区总司令、山东省主席、鲁南游击总指挥
1944年3月	军事参议院副院长、中国国民党第6届中央执行委员会委员（直至抗战结束）

他参加过的战役有：长城抗战、淮南抗战、徐州会战、武汉会战、1939年冬季攻势。

的第1大队趁势于当晚7时突入兰陵镇，第684团抵挡了一阵，便撤往常沟。此时，第40联队第2大队已占领丁滩，其第3大队则正在攻击马庄。

当日，第114师在长濑支队的猛攻之下伤亡很大。而布防于兰陵镇（不含）以东庄家堂之线的第113师，由于没有受到日军进攻，兵力完好无损。这样，第113师第337旅为减轻第114师的压力，命第673团第1、3营于次日拂晓前对日军进行反攻。

21日凌晨3时，第673团第1、3营配合第114师部队，向丁滩的第40联队第2大队发起反击。但由于日军顽抗不退，经过3个小时的激战，毫无进展。此次战斗，第673团伤亡很大，第2连连长傅某和第3连连长崔庆剑均负重伤，也有不少排长伤亡，只好退回原阵地。随后，第40联队长将速射炮配属第2大队，又以第5中队归还其建制。该大队增强兵力后，又相继占领老宅、朱庄。战斗中，由于受到守军的顽强抵抗，日军付出了不小的代价，第2大队长大迫少佐身负重伤，沈勇角中尉战死。这期间，第40联队第3大队持续攻打马庄，终于在下午4时占领该地。

20日晚，第39联队占领兰陵镇后，以第2大队主力作为左追击队，以第8中队作为左侧卫，继续向禹王山之线追击前进。21日，该联队又以第1大队主力作为前卫，向南攻击前进。该大队在第8中队及炮兵的配合下，在当晚7时以前相继占领刘庄、堡子、顾珊等村落。这期间，第2大队也占领了鸾墩等村落。

表8-2 兰陵镇附近战斗双方战斗序列（1938年4月20日—4月22日）

中国军队	
第51军	军长于学忠
第113师	师长周光烈
第114师	师长牟中珩
日本军队	
长濑支队	支队长长濑武平
步兵第39联队	联队长沼田多稼藏
步兵第40联队	联队长西大条胖
配属部队略	

第60军抵达台儿庄附近

当第51军正节节败退的时候，一支生力军赶到台儿庄附近。这就是滇军第60军（军长卢汉）。该军辖第182师（师长安恩溥）、第183师（师长高荫槐）、第184师（师长张冲）及军直属部队。每师辖2个旅及师直属部队，每个旅辖2个团，全军共计12个团。每团辖3个营及团直属部队，每营辖1个重机枪连（6挺哈奇开斯重机枪），3个步兵连（每连装备哈奇开斯或捷克式轻机枪6挺、掷弹筒3个、79步枪63支）。每连3排9班，计战斗士兵148名，加上勤杂士兵167名。团直属部队有1个迫击炮连（4门81毫米迫击炮），1个13.2毫米高射机枪队（2挺哈奇开斯13.2毫米高射机枪），1个护旗排，1个通讯排，1个防毒排。

第60军原来驻扎在湖北孝感、花园一带整训。4月17日，中国统帅部根据蒋介石对徐州会战的部署，命令该军开赴河南的民权、兰封一带集结，归第一战区司令长官程潜指挥。该军奉命后，除将各师新编的工兵营、辎重营及军直属山炮营留在花园整训外，其他官兵都于19日搭车北上民权、兰封集结。这时，日本军队已在鲁南发动了第二次大规模攻势，形势非常严

▲戴法式钢盔的滇军将士出滇抗日（第2排左2士兵肩上扛的是法国哈奇开斯轻机枪）。

表 8-3　法国哈奇开斯 m1922 式 8 毫米轻机枪性能数据

口径	8 毫米
表尺射程	1400 米
理论射速	300-350 发/分钟
自动方式	导气式
闭锁方式	闭锁闩摆动式
供弹方式	弹板
弹量	15 发
全枪长	1220 毫米
枪管长	552 毫米
膛线	4 条，右旋
全枪质量（不含枪弹）	9.5 公斤
准星	矩形
照门	U 形缺口
准基线长	674 毫米
配用弹种	莱伯尔 8×50 毫米枪弹
普通弹全弹质量	27.8 克
普通弹弹头质量	12.8 克

峻。据此，中国统帅部决定将第60军转调徐州，归第五战区司令长官李宗仁指挥。该军先头部队于20日抵达兰封车站时，李宗仁即派联络参谋向其传达命令说："奉蒋委员长电令，第60军直开徐州待命，不许中途下车；每一列车，只准停留10分钟。"

军长卢汉接到改调徐州的紧急通知后，即于当日下午6时乘专车前往徐州，接受任务。21日上午，卢先于部队抵达徐州，面见李宗仁。李命令第60军归第2集团军总司令孙连仲指挥，部队速到运河北岸台儿庄东北地区集结。卢汉军长又去找孙连仲联系，孙命第60军集结在于学忠的第51军右侧背邢家楼、淘沟桥、萧汪、东庄地区，作为第二线部队待命。但对敌情紧急的真实情况，则避而不谈。孙反而向卢说："敌军攻势虽猛，但我们打得很好，局势已趋稳定。"但当时的实际情况是，第51军在日军长濑支队的猛攻下，正节节败退。

当日上午，第60军各师师长也相继到达徐州，卢由孙总部回来后，派人通知各师师长到花园饭店开会，讲述了他去长官部接受命令的经过后，下达了一份电报稿式的命令，大意是"孙连仲集团军的于学忠、汤恩伯部队在峄县以南附近及其以东兰陵、横山之线与敌人激战中。本军奉令归于学忠指挥为预备队，尽快渡过运河，在台儿庄东北地区集结完备"。各师集结地点，第183师在右，集结于陈瓦房、邢家楼、五圣堂、小庄地区；第184师在左，集结于台儿庄以东陶沟桥、沧浪庙、马家窑、丁家桥地区；第182师在右后，作预备队，集结于萧汪（今蒲汪）、辛庄、戴庄、后堡地区；军指挥部设在稍后一点的东庄。

陈瓦房之战

22日拂晓以前，第183、184两师及第182师之郭建臣旅和军部先后在车辐山车站下车。第182师师部及高振鸿旅在赵

卢汉抗战简历

二级陆军上将。原名邦汉，字永衡，彝族，云南省昭通县人。1895年2月6日出生，1974年5月13日因肺癌在北京去世。全面抗战爆发时，任云南省团务督办、云南省政府委员。

1937年8月30日	第60军军长
1938年6月14日	第30军团军团长兼第60军军长
12月1日	第1集团军副总司令兼第60军军长
1939年1月7日	第1集团军总司令兼第60军军长
7月13日	第1集团军总司令
1945年3月5日	第1方面军总司令兼第1集团军总司令（直至抗战结束）

他参加的战役有徐州会战、武汉会战、南昌会战、第一次长沙会战、1939年冬季攻势等。

墩车站下车。卢汉抵达车辐山车站时，知道于学忠指挥所设于车辐山圩，立即前往会晤。于学忠告知，台儿庄东北第一线战斗吃紧，嘱卢集结后，赶快准备战斗。

当日拂晓，第60军各部队陆续渡过运河，分别向指定集结地点前进。上午，第183师先头部队潘朔端第1081团抵达耿庄，接着又派该团第2营尹国华部前出到该地西北的陈瓦房布防。这之前，由于台儿庄东北第一线的第51军第114师撤到陶沟桥之线，让出一条大缺口，日军第39联队乘势南下，向第60军第183师第1081团预设的集结地——陈瓦房、耿庄一带猛扑过来。

不久，第39联队赶到陈瓦房附近，通过侦察，得知陈瓦房、耿庄之线至少有1个团以上的守军，即作出进攻部署：以第2大队（欠第5中队、配属联队炮中队、工兵1个小队）及战车队攻击陈瓦房，以第1大队进攻贺庄、耿庄。

第2大队随即将尹营四面包围，企图歼灭该营，并夺取陈瓦房。该营依托民房及碉楼顽强抵抗，使日军步兵难以接近。日军战车队见状，先利用坦克的冲击力，在各碉楼及民房上撞开大洞。接着，日军又以92式步兵炮、坦克炮对准各洞实施抵近射击，将各碉楼及坚固民房逐一摧毁。第2大队第一线部队见守军失去了依托，趁势冲入村内。尹营官兵奋不顾身地与四面冲入的日军展开白刃争夺。但因寡不敌众，一个个倒下。战至最后，尹营长阵亡，该营只剩10余人，由班长率领向西南突围，在村边又遭日军追击，仅陈明亮1人生还，其余官兵全部殉国。下午1时20分，陈瓦房落入日军手中。

当日军第2大队进攻陈瓦房的时候，第1大队也直犯贺庄。第1081团团长潘朔端率第1、3营即由耿庄前出到该地附近与日军展开激战。战场附近，烟尘弥漫，火焰冲天。日军进占陈瓦房后，其战车队加入对贺庄的攻击。而后，第1081团受到日军绝对优势的炮火和坦克部队的联合攻击，官兵伤亡甚多，团附黄云龙阵亡，团长潘朔端负重伤。当晚，该团无法坚持，开始经第182师集结地萧汪、辛庄前方向西撤下来。日军第1大队趁势相继占领贺庄、耿庄、高家楼。

此日上午，当卢汉得知第183师部队在陈瓦房附近开始和日军交战后，就将军指挥所设于黄家楼，很快建立起全军通信网。同时，派出参谋人员分别赶赴第182和184两师师部，命令他们尽快进入集结地，选择要点，构筑工事，准备迎击来犯日军。

当日，第51军第114师后撤到陶沟桥之线时，第113师仍在崔家圩子、郁庄一带阻击日军第40联队南下，使第60军第183师第542旅陈钟书所部，能顺利地抵达其预定集结地邢家楼、五圣堂布防。

第40联队第3大队于此日早晨夺取常沟后，即向朱庄转进，接着与第2大队并列南进，7时占领郁庄北方无名村落。这时，该联队第1大队（欠第3中队）归还建制，西大条联队长遂将其投入第一线，和第2大队主力交接了任务。而后，第1、3大队一起向郁庄发起猛攻。该地守军为第113师第674团，战至中午，该团伤亡较大，团长张儒彬腿部负伤，被迫南撤。日军趁势占领郁庄，随后又攻击崔家圩。当时，第673团正作为预备队，在该地及其附近各村休整，因情况紧急，不得不变成第一线，与日军战斗。日军用坦克、大炮掩护步兵向该团猛烈进攻。而该团虽有37毫米平射炮，却没有穿甲弹，只能打机枪和步兵，对日军坦克毫无办法。战斗2小时后，团长申恩普借口侦察敌情，离开阵地。主官一动，全线动摇，该团就由崔家圩向陶沟桥溃退，秩序很乱，官找不到兵，兵也找不到本连的官，满地遍野皆兵，没有完整的队形。第2营营长崔鹤鸣腿负重伤不能行动，最后用手枪自杀身死；第6连连长王仲陶因负重伤在野地里爬了两天，被第60军前进部队搜索兵发现给营救下来。

第40联队趁机占领潭庄、堡子、关庄、车墩、五八高地、崔家圩等地。当晚，其第1大队前出到礓石沟附近，第3大队前出到贾庄附近。

邢家楼、五圣堂的战斗

22日，第60军除第183师第1081团在耿庄、陈瓦房遭受重大损失，败下阵来以外，其他各部均顺利进入指定集结地点布防。第183师第542旅到达邢家楼、五圣堂占领阵地；该师第1082团到达小庄、

西大条胖

日本宫城县人，1893年9月12日出生。1915年5月25日毕业于日本陆军军官学校第27期，1923年11月29日陆军大学第35期毕业。卒年不详。

1930年8月1日　晋升陆军步兵少佐

1935年8月1日　晋升陆军步兵中佐，陆军兵器本厂附兼陆军省整备局课员

1935年12月2日　陆军省整备局整备课高级课员

1938年3月1日　晋升陆军步兵大佐，步兵第40联队长

1939年3月9日　近卫师团参谋长

1941年5月29日　商工省物资调整官

1941年8月25日　晋升陆军少将

1941年12月15日　阿尔山驻屯队长

1942年10月7日　第25军参谋长

1943年4月19日　兼军政监

1944年10月14日　南方军总参谋副长兼军政总监部总务部长

1944年10月26日　晋升陆军中将

中国抗战时期，他参与的侵略作战有徐州会战、武汉会战等。

凤凰桥、五窑路占领阵地。第182师第540旅到达萧汪、辛庄占领阵地。第184师则进入陶沟桥、丁家桥、沧浪庙、台儿庄之线，构筑工事，准备战斗。

日军第40联队将第113师击溃后，其兵锋直指邢家楼、五圣堂。23日，该联队第1大队在炮火掩护下，攻入邢家楼，与守军第1084团展开巷战。双方在村里反复冲杀，逐房争夺。经过数小时的激战，守军第1084团伤亡过半，团长常子华又身负重伤，无法支撑下去，只得撤退。而日军第1大队长川上中佐也在此战中负伤。接着，中川大尉代理指挥该大队，继续向邢家楼以南的小庄发起进攻。该地守军第1082团部队，有战场经验，当日军炮轰的时候，就隐蔽在战壕里纹丝不动，待日军步兵来到近距离时，就集中步机枪火力向其猛烈射击，击毙了中川大尉以下日军多人。随后，神原大尉又代理指挥第1大队，继续猛攻。黄昏时分，日军借助夜幕的掩护，终于攻入小庄，接着凭借良好的白刃格斗技能，击退守军，占领该地。

这期间，第40联队第3大队也经过了1天的恶战，于当晚7时20分占领五圣堂。但此后，第1083团部队不断向第3大队发起反击，第542旅旅长陈钟书也亲临前线指挥。双方多次展开白刃战，冲杀

高荫槐抗战简历

陆军中将。号蕴华，云南昆明人。1889年出生，1976年去世。全面抗战爆发时，任滇黔绥靖公署团务督练处副处长兼昆明城防司令。

1937年10月	第60军第183师师长
1938年9月5日	第30军团副军团长
1939年2月28日	第1集团军副总司令
1939年7月	兼任新3军军长
1942年10月	被免职
1944年	军事委员会中将高参（直至抗战结束）

他参加的战役有徐州会战、武汉会战、南昌会战等。

声、手榴弹爆炸声、金属撞击声响成一片。正在战斗最激烈的时刻，陈钟书头部突然被弹片击中，应声倒地，不省人事，由于伤势过重，当晚在后送途中牺牲，时年47岁。而在陈负伤后不久，第1083团也因伤亡过大，停止反击。第542旅丢掉邢家楼、五圣堂阵地后，奉命转移到东庄。

西马甸、凤凰桥战斗

本来，按照第39联队的原定计划，其夺取耿庄、陈瓦房以后，下一个攻击目标为萧汪。但直到23日上午，耿庄以东的西马甸及耿庄西南的凤凰桥均在中国军队手中，如第39联队直攻萧汪，其左右两翼侧必将受到威胁。为此，第39联队长沼田和野炮兵第10联队长协商后，决定变更原定计划，当日下午先分别以第1、2大队夺取西马甸、凤凰桥。

下午2时左右，第1大队在野炮兵第1大队的炮火掩护下，向西马甸发起猛攻。西马甸守军第57军第111师第333旅（归第20军团指挥）第665团第3营以及第4师一部，一边凭借工事据守，奋勇作战；一边向上级告急。此前，守军根据日军炮火往往集中于村落内的战斗经验，仅以少数散兵掘壕配守在西马甸村缘，以大部配置于村外的坚固工事内。而且，他们还在战车可能通过的道路两侧二三十米地区，设多个伏击小组，以伏击日军战车队，一旦发现日军战车通过，就投掷手榴弹，拦阻、迟滞战车通行，同时用步机枪以钢心弹进行狙击射击。又因工事坚固、隐蔽，即使日军战车冲破拦阻，冲入阵地实施机枪扫射或冲压，守军仍能从容缩身进入守备坑内，不受损失。另外，守军还在伏击队较远处，预设重武器阵地，以防日军战车伴随部队袭击。

第665团中校团附李亚东得知日军进

攻西马甸，也即调东马甸的第2营5、6连增援西马甸。接着，王肇治旅长又命令第666团第1营营长林润厚率该营1、2连在西马甸右翼投入战斗。由于守军顽强抵抗，并不断得到增援，日军的进攻迟迟没有进展，一直打到夜幕降临，日军第1中队才突入西马甸，占领该地一角，但随后因受到西马甸守军和西泇河东岸守军交叉火力的猛烈射击，被压制得动弹不得，陷入进退维谷的境地。该中队与上级的联络也中断了。而日军后续部队在枪林弹雨中还是无法前进。

沼田见西马甸如此难攻，就打起了退堂鼓，下令中止西马甸的攻击，而后将1个中队配置在贺庄，警戒西马甸守军；主力集结于高家楼，准备而后的攻击。可是，突入西马甸的第1中队在枪林弹雨中想要脱离战场，可没那么容易。沼田在无奈之下，要求装甲车进行配合，这才把第1中队官兵安全地撤了出来。

当第40联队第1大队进攻西马甸受挫的时候，其第2大队对凤凰桥的攻击却较为顺利，仅用了1个小时的时间，即占领该地。从日落时开始，第1082团营长丁图远在严家训团长的督率下，率部连续多次向日军发起反击，但均未奏效，丁图

▲中国军队依托阵地顽强阻击日军。

远在混战中阵亡，该营其余官兵也伤亡甚重。当日的战斗，第2大队的伤亡也很大。该大队准尉以上的军官中，没有受伤的仅剩3人，某中队的中队长竟由下士官代理。各中队的人员减少到四五十名。沼田为了充实第一线部队的战力，从预备队中抽出第9、第12中队，机枪1个小队，配属给第2大队。

当晚，由于第183师据守的邢家楼、五圣堂、小庄、凤凰桥等地相继失守，而第182师据守的萧汪、辛庄等地也直接暴露于日军的兵锋之下，于是卢汉命令第183师在东庄及第182师在杨庄、后堡、胡山、锅山之后方部队构筑第二道防线，加强工事。

萧汪战斗

萧汪（今蒲汪）守军为第1079团。该团在萧汪的部署为：熊启嵩第2营在右，王承祓第1营在左，位于大萧汪为第一线；李文卓第3营位于小萧汪为第二线。该团22日上午来到萧汪后，在旅长郭建臣，团长杨炳麟等的指导督促下，整日整夜地构筑工事，迄23日晨，该团在大小萧汪周围构筑了大量的掩体，轻重机枪、13.2毫米高射机枪、迫击炮等步兵重武器掩体均施有掩盖，并与一般工事同时施行了伪装。

当日下午3时，日军派出坦克对萧汪抵近侦察。守军高射机枪队长发现后，即令班长射击，该村短墙内的杨炳麟团长见射击过早，急跳出去制止，却被日军机枪击中左腿，不能继续指挥，由钟光汉到萧汪接任，将杨送去后方医治。此日，第39联队第2大队占领凤凰桥，接着又把进攻的矛头指向萧汪。

24日上午9时30分，第2大队第一线步兵中队开始进攻萧汪。然而，当第2机枪中队正在集合，准备支援步兵作战的时候，守军突然射来几发迫击炮弹，落在队列中爆炸，炸死炸伤藤原贡中尉以下四五十人。由于机枪中队的重新编组很费时间，使得日军暂时中止了攻击。第39联队鉴于第2大队损失很大，便改以第1大队担任攻占萧汪的任务。

中午12时，日军开始炮火准备，一发发炮弹倾泻在守军阵地上，整个阵地顿时变成一片硝烟与烈火、沙土与碎石咆哮

▲双联装的哈奇开斯M1930型13.2毫米高射机枪。

的海洋。靳家祥队长和1挺高射机枪被炸飞。萧汪不仅房屋被烧光，全村内外土地已如犁翻过来一样。

炮火刚停，第1大队即利用炮击效果，向守军阵地发起突击，一举夺取“萧汪北侧堆土”及其两侧的阵地，接着又向萧汪发起突击。第1营长王承祓见形势危急，亲率100余名官兵，从南面绕出西面向日军侧后袭击，将日军击退，但战斗中王承祓的腿部被日军机枪击中数弹，身负重伤，所率官兵阵亡40余人，伤30余人，生还者只20余人。

当晚，日军出动了多辆坦克、装甲车，支援第1大队的攻击。8时，第1大队跟在坦克、装甲车的后面，突入萧汪北部。而坦克、装甲车进入村内以后，则横冲直撞，守军掩体多数被冲毁，吕建国排10余人守卫的西北角阵地被坦克连人带掩体碾为平地。9时，钟光汉代团长向第182师师长安恩溥报告说：“我亲到各阵地清查，现剩在阵地上的人数已不到200”。

安恩溥得报，知道战局已无法挽回，就向卢汉军长报告说，现在萧汪的情况如

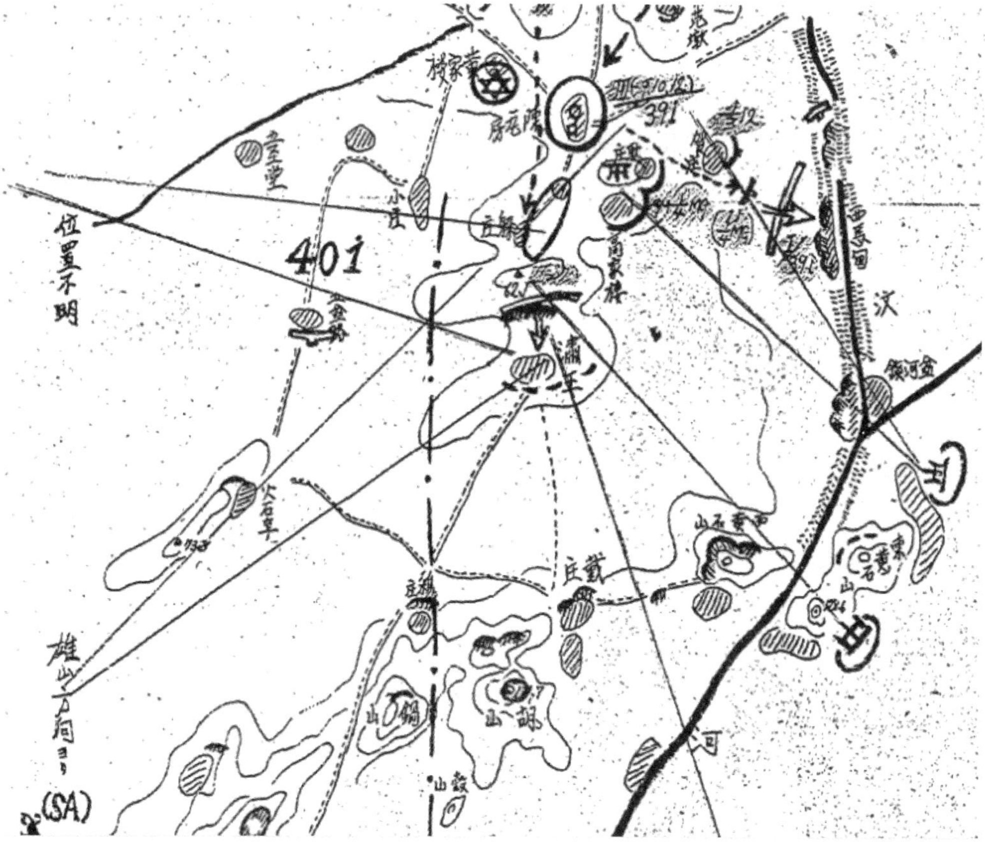

▲日军绘制的1938年4月23、24日萧汪附近交战双方态势图。

安恩溥抗战简历

陆军中将。字恩溥，原名德鸿，更名德化，后名恩溥，彝族。云南省昭通市镇雄县花竹沟（今场坝乡麻塘村）人。1894年5月14日出生，1965年12月5日逝世。全面抗战爆发时，为云南第2旅旅长。

1937年　第60军182师师长

1939年1月　第60军副军长

7月　第60军中将军长

1940年9月　兼任第1集团军第1路指挥官

他参加的战役有徐州会战、武汉会战、南昌会战等。

此，请求留这几个人作这团人的种罢！卢说："好，你叫他们趁夜撤下来，我负完全责任。"安这才命郭建臣、钟光汉撤下来。当第1079团撤下来到胡山集合清点，连同派出勤务归来的，自行跑出归来的官兵共500多人。

日军第1大队突入萧汪后实施扫荡，于25日上午8时30分完全占领萧汪。

辛庄战斗

第182师第540旅第1080团于22日上午11时全部到达辛庄后，以彭勤第1营配备于右翼，并向右派出1个连，在辛庄与第1079团萧汪阵地之间占领据点，封锁2个团的空隙；以辛朝显第2营配备于左翼；以王谦第3营布置于距辛庄约1000米之后堡为预备队，并立即开始构筑工事。

23日，第183师战斗失利，作为辛庄北面屏障的各村落，除五窑路以外，相继落入日军手中。这样，辛庄已直接处于日军第40联队攻势的威胁之下。24日凌晨，第40联队派人对辛庄进行了严密侦察，结果发现守军警戒松懈，便决定绕过五窑路，以突袭的方式，直攻辛庄。当时，有不少第183师的散兵进入辛庄，不仅增加了第1080团警戒的困难，而且还极大地影响了该团官兵的士气。团长龙云阶见状，即向第182师师长安恩溥报告。安命令龙不准这些散兵接近该团的防线，叫他们往西走，不听的即射杀他几个，军人要稳、冷、狠，这就是狠的时候了。但龙并未照办。

当日黎明，第40联队以第1、3大队分别从东西两个方向急袭辛庄。守军第1080团猝不及防，只好仓促应战，顿时陷入一片混乱。此时，第2营营长辛朝显外出视察阵地还未返回。副营长陆正先即向龙云阶报告："敌人冲入阵地，为数甚多。"龙问辛朝显的情况。陆说："个把钟头以前出去就没有回来了。"龙说："营长既不在，这种紧要关头，你快点转去率所部冲杀，我就来。"

陆出去后，龙对郭凤翥少校和朱副官说："走，我们出去看！"刚出大门，就见到护旗排的士兵在左面与日军搏斗。龙毫无惧色，往左迎上去，走到一棵大树下，拿着手枪靠在树右射击，朱副官靠在树左。突然，侧面跳来1个日本兵，迎胸刺了龙一刀，龙倒了下去，嘴里还喊着朱副官："杀敌！"朱手里无武器，只好滚到一棵大树枝下，日军走开后，朱伸手拉拉龙的脚，喊两声，不见动静，这时又见着好几个日军从该团指挥所出来，朱遂倒地滚在沟里，顺沟才跑了出来。此前，第2营营长辛朝显视察前沿阵地时，已遇袭阵亡。而后，该营副营长陆正先也死于日军的刺刀下，还有2个连长身负重伤。

当日军袭击辛庄的时候，第1营营长彭勤也正好在辛庄、萧汪之间布防的第1连阵地上视察，当他回到辛庄外的时候，村内已发生混战，进不去了，便只身一人跑到山后村师部政训处。辛庄守军失去指挥后，其官兵很快溃散。日军趁势占领该地。

火石埠战斗

第40联队第3大队与第1大队合力夺取辛庄后，即从南方攻击五窑路，没有

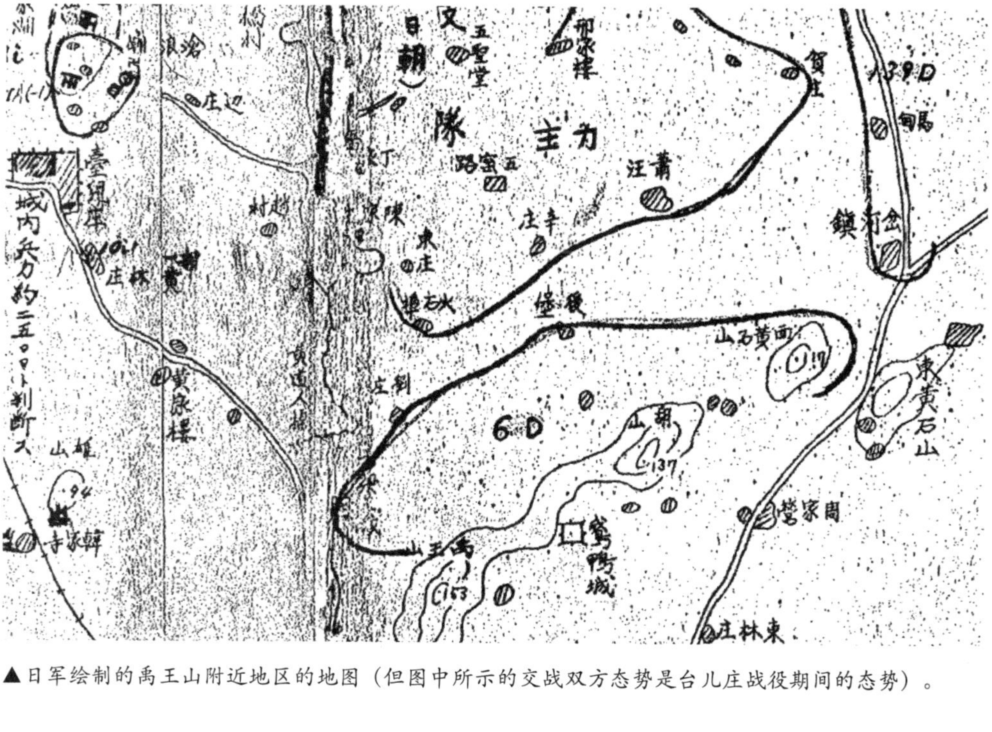

▲日军绘制的禹王山附近地区的地图（但图中所示的交战双方态势是台儿庄战役期间的态势）。

受到大的抵抗，便于早晨7时占领该地，接着又奉命进攻火石埠高地。火石埠高地是一个由东北斜向西南长约2公里，顶宽不到300米狭长形，标高为73.8米的小高地。山的东北、东南麓有3个村庄。该地守军为第539旅第1077团第3营张泽部。

第3大队夺取火石埠北端树林之线的阵地后，即在炮火掩护下，分由西面及西北面向火石埠高地猛扑。营长张泽见状，即派少数部队到西面占领阵地阻击日军，他自己则率领主力迎战西北来犯日军。战斗中，一小股日军借助地形地物的掩护，绕袭火石埠高地山顶，由于大部分守军都在山下迎击日军，这里的兵力非常薄弱，很快就被冲散了。

正在这关键时刻，安恩溥亲率特务连长卢俊、参谋刘汉鼎等赶到火石埠高地。卢俊率士兵1个班先上到高地鞍部，这时有几个士兵从山顶跑下来，卢向他们大吼道："你几个下来干嘛，师长来了！"这几个士兵闻言大吃一惊，赶紧转身跑回阵地迎击日军。接着，卢俊又率部投入战斗，将绕袭火石埠山顶的日军压制住。

安恩溥命刘汉鼎去寻张泽，一面看他那边的情况，一面将这边的情况告诉他。下午4时许，张泽率第9连和重机枪1个排赶回来，即令重机枪占领火石埠西麓，担任火力掩护。第9连由凹部冲出消灭正面日军后，向右旋回侧攻西北面来犯日军。接着，张泽又令西北面守军乘第9连攻击时进行反攻。安对张泽的处置非常高兴，认为火石埠可以放心了。安回到指挥所，接到张泽电话："已将正面敌人全部击溃，遗尸累累。而我第9连连长也阵亡、排长亡1伤2，士兵伤亡过半。7、8两连的官兵伤亡亦重。全营现在官兵确数，尚待清查。"入夜，日军炮火不断轰击，并使用燃烧弹将火石埠高地东南2个村庄的房屋焚烧殆尽。日军小股部队，也数次来夜袭。张泽以少数守兵在前沿阵地上防守，其余以班为单位布置于要点，待日军接近，立刻发起反击。夜战中，双方伤亡均重。

第40联队从枣庄出发以来截至4月24日，军官伤亡过半，下士官以下伤亡约800人（其中第2大队伤亡约220余人，第1大队伤亡约300余人）。

25日凌晨，张泽经过清点，得知昨日以来的战斗中，"我伤亡连长2员，排长三分之二，官兵共伤亡320余名，敌昨遗在我阵地前的尸体……现尚余10余具"。而后，张泽调整部署，将阵地全线分为10段，每段各配备轻机枪1挺及步枪4至5支。他还亲自到各段指示以轻机枪为主构成全线火网，并将该配备以外的步兵编成10个小队，配置于阵地反斜面的隐蔽部内。

此日上午10时以前，日军未来进攻。张泽遂抓紧时间到阵地各段检查，构成能充分侧射、斜射的火网，并督促修补工事。特别检查3挺重机枪阵地，以能侧射阵地前斜面，左、中、右能互相交叉射击的要求，移动降低枪座位置。从10时30

▲中国军队正在阻击日军。

分起，日军开始炮火准备，集中大小各类火炮一齐向火石埠猛轰，间以数架飞机参加轰炸扫射。顿时，爆炸声震耳欲聋，碎石、弹片飞迸，守军阵地周围硝烟弥漫。日军第3大队趁势推进到守军阵地前二三百米的进攻出发地，准备突击。11时许，守军阵地前沿哨兵向张泽报告，距离他们100多米处有动静。张泽即迅速地分头传达各段做好准备，待敌进入我阵地各段前有标志之处，即瞄准射击，敌胆敢冲上我阵地，以手榴弹、刺刀消灭，不能出击。

11时30分，日军炮火刚停，第3大队即从进攻出发地发起突击，当其冲到守军阵地前100米附近时，守军突然猛烈开火，一阵阵弹雨如狂风暴雨般射向日军。尽管日军的队形非常疏散，冲在前面的日军仍猝不及防，纷纷中弹倒地，非死即伤。后面日军见状，赶紧卧倒隐蔽起来。接着，部分日军利用守军的射击死角，匍匐接近阵地。不久，已有少数日军爬上阵地。张泽得报，即以阵地反斜面隐蔽部内的1个小队向其发起反冲锋，将其消灭。这样打到中午12时，日军的进攻仍无进展，遂在守军阵地前遗尸多具退去。但守军也损失惨重，重机枪连长负伤，步兵连长到那时1个都没有了。排长还有4个，士兵大约还有100个。另外，剩下的3挺重机枪又损坏了2挺，10挺轻机枪坏了6挺。加上张泽直接掌握的2挺还有6挺。此后，日军炮兵又集中炮火向守军阵地猛轰。

安恩溥鉴于张营人员、装备损失均很大，认为其已不能担负固守火石埠的任务，便以电话向军长卢汉请示处置。卢即允调第183师第1083团莫肇恒部来接防，但须入暮才能到达。下午1时，日军的炮轰稍缓，安恩溥给张打电话，告知其当晚第1083团将来接防，希望他维持到晚上。张说：只好再想办法。

张泽即以所剩的1挺重机枪配备于最右翼，6挺轻机枪自己掌握1挺，其他5挺，以阵地中部为重点，构成火力交叉。最左翼东南头，只配备几支步枪监视。以每挺轻机枪为中心，每挺配备步枪6到8支作为支援辅助轻机枪。4个排长，以1个指挥重机枪，以1个指挥中右的3挺轻机枪，1个指挥中左的2挺轻机枪，以1个率其余的步枪兵编为5个组，配置于反斜面，视情况待命增援各阵地。

下午5时以后，日军又开始步、炮协同进攻，在日军炮兵集中炮火猛轰守军阵地前沿的同时，日军步兵约100人冲至阵地前100多米前后，用机、步枪对守军猛烈射击。有的日军冲至阵地前斜面，拖走几具上午战斗的日军遗尸。至薄暮，日军炮轰渐缓，散伏在100多米外麦田里的日军机、步枪仍稀疏地与守军对射。这时，该营仅剩的4个排长全部伤亡，士兵只剩50余名。

当晚7时以后，第1083团团长莫肇恒率部经赵家渡口来到火石埠，由张泽引导到阵地各要点视察情况，调队接防。第1083团接防完毕，已是深夜，张泽才率残余的数十名士兵经师指挥所回到1077团。

后堡、前堡战斗

24日下午3时30分，日军第40联队第1大队开始进攻后堡。该地守军第1080团第3营（营长王谦）一方面凭借反八字阵地从正面阻击日军，一方面以第7连绕袭日军侧背，给予日军沉重打击。第1大队代理大队长神原大尉亲自率部从侧翼发起冲锋，当即中弹毙命。副官山本中尉几乎在同一时刻战死。接着，鹈饲中尉代理指挥该大队，转瞬即身负重伤。而第7连也付出了极大的伤亡代价，连长陈志和与第1排排长乔秉权均负重伤，第2排排长武良阵亡，由第3排排长李鑫升任代连长。士兵伤亡过半，全连仅剩50余人，王谦只好将他们布置在前堡，做该营的预备队。后来，陈志和对安恩溥说："我这个连得深密麦子的隐蔽，摸到敌人的后方袭击，我们伤亡虽大，敌人伤亡更多，这一出击是值得的。"

当晚，日军集中各种火炮10余门，向后堡猛轰，炮弹爆炸腾起的沙土和硝烟火光笼罩了整个阵地，守军被压得抬不起头来，机枪连连长王均被炮弹炸伤后送。日军第1大队一部趁势突入阵地，与守军展开肉搏。枪炮声、冷兵器的撞击声、喊杀声和受伤官兵的呻吟声交织在一起。混战中，第9连连长杨清池以下多名官兵与日军拼刺刀时阵亡。这样，第3营的3个步兵连连长伤亡了2个，只剩了第8连连长李朴。随后，该营无法支撑下去，被迫放弃后堡，撤往前堡。后堡即被日军占领。

当该营撤至前堡时，其官兵人数不到200人，弹药也消耗殆尽。好在第182师指挥所及时派特务连士兵乘夜送交给该营机、步枪弹1万发，手榴弹300颗。

25日拂晓，日军联队炮中队长有田大尉代理第1大队长，率部从东北、西北两方面猛攻前堡。王谦营长直接到各阵地督率官兵隐蔽，做好准备，日军不到200米以内不许射击。这样，当日军接近时，守军即集中火力猛烈射击，使其攻击顿挫，接着再发起反冲锋，将其消灭。这样战斗一个上午，日军在阵地上遗尸累累。而后，日军又集中炮火向守军阵地轰击。

战至下午2时，王谦营长的右腿被打断，前堡阵地上守军只剩数十人，再也无法支撑下去。他们遂抬着重伤的王谦，撤往李家圩。第7连代连长李鑫为掩护部队撤退，中弹阵亡。前堡落入日军手中。

经过连日的战斗，卢汉感到战场附近地形开阔，有利于日军机械化部队活动，而第60军只有步兵武器，不易防守阵地。这样，卢除令各师加强工事，坚守阵地之外，还将上述情况报告第五战区司令长官部，说明该军原有的山炮太旧，已送武汉修理，未随部队进入战场，请调配野炮1个营、重炮1个营、战防炮1个连，加强作战火力，得到了李宗仁的同意。24日晚，第五战区司令长官部配属第60军的炮16团1个营（以下简称野炮营）赶到，重炮1个营、战防炮1个连则于25日陆续赶到。第60军即以野炮营配置在梁家庄，配合马家窑、东庄一带守军作战。以重炮营配置在板板埠，配合火石埠一带守军作战。战防炮连则配属于第182、183两师在第一线参加战斗。从此，该军各师已有火炮配合作战了。

第60军出击失利

至4月25日凌晨，日军长濑支队的步兵第一线已推进至萧汪、后堡、火石埠一线。而当时与其接触的中国军队各部队从东到西的位置分别为：第20军团第4师及第333旅在西马甸、岔河镇之线面西占领阵地；第60军第182师在西黄石山、戴庄、胡山、前堡、杨庄、上杨庄、下杨庄、禹王山、火石埠、李家圩一带面北占领阵地；第183师在东庄、陈家坡之线面东北占领阵地；第51军在燕子景南北之线面东占领阵地（第184师在丁家桥、沧浪庙、台儿庄一带，未与日军接触）。这样，长濑支队在鲁南战场就形成了一个突出部。

第五战区司令长官李宗仁得知情况后，命令于学忠第51军向东、汤恩伯第20军团向西出击，切断日军后路；卢汉第60军向北出击，消灭突出部里的日军。

卢汉奉命后，即令第182师以一部向后堡、萧汪出击。第183师以一部向五圣堂、五窑路等地出击，大部坚守东庄。第184师依然在陶沟桥一带。同时要求配属炮兵，准备压制萧汪附近的日军炮兵，以支援第60军第一线步兵出击。

此前，第183师在陈瓦房、耿庄、邢家楼、五圣堂、小庄、凤凰桥战斗中伤亡惨重。第182师第540旅经萧汪、辛庄、后堡等战斗后，伤亡也很大，2个团仅剩700多人，由旅长郭建臣、团长钟光汉等统率在山头村整编。而第182师第539旅除在火石埠附近的第1077团第3营伤亡较大以外，其他部队基本没有受到什么损失，战力较为完整，而后就成为此次出击的核心力量。

第182师师长安恩溥接到出击命令的时候，已是上午8点多了。安认为，以当前实际情况，能守住阵地就不错了，出击决非明智之举。当时，第182师除了第539旅以外，几无可战之兵。而该旅的防御任务相当艰巨，其右翼的第1078团布防于西黄石山、戴庄、胡山、杨庄一带，其左翼的第1077团主力（不包括火石埠的第3营）布防于上杨庄、下杨庄、禹王山、李家圩一带。尤其胡山、锅山、禹王山、胜阳山一带，是由东北斜向西南的一带连山高地，北瞰平原，南扼运河，为军事重地。如抽调该旅主力出击，势必削弱这一带的防御力量，万一出击受挫，日军趁势南下，后果不堪设想。虽然安有不同的意见，可军令如山，他不敢违抗，而后仍指示第539旅部署第1077、1078两个团出击。

第1078团团长董文英的爱国杀敌之心非常强烈，部队刚来战地之初，即写下遗嘱，抱不成功便成仁的决心。这几天来摩拳擦掌，听到出击命令，欣喜若狂，坚持要亲自率部出击，恢复萧汪。同时，董决定西黄石山第3营不动，留守阵地；第1、2营的6个步兵连除各留一部在阵地外，主力和1个机枪连、迫击炮1个排一起，都用于此次出击。

由于准备不足，开始出击的时间被一再推迟。中午12时，董文英集合出击部队慷慨激昂地鼓动后出发，分两线向萧汪前进。第二线交第2营长陈浩如率领，在第一线后500米跟进。他亲率第一线借麦子掩护直向萧汪前进。下午1时，迫近萧汪。

巧合的是，当时萧汪附近的第39联队，正在准备进攻胡山，因此向该地附近派出了多支侦察分队。第1078团出击部队的行动很快被日军发现，沼田联队长得报，即要求炮兵对其实施拦阻射击。然而，尽管董文英指挥的第一线出击队被日军浓密火力封锁，其仍利用炮火的间歇，前仆后继地猛冲。沼田见中国出击部队如此英勇，一边率部担任萧汪的正面守备，一边以战车队从侧面攻击中国出击部队。第一线出击队受到多辆坦克的冲击，一度陷入混乱之中。好在陈浩如率第二线部队及时赶到，向日军的侧背反击，使董文英率部摆脱日军，退至与后堡平行之线，左得第1077团攻击队的呼应，右得西黄石山、戴庄的火力支援，暂时稳定下来。薄暮时分，出击部队先退至戴庄，接着董文英又率部队撤到胡山附近。

此日上午，与第539旅右翼的第1078团一样，该旅左翼的第1077团也接到了出击命令。团长余建勋认为，站稳脚跟才能出击。据此他在出击前，就先作好了防御部署：以第2营营长魏开泰率领该营2个连守备上杨庄、下杨庄、李家圩阵地，同时指挥在禹王山的迫击炮排、重机枪连，一面固守阵地，一面支援出击部队反攻后堡。而后，余建勋又作了出击的部署：抽赵一鹤第1营以及魏开泰第2营的1个加强连为出击部队，分两路，一路由上下杨庄东面攻后堡，归赵一鹤营长负责；一路由上下杨庄西面配合第1营攻后堡，归营附岳家祥负责。

下午，余建勋前敌指挥所从李家圩推进到下杨庄麦地内，指挥所部奋勇攻击前进，顿时受到日军野炮、山炮的集中攻击。该团官兵在平原麦地上，冒着强大浓密的轻重武器射击，伤亡迭出，仍勇气十足，前仆后继地冲向后堡。

第2营第5连杨从善部，在无遮蔽物可利用时，齐声唱起《义勇军进行曲》。两路各抵冲锋位置时，赵一鹤、岳家祥分别整理编组所部，迅速冲入敌阵，第1营一部20余人冲入后堡，遭日军隐匿机枪火力阻击，全部战死。而后，出击部队又多次发起冲锋，因为攻击企图过早暴露，屡攻不克。该团出击官兵只得在麦田里就地构筑工事与日军对峙。战至当晚8时，余建勋得知出击部队已伤亡四五百名，遂命令其撤回原阵地。

此日，第183师、第51军、第4师部队也在炮兵掩护下，向指定目标出击，同样为日军火力所阻，仍退回原阵地。

胡山失陷

25日下午第39联队打退第1078团的出击后，即作出部署，次（26）日拂晓向胡山发起攻击。第3大队作为左第一线，先突破戴庄（胡山东北侧）附近的守军阵地，再一举夺取胡山；第2大队在第3大队占领戴庄后，夺取胡山西方高地。独立机枪大队在第一线两大队的中间地区前进，配合第3大队夺取胡山；战车、轻装甲车中队也主要配合第3大队的攻击。各部预定当晚11时从萧汪出发，26日凌晨4时以前大致前出到守军阵地前300米之线，占领攻击准备位置。第一线部队开始进攻的时间为26日早晨7时30分。

26日凌晨1时左右，第39联队第3大队从萧汪出发，开始向胡山北麓攻击准备线前进。此前，该大队第11中队预先派出军官侦察组，在前方标示了进路以及攻击准备线位置。然而，由于天太黑，该大队在行军途中走错路，1时40分到达非指定位置（日军当时判断该位置在守军阵地前三四百米，后来判明在守军阵地前七八百米）展开，准备攻击。第2大队的情况也差不多。

这个时候，第1078团部队仅以少数人占领胡山山顶，主力配备在胡山与谷山之间的鞍部。日军第10中队派出的侦察员很快就发现，胡山山顶并没有多少守军，而且其警戒较为松懈。第3大队长堀尾得报，大喜过望，决定改变原定计划，趁此良机，凭借夜袭夺取胡山山顶。因事关重大，随后堀尾将这个部署呈报沼田联队长，希望得到他的批准，再行动。然而，时间一分一秒的过去了，该大队却迟迟得不到实行夜袭的上级命令。堀尾深恐天亮后错失良机，不愿再等，独断命令部下于凌晨5时10分向胡山山顶攻击前进。

当日军第10、11中队由胡山北麓山脚摸上山顶，以白刃突击驱逐少数守军后，天边已泛起了鱼肚白，日军借着微弱的亮光，吃惊地发现胡山与谷山之间的鞍部布满了守军，立即以机枪向其猛烈射击。第1078团受到突如其来的袭击，措手不及，立即陷入混乱。当时，董文英正率护旗排及团指挥所人员在胡山与谷山之间的鞍部指挥，见状，立即亲率部队反攻胡山，冲到山腹时，受到日军火力拦阻，董文英毫无惧色，大声疾呼：“弟兄们！今天是我们献身报国的时候了，冲啊！杀啊！”一阵手榴弹爆炸后，董又率部向山顶的日军冲去，用手榴弹和刺刀与日军进行搏斗。胡山之上，到处刀光剑影，血溅肉飞，枪声、手榴弹的爆炸声、拼刺的金属撞击声、恐怖的喊杀声与骇人的惨叫声交织在一起。混战中，董文英团长不幸中弹殉国，守军攻势顿挫，被迫撤了下来。而后，副团长谢济民率官兵数十人向东靠拢西黄石山的赵彬营，陈浩如营长率另一部退守锅山，其他官兵则溃散，三五成群地向南撤退。日军趁陈浩如部立足未稳，接着又向锅山发起猛攻，经过1个多小时的激战，将其击退到禹王山南麓。就这样，锅山也失陷了。

25日以及26日早晨的战斗中，第1078团伤亡官兵约在三分之二，损失甚重。而且军事要地胡山、锅山还落入日军手中。

26日上午，第182师师长安恩溥得知胡山、锅山失守，即率特务连长卢俊、副官胡华、团长钟光汉等赶到前方指挥，抵达枣庄营以北地区时，遇到一些第1078团的士兵，不久就收容了五六十人。从他们口中，安知道了胡山、锅山失守的大致经过：昨晚该团出击回来……退到胡山，敌人伪装我军士兵袭占了胡山。董团长反攻阵亡后，陈营长带着他们退守锅山，敌人来攻，他们打了1个多钟头，敌人又冲上来，陈营长他们不见了，他们只好由这面下来找师部了。

随后，安一行又沿邱家林东南道路行进，途中胡山、锅山日军不断向他们射击。安即指示钟光汉派兵一部占领禹王山麓至谷山间阵地，防止日军向南扩张。接着，卫士金其林、尚忠甫又向安报告说：“在邱家林找到了陈浩如营长，他正率百十人靠着禹王山上掩护与锅山敌人对峙。”据此，安命令钟光汉，一面将收容的第1078团人员编组配备好；一面与陈浩如联系，把禹王山脚至谷山阵地的防御交给他后，速率所部以胜阳山为重点占领阵地。

此时，占领锅山、胡山的日军，受禹王山上的火力狙击以及中国炮兵的猛烈射击，没法前进，战局暂时稳定下来。于是

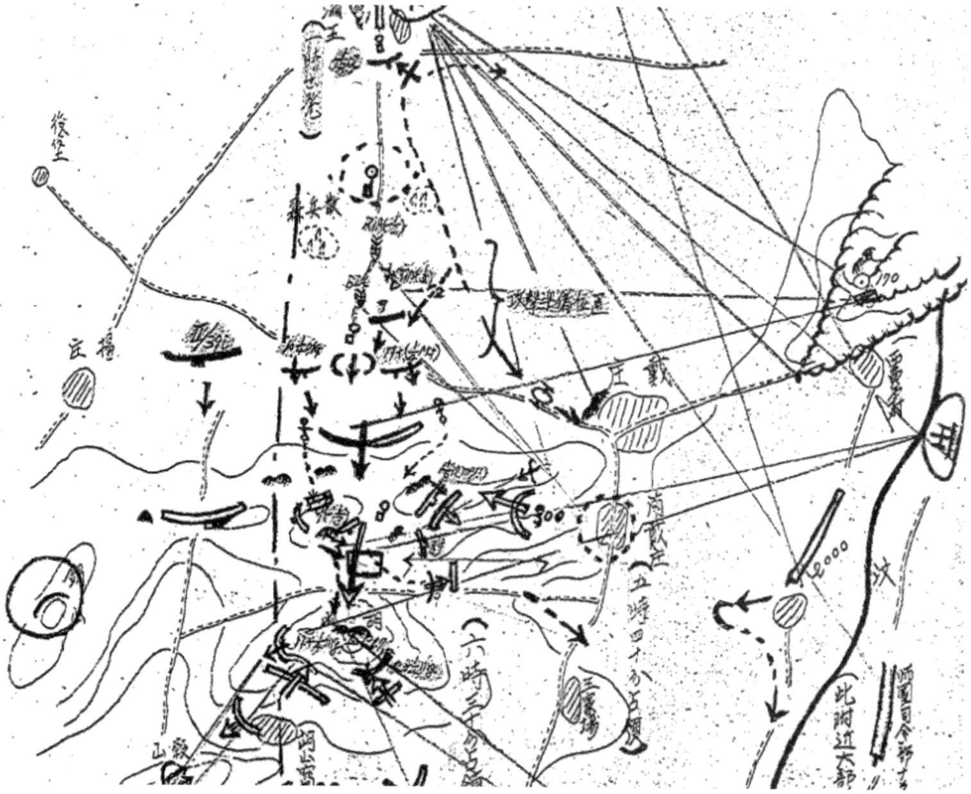

▲日军步兵第39联队第3大队夜袭胡山经过图。

安和部下商议决定："师即刻组织现有能战斗（勤杂轻伤的也在内）的官兵，全力保住右自谷山、鹅鸭城、禹王山、李家圩、房庄、枣庄营、胜阳山等要点。我们和全体官兵抱定与阵地共存亡的决心，不许日寇再南进一步。"

当天，沼田联队长得知第3大队占领胡山，又将第1大队投入战斗，进攻戴庄。该大队在战车、轻装甲车的配合下，于下午4时完全占领该地。

禹王山失陷

日军第10师团自4月18日在鲁南发起第二次大规模攻势以来，因台儿庄成为一片废墟，战略价值大减，便把禹王山作为最重要的进攻目标。禹王山位于运河东岸，台儿庄东南端，是一个海拔较高、面积较大的山头，其东北是胡山、锅山，北面是邢家楼、五圣堂，对中国军队来说，它是阻击日军南进，确保徐州安全必不可少的军事要地。而如果日军攻占了禹王山，即可以进而切断陇海路，再取台儿庄，最后直下徐州，挺进中原。

然而，自4月18日以来，该地的防御问题却没得到足够的重视。中国军队在该地附近配置的防御力量一直较为薄弱。至26日，该地附近的第182师部队布防情况如下："禹王山对东面敌人和左沿禹王山北麓至李家圩、房庄之线对北面敌人，归第539旅的第1077团余建勋部负责；邱家林起沿禹王山东南麓至谷山、枣庄营东北方至枣庄营中部缺口处，归第1078团代团长陈浩如部负责；自枣庄营中部缺口起玉山头村，包括禹王山南麓至胜阳山，归第540旅第1079团代团长钟光汉部负责。并由钟光汉部派队游击枣庄营、泇河西岸间地带，相机出没于宋山陇、皂角树各点。"当时，第182师各部队，只有第1077团还是1个勉强保存建制的团，其他各团都很残破了。这样，以第182师严重减员的各部队，负担如此宽大的正面，很难抵挡日军的进攻。

25日下午，第40联队第1大队在占领前堡之后，西大条联队长任命联队副官近藤少佐为第1大队长，联队炮中队长有田大尉为联队副官。次（26）日上午，该大队向杨庄进攻，由于守军第1078团一部在出击失利后，士气低落，这样日军没有遭到大的抵抗，即占领该地，接着又于11时50分前出到锅山，与第39联队会合。第1077团团长余建勋得知杨庄失守，便将糖坊、高庄突出的2个小据点的守军撤出，加强自上杨庄、下杨庄至李家圩的守备。团指挥所也移往李家圩右翼的小高地。

此日，长濑支队长急于攻占禹王山，他在敦促第40联队加紧进攻该地的同时，还将该联队第2大队归还建制，以增强该联队的攻击力量。这样，随后第40联队

▲在禹王山作战的滇军第60军将士们。

加强了进攻力度，其在以第1大队由锅山猛攻邱家林的同时，还将第2大队投入战斗，以该大队由东北面猛攻第1077团禹王山、上下杨庄等阵地。在第1大队的猛攻下，邱家林很快就失守了。下午3时，第1077团第2营营长魏开泰在下杨庄阵亡后，日军第2大队1个小队突入该地。副营长岳家祥率部与日军展开逐屋争夺战，将突入之敌全部歼灭，缴获机枪2挺，步枪17支。此时，守军已认识到应将主要兵力集中固守禹王山；下杨庄这些不十分重要的小据点，不必多分散兵力。入暮后，岳家祥部主动放弃下杨庄，撤回李家圩、禹王山，加强这里的防守。日军遂占领下杨庄。

当晚，第40联队第2大队又以第5、第6中队，向禹王山发起夜袭。这两个中队即凭借夜色和地形的掩护，秘密地爬上禹王山山顶，出其不意地急袭守军。遭到突然打击的守军立刻陷入一片混乱之中，匆忙后撤。日军便于27日凌晨4时15分占领禹王山山顶。

当第40联队第1、2大队攻势迅猛的时候，其第3大队也向火石埠附近的第1083团阵地猛攻。该团已有了战场经验，当日军炮火向火石埠猛烈射击时，该团主要兵力进麦田内隐伏，待日军炮火延伸射击，其步兵进入该团隐伏地线前五六十米时才突然开火，猛烈射击，日军死伤累累，该团步兵即奋起冲杀，将残敌驱逐。这样26日第3大队的攻击仍无进展。

反攻禹王山

第182师师长安恩溥得知禹王山山顶失守，大为震惊，即于27日上午8时把情况用电话报告卢汉军长。卢得报，脸色凝重，一时竟沉默不语。到了这个时候，禹王山方面的局势已非常严峻，第182师伤亡过大，只剩六七百人，无力反攻。而卢却派不出足够的兵力去支援该师。此时，该军第183师也仅剩1000余人，守备东庄、火石埠尚且吃力，实在抽不出兵力。而第184师虽完好无损，却因担负了台儿庄的守备任务，不敢用于其他方面。此前第60军抵达鲁南战场时，蒋介石到车辐山车站视察前线阵地，在召见卢汉时，强调说：“台儿庄的得失，有关国际视听，必须以1个师坚守。”“台儿庄守军池峰城师已无战斗力，必须由第60军派1个师坚守台儿庄。”卢汉奉命后，遂将第184师调进台儿庄设防，此后其他方面战事再紧，也不敢动用该师。

卢汉担心日军在完全占领禹王山后，突过运河，直趋徐州，这样将大大影响战局，于是终于下定决心，将一直在台儿庄“闲置”的第184师调往禹王山方面，与第182师并肩作战。而后，卢即向孙连仲提出，禹王山的得失，关系重大，请另派部队接替第184师台儿庄的防守任务，以便将第184师调守禹王山。孙连仲不敢决定，转报李宗仁，答应由第184师留1个团守卫台儿庄，其主力转移至禹王山。

第184师师长张冲接到调守禹王山的命令后，不敢怠慢，即令第1088团仍负责固守台儿庄的任务，第1086团（团长杨洪元）立即驰援第182师，第1085团（团长曾泽生）也由原阵地向禹王山转移，统限于当日下午4时以前到达指定地区。他自己则亲率师特务连的1个排（排长张士明）急奔第182师阵地。那时，日军的炮火向第182师阵地打得正猛，到处硝烟弥漫，张冲不顾危险，亲临前线，准备越过火线。很多士兵对他说："请师长回去。"张冲师长说："不要怕，你们用火力掩护我就行了。"说完，他令机枪手向日军阵地射击，接着就穿过火线，直奔禹王山阵地。

而后，张冲带着特务排来到李家圩。那是第182师余建勋团的阵地，位于禹王山左翼的东北角，此时中日两军正在鏖战中，张冲来到了余团阵地后，余建勋向张冲报告了战斗情况。张对余建勋说："现在，你的部队无论如何也要守住阵地，本师来增援的杨洪元团在半个小时内一定赶到。"余建勋也坚定地表示："请师长放心！只要人还在，阵地一定守得住，我们是下决心与阵地共存亡的。"正说话间，敌人的一排炮弹打过来，扫平了山头的小树，张冲也被炮弹震得坐在地上。余建勋请张冲先进掩蔽部休息，张冲说："不必了。"并让余马上去指挥战斗，要余转告第182师全体官兵，说援兵马上就到。第182师官兵听说张冲亲自带队前来支援，士气大振。

此日上午，第1086团正在台儿庄附近加紧构筑工事，突然接到张冲师长的命

张冲抗战简历

陆军中将。原名绍禹、维新，字云鹏，彝族，云南省泸西县人。1901年1月25日出生，1980年10月30日在北京逝世。全面抗战爆发时，为云南第9旅旅长。

1937年	第184师师长
1938年9月5日	第60军副军长兼第184师师长
10月11日	新编第3军军长
1939年7月	军事委员会高参
1940年10月	第1集团军第2路军指挥官
1944年年底	第1方面军第2路军指挥官（直至抗战结束）

他参加的战役有徐州会战、武汉会战、南昌会战等。

令："第1086团即刻派1个营飞速前往第182师阵地，归安师长指挥，其余部队由该团长率领，立即出发，火速占领禹王山高地，阻止敌军进犯。"

杨洪元奉命后，即令冯天祥营立即前往第182师待命。而后，他又亲自率部由台儿庄通过运河浮桥到达南岸，沿运河向东急进。此时，日军炮火不断轰击，第1086团在炮火威胁下，仍飞奔前进，于下午3时到达禹王山以南，又通过浮桥抵达北岸。此时张冲已在桥头等候，他看到该团到达，就命令他们向禹王山前进。

当该团进至禹王山山腹的时候，已能看见日军在山顶上插的太阳旗，张冲师长即命杨洪元团长迅速带队夺回禹王山山顶。杨洪元令第3营发起进攻。该营官兵怀着愤怒的心情，上起刺刀，向山顶冲杀上去。将到山顶的时候，日军第40联队第5、6中队突然以步机枪猛烈开火，营长王朝卿脚部负伤，2个连长阵亡，该营官兵伤亡甚重，攻击顿挫，情况万分紧急。

杨洪元见状，又命第1营第3连连长李佐带领该连归第3营指挥，第3营副营长王绍尧令李佐务必夺取山头。李佐即率部向山头冲杀。顿时，悲壮的喊声和部队支援的枪炮声，交织在一起。可是，当他们到达禹王山北端的棱线下面时，却受到日军密集火力拦阻，无法前进，而后双方转为对峙，相距仅六七十米。

下午6时左右，杨洪元令第3连在禹王山棱线附近，就地构筑工事，转为防御。第3营的残存部队则以主力在棱线背后的反斜面占领阵地，并将一部划归李佐指挥。这样，第3连的人数就大大超编了，达到286人。此后，杨又将第1营疏散配置在禹王山山麓。

由于禹王山地质系碎岩层，挖掘战壕不易，张冲请求军部迅速运送麻袋数千条到禹王山。接着，张又发动预备队的士兵，从山下挖土，用麻袋运上山头，堆砌胸墙，加强防御工事。张还命令山上的部队，一定要在上半夜构筑跪射掩体，用沙包堆垒起来的胸墙，要能挡住机步枪子弹的射击。

28日凌晨，第1086团团长杨洪元为夺回禹王山山顶，于3时许给李佐的第3连下达任务说："占据禹王山顶的只是退不走的少数敌人，你赶快在各排挑选数十名勇敢的士兵，组成一个敢死队，趁夜暗发起进攻，把敌人歼灭掉，夺回山顶向前发展，在山头构筑坚固的防御阵地。"李佐向杨提出意见说，现在距天亮只有2个多小时，再到各排去挑选敢死队员，不但贻误战机，而且临时组成敢死队，官兵互不熟悉，难以发挥夜战的威力，不如用建制排，一个排一个排地连续冲击，一定能把山顶夺回来。李的意见合情合理，杨不假思索便同意了。

李佐随即亲率第3排往上冲，当他前面2个班夺回山顶正向前冲击，在他身旁的1个班快到山顶时，突然手榴弹像冰雹一样向他们飞过来，响起了一阵阵惊心动魄的爆炸声。在李附近的五六个士兵，应声而倒，或死或伤，冲过山顶的2个班也全部战死；接着李佐又把1个排投入战斗，也遭到同样的结果。2个排130多人经2次冲击，已伤亡近100名，只剩下30多人守卫原阵地。在此情况下，第3营副营长王绍尧就向杨洪元建议："不能再令第3连向前冲了，只要能守住原阵地就行了，否则全连都会被打光。"得到团长同意后，就命令该连停止前进。这样，该连从28日上午8时起，就在禹王山顶棱线上与日军形成对峙状态。

王绍尧副营长老成练达，沉着冷静，富有作战经验，他指挥该连在禹王山顶棱线100多米防御正面，配置了14挺轻机枪，每个士兵身边都有一至两箱机、步枪弹和手榴弹，又有团迫击炮火力的有力支援，不论日军来势如何凶猛，插翅也难飞过棱线，但同时该连也冲不到山顶。该连开始只在棱线上选择几个既能遮蔽身体，又能发扬火力的地方，配置少数兵力监视日军行动，多数人就在棱线稍后一至两米先构筑单人射击掩体，然后连点成线，再向深处和前方挖掘，掘进一段，再转向另一头挖，打算在山顶下面构成鱼鳞形的坑道。

27日，丁家桥附近的第1085团接到师部转移禹王山的命令后，团长曾泽生也率部向禹王山飞速前进，于下午4时到达禹王山麓，积极向禹王山高地前进。当第184师主力陆续到达禹王山的时候，第60军又重新调整了部署：第184师以第544旅第1087团守备李家圩，亘禹王山西北地区；以第543旅第1086团守备禹王山东北部；以第543旅第1085团守备禹王山北西部。第182师以第539旅第1077团约2个营的兵力守备禹王山东北麓亘枣庄营地区；以第540旅不到1个营的兵力守备枣庄营以东亘洳河地区。第183师以第541旅2个营守备东庄地区；以第542旅副旅长马继武率不到2个营兵力守备火石埠地区（当时183师仅有4个营的兵力）。以原在板板埠之重炮团转移至车辐山圩以北地区，原在梁家庄之野炮营转移至半接楼、雄山间地区，占领阵地。军指挥所向余家凹转移。

随后，该军军部又下令：第184师张冲师长为守禹王山阵地的主要负责人；全军所有师旅团长，一律在禹王山与运河之间指挥战斗，不准到运河南岸；负伤官兵的交接点，规定在运河北岸桥头，运送伤兵的人，不准过运河；送饭到禹王山的人在桥头登记，往返查对通行。军部还命令特务营派兵2个排，分别在运河南岸浮桥桥头执行军长卢汉的命令。卢汉有时也亲自到桥头监督，稳定了军心。全体官兵都表示要与阵地共存亡。

东庄之战

27日，当日军第40联队第2大队在禹王山附近与第184师部队激战的时候，该联队第1大队也准备于次（28）日拂晓进攻东庄，第3大队则准备夺取火石埠高地。

东庄位于台儿庄东南约5公里处，该

地守军为第183师第1084团第1、3营。第3营营长张仲强是位出色的军官，他率部进驻东庄后，立即观察地形，并对双方的战术作了全面仔细的分析，而后他针对日军的作战特点，在东庄周围挖掘了大量的壕沟，具体做法是：先挖4条防战车壕，每条长约50米，深约2－3米，每条壕沟相距约10余米，以防止敌人战车攻击。防战车壕末端是一块麦地，在麦地东西端，再挖4条“之”字形隐蔽战壕，将4挺哈奇开斯重机枪对准4条防战车壕，全营各连排的隐蔽战壕就向东庄西北方向和东北方向伸展。每一条隐蔽战壕都是全营官兵连夜奋战挖成的，并经过张仲强亲自检查是否合乎要求。

当晚，日军炮兵向东庄猛烈轰击，弹如雨下。因当地一般屋顶，瓦片之下厚积高粱秆，着弹即焚，所以日军的炮击很快便引发大火，将东庄烧成了一片焦土。这时，张仲强灵机一动，派人去将村内没有烧尽的房屋彻底焚毁，以迷惑日军，使其认为此处无驻守军队，造成一个被击溃的假象。

28日黎明，日军第1大队开始向东庄攻击前进。当该大队距东庄约1000米处时，先以火力试探，守军第1、3营官兵皆隐蔽在战壕内纹丝不动。日军不见还击，以为守军早已撤走了，当他们进至东庄前数百米的麦地时，即大着胆子发起冲锋。待日军大队人马冲至隐蔽战壕前50米以内时，只听一声号响，第1、3营官兵一齐开火，步枪、手榴弹、轻重机枪一齐射向日军，构成了强大的火网。日军受到这突如其来的打击，猝不及防，乱成一团，有的跳入防战车壕里，却正好成了第3营4挺重机枪的射击目标。由于进入防战车壕内的日军人数过多，守军重机枪1粒子弹可射穿二三名日军。然而，部分日军在仓惶中，仍找到了可供隐蔽的地形地物，并以此为依托，向守军还击。打到上午10时左右，第3营营长张仲强见日军还击火力逐渐减弱，便选派精干战士匍匐前进，向日军各藏身地投掷手榴弹，炸死炸伤了多名日军。但残余日军仍拼死顽抗，此后双方形成对峙。

入夜，日军残部才利用夜幕的掩护，撤回原阵地，一边整顿部队，一边准备而后的攻击。此次战斗，第1大队的第一线突击部队除部分人逃脱外，大部战死。对此，《鸟取综合联队史》有如下记载，“28日黎明第1大队一齐向东庄果敢进行突击，其一部夺取敌阵的一角，其大部却于阵地前，将兵悉数毙命，突击顿挫”。第3营的伤亡却不到20人，取得一场酣畅淋漓的胜利。

当第40联队第1大队进攻东庄的时候，该联队第3大队也向火石埠发起猛攻，战至下午5时，因第1083团团长莫肇恒身负重伤后送（途中因伤势过重殉国），守军士气受挫，日军趁势占领该地。

第一次反攻胡山

日军第39联队于4月26日夺取胡山、

戴庄后，即停止攻击，转为防御。27日，该联队调整了部署：第3大队以主力确保胡山，以一部确保锅山；第1大队确保戴庄附近；第3大队作为支队直辖，后退到高家楼，以一部守备萧汪。

28日，第60军在车辐山的重炮营以及在半接楼之野炮营和第184师迫击炮，以猛烈火力向胡山、锅山集中射击。因山上大部分是碎石石土，掘壕困难，第39联队第3大队为了减少损失，被迫在白天以一部留守胡山、锅山，主力则转移至戴庄附近待机，并准备应需要立即出击，入夜后再返回胡山。而日军作业队则利用炮火的间歇，尽力增强胡山防御阵地。

当晚，禹王山山顶上的日军第40联队第5、6中队，受到李佐第3连近距离的牵制，无法自如活动。而且，禹王山外围的东北、西北、南三面还布满了中国军队。禹王山北麓下杨庄附近的第2大队主力和第5、6中队之间的联络线也时常被炮火封锁，因此这2个中队陷入孤立，缺粮少弹，已无法对中国军队构成大的威胁。而胡山、锅山的日军第39联队第3大队，则瞰制着守军泇河西岸迄枣庄营等阵地，对禹王山周边的阵地威胁也大。另外驻在禹王山东麓邱家林的日军，对禹王山周边的阵地，更有若附骨之疽。据此，第184师师长张冲与第182师师长安恩溥协商后，

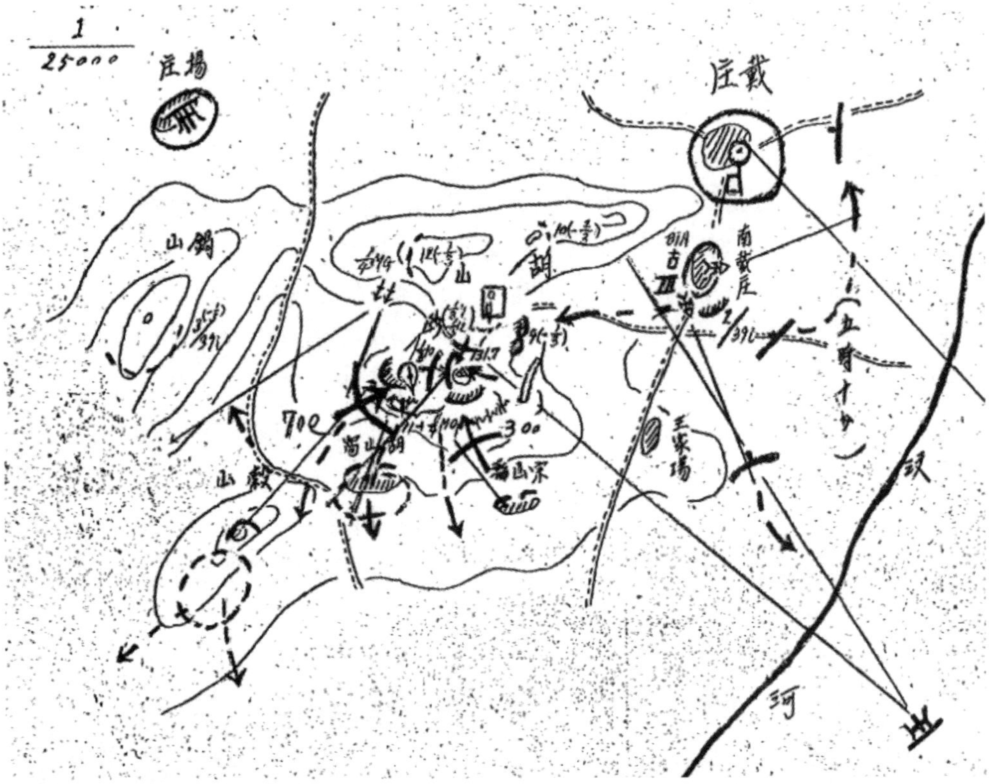

▲1938年4月29日凌晨中国军队反击胡山要图。

即报准军部，定于29日反攻胡山、锅山、邱家林。

29日拂晓前，第184师第543旅旅长万保邦除联络军部重炮营支援外，还将第184师迫击炮、13.2毫米高射机枪及其他重武器，集中排列于禹王山附近，向锅山、邱家林日军猛轰。拂晓时分，第184师第1085团的出击队何启龙营长指挥的李庭珍、杨瑞周2个连和第182师第1077团张泽营长指挥的2个加强连，在炮火掩护下分别向邱家林、锅山、胡山反攻。

邱家林只有少数日军警戒部队，这样何启龙很快率部攻入该地。因为邱家林是交战双方的重点炮击目标，何启龙清扫战场后，未加占领即撤走。这期间，第182师张泽营也经胡山及锅山的中间地区，向第39联队第3大队右侧背攻击，途中张泽负重伤，第1078团代团长陈浩如遂亲自率部冲锋，终于成功突破第9、11中队的阵地间隙，冲上胡山山顶，与守备山顶的第11中队展开白刃格斗。双方还在近距离上互掷手榴弹，山顶随即被硝烟笼罩。滚滚浓烟中，刺刀刺入人体的声音，扭打的声音，惨叫的声音混杂在一起。双方完全陷入混战，已分不清哪是自己人，哪是对手，乱成了一锅粥。混战中，第11中队伤亡较大，渐渐处于下风，中队长冈本大尉也身负重伤（后送途中死亡）。堀尾大队长得知情况，即以预备队第10中队及第9中队的1个小队增援第11中队。中国反击部队这时已疲惫不堪，在日军生力军的冲击下，伤亡很大，陈浩如阵亡，攻击受挫，被迫于早晨6时退下山。

第182、184师部队反攻胡山失利后，第1086团、第1085团的迫击炮，配合第60军的重炮，不分昼夜地向禹王山北

万保邦抗战简历

陆军中将。字安稷，云南屏边人。1900年出生，1972年5月13日在北京病逝。日本陆军士官学校中国队第15期炮兵科毕业。全面抗战爆发时，任独立第9旅第18团团长。

1937年8月	第184师第543旅旅长
1938年10月	第184师副师长兼第544旅旅长
1939年4月	第184师师长
1939年6月17日	晋任陆军少将
1942年12月26日	第60军副军长兼第184师师长
1943年12月22日	第60军军长

他参加的战役有：徐州会战、武汉会战、南昌会战等。

麓及胡山的日军进行轰击，使日军阵地受到严重的破坏，并炸死炸伤大量日军，仅第1086团的8门迫击炮，每天射击的炮弹就不下5000余发。

北川中队的覆灭

第39联队在4月26日占领胡山、戴庄以后，完全处于守势。第40联队此后虽依然采取攻势，但其在27日凌晨占领禹王山山顶以后，攻击连连受挫，其第1大队于28日在东庄遭到惨败，其第2大队在下杨庄、禹王山附近也丝毫没有取得进展。

长濑支队长急于打开局面，就命令第40联队以一部攻占胜阳山。胜阳山是在禹王山西侧、隔鞍部相邻的险峻高地，这里可望见山脚下的大运河，若日军占领该山，可经山头村、房庄、古梁王城、梁王城村，向西北方直取台儿庄。而且，该山山顶也是非常良好的射击观测地点。

西大条联队长奉命后，于5月2日乘坐轻装甲车赶赴禹王山北麓下杨庄，亲自指定第2大队第7中队担任夺取胜阳山的任务，当晚开始行动。

当晚7时15分，第7中队长北川中尉率领部下（平野少尉以下54名）及配属的重机枪1个小队，从下杨庄出发，向胜阳山前进。当他们于10时经禹王山南侧，抵达西侧鞍部时，即被守军发觉，步机枪子弹、手榴弹像雨点一样倾泻过来。北川见状，立即抽出军刀，下令突击，哪知没冲多远，他就被手榴弹弹片击中头胸部，当场阵亡。接着，其手下也一个接一个地中弹倒地，或死或伤，只有平野少尉等7人成功越过守军火制地带，悄悄地从第1086团第1营第2连正面，摸进柴耀光营附的掩蔽部，把正在熟睡的柴耀光和他的勤务兵刺死后，就在掩蔽部内隐伏起来。

3日拂晓，潜伏在掩蔽部内的日军，突然以机枪向第1营指挥所射击。这时，第1086团团长杨洪元正在该营指挥所督战，听到枪声，就要出去看个究竟，卫兵拦住他并说：“团长不能出去，让我先去看看。”说完，转身走出营指挥所，即中弹阵亡。

杨洪元弄清情况后，一面以第2连严密监视当面日军，一面用电话向万保邦旅长报告，“通过观察，了解到柴耀光掩蔽部已被敌军占领，前方守军经过激战，但未将窜入之敌击退。”万保邦即令第1085团曾泽生团长从该团的预备队中抽调吴俊的1个排及重机枪排的2挺重机枪，立即冲锋前进到禹王山左翼高地，歼灭突入柴耀光掩蔽部的日军。

第1086团迫击炮连为支援步兵的进攻，在掩蔽部前75米处占领阵地。精通迫击炮技术的连长罗谦，同样擅长射击指挥，第一次齐发，稍微打远了一点，第二次齐发，就正好打中掩蔽部顶上，把掩蔽部垒起的沙包全部摧毁，3名日军被埋在掩蔽部内，4名逃走，被前线守军击毙。吴俊率部前进到掩蔽部，用十字镐挖倒塌的沙袋时，有1名日军腿部受伤压在沙袋

▲日本国内，阵亡士兵的送葬行列。

下面。这名日军由沙袋下面翻爬起来后，竟敢抓起石头就打，吴俊只得将他当场击毙。

此次战斗，北川中队除了少数伤员趁着夜色爬回日军阵地以外，其余全部战死。

李家圩战斗

第40联队并不因北川中队夜袭失败而放弃进攻。5月3日下午3时40分，其第1大队在炮火掩护下，又向第184师第1087团李家圩阵地发起猛攻，当晚突入该地一角。该团官兵仍依托民房顽强抵抗，与日军展开巷战。战至4日中午，该团伤亡甚重，被迫撤退，李家圩落入日军手中。

战至5月5日，第40联队因伤亡过重，暂时没有力量发动进攻了，遂与第60军转入对峙状态，直到5月14日为止。

第二次反攻胡山

5月初，第五战区司令长官李宗仁认为要巩固台儿庄的防御，必须拔去日军在胡山、锅山、上杨村、下杨村三角地带的据点，因此决定汤恩伯军团协同第60军向日军发动一次反击。

岔河镇附近的第85军第4师奉命后，立即着手准备。从4日下午5时起，中国炮兵开始向胡山、戴庄日军猛烈射击。据此，胡山附近的第39联队第3大队预想到中国军队将会来攻，于是加强了戒备。

5日凌晨2时30分，第4师第12旅第23团向警备胡山的第10中队正面发起反击。

第10中队及配属的重机枪以密集的火力实施拦阻射击，使其难以接近。但第23团仍吹起冲锋号，利用射击死角，逐步逼近日军阵地。堀尾大队长得知情况后，即以第11中队的2个分队及第12中队的全部掷弹筒增援第10中队，终于打退了第23团的反击。

8时许，日军又发现有1个营的中国部队还在向胡山北上，要求大队炮及在杨庄的野战重炮向其射击，给其造成很大的损失。

经过这次激烈战斗以后，双方均各自加强防御工事，固守原阵地，已无大规模的战斗，而小的战斗仍昼夜不停地进行。守军于白天以重炮与日军对战，晚上以小部队袭击敌阵，消耗其兵力。这样的战斗一直到5月14日，第60军换防整编时才告结束。

第60军撤出禹王山

5月14日，第60军奉第五战区司令长官部的命令，开始与第140师王文彦部交接禹王山附近阵地的防务。该军移交防务后，开始从禹王山一带阵地逐次撤退。18日拂晓，该军撤至运河西岸车辐山东南之边山羊地区。

该军经过多日的苦战，部队必须休整，于是在边山羊地区停留1天，进行整编。第182师战列部队整编为第1077团1个团，仍以余建勋任团长，属钟光汉团的各营并为1个营，拨归第1077团；第183师整编为第1081团1个团，升杨孟雄任团长，其他各团所剩官兵，一并拨补第1081团；第184师的第1085、1086、1088三个团不动，第1087团所剩官兵由张师长视上面3个团的缺额情况拨补各团。第1077、1081两团暂归张冲师长指挥。第182、183两师的后勤人员统归第182师副师长卓立指挥，负责运输军部剩余弹药器材。第182师师长安恩溥回云南补训新兵，第183师师长高荫槐率编余军官随军部行动。

该军从昆明出发时，原有12个团，官兵共有4万余人，经过这次战役，仅剩2万余人，中上级军官伤亡亦大，计旅长阵亡1人，负伤1人，团长阵亡4人，负伤3人。

5月10日，日军长濑支队也接到转进命令，遂将第40联队留在禹王山一带，以该支队主力（欠第40联队）向微山湖西面转进。

关于长濑支队的伤亡情况，第10师团司令部于1939年3月制作的《各期战斗死伤表》记载，从1938年4月8日至5月7日，第39联队战死244人，负伤974人；第40联队战死548人，负伤1252人。

另据《第39联队作战日志》记载，从1938年4月18日至5月1日，该联队战死冈本准之助大尉以下226人，负伤高井武夫少佐以下780人。从1938年5月4日至5月12日，该联队战死金泽实少尉以下28人，负伤56人。

表8-4　胡山、禹王山附近战斗双方战斗序列（1938年4月23日—5月15日）

中国军队	
第60军	军长卢汉
第182师	师长安恩溥
第539旅	旅长高振鸿
第1077团	团长余建勋
第1078团	团长董文英
第540旅	旅长郭建臣
第1079团	团长杨炳麟
第1080团	团长龙云阶
第183师	师长高荫槐
第541旅	旅长杨宏光
第1081团	团长潘朔端
第1082团	团长严家训
第542旅	旅长陈钟书
第1083团	团长莫肇恒
第1084团	团长常子华
第184师	师长张冲
第543旅	旅长万保邦
第1085团	团长曾泽生
第1086团	团长杨洪元
第544旅	旅长王秉璋
第1087团	团长王开宇
第1088团	团长邱秉常
配属部队	
炮16团1个营	
重炮营	
第51军一部	
第4师一部	

第111师第333旅

日本军队

长濑支队	支队长长濑武平
步兵第39联队	联队长沼田多稼藏
步兵第40联队	联队长西大条胖

配属部队略

第九章 连防山、大袁庄附近的战斗

第52军向新阵地转移

1938年4月15日，第20军团放弃攻击峄县的意图后，第52军全部被调回青山、傅山、马岭、鹅山一带，第92军（欠第95师）仍留置于蛇山、筐山、后峪、女峰山，监视桃园、李家口一带的日军。

18日拂晓，当日军长濑支队开始向兰陵镇、甘露沟方向大举南犯的时候，坂本支队以第11联队守备枣庄，以第21联队往向城方向攻击前进，途中在毛埠、菜园附近受到第92军第21师的顽强阻击，迟迟没有进展。当晚，第21师开始全线撤退，第21联队趁势于19日凌晨转向追击，上午9时前出到庄家庄之线。正午时分，该联队又从庄家庄出发，继续往向城前进。此时，第139师仍在向城附近伺机攻城。下午2时30分，第21联队前卫的先头抵达向城，刚与该地守备队（该联队第1大队）会合，就受到朱家庄守军第139师部队步、机枪的猛烈射击。3时至4时，又陆续有50多发炮弹落在向城北侧及向城城内爆炸，炸死炸伤多名日军。

为此，片野联队长决心迅速攻击第139师部队的右侧背，前出到兴明。其部署为：第3大队（欠第11、12中队、机枪2个小队）和第1大队交接向城守备后，第2大队（附速射炮）从向城向朱家庄、第1大队从王楼向悟堂村攻击。第3机枪中队的2个小队配属给第2大队。

下午4时，该联队第一线部队开始发起攻势，进展较为迅速。当晚第1大队夺取王楼，接着向南方攻击。战至20日凌晨，第139师后撤。此时，第20军团主力也向新的阵地转移。第52军向邳县以北之艾山、连防山、燕子河之线转移；第85军一部向艾山以西至岔河镇之线转移，主力向邳县东南之官湖镇附近集结，准备迎击南下日军。

坂本支队发觉后，为了堵截、追击转移中的第52军，即命第21联队转向岔河镇、四户镇追击。当日上午，该联队正在追击第139师，却意外地收到该支队的转进命令，而后即作为该支队右纵队，向河湾、李庄追击第52军。

当晚8时，第21联队的前卫第2大队追至河湾附近，便与正向西南方转移的第

52军辎重部队遭遇。该大队在野炮第1中队的支援下，即向其发起攻击。辎重部队战斗力较弱，无力抵挡日军的突袭，遂丢下车辆与物资向东南方撤退。

21日凌晨1时30分，该联队又奉命向四户镇西南方桥梁前进，以切断第52军的退路。当时，马沟东方高地以及大湖、宋町等村落有第52军的收容阵地，第21联队却趁夜色出其不意地通过各村落之间缝隙，直接杀向第52军的退路。当第1大队到达豆家村南方时，得知宋町南方地区有中国军队的大纵队正在向东南方撤退，这是第52军第2师的后卫第6旅。第1大队即从前家屯附近、第2大队则从宋町附近包围攻击该旅。该旅无心恋战，趁日军尚未合围，很快从日军的缝隙中钻了出去，与第85军会合，一起向指定地点转移。

接着，坂本支队继续向岔河镇、四户镇追击，21日夜进入四户镇附近，而后该支队除以一部留守四户镇以外，主力继续向方头山及其以东的艾山一线追击。

连防山战斗

4月22日上午，第52军转移至邳县以北，在连防山、艾山附近地区占领阵地后，即积极构筑工事，准备御敌南犯。该地区西有艾山，东有燕子河（可以徒涉），河与山之间是一片平坦开阔地，中有大、小刘庄等村落。大刘庄北面有一个相当大的村庄称为连防山，内有上千户人家，周围有残破的土围墙，并有稀疏树林，村庄以北是一片开阔平坦的麦田，其西南有虎皮山、艾山西等要点。该军军部根据防守任务、地形和日军可能进攻方向，决定第25师派出第150团在连防山占领前进阵地，掩护军主力占领阵地构筑工事。主阵地的兵力配备如下：第2师在右，其右翼在燕子河，左翼在连防山正南的大刘庄与第25师衔接，重点保持在右翼；第25师（欠第150团）右翼与第2师衔接，左翼在艾山以北之虎皮山、艾山西等处。配属于该军之卜福斯山炮营在艾山南无名小河南岸（沿河有稀疏树林）分散放列；野炮营在更后方分散放列，准备以火力阻击日军，支援两师作战。观测所设于艾山，这是全军阵地的最高点，高约150米至200米。

此日早晨，第21联队集结于四户镇附近，而后其第2大队（欠第7中队，配属第11中队、速射炮中队）作为前卫，经四方镇、下吴崖前进，上午10时30分到达樊墩，和独立机枪大队取得联络，知道连防山、半步店子附近有守军约1个营，艾山、长山也有守军。

片野联队长得知情况后，决定先以前卫从东方攻击连防山。当时，该联队经过持续的战斗消耗，伤亡甚众，又没有得到兵员补充，一线各部队人员大减，每个中队还比不上原来1个小队。

当日下午，第21联队第2大队开始对连防山作试探性攻击。这时，守军第150团正在利用连防山的围墙加紧构筑工事。高鹏团长命令守备部队，尽量隐匿目标，日军不到有效距离内，不得射击。第2大队施行了几次威力搜索，因守军未还击，其未敢接近而退去。半夜时分，该大队趁夜幕的掩护，向连防山发起了2次突击，均未奏效。

23日拂晓，第1中队配属独立机枪第2中队，联系第2大队以右，准备对连防山北侧实施攻击。上午9时，该中队在野炮的炮火掩护下，向连防山发起突击，当其接近到守军阵地前二三百米时，突然受到集中火力射击，死伤迭出，攻击顿挫，被迫撤回原阵地。此次攻击前，第1中队有56人；攻击后，该中队仅剩17人。

片野联队长不甘心失败，11时又将第1大队主力投入战斗，令其一并指挥第1中队、独立机枪第2中队向连防山实施攻击。这时，在艾山以南成梯次放列第52军山炮营和野炮营向日军的第一线攻击部队实施火力拦阻，使日军步兵前进受阻；同时其还向日军炮兵阵地猛烈射击，击毁日军1门野炮。下午3时许，日军在炮火掩护下，又一次发起突击，却因受到半步店子守军的猛烈侧射，仍告失败。

入夜，第1大队第一线利用夜色的掩护，推进到围墙前70米附近，准备突击。片野联队长鉴于守军的顽强抵抗，认为必须在绝对优势的炮火掩护下，突击才能成功。

24日中午，日军的野炮3个中队、轻型榴弹炮2个中队、野战重炮3个中队开始对连防山北端及东端实施集中射击。顿时，烟尘大起，弥漫全村，十数步外，对面看不见人。日军第1大队为了最大限度地利用炮击效果，在第1发炮弹射出的同时，就吹响了冲锋号，在炮弹下实施突击，这样日军炮兵最后射出的几发烟幕弹刚落地，日军步兵即突入围墙，时为中午12时05分。

当日军开始炮击时，高鹏团长鉴于日军火炮数量多，火力猛，命小炮连把全连骡马，速向连防山以南转移，以减少损失。而团属迫击炮连、各营重机枪连与迫击炮排的士兵，发现小炮连把骡马向外牵移，以致引起误会，也纷纷南撤。这样日军尚未接近，而全团已经动摇。高鹏无法掌握局势，自己也退出连防山。

当日军占领围墙，继续向村内纵深扩张战果的时候，守军正在乱哄哄地撤退。本来，日军以为连防山守军只有1个营，哪知却有1个团。因此，当他们看到村内如此多的守军后撤，不禁大吃一惊，同时也感到这次突击，赢得相当侥幸。下午1时05分，第21联队第一线两大队完全占领连防山。

第52军军长关麟征和第25师师长张耀明得知连防山失守，亲自赶到艾山督战。这时高鹏退到连防山南端，正在收容败退下来的官兵。关麟征因这处重要阵地竟轻易失守，十分恼怒，严令高迅速反攻，一定要把阵地夺回来。高鹏无奈之下，只得硬着头皮收拾残部反攻，不到1小时即中弹殉国，部队失去指挥，又垮了下来。关无计可施，遂命第2师派1个团加强大刘庄之防务（该处阵地原属第25师，

张耀明抗战简历

陆军中将。陕西临潼县张家庄人。1905年出生，1972年10月11日因病卒于台北。黄埔军校第1期毕业。全面抗战爆发时，任第25师第75旅旅长。

1937年8月	第25师师长
1938年6月	第52军副军长兼第25师师长
1939年9月27日	第52军军长
1942年6月	第9集团军副总司令
1943年	第54军军长（后调任第4集团军副总司令兼第38军军长）

他参加的战役有：平汉线作战、台儿庄战役、徐州会战、西峡口战役。

后移交给第2师），同时命令炮兵火力及虎皮山、大刘庄两地火力压制连防山日军，使其不能继续前进。

半步店子、虎皮山战斗

半步店子在连防山西侧约500米，有20多户居民，再向西约300米是虎皮山，此山高约100米，东西长约700米，山是光秃秃的石多土少的孤山，山的南面是艾山，艾山北坡有起伏不大的丘陵。当时，半步店子、虎皮山的守军为第145团，该团的部署如下：以第2营（第6连连长王存忠代理营长）防守半步店子及其以西至虎皮山东侧；以第3营防守虎皮山；团直属苏罗通小炮连在虎皮山西侧，迫击炮连在虎皮山东侧，其余部队随团部位于虎皮山后约1公里的小村。

日军第21联队占领连防山后，黄昏前即分出一部分兵力，向半步店子压迫，企图扩张战果。第145团团长韩梅村严令守备半步店子的第2营坚守原地，无令不准撤退。日军在炮火掩护下，很快攻入半步店子，并占领了该地东北角的几间房屋。代理营长王存忠率部坚决抵抗，与日军展开巷战，逐屋争夺。日军见守军如此顽强，便放火烧房，该营遂退到半步店子西边的几家独立家屋内，继续抵抗，此后双方形成胶着。

26日中午，因有的中队减员过大，第21联队为使各部的兵力均等，便于指挥，进行了调整，以第6中队长山口少尉一并指挥第8中队，同时将第3中队的1个小队纳入第1中队长迫田大尉的指挥下。此时，坂本支队长认为，从全盘考虑，当前最紧要的是迅速夺取长山、艾山。

片野联队长基于坂本的意图，命令第2大队（欠第7中队，配属机枪2个小队、速射炮中队）当日薄暮夺取虎皮山（日军称为104高地），第1大队（欠第4中队）联系其以左，27日拂晓向长山攻击。

薄暮时分，第2大队为了扫清其进攻虎皮山的障碍，先进攻半步店子西端的第145团第2营，但该营却死战不退，日军迟迟不能得逞，遂留下一部监视该营，主力向虎皮山发起猛攻。

虎皮山在艾山正北，距艾山后约3000余米，东西绵亘约700米，平均高度约100余米。该山东、西两端是两个制高点，而以东端的制高点较高大且较重要。若该点失守，则虎皮山全部阵地受其控制，即无立足之处。虎皮山东端的南斜面，与其东南山地的北斜面构成一条山冲。长约300余米。在南斜面上，有两条凸线，形成天然的两道防线。

该地守军为第145团第3营（营长段培德）。该营经过鲁南运动战1个半月之后，官兵除伤亡外，计第7连战斗士兵约70名，编了2个排，连长谭天仇；第8连战斗士兵约二十六七名，编2个班作为1个排；第9连战斗士兵约二十八九名，编了2个班，2个排长各指挥1个班；重机枪连战斗士兵约60余名，重机枪6挺，连长姚时魁；迫击炮排战斗士兵34名，82迫击炮2门。

当晚11时左右，日军第2大队在火力掩护下，开始向虎皮山的东山顶阵地发起猛攻。负责东山顶指挥的第7连排长，用电话向段培德营长要求增援时说：“我排已伤亡六七名，敌人已经爬到半山坡了。请营长赶快增援。”段当即命第8连排长率领仅有的预备队1个班，多带手榴弹，跑步增援。又把鞍部东段守兵抽出三四名一并带去，并嘱该排长在投掷手榴弹以前，应先把手榴弹盖全部打开，俾能迅速连续投出，以发挥最大威力。同时通知迫击炮排，确实准备，注意联络信号，适时以火力支援东山顶步兵的战斗。东山顶守兵得到增援后，士气大振，大量地投掷手榴弹，同时以步机枪以最大的速度射击，终于打退了日军的进攻。

27日凌晨1时30分，第2大队又向东山顶发起攻击，先以掷弹筒集中向东山顶及其两侧阵地射击，掩护其步兵向东山顶爬进。守军在日军炽烈火力射击下，死伤迭出，还盲目还击。段培德赶紧和机枪连连长姚时魁亲赴东山顶西斜面，大呼：“各连不要乱打枪。”当段喊到第三四声时，日军一发炮弹落到他的背后，一块较大的破片迸到他的背上，把他推到了约1丈多远。幸亏段上山时增加了一件棉大衣救了他的命。

段回到指挥所后，令谭连长把西山头的守兵抽调五六名，又从第9连抽出五六名，连同才调回的1个班，令第9连排长吴训言带领，准备增援东山顶。至凌晨2时30分，东山顶情况又告紧急。段即令吴排长带这20余名士兵，迅速增援。并令迫击炮排注意东山顶的信号，适时炮击日军之二三线步兵。增援队到东山顶后不久，日军即发起冲锋。守军连续投掷手榴弹，迫击炮也迅速发射，同时轻重机枪也发扬最大火力，日军不断有人中弹倒下，第2次进攻又告失败。

段随即报告韩梅村团长，要求迅速增援。韩团长说："第6连由半步店子0时才撤回，吃过饭就寝了。他们战斗了几天都未休息，现在不能叫他们。拂晓前，一定让他们增援。"段又给师部山炮连打电话，山炮连长还没等他说话，就说："夜间不能观测，咱们的炮弹不能轻易消耗。等天明时，即可全力支援。"段说："请你及早把一切都准备好。"随后，第2营第6连赶来，段即命王忠诚连长带1个排于拂晓前在第9连阵地右前方占领有利地形，侧击进攻东山顶的日军；另一个排由段指挥，把他们安排在通东山顶的交通壕内，作好准备，以便适时增援。

不久，日军开始炮击东山顶。此时守军在掩体内多利用空弹药箱来规避炮弹破片的伤害，因此负伤者比前两次都少，且因增援了两排兵力都有必胜的信心。在炮击时，第2大队乘机迅速前进，其第一线步兵于天将明时已前进到东山顶半山坡了，其第二、第三线步兵已到达山脚或接近山脚。破晓时，日军步兵继续前进，日军炮兵延伸射击。段增援东山顶的1个排，即刻向东山顶急进。这时，连防山日军的轻重机枪多挺，也开始掩护射击。第2大队旋即发起冲锋，守军连续投掷手榴弹，同时其迫击炮、山炮（各6门）也以最大的速度开始射击。守军右翼营及第6连1个排和段营的轻重机枪，也发扬炽盛火力。顷刻之间，第2大队伤亡累累，攻势顿挫，连忙撤退。虎皮山暂时沉寂下来。

27日凌晨，半步店子的第145团第2营奉命撤出该地。日军第1大队趁势推进到该地西南端，接着向长山攻击前进，途中受到长山、艾山西及虎皮山的交叉火力射击，伤亡较大，攻击顿挫，被迫退回原阵地。

此日薄暮，第2大队奉命确保半步店子西端，第1大队奉命确保半步店子西南端，同时整理部队，搜索敌情地形。这时，虎皮山守军第145团第3营也向第149团第2营移交了防务。

大袁庄、涧下沟战斗

24日，连防山失守后，第2师第4旅第7团（团长刘玉章）奉命接收第25师大袁庄、涧下沟阵地。此时清点兵力，第1营有300余人，第3营仅有不足200人，第2营虽比较完整，但战力还是远不如前。刘玉章随即作出部署：第3营布防于大袁庄阵地，第1营布防于涧下沟阵地，团部率第2营，位于白果树村。

各营奉命后，即进入指定位置占领阵地，积极构筑工事，准备迎击日军的攻击。

因大袁庄阵地较为突出，而第3 营人数最少，刘玉章判断日军明晨必置重点于该方面，于是先到该营训话。据刘后来回忆，当时他训话的要点是：

（一）敌情：日军本日未实施攻击，当是在实施整补并调整部署中，明日拂晓，必将继续进犯，依例先行炮击，掩护其步兵行动。

（二）工事：为防敌之强大炮火而减少伤亡，必须加强工事。工事构筑可利用的时间，只有今夜，要不惜辛劳，赶筑完成。所谓多流一点汗，少流一点血，各工事位置，应选定于村落边缘。房屋内侧的墙角部分，以侧斜射为主并注意隐蔽。在墙角内侧，地面上卅公分处开掘射口，并于墙外侧伪装，墙内射口处，掘散兵坑，上覆门板等，板上加土，即使房屋倒塌，坑内仍可安全，并可防火。另砍伐树枝等，阻塞接近我工事之一切通路，并用火力封锁，使敌无法骤然冲入。

（三）火力：射击采取“两短集火”要领。所谓两短是：“距离短”，“时间短”。把握此“两短”，集中发扬最大威力。这是我的特别规定：敌人未进入百公尺内，严禁射击，违者邻兵即将其刺杀。班排长须严格执行此一射击军纪。

（四）信心：第3 营人数虽少，但歼敌全凭火力，如郭永连，虽只战斗士兵12人，但4 挺轻机枪齐全，每枪分配3 人，火力并无减少。其他各连，缺员少，战力更强。只要我们坚定沉着，严守射击纪律，有效发扬自动火力，敌人同样是血肉之躯，必可将其歼灭于阵地前。在防御工事内，人少反可增大活动空间，减少损害，更可以说是因病成妍的优点。

（五）保密：一切作为，要绝对秘密，尤其在规定发射距离前，不得暴露，因为违犯规定的射击，就是替敌供给情报，报告自己的位置，负伤者不得喊叫，保证入夜后后送。

接着，刘又到第1营阵地视察，判断日军在该营正面，使用战车的可能性较多。为此特别嘱咐小炮连（苏罗通步兵炮），应如何选择阵地，如何构筑工事，以如何战法，去对付日军战车等，随即返回团指挥所。

25日拂晓，日军炮兵开始炮火准备，向大袁庄猛轰。顿时，一片烟火、灰尘，弥漫了整个村庄。炮火刚停，第11联队1 个大队，即利用炮击效果，分三纵队并列，向大袁庄发起突击。当其进至距守军阵前60－70米时，守军突然集中全部火力，以排山倒海之势，一齐向日军开火。日军受到突如其来的打击，顿时不知所措，乱成一团，卧倒的卧倒，奔跑的奔跑。战斗仅持续了数分钟，日军除战死者外，余者皆狼狈逃逸。刘玉章的“两短集火”效果，在这次战斗中，发挥得淋漓尽致。

第11联队以1个大队进攻大袁庄的时候，也以另一部攻击涧下沟，战况远不如大袁庄战斗激烈，但该团小炮连长不幸阵亡。

日军第11联队并不甘心失败。27日，该联队开始由小袁庄向大袁庄挖掘坑道，从事对壕作业，拟利用壕沟，接近守军阵

郑洞国抗战简历

陆军中将。字桂庭，湖南石门人。1903年1月13日出生，1991年1月27日在北京病逝。黄埔军校第1期、陆军大学将官讲习班第1期毕业。全面抗战爆发时，任第2师师长。

1938年7月4日	第31集团军高级参谋兼第98军副军长
1939年2月19日	第5军副军长兼荣誉第1师师长
1940年4月2日	新编第11军军长兼荣誉第1师师长
1940年9月	辞去师长兼职
1941年8月25日	第20集团军副总司令兼新编第11军军长
1941年9月9日	新11军改称第8军，仍兼第8军军长
1943年1月29日	新编第1军军长
1943年3月	中国驻印军副总指挥兼新编第1军军长
1944年5月1日	辞去军长兼职
1945年2月20日	晋任陆军中将
1945年5月	当选国民党中央候补执行委员
1945年6月11日	第三方面军副司令官

他参加的战役有：平汉线作战、台儿庄战役、武汉会战、昆仑关战役、滇缅战役。1945年1月1日获颁青天白日勋章。

地。守备部队发觉后，立即实施火力拦阻。第52军军属炮兵及艾山上的第25师苏罗通小炮也向其不断猛烈侧射。日军在守军正面和侧面火力打击下，无法前进。入夜，第7团又利用夜幕的掩护，出其不意地向其出击，终于将其击退。

而后，第2师以团为单位，每隔几天，即轮换守备第一线阵地，这样始终保持了第一线作战部队的战斗力。第11联队的攻击始终不能得手。

4月28日以后，第52军与坂本支队的战斗成为相持的阵地战，双方虽不时发生战斗，但均无进展，这种状况一直持续到中国军队总撤退。

而第52军自3月中旬开赴鲁南以来，经过1个多月连续不断的作战，伤亡很大，有作战能力的官兵，已不足原来人数的一半。为此，第五战区长官部于5月上旬调第2军接替第52军的防务，让这支疲惫而残破的部队开往徐州附近待命，5月13日又奉命开归德整补，从此便结束了在徐州战场的作战任务。

表9-1 连防山、大袁庄附近的战斗双方战斗序列（1938年4月22日—5月15日）

中国军队	
（1938年4月22日—5月8日）	
第52军	军长关麟征
第2师	师长郑洞国
第25师	师长张耀明
配属部队	
山炮营	
野炮营	
（1938年5月9日—5月15日）	
第2军	军长李延年
第3师	师长李玉堂
第9师	师长郑作民
日本军队	
坂本支队	支队长坂本顺
步兵第21旅团司令部	
步兵第21联队	
步兵第11联队（欠一部）	
野炮兵第5联队（欠第2大队、第3大队（欠第8中队半部）、段列一部）	
骑兵第5联队	
辎重兵第5联队第2中队	
工兵第5联队第2中队	
卫生队三分之一	
野战重炮兵第6联队	
独立机枪第6大队	
独立轻装甲车第12中队	

第十章 峄县东南地区的战斗

濑谷支队的部署

日军在鲁南发起的第2次大规模攻势中，第10师团是以坂本、长濑支队作为主攻，濑谷支队作为助攻。该支队的任务是，以目前的态势牵制其正面之敌，同时与长濑支队的攻击进展相呼应，以一部从九山方面击破当面之敌，前出到獐山、甘露沟一线，接着以全力前出到台儿庄附近及其以西的地区。简单点说，就是在坂本、长濑支队发起进攻后，濑谷支队以一部守备原阵地，以一部向九山南方地区进攻。

此次攻势前，第10师团于4月17日下午下达命令，将濑谷支队各部队的任务作了区分：

（一）攻击部队：

以第63联队（欠第1大队（欠第3、4中队）、第5、8中队、联队炮1个小队）、野炮兵第2大队（欠第6中队的1个小队，配属105毫米轻榴弹炮1个中队（欠1个小队））、旅团无线1、卫生队一部作为攻击部队，次（18）日拂晓以前准备攻击九山南方地区，和长濑支队配合，击破九山东方地区之敌，向红瓦屋屯前进。攻击前进以前，以炮兵配合长濑支队的攻击，当长濑支队前出树林庄时，步兵开始攻击前进。

（二）南地区守备队

以第10联队（欠韩庄守备队）、第63联队第1大队（欠第3、4中队，机枪2个小队）、独立机枪第10大队的1个中队、野炮兵1个中队（欠1个小队，配属105毫米轻榴弹炮1个小队）、野战重炮1个中队、旅团无线1、卫生队三分之一作为南地区守备队，守备当前阵地，牵制当面之敌，并准备而后攻击前进。

（三）其他各守备队：

1.第10联队以第4中队（欠1个小队）、机枪1个小队、第63联队联队炮半个小队作为西地区守备队，守备当前阵地。

2.以第10联队第4中队的1个小队、第1机枪中队八分之一、旅团无线1作为峄县守备队，守备潭山、峄县城。

3.韩庄守备队（编组如故）依然继续

执行之前的任务。

（四）支队直辖部队：

以第63联队第5中队、骑兵1个分队、工兵第10联队（欠第2中队）、旅团无线1、汽车1个小队、轻装甲车1个中队作为支队直辖部队，先在峄县位置。

在此之前，该师团还将步兵第63联队1个大队（欠2个中队及机枪2个小队）纳入第10联队长的指挥。同时将第39联队第1大队（欠2个中队和2个小队）归还第39联队建制。

郭庄附近的战斗

4月18日下午，濑谷支队的攻击部队（以第63联队主力为基干）伴随着长濑支队的攻击前进，也开始发起攻势，其进展较为顺利，19日上午已进至峄县东面10公里的地方。

这样，当日濑谷支队长命令南地区守备队（以第10联队主力与第63联队第1大队为基干），以一部守备白山西及獐山附近，其余的主力在第63联队前出到响连屯以南的同时，从铁道方面转入攻势，向赵庄、奥隆桥之线攻击前进。南地区守备队即令第2大队转入进攻。

第2大队奉命后，决定以李庄守备队第7中队攻击郭庄（李庄东南约600米），同时以乱沟守备队第8中队从铁道方向牵制中国军队，并以野战重炮（150毫米榴弹炮）射击郭庄。该大队准备等第63联队前出到响连屯时，就开始行动。

第7中队长石井中尉的设想是，先以

▲日军正在准备攻击。

一部攻占李庄东方200米的无名村落（以下称为无名村落），接着再以主力夺取郭庄。而后该中队开始进行各项准备。加村大队长、赤柴联队长都极为重视此次攻击，相继抵达李庄督战。

进攻前，第7中队先以步、机枪向其对面的几个村落进行试探性射击，但那里的守军却始终没有还击。这样，下午3时20分，该中队集中掷弹筒火力，向无名村落实施猛烈射击。唐内小队则利用射击效果，向村落的右侧背迫近。然而，村落四周都被围墙环绕，该小队逼近村落后，却找不到入口，只得攀爬围墙。郭庄守军见日军受困，即以捷克式轻机枪射击其背后。无名村落守军第6师第18旅第36团一部也向日军投掷手榴弹。接着，又有约50名中国兵从铁道方向反击过来，唐内小队陷入腹背受敌的境地，虽然凭借手榴弹及白刃格斗将其击退，却受到了不小的损失。赤柴见状，考虑到唐内小队的状况不容乐观，命令其暂先撤回李庄，以图后策。

赤柴鉴于此次攻击失利的教训，亲自命令大队炮小队先在围墙上轰开缺口。该小队即以92式步兵炮直接瞄准围墙射击，因为射击距离仅200米，所以射击效果良好。而后，速射炮中队也趁势前出到最前线，占领阵地，向围墙猛轰。这期间无名村落的围墙陆续被破坏，形成多个大缺口。该地守军约200人于6时20分开始往郭庄方向撤退。

第7中队趁机于当晚9时突入村落，此时村内还留有约50名守军，双方在黑暗中互投手榴弹，这样打了20分钟，守军主动撤退，日军完全占领该村落。战斗结束后，日军打扫战场，发现30具守军遗体。而在当天的战斗中，第7中队战死7人，负伤13人。

日军第2大队在夺取李庄东侧无名村落后，又把进攻的矛头指向郭庄。20日凌晨，加村大队长为了加强第7中队的攻击力量，在以乱沟、坝子守备队（第8中队主力）一部守备崔家庄的同时，还以其和第7中队交接了李庄东方无名村落的守备。另外，赤柴还将野战重炮中队的观测军官叫到李庄，以便和加村大队长紧密联络，实现步炮的紧密协同。

当日早晨以来，第2大队及其配属部队进行着各项准备。这期间，速射炮中队长人见大尉受到守军狙击，中弹身亡。日军侦察员利用地裂沟的掩护，接近守军阵地，以探明守军机枪火力点的位置。日军重炮也向郭庄猛轰，守军则以迫击炮还击，双方互射的炮声、炮弹爆炸的声音，震耳欲聋。

下午1时，石井中尉亲自侦察敌情，利用地裂沟掩护，近接到守军阵地前方200米附近。但没想到中队指挥班却自发地紧随其后，接着第2小队也自告奋勇地前出到郭庄前方地裂沟。这样，还没等攻击开始，第7中队主力就在无意中推进到守军阵前。这样就造成了一个问题，因为他们离守军阵地较近，日军炮兵害怕误伤，不敢实施集中射击。于是加村命令第

7中队立即后退。石井中队认为，因守军火力炽烈，部队后退是不可能的，并向加村呈报了可利用地裂沟构筑工事的意见，得到认可后，该中队决定就地构筑工事。

黄昏时分，野战重炮中队对郭庄实施集中射击，震撼天地。第7中队利用炮

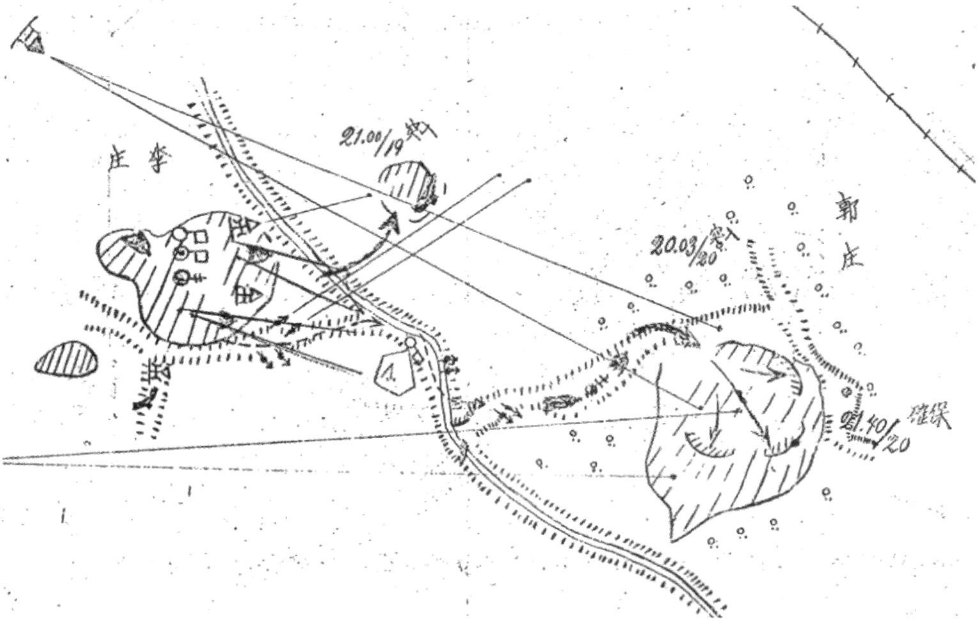

▲日军步兵第10联队郭庄附近战斗经过要图。

周碧抗战简历

追晋陆军二级上将。字奉璋，浙江嵊县人。1895年出生，1953年7月22日病逝于台北。保定陆军军官学校毕业。全面抗战爆发时，任第6师师长。

1937年8月31日　第75军军长兼第6师师长

1938年2月12日　第75军军长

1941年3月　第26集团军总司令

他参加的战役有：淞沪会战、台儿庄战役、徐州会战、武汉会战、随枣会战、枣宜会战、湘河聂家场战役、襄樊战役、反攻宜昌战役、鄂西会战、常德会战等。抗战期间，周碧因常德会战有功，奉颁二等云麾勋章。

击效果，趁势于8时03分突入该地，与守军第6师第18旅第36团一部，展开激烈巷战后，于9时40分击退守军，完全占领该地。战斗结束后，日军打扫战场，发现20具守军遗体。而在当天的战斗中，日军战死7人，负伤6人。

赵庄附近的战斗

20日，第10师团其他各部进展顺利，坂本支队于下午1时推进至向城，第39联队于下午6时30分推进至兰陵镇，步兵第40联队于下午5时推进至大庄子（兰陵镇西南约8公里），第63联队于下午6时推进至王庄、水湖之线。

这样，当晚濑谷支队长决定以一部保护该支队右侧背，以该支队主力向台儿庄北侧地区追击。为此，他命令南地区守备队以一部守备黄山及白山西，保护支队的右侧背，以主力作为右追击队，向刘庄、鱼鳞之线追击，以攻击为目的，侦察台儿庄附近的敌情。

赤柴奉命后，决定以第2大队（欠第5中队，配属步兵炮中队（欠一部））配属

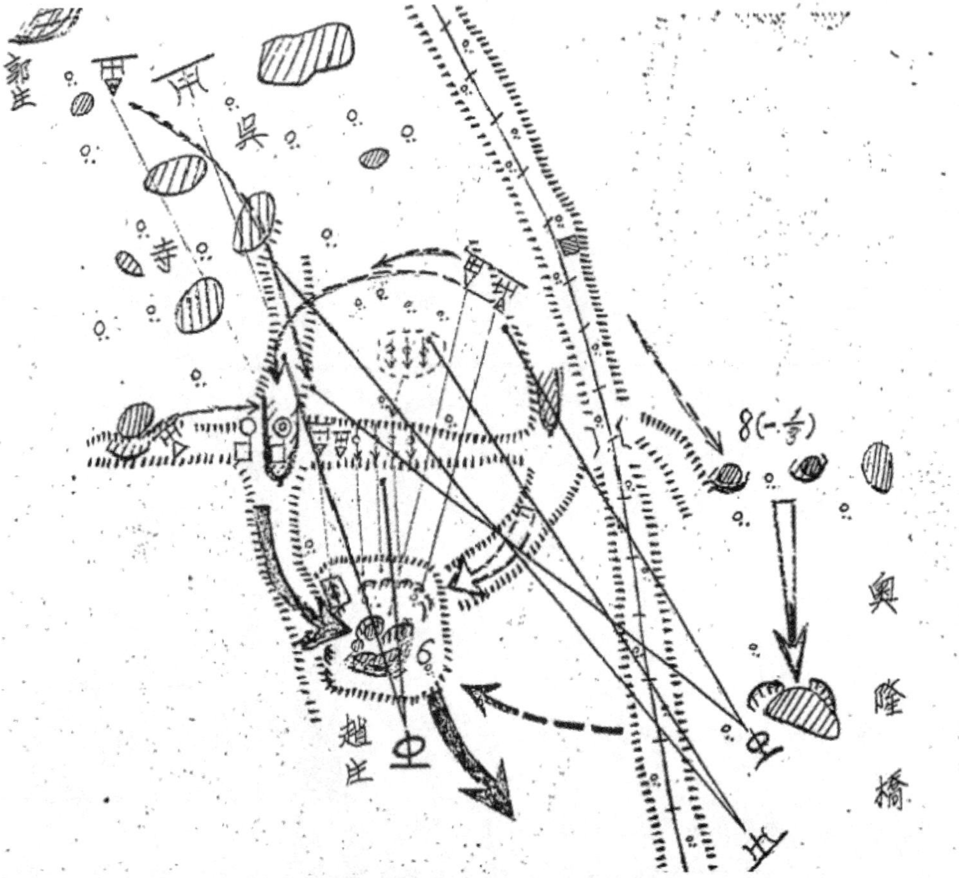

▲日军步兵第10联队赵庄附近战斗经过要图。

速射炮中队、临时编成山炮兵中队，从次（21）日早晨起攻击前面之敌，前出到赵庄、奥隆桥之线。

21日10时，第2大队先将新锐的第6中队（中队长光畑少尉，配属机枪1个小队）作为第一线，攻击吴寺（郭庄东南方村落）。吴寺是和赵庄（李庄东南约3公里）相隔非常近的村落。当日军攻入该地后，却没有发现中国军队，就抓了几个当地居民来审问，得知吴寺本来有一些守军守备，现已撤退。这样，加村令第6中队立即准备攻击赵庄，并派人侦察该地的敌情地形。

而后，日军侦察员回来报告说，赵庄是被堆土围绕，有碉楼的坚固村落，由中国有力部队守备。加村得报，亲自侦察敌情地形。而赤柴对刚补充入队的4名军官进行战场教育后，也赶到第一线，正好碰到在这里侦察地形的加村。加村根据侦察结果，决定以一部牵制奥隆桥方面守军，第6中队冲击赵庄的左侧，薄暮实施攻击。赤柴对这个方案表示赞同。下午3时，赤柴命令将山炮、联队炮，推进到守军阵前150米的地裂沟占领阵地。

日军各部随即在地形地物的掩护下，向指定位置移动。但是，这时赵庄守军第6师第18旅第36团1个营依托坚固工事，向日军猛烈射击，还有炮弹频频落在日军阵地上爆炸。日军赶紧以山炮、联队炮压制赵庄守军火力。和田少尉趁机指挥部下，将1门联队炮推进到守军阵前150米的地裂沟。

▲日军攻占一座村庄后，其指挥官集合部下训话。

不久以后下起了小雨，对日军当晚的攻击十分不利，为此赤柴下令改为次日拂晓实施突击。当晚，日军一齐发出呐喊，同时以机枪射击，佯装突击，使守军疲惫不堪。

到了22日凌晨，小雨仍没有停，赤柴赶赴在守军阵前150米地裂沟的大队长位置督战。加村决定不等雨停，即一举夺取赵庄。

黎明时分，日军炮兵开始猛烈射击。在守军阵前150米地裂沟占领阵地的联队炮，直接瞄准赵庄西北角的机枪掩体，连发数弹，终于命中目标，将其破坏。接着又变换目标，以10多发炮弹破坏了4处机枪掩体。同时，日军临时编成山炮兵中队也在原田中尉的指挥下，给守军造成很大的损失。而后，日军大队炮、重机枪又推进到守军阵前150米地裂沟，一齐向赵庄开始射击。守军完全被压制。第6中队趁势突入赵庄，击退守军，占领该地。接着，第2大队又以第8中队占领北部奥隆桥，并准备将该地作为据点，夺取中部及南部奥隆桥。

此次战斗，日军战死2人，负伤9人。

奥隆桥附近的战斗

23日早晨以来，第2大队将北部奥隆桥的第8中队作为第一线，正为攻占中部及南部奥隆桥做准备的时候，中部奥隆桥突然发生火灾，火焰冲天，浓烟滚滚。加村为了解敌情，利用地形地物的掩护，亲自接近到守军阵前60米，发现守军已撤退，即令第8中队立即突入占领该地，并将其作为攻击南部奥隆桥的据点。

第2大队急欲攻占南部奥隆桥，随即对该地实施侦察，发现该地守军约1000人，巧妙地利用围墙，配置大量的轻重机枪。此时，守军第6师第18旅一部以迫击炮轰击日军，炮弹不断落在日军阵地上爆炸。

日军大队炮冒着炮火，在中部奥隆桥占领阵地，猛烈射击南部奥隆桥守军。此时在该地指导战斗的赤柴联队长见附近树木繁茂，容易利用地形隐蔽接近，于是便命令联队炮小队长和田少尉将1门炮分解搬运，并在守军阵前200米的围墙上凿开一个大的射击孔后，这门炮就在该地占领阵地。预备队第7中队负责援助。

而后，守军的炮火越来越猛烈，中部奥隆桥完全被硝烟笼罩起来，炮弹爆炸的声音震耳欲聋。1名日军通信兵正和后方进行电话联络，忽然1发炮弹落在附近爆炸，飞溅起的沙土将他掩埋在战壕内。接着，在该地附近担任射击指挥的临时山炮观测班也受到守军迫击炮弹射击，中队长原田中尉以下全被埋在战壕内。旁边的日军见状，连忙把他们从土里刨出来。

这期间，日军步兵一直在做着突击准备，下午2时大致准备完毕。从2时20分开始，在守军阵前200米占领阵地的联队炮、大队炮，直接瞄准守军阵地各要点，一齐开始猛烈射击。临时山炮中队也在原田中尉的指挥下，猛轰守军阵地。2时

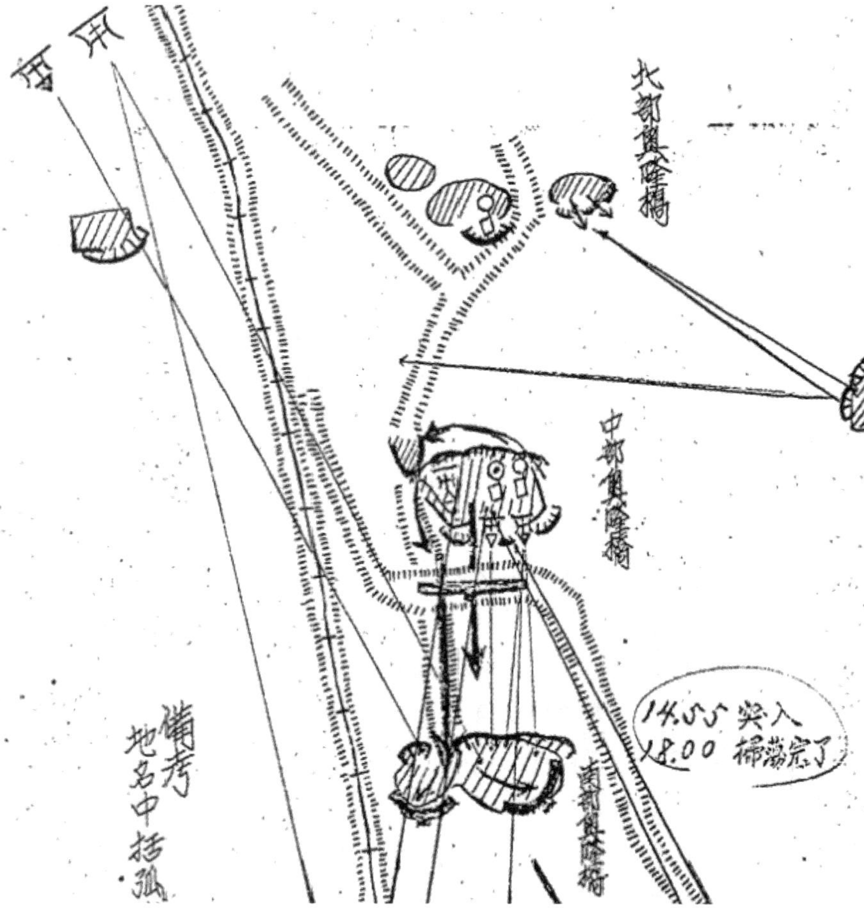

▲日军第10联队奥隆桥附近战斗经过要图。

51分，山炮、联队炮开始实施1分钟的集中射击，企图压倒震骇守军。中止2分钟后，又进行第2次1分钟的集中射击，对守军加以彻底的炮击。

第8中队渡边小队一直在等待突入时机，当第2次集中射击开始的时候，他们完全不顾虑是否会被友军炮弹误伤，立即向炮火轰开的缺口突进，接着几乎在最后炮弹落地的同时，突入守军阵地。守军还没来得及抬头，渡边小队就冲到眼前了，经过一番肉搏，日军击退守军，于2时55分占领其前沿阵地，接着继续向村内纵深扩张战果，至下午6时完全占领该地。而后准备对前方城子的高地进行攻击，为此进行着各项准备。

据日军战报称，此次战斗，守军遗尸不下300具。日军仅战死1人，负伤23人。

城子的高地战斗

24日，第10联队第2大队占领南部奥

隆桥后，又想攻取城子的高地，便以第8中队（新任的中队长逸见大尉作为补充员刚到达战场）作为第一线，进行各项准备。此时，该大队配属的临时山炮中队、联队炮中队因炮弹没有得到补充，已没有炮弹了。为此，该大队要求在獐山北侧的野战重炮中队担任炮火支援。

野战重炮中队中队长菊地大尉在加村大队长的同意下，亲自来到第2大队的最前线，在守军阵前200米附近担任射击指挥，以实现步炮的紧密协同。这时，中国军队的炮弹、机枪子弹不断向该地倾泻，日军死伤迭出，但加村和菊地仍硬着头皮在这里指挥。这期间，日军大队炮、速射炮也利用地形地物的掩护，在守军阵前300米乃至400米的地点南部奥隆桥占领阵地，准备进行准确的射击。中国炮兵从上午9时开始，又开始持续不断地向南部奥隆桥实施炮击，该地烟雾弥漫。

中午12时30分，日军大队炮、速射炮完成射击准备。加村决定以第8中队从铁道西方攻击城子高地。该中队为达成这个目的，先应利用地形，实施迂回行动，前出到铁道西方，下午4时形成突击的态势。

赤柴联队长此日早晨以来一直在南部奥隆桥的大队本部位置，担任战斗指导。旅团副官奈良中佐也为了视察战线，在赤柴同意下来到这里。奈良通过观察，认为守军阵地的坚固程度超过原来的估计，而且其炮兵力量也比日军有优势。他随即返回旅团本部汇报情况。

下午4时，野战重炮中队开始向守军阵地破坏射击，炮弹爆炸声震撼着大地。

第8中队利用炮击效果，渐渐向守军接近，前出到守军阵前200米的地裂沟。5时，野战重炮中队的破坏射击完毕，因为事先限制了其发射炮弹的数量，所以效果不理想。

从5时20分起，野战重炮中队反复实施了2次间隔2分钟的1分钟集中射击（每门炮1分钟发射2发）。第8中队趁势发起突击。可没想到的是，日军炮击刚停，中国炮兵便向日军的突击正面实施猛烈射击，一发发炮弹呼啸着落在日军突击部队周围爆炸，顿时腾起一片火光和烟雾，炸死炸伤日军小队长梶谷少尉以下多人。而且，日军炮兵还没来得及开炮压制，守军的轻重机枪又一齐开始向日军突击部队射击。日军战报这样描述当时的情景：“战场转而呈现出凄惨的光景，这样我突击顿挫。”

赤柴见状，命令加村实施夜间攻击，第8中队就地构筑突击阵地，并对前方的敌情地形实施侦察。但该中队因种种困难，当夜未能实施攻击。

据日军战报称，此战日军战死5人，速射炮中队长黑住中尉以下21人负伤。

25日，加村为了夺取城子的高地，要求野战重炮中队将阵地变换到吴寺后方地区。而菊地也再次在加村的同意下赶来，和昨天一样，在守军阵前200米的最前线担任射击指挥。

正当第2大队加紧进行各项准备的时

候，濑谷支队长却给赤柴打来电话，大意是第63联队已占领河湾（吴寺东南约6公里），正准备攻取官庄（河湾西南约1公里半），濑谷打算把野战重炮中队调到该方面配合上述攻击，于是征求第10联队的意见，问此举是否可行。

赤柴认为，在联队完成了攻击的各项准备，即将开始攻击的时候，缺了野战重炮中队的配合，会给攻击带来障碍。于是他向濑谷呈报意见，表示不同意野战重炮中队配合第63联队的战斗。然而，濑谷的态度非常坚决，一定要将野战重炮中队调走。赤柴遂再次呈报意见，表示在如今联队需要步炮一体，即将开始攻击的重要时期，将野战重炮中队使用于其他方面，对联队精神上带来的影响极坏。而且因射击距离及射击目标的关系，野战重炮中队能否密切地协力官庄攻击，还有很大的疑问。这样，濑谷终于同意了赤柴的意见。

下午1时，新锐的第6中队和第8中队作了交接，成为新的第一线部队，准备对当面守军攻击。

这样完成各项准备后，野战重炮中队于下午4时向守军阵地反复实施2次间隔1分钟、2分钟的集中射击，企图压倒震骇守军，第6中队趁势开始进攻。此时，中国炮兵突然集中炮火向该中队实施猛烈射击。守军的轻重机枪也向其吐出一道道火舌。顿时，炮弹像雨点一般落下来，巨大的轰隆声震耳欲聋，腾起的烟尘将日军吞

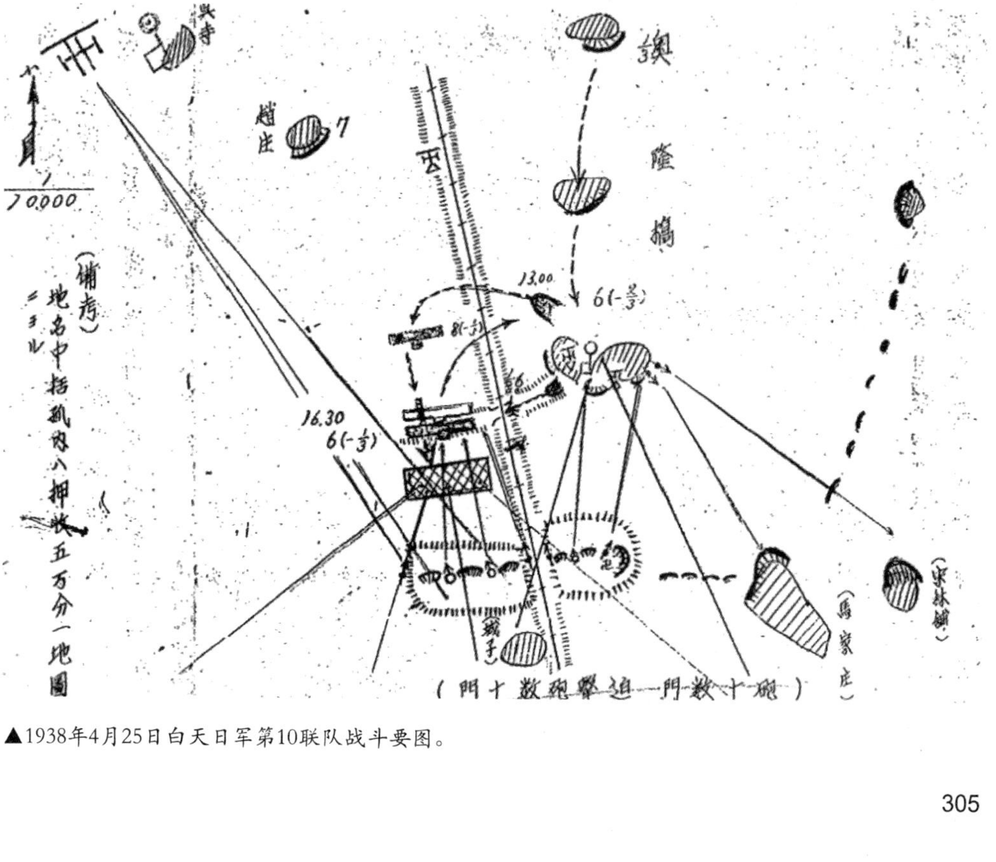

▲1938年4月25日白天日军第10联队战斗要图。

甘丽初抗战简历

追晋陆军上将。字日如，广西省容县人。1901年出生，1950年亡故。黄埔军校第1期毕业。全面抗战爆发时，任第93师师长。

1938年9月　第6军军长

1943年　中央军校第6分校主任兼西南干部训练团副教育长

1944年9月　兼任粤桂湘边区总指挥

1944年10月　第16集团军副总司令兼第93军军长

1945年初　第二方面军参谋长

他参加的战役有：徐州会战、武汉会战、昆仑关战役、桂柳会战等。

没，轻重机枪的枪声如爆豆一般。作为补充员刚担任指挥的大森中队长当场中弹阵亡，日军的突击再次受挫，被迫撤回原阵地。

据日军战报称，此战日军战死大森中尉以下4人、负伤12人。

赤柴认为，白天的攻击顿挫，是因为山炮弹完全没有得到补充，野战重炮中队的弹药又有限，所以彼我双方的炮兵火力差距不能弥补。这样除了凭借夜间攻击以外，没有别的办法。于是，他决心实施夜间攻击。

薄暮时分，第6中队开始侦察敌情地形，进行各项准备。正在这个时候，南方村落燃起熊熊大火，火焰冲天。晚11时，该中队完成夜袭准备，其官兵悄悄地匍匐前进，向守军阵地接近。日军行动非常肃静，守军毫无察觉。这样，26日凌晨3时20分，第6中队在“备前、冈山”的口令下，开始攀登陡坡，实施白刃突击。起初，前沿阵地的守军被打了一个措手不及，被日军的刺刀击退。但守军第6师及第93师部队随即发起反击，双方展开手榴弹战、白刃战。此时日军的后续部队未能及时赶上来，这样突入守军阵地的日军因寡不敌众，渐渐处于下风。赤柴得知情况，考虑到拂晓以后在守军包围圈内，难以收拾部队，遂于4时50分命令突击部队退回南部奥隆桥。

据日军战报称，此次夜袭日军战死1人，负伤14人。

马家庄战斗

加村并没有因为26日凌晨的夜袭失利而感到气馁，当日早晨以来又将刚从白山西守备队归来的第5中队作为第一线，准备而后的攻击。这期间，加村对攻击时机进行了研究，他鉴于中国军队的炮兵火力占有优势，仍决心实施夜袭夺取守军的要地。赤柴也在加村的同意下前来，会同攻击实施部队的小队长以上军官，前出到守军阵前200米的地方，担任战斗指导。

第5中队代理中队长渡边少尉鉴于往日失败的教训，向加村呈报了转而夜袭马家庄这个意见，得到允许后，即开始进行梯子的收集、夜间标识、进路的侦察等各项准备，以保万无一失。

当晚9时，日军第2大队本部、第5中队、第6中队（这支部队以下称为第2大队主力）集结于中部奥隆桥，先悄悄地向东南方树林匍匐前进，同时重机枪在南部奥隆桥占领阵地，向其前方寺院高地及城子的高地猛烈射击，以牵制那里的守军。

而后，第2大队主力以第6中队为预备队，在树林里待机；以第5中队作为突击部队，即向守军阵地匍匐前进。第5中队很快突破守军第一线阵地，立即发出信号。加村在树林里见状，异常兴奋，以电话报告赤柴说："夜袭成功。"

第5中队突入守军第一线阵地后，继续向纵深扩张战果，快接近守军主阵地时，却被一条小河拦住去路。等他们好不容易过河爬上对岸的时候，又遇到一道栅栏的阻挡，这次还没等他们回过神来，手榴弹就像冰雹那样砸过来，此时隐蔽在小河附近的机枪也向日军实施纵射，第5中队死伤迭出。与此同时，马家庄村落里吹起了冲锋号，还升起照明弹，第6师部队随即包围了第5中队的两翼，并向其反击而来。双方展开白刃战。

加村见状，亲率第2大队本部及预备队第6中队，先从包围第5中队右翼的第6师部队侧面发起突击，解救第5中队脱困后，又趁势突入马家庄北角，占领该村落的一角。此时，第6师部队又打出信号弹，吹起了冲锋号，大举转入反击，逐次向日军的两翼包围过来。

加村为了解情况，派惣台军曹及古城一等兵登上碉楼，观察情况。可两人刚进碉楼，就有一发炮弹飞来，将碉楼炸塌，并引起火灾。民房内的日军被迫冲出，与第6师部队展开白刃战，但因寡不敌众，一个接一个地倒下，最后加村以下数十人战死，但仍有相当数量的日军逃脱。27日2时30分以后，日军生还者陆续退回奥隆桥。

这之前，赤柴不清楚第2大队主力的情况，命令第2机枪中队长曾根崎大尉在南部奥隆桥指挥机枪2个小队及第8中队的1个小队，前往马家庄附近，和大队主力联络。当该部队到达南部奥隆桥东南侧，正准备向马家庄前进的时候，就看见三五成群的第2大队主力的残兵败将，互相搀扶着，失魂落魄地败退回来。

赤柴得知情况后，命曾根崎大尉代理第2大队长，立即整顿部队。

据日军战报称，此次夜袭日军战死大队长加村少佐以下53人，负伤矶岛少尉以下40人。

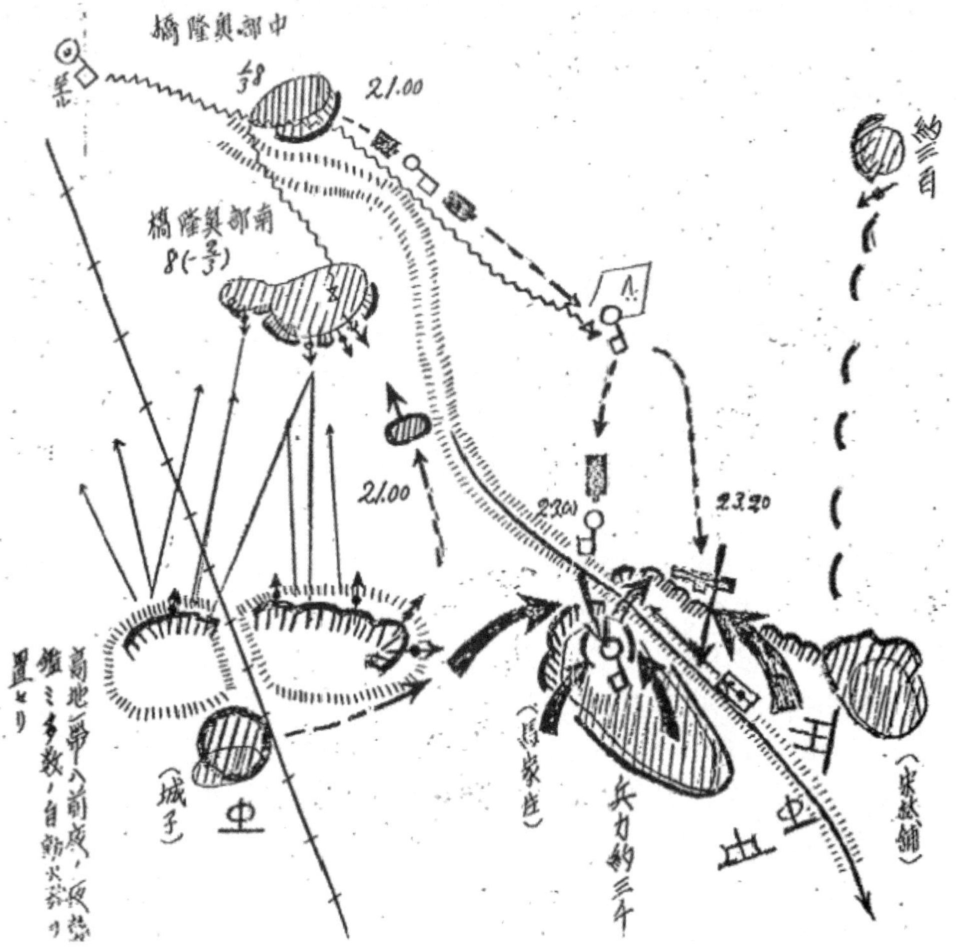

▲1938年4月26日夜日军第10联队马家庄附近战斗经过要图。

后城附近的战斗

当第10联队主力刚转入攻势的时候，第63联队第1大队（欠第3、4中队、机枪2个小队，配属独立机枪第3中队）依然在该联队的指挥下，守备獐山，准备而后的攻击。

4月20日早晨以来，该大队发现其对面的守军正在大举构筑工事，并与后方的村落联络频繁。当晚10时，该大队接到赤柴联队长的命令：“将步兵及机枪各1个小队留守獐山，以主力击破西邵礼附近之敌，而后向北洛前进后，作为支队预备队，但攻击前进的时期另有命令。”大队长中川少佐奉命后，即开始进行各项准备。

22日上午11时，该大队又接到濑谷支队长的命令（概要），“第63联队第1大队将步兵1个中队、机枪2个小队留守獐山，主力受右追击队长的指挥，担任追击。”

第63联队第1大队接到攻击命令后，先在野战重炮中队的配合下，于下午6时15分占领后城北方的村落，接着又准备攻击后城。

23日早晨以来，该大队在野战重炮中队的配合下，向后城发起多次进攻，但该地守军第6师部队颇为顽强，日军在白天根本得不到突入之机，于是企图利用薄暮突入。

当晚7时30分，野战重炮中队突然向后城实施集中射击。守军阵地上，烟柱冲天，爆炸声震耳欲聋。日军第一线步兵趁机发起冲锋，于7时40分突入后城，占领该地。一开始，守军向南撤退，但不久又向日军发起反击，因受到日军炮火的猛烈拦阻射击，未能奏效。这样，日军于8时

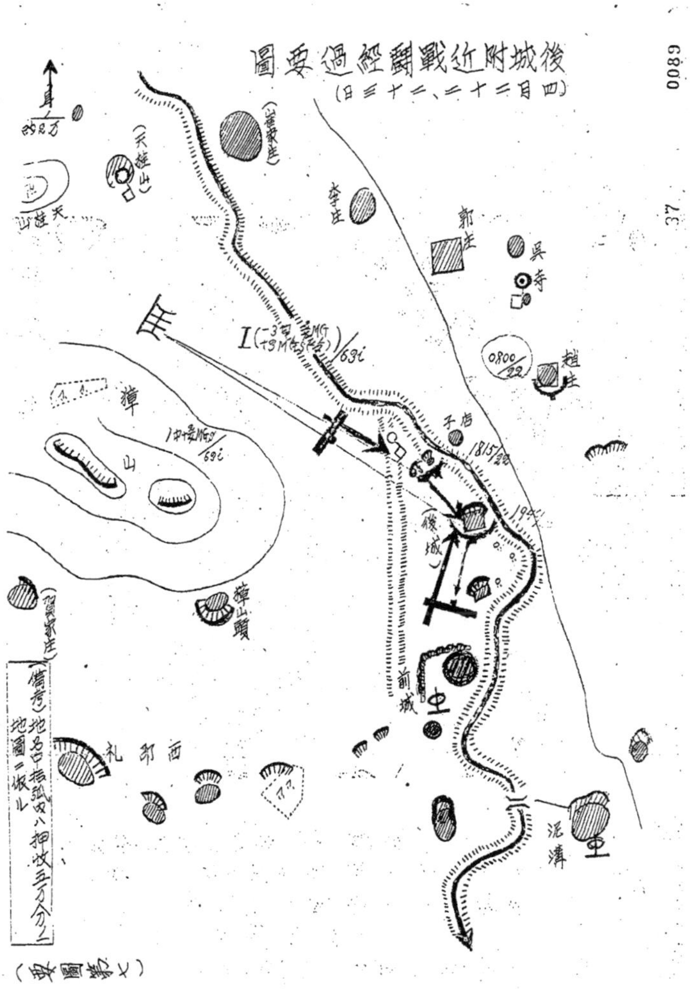

▲日军第63联队第1大队后城附近战斗经过要图。

完全占领后城。据日军战报称，此次战斗，守军遗尸60具。日军仅战死1人，负伤13人。

这之前，该大队接到赤柴转发的命令（概要），“第63联队第1大队占领前城北方村落（指后城）后，和第10联队第9中队交代该地的守备，向郭庄转进，归还第63联队建制”。

24日早晨6时40分，第10联队第9中队主力到达后城，接替了该地的守备任务。第63联队第1大队即向郭庄转进。

兰城店附近战斗

24日晚，第63联队在第1大队归还该联队建制后，决定向其当面的守军发起全线进攻，其部署是：

（一）第7中队（配属第2机枪中队1个小队、联队无线1）15时从红瓦屋屯之线出发，经该地东南村落，攻击官庄方面。

（二）第3中队（配属第2机枪中队半部、第2大队炮小队、联队无线1）15时开始从冯家湖西侧村落向西南方攻击。

（三）第1大队（欠第1、3中队，配属联队炮1个小队、速射炮中队）16时30分以前准备攻击南部河湾附近，17时开始攻击，向贾家埠、兰城店之线攻击。

（四）第3大队（配属联队炮中队（欠1个小队））在现在线准备攻击，17时开始攻击，向小集、张楼之线攻击。

（五）炮兵队（配属第6中队）在冯家湖南部河湾附近占领阵地，先协力第3、7中队的攻击，而后以主力协力第1大队的攻击。

（六）第2大队（欠第5、6、7中队，机枪中队半部、大队炮）作为预备队，在现在地位置。

第1大队长中川廉少佐奉命后，为攻击贾家埠、兰城店，于25日10时随各部队长前出到南部河湾西方无名村落，侦察敌情地形，而后根据现场侦察的结果，下达如下命令：“大队以第4中队为第一线，展开于河湾西南端附近，重点指向贾家埠东北角，先夺取贾家埠。攻击前进的时机预定为晚7时。”

下午2时30分，第1大队从集结地出发。途中其行动被守军发觉，即向其开炮射击。但该大队利用地形地物的掩护前进，仅1人负伤，5时在南部河湾西方无名村落集结完毕。

而后，该大队第一线各队在守军炮火下潜行，大致在6时30分展开完毕，准备攻击前进。这时，中国军队发射的炮弹不断落在该大队阵地上爆炸，火光冲天，硝烟四起。7时41分，机枪小队长田中少尉在弹雨下，正在指挥射击的时候，突然被1发迫击炮弹直接击中，身体就像木片碎块那样飞散，当场阵亡。

不久，日军炮兵开始向守军阵地猛轰，渐渐压制了守军的炮火。第4中队趁势向贾家埠发起突击。由于守军阵地完全面向北方，却出乎预料地受到日军向西面的攻击，完全措手不及，日军乘机于9时许突入守军阵地的一角。随后，日军与守军第27师第79旅第157团展开30分钟的白刃战后，该团顶不住了，被迫撤退，日军遂完全占领贾家埠。

当晚10时及26日凌晨4时，第1大队两次受到守军的反击，可该大队早有准备，把守军放到至近距离，再以火力急袭，及实施白刃突击，将其击退。

26日晚7时40分，第1大队在炮火掩护下，以第4中队作为左第一线，以第2中队的1个小队作为右第一线，又向兰城店发起猛攻。但守军的斜射侧射极为猛烈，8时30分第4中队的一部以川上少尉为先锋，突入守军阵地的一角，却在阵前的鹿砦与守军遭遇，双方在近距离内互相射击，互相投掷手榴弹，川上少尉等人刚翻越鹿砦，就被一阵手榴弹雨炸死，日军的突击顿挫。

随后，中川通过观察，发现守军的弱点在阵地东北角，急忙派人对该地实施细致的侦察，可守军依托围墙猛烈射击，侦察员根本无法靠近。

入夜，日军借着夜幕的掩护，渐渐接近到守军阵前30米附近，双方展开了手榴弹战。而日军侦察员趁机向兰城店东北角实施抵近侦察，终于弄清了该地状况。中川得报，决定次日拂晓以后利用炮兵的效力，再兴攻势。

27日上午9时30分，日军炮兵向兰城店发射大量烟幕弹，该地一时被烟幕笼罩，日军趁机发起突击。在这关键时刻，突然有几发迫击炮弹落在第4中队的第一线爆炸，立即引发一阵混乱，日军突击顿挫。

接着，日军第一线中队长要求再次发射烟幕弹。中川也亲自打通观测班的电话，恳请野炮大队长再度发射烟幕弹90发，称只要实施4分钟的支援射击，突击必定成功。

10时30分，日军炮兵开始第2次集中发射烟幕弹。与此同时，重机枪、联队炮、大队炮基于中川大队长的意图，将火力集中于突击点。第2、4中队也集中所有掷弹筒，向突入点猛烈射击。

在发射烟幕弹1分钟后，日军发起突击，大队长也跃出战壕，参加第一线的冲锋。第4中队很快突入村内，但守军仍然顽强抵抗，依托民房，向日军大投手榴弹。日军则实施白刃突击，与守军逐屋争夺。战至11时，守军第27师部队因伤亡过大，无法支撑下去，开始溃退。而后，日军以第2中队扫荡兰城店西半部，以第4中队扫荡东半部，正午时分扫荡完毕，完全占领兰城店。

兰城店战斗中（不包括贾家埠战斗），第63联队第1大队参战将校15名、准尉以下651名；战死将校1名、准尉以下13名；负伤将校1名、准尉以下30名。

草场支队攻击受挫

4月27日，日军第2军为加强第10师

团的进攻力量，把第16师团的步兵第19旅团长草场辰己少将指挥的步兵第20联队、野炮兵第22联队第2大队为基干的部队配属给第10师团。第10师团长矶谷廉介考虑到右翼濑谷支队方面的战况，于28日用配属部队编成草场支队。命令该支队从濑谷支队的右侧向台儿庄西面地区攻击前进，企图从右翼方面推动作战。

29日，草场支队移动到峄县西面地区。30日拂晓，该支队向第110师及第30师阵地大举进攻。第110师第660团张继烈之戴忠信营守备白庙、卜集村第一线。白庙失陷后，戴营坚守卜集村，从早晨打到中午，激战5小时，戴忠信营全部官兵殉国，卜集村随之沦陷。接着该支队又继攻马山及马山套，曾营和钟营勉强支持至黄昏，将其击退。

30日，草场支队在炮火掩护下夺取马山，接着又向铁角山主阵地发起进攻，该阵地为第659团王振淮之2个营防御，该团战斗力薄弱，支持不到3小时即为日军占领，望仙山主阵地随之大受威胁，遂与日军激战终日，第110师官兵死伤1100余名。黄昏后，退守南庄子。

5月1日晨，草场支队又大举进犯金陵寺，鲍汝澧团长带着张庚寅全营奋勇抵御，将日军击退，接着该支队又大增援兵，反复冲锋，该营连、排长几伤亡殆尽，副营长王毓衡亦于此役阵亡。

2日孙连仲将王长海的第132师归张轸指挥，当即协同该师反攻金陵寺、南庄子。攻了一天未能奏效，第132师损失兵力1营以上，王师长负重伤，第110师亦伤亡官兵500余人。当日军反攻正猛时，营长钟某某不战而退，张轸立即将其枪决。这期间，该师右侧后张金照第30师所守的张庄、朱庄一线阵地，也被日军攻陷，形势极为紧张。

3日，草场支队又大举进攻卜落村第132师阵地。张轸将临时归其指挥的野炮8门、山炮12门参加战斗，集中火力向日军侧击，打退日军3次进攻。5日，第110师师部移驻大荒。其后数日来未参加大的战斗。

而草场支队也在连日的战斗中伤亡较大，5月3日以后处于守势状态。9日，草场支队解除第10师团的配属，仍归第16师团长指挥，向济宁方面转进。

奥隆桥东方“键型村落”战斗

28日凌晨，第10联队第1大队向第114师团第102联队第1大队移交了北山西的防务后，前往丁家坝附近集结。

29日，该大队又前往响连屯附近集结。当日，濑谷支队长为了配合草场支队于次日开始的攻击，命令第10联队攻击当面之敌。此时，该联队第2大队在马家庄战斗中受到重创，战斗力大为削弱。于是，赤柴联队长决定以第1大队实施攻击。赤柴于30日上午10时以电话向第1大队下达命令：“第1大队乘良机攻击奥隆桥东方键型村落”。因为该村落北方约1公里的范围内，均为平坦如砥的开阔地，为此第1大队长末永决定5月1日夜间进行攻击。

当晚，第1大队从响连屯出发，向王家庄前进。这期间，野战重炮中队也将阵地变换到米庄北侧地区。

5月1日上午10时40分，末永大队长将各中队长召集到王家庄南端，对当日薄暮以后攻击“键型村落”的相关事项作出指示，各部队相互间还达成了各项协定。

下午4时，末永前往米庄，并于该地将第2中队小队长以上军官及野炮兵第10联队第5中队长、野重第2联队第1中队长召集在野炮兵观测所，就步炮协同攻击“键

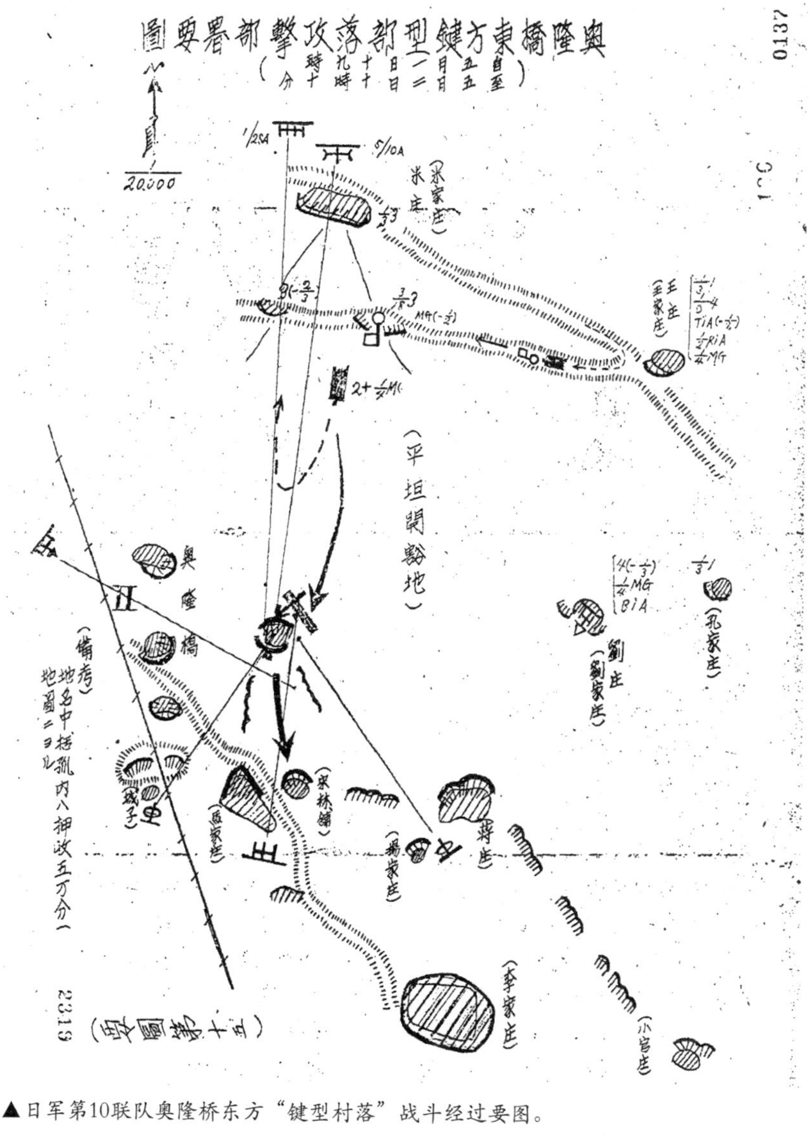

▲日军第10联队奥隆桥东方“键型村落”战斗经过要图。

型村落”的相关事项，达成协定。末永还以炮队镜详细侦察“键型村落”的敌情。

当晚7时，第2中队主力及机枪1个小队前出到米庄南方的地裂沟之线，完成攻击准备。第4中队、机枪1个小队及大队炮也前出到刘庄，准备牵制蒋庄守军。

8时，第4中队开始佯攻蒋庄。1个小时后，第2中队也开始行动。当时天很黑，伸手不见五指，而日军在昨晚设置的标识被中国军队除去，这样方向不明，为此一度回到出发点。

2日凌晨2时35分，第2中队终于找到守军阵地的位置，随即在炮火掩护下，进攻守军阵地，仅用了几分钟的时间，就突入其第一线阵地。

2时50分约150名守军向第2中队右翼方面，5时30分约100名守军向其左翼方面发起反击，第2中队各以一部将其击退，接着又攻击守军第二线阵地。但是，守军的抵抗非常顽强，迫击炮弹如雨点般落到日军阵地上，使其死伤迭出。

于是，中队长谷中尉编成以石田、妹尾两伍长为队长的2个决死突击队，以重机枪开辟突击道路，以掷弹筒构成烟幕，向守军第二线阵地发起突击。两突击队在机枪火力掩护下，于10时05分突入，守军稍作抵抗即撤出阵地，第2中队遂于10时10分完全占领“键型村落”。

据日军战报称，此次战斗，日军战死20人，负伤景山少尉以下35人。

第10联队在马家庄、“键型村落”战斗中，受到第6、93师的沉重打击，伤亡很大；第63联队在冯家湖、贾家埠、兰城店、官庄、张楼、河湾、小集战斗中，遇到第27师及独立第44旅的拼死阻击，损失也不小。而草场支队则受到第30、110、132师的顽强抵抗，5月2日以后毫无进展。这使濑谷认识到，“敌人的兵力远远超过原来的估计，占绝对优势，其阵地设施颇为坚固，其抵抗非常顽强，即使战至一兵一卒，也要死守阵地”。因此，他决定转攻为守，并于3日中午下令，将左右两追击队的名称改为左右两翼队。因为左右追击队的名字具有攻击性，而左右两翼队则是中性的。

4日，濑谷认为“不管付出多大的牺牲，战斗也不能有所进展”，于是正式下令该支队转为防御，坚固确保战线，准备次期作战。此后，双方转为相持，一直到中国军队全面撤退。

14日，赤柴得到飞机的通报，“敌人正成百上千地向运河南方退却”。然而，据他观察，该联队正面的守军似乎毫无动摇之色，于是命令部下严密监视其行动。

15日上午11时，有2个当地人误入第10联队第2大队阵地，通过审问，日军这才知道运河以北的中国军队已全面后撤。

而后，第10联队也奉命向微山湖西面转进。

第10师团司令部于1939年3月制作的《各期战斗死伤表》记载，从1938年4月8日至5月7日，第33旅团司令部战死1人；第10联队战死110人，负伤292人；第63联队战死141人，负伤417人。

表10-1　峄县东南地区战斗（日军进攻阶段）双方战斗序列（1938年4月19日－5月15日）

中国军队	
第2集团军	总司令孙连仲
第30师	师长张金照
第27师	师长黄樵松
独立第44旅	旅长吴鹏举
第110师（配属）	师长张轸
第6师（配属）	师长张珙
第93师（配属）	师长甘丽初
第132师（配属）	师长王长海

日本军队

瀨谷支队

步兵第10联队（欠第3大队（欠第9中队及机枪1个小队））

配属部队

卫生队三分之一

临时编成山炮兵中队

独立机枪第10大队第3中队

野炮兵第10联队第5中队

野战重炮兵第2联队第1中队

步兵第63联队

配属部队略

草场支队

步兵第20联队

野炮兵第22联队第2大队

第十一章　南、北涝沟附近的战斗

朱陈附近战斗

1938年3月29日，日军第5师团坂本支队正在进攻临沂的时候，因第10师团濑谷支队方面的战况吃紧，于是奉命暂时中止攻击，接着以一部（2个大队）留在临沂附近，以主力（步兵5个大队、野炮2个大队为基干）去救援濑谷支队。

第5师团长板垣征四郎仍迫切地想攻下临沂，即于3月31日进至汤头镇，亲自部署坂本支队留下的部队进攻临沂。其部署是，以第42联队第2大队攻打古城、城前，以第42联队第3大队攻击朱陈（临沂西南30余里），威胁临沂守军后背。这一带的守军为第59军及第40军各一部。

4月5日凌晨5时，第42联队第2大队开始以一部攻击房家庄，该村仅有第59军少数警戒部队，但他们仍竭力抵抗，战至中午，该村民房悉被击毁，守军无所依据，日军即乘机冲入。这期间，该大队主力也向古城、城前发起进攻，很快占领两地。

下午4时许，第42联队第3大队又由艾山方面窜入朱陈。第59军军长张自忠得报，即令第180师派兵1个团，配属第40军之工兵营，及军部之学兵营前往迎击。至晚该大队退守围寨，中国军队遂将其重重包围。

6日，骑兵第13旅由晋南开到临沂附近，张自忠令其以主力集结于五泉庄、赵家坝、大小山后对西南警戒，并监视朱陈日军。以一部进出南北沂汤、寨子、涧头、薛南方面，向敌后方搜索，并努力破坏交通，扰乱日军运输。

当晚，朱陈的日军第3大队趁第40军部队不备，突然以一部冲出，攻占王庄阵地。张自忠得知情况，命第180师调队绕攻该大队。第180师绕攻部队于7日凌晨2时进抵该村东北地区，就被日军发觉，向其猛烈射击，但中国官兵仍奋不顾身，一举突入与日军巷战。经过反复肉搏，日军不支，撤往朱陈。

凌晨5时，日军第2大队又在炮火掩护下，向砚台岭、北道、红埠寺猛攻。守军拼命抵抗，下午1时其增援部队赶到后，当即出击，至下午6时将该大队击退。

5日以后，第42联队第2、3大队遭到守军的顽强抵抗，攻击毫无进展。于是，板垣只得寄希望于坂本支队主力早点返回临沂方面。然而，该支队主力西去台儿庄战场后，先在萧汪、大顾珊、火石埠附近陷入苦战，其后方联络线也被切断，而后又转隶第10师团。

这样，板垣见坂本支队主力一时难以归建，便又决定动用担任胶济铁道沿线地区警备任务的国崎支队，进攻临沂。4月中旬，第5师团接受了独立混成第5旅团第17、第20两个大队及第114师团步兵第150联队第1大队的配属，就用这些战斗力较差的部队替换了胶济铁道沿线地区的警备，以战斗力较强的国崎支队进攻临沂。该支队是以国崎登第9旅团（欠第11联队）为基干的一支部队，淞沪会战时由华北调去华中；占领南京后，1937年12月31日受命归还第5师团建制；1938年1月14日在青岛登陆归建。

然而，国崎支队交接防务需要时间，还没等其赶来临沂附近，中国第59军便向朱陈的日军发起围攻。8日，第13师奉命归第59军指挥，以解决朱陈日军，当日在北沂、汤寨子附近集结完毕。

9日，第59军因得到第13师的增援，信心大增，决心先解决朱陈日军，遂于下午3时下达如下命令（要旨）：

（一）第38师于明早3时以主力固守原阵地，以一部佯攻，以有力之一部在城前、东石埠截击败退之敌，并阻止敌之增援。

（二）第13师附骑兵1团，于明早3时以主力攻朱陈，以一部攻黄土堰。

（三）第180师于明早3时，以一部协力第13师攻击朱陈，以主力攻击朱陈西北之敌，务截断敌之归路。

（四）骑兵13旅（欠1个团）于明早3时以一部进出芦家湖方面，对艾山西北极力扰乱破坏，以一部进出南曲坊，大枣沟头一带，努力破坏敌后方交通，并袭击其增运部队。

（五）特务团仍位原地为预备队。

10日凌晨3时，第13师第73团主力由山南头、王庄，一部由焦沂庄、黄土堰、庙山向朱陈攻击。先以炮火向该寨集中猛轰，在其掩护下，攻击部队于4时许迫近围寨，并有一部爬上围寨，却突然受到日军炽盛火力射击，爬上围寨之官兵，全部阵亡，攻势顿挫。

11日凌晨3时，张自忠命令第13、180师再次进攻朱陈日军，而第3大队恃高厚之寨墙及炽盛之火力顽强抵抗。中国攻击部队先以敢死队强登围寨，续以大部向围寨猛扑，4时左右，经官兵前仆后继，爬入寨内一部。但没过多久，寨内外部队就中断了联络，攻进寨内的部队因伤亡过众，被迫退出，致使功败垂成。此后，中国军队的攻势陷入停滞，双方转为相持。（14日，第13师奉命除留1团协攻朱陈外，其余转赴向城，配合第139师作战。）

临沂失守

国崎支队各部队在移交完防务后，陆续前往义堂集集结。其中，第9旅团司令部、第41联队本部、该联队第4中队（欠1个小队）、第7中队（欠1个小队）、第6、10、11、12中队、野炮兵第5联队第4、5中队等部队搭乘汽车行军，行动较为迅速，在4月10日至4月12日期间相继抵达义堂集。而第41联队第3大队的大小行李，重机枪、大队炮及联队炮、速射炮的车辆马匹，野炮兵第5联队第4、5中队的车辆马匹，旅团司令部、第41联队本部的

国崎登

日本广岛县人，1886年8月2日出生。1907年5月31日毕业于日本陆军军官学校第19期，1920年11月22日陆军大学第32期毕业。1960年11月21日亡故。

1920年12月15日	步兵第63联队中队长
1921年4月11日	陆军步兵学校教官兼该校研究部员
1923年3月17日	晋升陆军步兵少佐，陆军步兵学校研究部主事兼该校教官
1924年8月20日	陆军步兵学校教官兼同校研究部员
1925年5月1日	参谋本部员
1926年8月6日	步兵第28联队大队长
1927年7月26日	晋升陆军步兵中佐，近卫步兵第2联队附
1932年2月29日	盛冈联队区司令官
1932年4月11日	晋升陆军步兵大佐
1934年3月5日	步兵第42联队联队长
1935年3月15日	第9师团参谋长
1936年8月1日	晋升陆军少将，步兵第9旅团旅团长
1938年7月15日	陆军步兵学校校长
1939年3月9日	晋升陆军中将
1939年8月1日	第7师团师团长
1941年11月11日	转预备役
1944年7月8日	留守第7师团师团长
1945年4月1日	旭川师管区司令官

中国抗战时期，他参与的侵略作战有察哈尔作战、杭州湾登陆战、南京作战、徐州会战等。1940年4月29日获得勋一等旭日大绶章。

大小行李、第2机枪中队半部的马匹等部队则靠徒步行军，行动较为迟缓，4月15日才到达义堂集。

14日，板垣为了加强国崎支队的攻击力量，遂将第42联队（欠第6、8中队及第3大队）、工兵第5联队（欠第2中队（欠1个小队））、卫生队三分之一、辎重兵1个中队（欠1个小队）配属给该支队。当日上午11时，他于义堂集战斗司令所下达如下作战命令：

（一）师团迅速攻占沂州（临沂），并向第10师团方面前进，策应该师团的作战。

（二）国崎支队迅速对沂州附近之敌开始行动，最迟不过19日早晨攻占并确保该地，接着准备往向城方面前进。以一部担任诸城、莒县、汤头镇附近警备地域的警备以及义堂集、艾山的警备。

（三）铃木部队（第42联队第3大队）以一部联系国崎支队的攻击，确保朱陈，以主力牵制该地附近之敌，努力扰乱敌人的后方。

国崎支队的兵力编组如下：

支队长国崎少将、第9旅团司令部、第41联队（欠第8、9中队）、第42联队（欠第6、8中队及第3大队）、野炮兵第5联队第2、3大队（欠第8中队的1个小队）、联队段列半部、独立山炮兵第3联队（欠第2大队、第2中队、第3中队的1个小队及联队段列半部）、工兵第5联队（欠第2中队（欠1个小队））、卫生队三分之一、辎重兵1个中队（欠1个小队）。

国崎支队奉命后，即开始制订作战方案。本来，该支队打算先从义堂集南下，击破正在包围朱陈的中国军队，接着从临沂西南方地区向守军的侧背攻占该城。但而后，该支队根据情报，得知中国军队的一两个师已向朱陈附近移动，另外还在行头、岭石、西石埠，亘其西方高地构筑阵地。据此，该支队认为从西北方攻击临沂更为有利，遂决定以12个中队实施两个阶段的攻击：第一阶段在16日下午夺取守军第40军的警戒阵地；第二阶段从17日拂晓起，开始向守军第40军主阵地发起攻击，迅速取得突破，接着在炮工兵破坏城墙的同时，进攻临沂城。18日夜占领该城。

从16日上午10时许起，国崎支队各部队相继向攻击准备线进发。中午12时50分，其右翼队（队长大场大佐）第42联队（欠第4、6、8中队及第3大队，配属独立山炮兵第3联队第3中队（欠1个小队））展开于密庄、大五埠湖之线，左翼队（队长山田大佐）第41联队（欠第2、5、7、8、9中队，配属独立山炮兵第3联队第1大队（欠第2、3中队））展开于化新庄、乾沂庄之线，准备向守军警戒阵地发起攻击。炮兵队（野炮兵5联队第2大队、第3大队（欠第8中队））则在化新庄西侧地区占领阵地，开始对朱许及鸢台岭的守军警戒阵地进行射击。

下午1时，日军第一线部队利用炮击

效果，开始从展开线攻击前进，仅用了半个小时，即夺取朱许、鸾台岭、姜庄之线的守军警戒阵地，接着继续向纵深发展，至3时30分，前出至响河屯、朱许东南约1500米小河之线，大岭北方约500米无名村落、沟上北端之线。而这之前，炮兵队于2时30分将阵地推进到二十里铺西侧地区步兵第一线的后方附近，配合左右两翼队的攻击。日军工兵第5联队则以主力配合左翼队，以一部配合右翼队的攻击。

随后，右翼队第42联队逼近北道、小岭附近守军主阵地；左翼队第41联队也逐步接近大岭、葛庄附近守军主阵地。

守军第40军主阵地的前缘，从小岭，经大岭、小官路附近，到亘葛庄一线。这一带地势平坦，缺乏地物的掩护。各村落的防御编成，除民房的墙壁及围墙凿有枪眼以外，围墙外村落的四周还挖有有掩盖的散兵壕，并以鹿砦作为障碍物，各村落间凭借交通壕联络，可隐蔽地从一个村落转移到另一个村落。而且，各村落之间的距离非常方便发扬侧防火力。这样，当日军每进攻一个村落时，都会受到来自其两侧村落的侧射，给其步兵的行动带来极大困难。

而且，日军使用的地图很不准确。战场一带，尤其是大岭、小岭附近的许多村落，地图上都没有标示，而且图上标出的道路位置也与实际情况有出入，这样日军左右翼队及炮兵队均难以正确识别各村落，屡屡出现张冠李戴的错误。第41联队推进到二十里铺附近时，错将其西南方的村落（实为大岭东北无名村落）当成了大岭。而第42联队从朱许向东南方攻击前进时，也错把其前方的大岭当成了小岭，因此越过了战斗地境。

5时20分，第41联队在炮火掩护下，向大岭东北无名村落（当时其确信为大岭）发起攻击，却受到守军的密集火力拦阻，前进受阻。而第42联队于5时攻击大岭（当时其确信为小岭）时，也受到来自东北无名村落的侧射，这样直到日落，攻击仍没有进展。

国崎支队长得知攻击迟迟没有进展，甚为焦急，7时30分令两翼队当晚在工兵配合下，继续攻击守军阵地。至12时，他还没有接到对大岭东北方无名村落夜袭成功的报告，又派副官到二十里铺第41联队本部，督促其强行发动夜袭。

在国崎严令下，日军一线部队倾全力向守军阵地发起疯狂的夜袭，终于取得进展。17日凌晨5时15分第41联队占领大岭东北方无名村落，5时20分第42联队占领大岭，接着两联队继续攻击小官路及小岭。

日军炮兵队5时30分将阵地变换到大岭东北方无名村落北侧，开始射击小官路及其西方村落守军阵地，配合第41联队的攻击。在其掩护下，该联队主力于早晨7时占领小官路，其第3大队也几乎在同一时刻近迫到葛庄守军阵地前。

国崎于8时从鸾台岭出发，向二十里铺前进，抵达该村东南端位置时，1架日军轰炸机飞来，对临沂城北侧的守军阵地

山田铁二郎

日本东京都人，生卒年不详。1908年5月27日毕业于日本陆军军官学校第20期。

1908年12月25日	陆军步兵少尉
1935年3月15日	晋升陆军步兵大佐，朝鲜军高级副官
1937年3月1日	步兵第41联队长
1938年7月15日	晋升陆军少将，广岛陆军幼年学校长
1940年3月9日	独立混成第6旅团长
1941年3月1日	陆军中将
1942年8月1日	待命
1942年8月31日	转为预备役

中国抗战时期，他参与的侵略作战有察哈尔作战、杭州湾登陆战、南京作战、徐州会战等。

进行轰炸。接着，他又接到侦察机的通报“敌人的一部正向沂州东方及南方退却”。

8时30分，第42联队主力开始向小岭攻击前进，第41联队最右翼的第4中队主动配合作战。可当时第41联队又把第4中队正在攻击的村落错当成了小岭，其实是小岭东北即小官路西南的无名村落。

第42联队的第2大队则于9时15分受到响河屯东方“沙丘高地”上机枪火力拦阻，被迫停止前进，同时请求炮火支援。因变换阵地需要时间，日军野炮兵1个中队在1个小时以后，才对“沙丘高地”实施火力压制。然而，该高地上，有许多炮弹打不到的地方，形成射击死角。这样，守军的机枪火力并未因炮火压制而减弱多少。大场联队长得知情况后，命第2大队绕过“沙丘高地”，从响河屯附近转进到大岭，向联队主力靠拢。

下午2时40分，第42联队主力占领小岭。此时，其第2大队也陆续到达指定位置。大场即令该大队攻击北道。但该大队在此前的战斗中伤亡较大，而且尚未集结完毕，无力进攻。

当第42联队攻击小岭、“沙丘高地”的时候，第41联队也向其对面的守军发起进攻。该联队主力在攻击小官路东南及西南方无名村落时，受到了来自两地及两侧村落的交叉火力射击，前进困难。山田联队长为了尽快取得进展，遂将联队预备队第2大队的重机枪、大队炮小队增加到第1大队的左翼，企图从第一线的中间地区扩张战果。

该联队第3大队虽于上午9时30分攻

入葛庄，随后却受到其左翼附近守军迫击炮的猛轰，葛庄守军也依托坚固碉楼顽强抵抗。这样，该大队遂将一部留在该地，监视该地守军，主力于11时向东南方约400米无名村落前进。

下午4时，国崎支队第42、42联队第一线，大致于小岭、小官路、葛庄守军主阵地后端之线，继续扩张战果。同时，日军炮兵队将阵地推进到小官路两侧，以主力配合步兵攻击小官路东方及东南方无名村落。

半个小时后，国崎支队长也抵达大岭。当时第42联队本部正好在该村南端，大场联队长随即向国崎汇报战况说，该联队在此前的战斗中伤亡较大，目前正在整顿队伍，下午6时以前无法攻击前进。

国崎急于尽快攻取临沂，决定利用当日的战斗成果，继续进行攻击。随后，他为了准备次（18）日攻击城墙，于5时15分下令，第一线两翼队大致在当日黄昏以前前出到曹家王庄、李庄、十里铺之线，明日拂晓以前经林庄、临沂西北约1500米三叉路附近，前出到桥坊对岸附近之线，准备攻击城墙。炮兵队次日拂晓以前前出到李庄、十里堡之线附近，准备从次日早晨起向城墙实施破坏射击。

下午6时，第42联队又开始攻击前进，却受到小官路西南方（大岭东南方）无名村落守军的侧射，前进困难。而第41联队则在炮火掩护下，于晚7时20分占领小官庄西南方无名村落。由于该地附近散布的许多村落，在日军地图上都没有标识，这样日军很难识别各村落，以致第41、42联队及炮兵队对同一村落的称谓不一致。甚至出现了这样的情况，日军某部接到邻接部队的通报，称其已占领某地，但实际上该地仍由守军坚守，邻接部队占领的是另一个地方。由此引起一定程度的混乱。

当晚，日军彻夜进行攻击。18日凌晨3时，第42联队夺取钦宿及李庄，接着以一部留在小岭、钦宿，掩护支队的右侧，主力准备攻击林庄。第41联队拂晓前以右第一线占领小官路东南方无名村落，接着继续攻击苇屯及其北方地区的阵地；又以左第一线占领十里铺北方无名村落，拂晓起攻击十里铺。

这期间，日军后续的野炮兵第3大队抵达大岭，并在该村东侧占领阵地，6时开始向小官路和苇屯的中间阵地的守军大举压制射击。第41联队鉴于其右第一线大队伤亡较大，便将第2大队增加到其左翼，继续进行攻击。8时15分，该联队最右翼的第4中队夺取苇屯，其左第一线大队则于9时40分占领十里铺。

11时，第41联队第2大队前出到沂州城墙前1000米附近，这一带平坦开阔，可以依托的地物仅有墓地，加上受到城外西北“无名寺村落”附近守军的顽强抵抗，随后攻击没有进展。而该联队左第一线第3大队在十里铺以东地区行动时，因为该地附近的守军依托阵地节节抵抗，所以该大队的行动较为缓慢，直到正午时分才推进到第2大队位置。这时，第42联队也前出到临沂城以西的林庄之线。

这时，守军第40军因正面阵地全被摧毁，又无援军前来，决定缩短战线，以第39师第116旅副旅长崔玉海率领刘富生之第231团，会同临沂专员张里元及其保安团，坚守临沂城，牵制日军前进。其余部队，暂撤至临沂以南地区集结，军部移至临沂城南黄山至九曲店一线。

第41联队对临沂城西北地区进行细致的侦察后，发现临沂城北门外无名村落的北方是一大片树林，里面隐藏着无数的机枪掩体，遂决定以一部在森林里行动，掩护左侧；同时以左第一线大队主力在炮兵队主力支援下，沿林缘向十里铺东南无名村落攻击前进。

下午3时，日军以若干架飞机对临沂城进行轰炸，将城墙炸塌多处。30分钟后，日军炮兵队在十里铺、苇屯间的阵地，开始向城墙实施破坏射击。因为距离稍远（约3000米），因此其又在麦田中推进千数百米，前出到距离城墙约一千五六百米的距离。野炮兵第2大队在十里铺东南方，野炮兵第3大队在李庄东侧公路附近占领阵地。

随后，野炮兵第2大队从4时10分起、野炮兵第3大队从5时20分起，开始向城墙进行破坏射击。6时，两大队各在临沂城西北面城墙上轰开一条缺口。接着，炮兵队为掩护日军步兵推进到突击位置，向“无名寺”附近的机枪掩体以及城墙上的机枪阵地猛烈轰击。另外，野炮兵第6中队为了打掉“无名寺”后方树林里

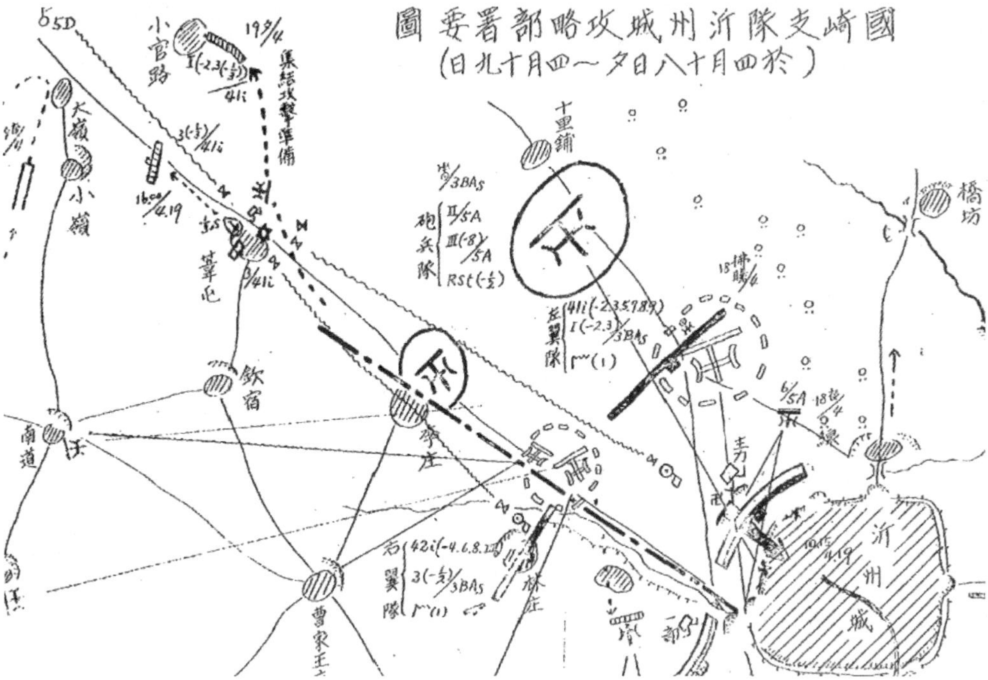

▲日军国崎支队攻打临沂城的部署要图。

的侧防机枪，还推进到步兵第一线。但是，由于林庄东侧附近及无名寺附近守军顽强抵抗，日军步兵在入夜后才进入突击距离。当晚，日军炮兵队为了阻止中国军队补修城墙，断断续续地向缺口附近射击。而工兵队依然以一部配合第42联队的攻击，并援助炮兵队变换阵地；主力配合左翼队的攻击，并准备破坏城门及开设突击路。

19日早晨，雾较浓，日军第一线步兵在炮火掩护下，开始攻击前进，9时到达小河之线。接着，日军炮兵队又向临沂西北角及北门附近侧防机枪实施炮火压制。日军步兵趁势渡过小河，施放烟幕，遮蔽了城墙上守军的视野。第41联队第6中队首先登上工兵架设的梯子，于10时15分通过缺口突入城墙，占领其一角，并逐次扩张战果。战至下午，守军第40军第231团及临沂保安团因伤亡过重、后援不继、补给困难，无力支持，于是陆续从南门撤出。但仍有部分守军留在城内，与日军展开巷战。

国崎鉴于这种情况，遂以第42联队第1大队长渡边少佐指挥的步兵1个大队（配

表11-1　临沂附近战斗双方战斗序列（1938年4月16日—4月20日）

中国军队

第40军	军长庞炳勋
第39师	师长马法五

日本军队

国崎支队

- 步兵第9旅团司令部
- 步兵第41联队（欠第2、5、8、9中队）
- 步兵第42联队（欠第4、6、8中队及第3大队）
- 野炮兵第5联队第2大队、第3大队（欠第8中队）
- 野炮兵第5联队段列
- 独立山炮兵第3联队（欠第2中队、第3中队半部、第2大队、联队段列半部）
- 工兵第5联队（欠第1中队的1个小队、第2中队（欠1个小队））
- 辎重兵第5联队第6中队（欠1个小队）
- 第5师团卫生队三分之一

属山炮兵1个中队、工兵1个小队、师团无线1）沿临沂－李家庄－郯城道路向郯城急追守军，同时以支队主力扫荡临沂城内外。

20日上午8时，留在城内坚持抵抗的守军全部阵亡，临沂落入日军手中。1个小时后，第5师团长板垣征四郎和第9旅团长国崎登一同进入临沂城。

当日，向郯城追击的第42联队第1大队沿五里铺——白庄道路前进途中，于白庄东西之线受到守军1个营的顽强阻击，而且其阵地前有宽约4米的小河，加上道路到处被破坏，车马进出困难，为此该大队只好停止追击，并向十里铺转进。

大场联队长在完成城外南郊的扫荡以后，也亲率主力前去解救朱陈的第42联队第3大队。21日上午8时，大场和朱陈的第3大队取得联络。而后该联队主力于下午1时、第3大队于下午3时返回临沂。

国崎支队攻击临沂附近第40军阵地期间（自1938年4月16日至4月20日），伤亡很大。据日军战报称，该支队这期间参战将校187人，准士官以下7420人；战死将校6人，准士官以下138人；负伤将校33人，准士官724人。

郯城及马头镇附近战斗

18日凌晨，日军第10师团转入全面的攻势。至19日下午4时许，其先头已大致推进到前山头、旺闸湖、向城之线。这样，当第5师团占领临沂以后，就决定以一部留在临沂担任警备；以主力策应第10师团作战，先攻占郯城附近，然后向四户镇、新安镇方向前进。

国崎支队奉命后，决定将第41联队第1大队（欠第2中队）及野炮兵第6中队留在临沂附近，担任临沂及李家庄渡河点附近的警备；支队主力（新配属第42联队第3大队）于21日从临沂出发，先向郯城前进。

然而，此时第42联队还没有和朱陈的第3大队取得联络，需要掌握该大队后才能向郯城前进。况且，该支队各部队还没有得到充足的弹药补给。据此，国崎支队长遂将主力开始行动的时间推迟至22日早晨。随后，他又接到先遣的渡边大队的报告，得知车辆通过李家庄渡河点需要数小时的时间，于是将支队主力的进路变更为沂河左岸道。

20日，国崎支队的先遣队，即先向郯城发起追击的渡边大队（第42联队第1大队）沿五里铺－白庄道路前进途中，于白庄东西之线受到约500名守军的顽强阻击，而且守军阵地前有宽约4米的小河，加上道路到处被破坏，车马进出困难。为此，该大队利用薄暮，转进到十里铺附近。

次日，国崎支队长得知该大队缺乏弹药，即收集第41联队的多余弹药——机枪子弹16000发、山炮弹180发，并派出辎重部队将这些弹药送往十里铺，补给渡边大队。下午1时，日军2个兵站汽车中队抵达临沂，国崎又派其中的小田中队（59

辆汽车）装载一部分粮秣，前去追赶渡边大队，完成粮秣补给以后，搭载该大队行动。

22日早晨7时30分，第42联队第2大队（欠2个中队）搭乘龟谷（汽车）中队（20辆汽车）从临沂出发。国崎支队主力也同时从该地出发，以徒步行军，先沿沂河左岸道向北墩前进。而这之前，渡边大队从21日黄昏起开始攻击李家庄的200名守军，晚10时占领该地，22日中午完成扫荡。不久，小田（汽车）中队于李家庄追上渡边大队。搭载第42联队第2大队（欠2个中队）的龟谷（汽车）中队也追上来，在该地卸下部队后，为运输后面的部队又往回赶。

下午3时30分，当国崎支队主力的先头到达李家庄时，渡边大队已搭乘汽车从该地出发。国崎遂命第42联队第2大队以徒步行军，紧跟在该大队的后面前进。支队主力亦随之跟进。其中，第42联队长大场指挥的部队（联队通信班半部、第4中队（欠1个小队）、第10中队的1个小队、第2大队炮小队（欠1个分队）、第3机枪中队的2个小队、联队炮中队），属于第2次汽车运输部队，于白家场附近搭乘龟谷中队的汽车前进，追上渡边大队

▲日军第5师团长板垣征四郎视察前线。

后，一并指挥该大队，向郯城急进。

当晚7时许，国崎支队主力抵达北墩附近，就地宿营。半个小时后，国崎接到报告，称先遣（渡边）大队正在攻击官路东附近、有迫击炮的守军。该地守军为第13师主力。这时大场联队长已到达渡边大队位置，但其兵力寡小。为此国崎决定动用2个汽车中队，在次日拂晓以前将第42联队后续的第2、3大队主力及野炮兵约1个大队，都运到官路东附近的渡边大队位置，归大场指挥，攻击其当面的守军。支队主力（以第41联队为基干）则于次日早晨出发，以徒步行军，先向大埠前进。

第42联队第2大队（欠2个中队）奉命后，立即搭乘汽车出发，急进到官路东，复归大场指挥。该联队第3大队及野炮兵1个大队（欠1个中队）也于23日早晨7时许，搭乘汽车向官路东急进。

半个小时后，国崎支队主力（以第41联队为基干）为攻击郯城附近守军，从张场、前墩之线出发，分为左右2个纵队行军，以步兵半个大队、野炮兵1个中队沿前墩－泉隄庄－驼家庄－郯城道路，以主力沿北墩－郯城道路向郯城前进。

10时以后，该支队主力陆续抵达大埠附近。而昨夜以来，第42联队一直在攻击官路东附近的守军，进展甚微。国崎支队主力左纵队第41联队第3大队（欠2个中队）随即也向榆林村（大埠南侧）的约200名守军发起进攻，但也无多大进展。

大场四平

日本宫城县人，1890年1月14日出生。1910年5月毕业于日本陆军军官学校第22期。1963年7月25日亡故。

1910年12月　授阶步兵少尉

1936年8月　晋升步兵大佐，步兵第7联队留守队长

1937年8月　步兵第42联队联队长

1938年7月　丰桥陆军预备军官学校步兵学生队长

1939年8月　晋升陆军少将，留守第10师团司令部附

1940年8月　第10步兵团团长

1942年8月　晋升陆军中将，第16师团师团长

1944年3月　参谋本部附

1944年6月　东京湾要塞司令官

1945年6月　东京湾兵团司令官兼东京湾要塞司令官

中国抗战时期，他参与的侵华作战有察哈尔作战、内长城线作战、太原攻略战、南部山东剿灭战（临沂战役及台儿庄战役）、徐州会战等。

国崎得报，判断这一带应为郯城防御的主阵地，于是令山田联队长率领第41联队的其余兵力（步兵3个中队、山炮兵大队（1个半中队）），向山井村方向转进，一并指挥左纵队，攻击守军右侧背。同时，日军炮兵队以主力（野炮4个中队）在大高、赵家庄附近占领阵地，主要配合第42联队左翼方面的战斗。

下午3时左右，第41联队主力前出到山井村，接着又向归义前进。1个小时后，该联队第3大队夺取榆林村。

6时许，第42联队从正面向守军第13师阵地发起全线进攻。与此同时，第41联队第3大队也在炮火支援下，从榆林村往十里铺方向攻击守军背后。守军第13师部队因后背受到威胁，开始动摇，遂开始向西方及西南方退却。日军第42联队趁势转入追击。晚10时，国崎支队本部前出到十里铺，决定以第42联队为右翼队，以第41联队为左翼队，继续向郯城进攻。

24日凌晨，日军工兵爆破郯城北门，国崎支队右翼队第42联队乘机于5时45分突入城内，与守军第13师部队展开巷战，8时40分完全占领该地。此时，左翼队第41联队也推进到郯城东门附近。国崎决定利用攻占郯城的效果，一举夺取马头镇。这样，他即令前出到东门附近的左翼队第41联队及炮兵队、工兵队，立即向马头镇追击前进；右翼队第42联队扫荡完郯城城内后，迅速向马头镇会合，参加此次攻击。

日军工兵中队奉命后，先于第41联队发起追击，但其从大圈沟向小圈沟方向前进途中，于小围沟东北方附近，突然遭遇到从马头镇方向前进而来的中国部队，立即停止前进，就地转为防御。10时许，第

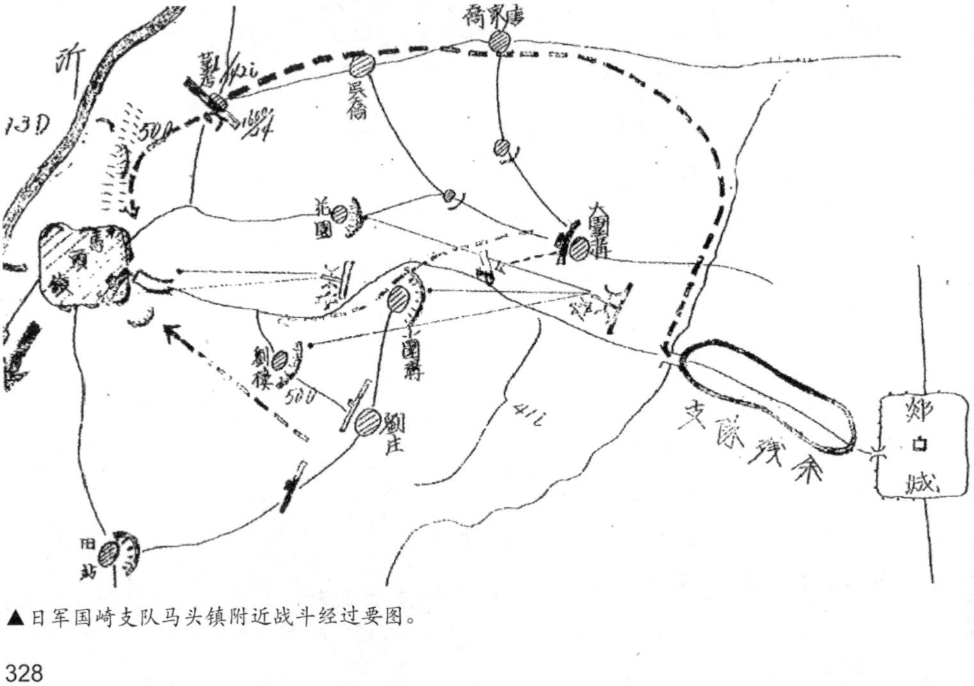

▲日军国崎支队马头镇附近战斗经过要图。

41联队先头到达桥梁，随后向马头镇方向走了数百米，突然受到小圈沟守军步机枪的射击。该联队前卫的2个中队，即在联队炮的配合下，攻击小圈沟守军。不久，国崎支队长也以本队的山炮兵1个中队向其提供炮火支援。守军依托小圈沟及吴徐、魏庄、花园等村落的围墙，抵抗颇为顽强，日军的攻击迟迟没有进展。

下午1时，第42联队追赶上来。但此时守军的增援部队也陆续赶来，双方战线逐次扩大。而且，由于守军顽强阻击，日军的攻击仍无进展。这样国崎决定以第42联队第1大队从北侧向马头镇方向迂回攻击。该大队奉命后，于下午2时45分出发，经唐家乔、吴乔，从百善村方向攻击马头镇。国崎支队还展开全部炮兵力量（野炮4个中队），配合第41联队第一线的攻击。该联队主力（不包括第2大队主力）在炮火掩护下，猛攻小圈沟。但该地守军凭借坚固的围墙及散布在村内的碉楼，避开了日军炮火的伤害，并以密集的步机枪火力拦阻日军，使其攻击受阻。这期间，第41联队左翼的第2大队主力（2个中队）攻击进展较为顺利，先夺取吴

表11-2　郯城、马头镇附近战斗双方战斗序列（1938年4月22日—4月25日）

中国军队

第40军	军长庞炳勋
第39师	师长马法五
第13师	师长吴良琛

日本军队

国崎支队

　　步兵第9旅团司令部

　　步兵第41联队（欠第1大队、第5、8、9中队）

　　步兵第42联队（欠第6、8中队、第3大队（欠第12中队））

　　野炮兵第5联队第2大队（欠第6中队）、第3大队（欠第8中队）

　　独立山炮兵第3联队（欠第2中队、第3中队的1个小队、第2大队、联队段列半部）

　　工兵第5联队第1中队（欠2个小队）及第2中队的1个小队

　　第5师团卫生队三分之一

徐、魏庄，接着又驱逐二郎庙及刘庄守军，向刘楼攻击。守军逐次延伸其翼，以骑兵部队占领张园附近，又以步兵部队占领田站及其北方地区。

随后，日军炮兵队对小圈沟的围墙及碉楼实施破坏射击。第41联队第一线部队利用炮击效果，逐次接近，终于在6时30分突入该地。该地附近的守军终于动摇，开始全面向马头镇撤退，日军趁势占领小圈沟，并发起追击。

当晚8时30分，国崎支队长于大圈沟下令，第一线部队依然继续攻击，夺取马头镇；其他部队集结于刘楼、小圈沟附近。9时05分，第41联队一部突入马头镇，经过巷战，击退守军，占领该地。25日上午9时40分，国崎支队长进入马头镇。

据日军战报称，郯城及马头镇附近战斗中（自1938年4月22日至4月25日），国崎支队参战将校157名，准士官以下6222名；战死将校1名，准士官以下52名；负伤将校9名，准士官以下153名。

滩头附近战斗

4月25日，国崎支队占领马头镇以后，即在该地集结兵力，准备而后的作战。此时，第10师团（包括坂本支队）正与第60、52军及第2集团军等部激战。板垣师团长为了威胁第10师团当面中国部队的右侧背，命令国崎支队攻占沟上集附近，并准备向邳县、官湖镇之线前进。

该支队奉命后，决定以占领沟上集附近为目的，当日半夜出发，分为2个纵队，以一部向授贤前进，以主力向南荆邑前进，于该地以南出其不意地渡过沂河，在沟上集、授贤之间集结兵力，准备而后的攻击。

26日凌晨2时30分，该支队左纵队（第42联队第1大队、独立山炮兵第3联队第2中队、工兵第5联队第2中队的1个小队、旅团无线1机）从高楼出发，沿马头镇－石站－蔡官庄－小寺湖－冯家窑－冯庄道路向授贤前进。半个小时以后，其右纵队（该支队主力）也从桑庄三叉路出发，沿停车庙－埠村－南港上－南荆邑道路向南荆邑前进。国崎在部队出发的同时，将马头镇守备队（第41联队第2中队的1个小队）纳入郯城守备队长的指挥。

由于停车庙－埠村没有道路，致使车辆通行困难，日军右纵队不得不临时修筑一条从马头镇通往重坊的新路。这条路较短，日军很快修筑完毕，接着就沿该路向沂河堤防前进。5时30分，当右纵队前卫（第41联队第2大队（欠第5、8中队）、野炮兵第5联队第2大队（欠第6中队）、工兵第5联队第1中队（欠2个小队））的先头到达滩头北方约300米时，突然受到来自滩头村的急袭射击。

日军立即展开队形，向滩头村攻击前进，至临近拂晓的时刻，已近接到滩头村守军阵地前150米。但守军第13师部队依托该村的围墙，以步机枪火力实施火力拦阻，使其难以前进。这样，日军右纵队的前卫司令官向上级报告说，“前卫难以独力击退敌人，暂时只能观察形势”。接着，沂河对岸的岁口守军又向其猛烈射击。

6时40分，刚抵达南堰的国崎支队长得知上述情况，即以步兵1个中队迂回滩头守军的右侧背；同时以山炮兵1个中队在南堰西侧占领阵地，射击对岸的岁口守军，配合右纵队前卫的战斗。另外，卫生队也在南堰开设绷带所，收容伤者。

战至9时20分，由于守军第13师部队的顽强抵抗，日军右纵队的攻击仍无进展。而且，日军通过侦察，发现在滩头南方无名村落及桁头西方村落，还有中国的有力部队据守。国崎判断，这一带是中国军队防御重坊的主阵地。这样，他决定增加攻击兵力，一举突破该阵地，遂将第41联队主力（欠第1、2大队、第9中队）增加到前卫的左翼，一并指挥前卫，从姜庄往滩头南方约800米无名村落方向前进，向守军的右侧攻击。炮兵队在姜庄附近占领阵地，配合第41联队攻击。接着，国崎又将第42联队增加到第41联队的左翼，攻击桁头及其西方无名村落守军。

当日军右纵队在滩头附近受到守军第13师的顽强阻击的时候，其左纵队于11时30分在大王庄北方地区和第59军第180师第678团前卫营约200人遭遇，经过短暂的战斗，将其击退，12时10分前出到大王庄，因为地图不准确，他们误以为该地就是苏曹庄。此时，国崎鉴于右纵队方面的战况，令左纵队停止前进，侦察敌情地形。下午5时，他又担心该纵队会陷入孤立，对第42联队下令，该联队在占领桁头西方无名村落以后，以一部留守该地，配合第41联队的攻击；以主力向丁家沟前进，一并指挥左纵队，攻击埠村。

接着，日军第一线两联队在炮兵的配合下，继续进行攻击，日没时分占领黄村、桁头及赵楼。27日凌晨，日军发现其

吴良琛抗战简历

陆军中将。字时清，号献之，湖北汉川县马口人。1892年出生，1979年亡故。保定陆军军官学校第4期步科、陆军大学特别班第2期毕业。全面抗战爆发时，任第19集团军副参谋长。

1937年11月　第13师师长

1938年7月　第九战区司令长官部高参

1939年2月　湖北省第5区行政督察专员兼襄樊警备司令

1940年3月　湖北省第6区行政督察专员兼施巴警备司令

1944年　湖北省政府委员兼湖北省保安司令部副司令

他参加的战役有：淞沪会战、徐州会战等。

对面的守军向重坊退却。国崎得报，仍以一部占领堰圈，并在早晨6时以前先将第41联队主力集结于桁头，接着又把第42联队主力集结于蒋庄，准备而后的前进。

前、后狼子湖战斗

第59军在临沂外围野战中，损失极重，4月下旬奉第五战区长官部的命令撤出战斗，转至（苍山县）下庄南长城村鹿山东整补待命。因第38师损失过大，全师3个旅合编为1个旅，由李九思旅长带领，归军部直接指挥。其余官长、老兵由黄维纲师长带领，到徐州西黄口、商丘一带接收新兵。第180师虽仍保持两旅四团建制，但缺员极多，实际每团只有七八百人。

该军在鹿山东休整没几天，日军国崎支队已由临沂进占郯城、马头镇，并准备继续南犯。而退至马头镇以南地区布防的第40军及第13师因伤亡过大，几乎已失去战斗力，难以阻击日军南下。此前，第五战区决定将军委会刚调归该该战区指挥的第46军，接替第40军及第13师防务，阻止日军第5师团主力于运河以东地区，确保战区右翼安全。然而，至25日晚，该军尚在行军途中，离前线还有一定距离。为此，第五战区遂对正在鹿山东休整的第59军下令，“敌人占领临沂、郯城后，正南进想切断陇海路，着第59军……即由现驻地出发，渡沂河截击由郯城南进之敌”。张自忠军长奉命后，立即召集团以上军官讲明新情况，新任务。令第180师由吴家道口渡河，经北谢、半庄向大王庄前进。军部随李旅跟进。

26日早晨，第180师先头部队第26旅张宗衡旅长率第678团崔振伦部，由吴家道口渡河到北谢时，侦知郯城日军已向南出动，正向黄村、滩头附近第40军及第13师阵地猛攻。上午11时30分，当该团前卫营前进至大王庄北方地区时，突然和国崎支队左纵队的先头部队遭遇，当即在野外麦田里与其展开战斗。由于日军左纵队的后续部队不断赶来，张宗衡旅长令部队撤出战斗。此时，第180师其他部队均到达半庄附近，第59军军部也到达冯家窑。这样，随后，第180师开始在半庄、冯家窑构筑工事，以阻击日军前进。该军军部则转移到大沂庄一带指挥作战。

27日凌晨，第13师转移至重坊附近。而第40军此前早就转移到红花埠附近。这样，这两支部队都避开日军国崎支队南下的兵锋。这一带就剩下第59军在冯家窑、半庄之线与该支队对峙。

此日上午，国崎支队为了攻击冯家窑、北涝沟之线的守军第59军，决定先向北谢、捷庄之线前进。当时，国崎判断中国军队阵地的要点为南、北涝沟，他认为如果从东北方一举攻取该地，对瓦解沂河左岸的守军极为有利。接着，他鉴于两联队兵力的现状，决定将第42联队使用于右翼，以一部在北谢，以主力在苏曹庄、白马河之间展开攻击；并适时以第41联队从左翼捷庄方面联系攻击。

11时，国崎支队第一线部队大致前出到指定之线，开始侦察前面的敌情地形。下午1时50分，他们突然发现一支有2000人的中国部队向前狼子湖北方地区北上，进入前狼子湖北方的后狼子湖，构筑工事。这支部队为刚抵达火线的第46军第92师第547团。

原来，当日在第59军的掩护下，生力军第46军（军长樊菘甫）主力逐次抵达北涝沟附近。该军下辖第28、49、92等三个师，加上特种部队共约3万多人。在该军中，除第28师由樊菘甫指挥的时间较长外，其余的第49师及第92师是新加入序列的，在协同作战上较其他部队差。该军的装备并不算好，但比起地方部队则较为优良，有巩县兵工厂造的步枪、机枪，金陵兵工厂造的82毫米迫击炮及手榴弹（其中少数是汉阳兵工厂造的），炮兵及战防炮是临时配属的，其他辅助作战器材充足。该军中，第28师战斗力最强，其军官多数为军校出身，而且新兵较少，部队骨干多，有一定的作战经验。

第46军刚抵达前线，军长樊菘甫就命令第28师在南北涝沟、刘湖一带布防，第92师由龙池向北推进，进占前后狼子湖一带阵地，阻击日军南下，以掩护军左侧背的安全。下午，第92师第274旅先抵达前狼子湖布防，随即又派出第547团前往该地以北的后狼子湖布防。可他们没想到的是，第547团的行动很快就被日军发觉。

国崎支队长得报，令第41联队主力（步兵5个中队）在野炮兵约1个大队的配合下，攻击后狼子湖附近守军的右翼，将其歼灭。

这时，第41联队集结于捷庄附近，奉命后即在炮火掩护下，向后狼子湖附近的

樊崧甫抗战简历

陆军上将。原名芝碧，字仲哲，号哲山，浙江缙云五云镇人。1894年出生，1979年亡故。保定陆军军官学校第6期毕业。全面抗战爆发时，任第46军军长。

1938年9月　第12军团军团长
1939年2月　湘鄂赣边区游击总指挥
1940年1月　第34集团军副总司令
1940年7月　军事委员会中将高参
1941年1月　兼任第六战区战备校阅主任
1941年秋　兼任第六战区司令长官部总参议
1941年9月　兼任第六战区干训团教育长
1944年秋　国民政府军委会第5军风纪巡察团主任

他参加的战役有：徐州会战、南昌会战、第一次长沙会战、宜昌会战等。

第547团发起攻击。第92师因新兵较多，战斗力较差。而且，当时第547团工事尚未修成，被迫应战。激战约3小时之后，营长周镇中负伤，该营阵地首先被突破。战至黄昏，前狼子湖双方各占一半。梁汉明派出增援部队在途中被日军炮火封锁不能前进，副团长及团长相继受伤，部队指挥无人，随即垮下来，退回前狼子湖阵地。当晚，第41联队又趁势攻击前狼子湖阵地，但第274旅顽强抵抗，死战不退，使日军攻击受阻。而后，第547团残部1000余人收容整理完毕，编成2个营。该团团长遗缺，由梁汉明保举该旅第548团副团长冼盛楷代理。

北涝沟、袁庄附近战斗

至28日凌晨，第274旅仍据守前狼子湖，威胁着国崎支队的左侧背。尽管国崎很想击退前狼子湖守军，但他却更想尽快占领冯家窑、北涝沟的中国军队主阵地。于是，他决定当日暂时停止攻击狼子湖守军，集中支队主力攻击冯家窑、北涝沟之线守军。其部署是：第42联队为右翼队，展开于北谢－苏曹庄之间，攻击冯家窑、半庄守军；第41联队为左翼队，展开于苏曹庄－白马河之间，攻击北涝沟、刘湖守军。

早晨7时，第42联队完成攻击准备，第41联队却因拂晓前部队集结时遭到守军夜袭，延迟了攻击准备时间，8时50分才完成准备。

日军炮兵队9时开始射击，9时30分转入效力射。日军第一线步兵利用炮击效果，一齐攻击前进。由于第59军第180师将主力已撤往袁庄、刘庄布防，仅在冯家窑、半庄留有少数警戒部队。于是，右翼队第42联队的进展较为顺利。11时30分，该联队攻占半庄，并前出到冯家窑的前方约150米处。不久，第42联队又驱逐守军警戒部队，占领冯家窑。

当日军右翼队第42联队进攻冯家窑、半庄守军的时候，左翼队第41联队也向其当面的守军发起攻击。该联队的部署是，以第3大队为右第一线，展开于苏曹庄东南侧附近，先攻击刘湖守军，接着攻击三郭林，并从西方攻击南涝沟守军；以第2大队为左第一线，展开于白马河附近，先攻击北涝沟，接着攻击南涝沟。

上午9时20分，第41联队第3大队从一所独立民房北侧附近的麦田之线，开始攻击前进。其右翼第10中队很快击退独立民房里的五六十名守军，占领该地。这期间，该联队左第一线第2大队占领北涝沟北方200米树林里的阵地时，却突然受到来自村端守军迫击炮、轻重机枪的猛烈火力拦阻，而后前进困难。而第3大队左翼的第12中队也受到北涝沟守军侧防火力的猛烈射击，前进困难，只得渐渐向右方前进，前出到独立民房附近。第3大队长片山见状，担心2个中队猬集于显著的目标，如受到炮击，会造成不必要的损失，即要求这两个中队不要停留于该地，立即前进。

10时30分，第3大队的第一线第10、12中队前出到刘湖北方1000米的麦地之线，附近一片开阔地，没有遮蔽物。刘湖守军为第28师一部。该师官兵大多为关中子弟，曾在黄河边上游击战、阵地战和日军交手2个月，有一定的作战经验。日军通过侦察，发现该师在刘湖周围构筑了大量坚固的工事，并有多门迫击炮。据此，片山决定第12中队从正面攻击刘湖，第10中队包围守军的左翼。

下午2时许，第10、12中队前出到守军阵地前400米处，随即发起猛攻。但守军顽强抵抗，其增援部队也陆续赶来。日军的攻击迟迟没有进展。下午4时30分，约1000名守军又从南涝沟方向向第3大队右翼大举反击，第10中队很快陷入苦战，在联队炮的支援下，就地转为防御，才勉强顶住守军的攻势。

此前，国崎支队长接到上级通报，得知中国军队将向官湖镇增加了约5个师的兵力，他考虑到从徐州徒步行军到该地，不超过2天的行程，这样应迅速击破对面守军，在沟上集、授贤之间集结兵力，准备而后的攻击。为此，国崎支队长急于击破其对面的守军，不断督促部下加紧进攻。

日落前，该支队除以第41联队第3大队继续攻击刘湖以外，还以第42联队接近到袁庄及刘庄至近距离，以第41联队第2大队迫近至北涝沟围墙至近距离。黄昏时分，第41联队第2大队占领北涝沟的一角，不久即受到第28师部队的反击，又退出阵地。而后，虽然该大队反复实施突击，但在第28师部队的坚强抗击下，进展

董钊抗战简历

陆军中将。字介生，陕西长安人。1904年7月12日出生，1977年9月30日在台北病逝。黄埔军校第1期步兵科、陆军大学将官班甲级第1期毕业。全面抗战爆发时，任第28师师长。

1938年9月	第16军（辖第28师、第167师）军长兼第28师师长
1938年11月	兼任西安警备司令及防空副司令
1939年3月21日	辞去师长兼职
1942年4月	第34集团军副总司令
1943年7月	晋陕绥边区总司令部副总司令
1944年10月	入陆军大学将官班甲级第1期学习
1945年1月9日	第38集团军总司令
1945年7月	被授予陆军中将衔

他参与的战役有：徐州会战、武汉会战、西峡口战役等。

甚微。另外，第42联队留守半庄的一部，也不断受到第180师部队的反击，伤亡很大。

日军夜袭刘湖失败

国崎支队自1938年4月16日以来至4月29日拂晓，经过连续的激战，伤亡甚重，步兵兵力已减至半数以下。这样，当日天亮以后，尽管其各级指挥官屡屡催促部下，但战至中午，日军第一线的攻击仍不断受挫，战况没有大的变化。这使国崎认识到，必须改变战法，应将全部炮兵火力集中于一点，掩护步兵推进，一个村落一个村落的蚕食守军阵地。除此以外，别无他法。29日正午时分，国崎叫来炮兵队长，要求他集中全部炮火，支援步兵进攻。

下午4时，右翼队第42联队在猛烈炮火的掩护下，向袁庄发起攻击，仅用了20分钟就占领了守军在村外的前沿阵地。该地守军为第59军第180师独立第26旅第676团及第678团的2个营。4时40分，该联队又夺取了袁庄周围的围墙，并冲入村内。天黑前，日军已将袁庄东半部占领，守军仍占着西半部，双方在村内展开巷战。第180师师长刘振三得知袁庄情况，马上派独立第39旅刘照华团前往增援。又令张宗衡旅长，绝对不许放弃原占阵地，并限令收复袁庄东半部。张宗衡旅长接到命令后，亲自到第一线重新作了部署和调整。以5个营的兵力，在村内与日军争夺，以2个营在村外策应。双方在村内外互相冲杀争夺。顿时，枪声大作，杀声震天。

当第42联队进攻袁庄第59军第180师阵地时，第41联队左第一线第2大队也在炽烈炮火的掩护下，于下午6时开始进攻北涝沟，用了1个小时的时间，占领该地的北半部，但而后却在守军第28师部队的火力拦阻下难以前进，遂和第28师部队近距离对峙。

此日白天，第41联队右第一线第3大队继续进攻刘湖时，除受到刘湖守军的顽强阻击以外，还遭到北涝沟西南端守军机枪的侧射，这样尽管其付出了较大的伤亡代价，却未能越雷池一步。这时，经过连日几乎不眠不休的战斗，该大队的官兵已非常疲劳，粮食、饮水也告罄。但片山大队长却认为，只有尽快占领刘湖，才对该联队的全盘态势有利。当晚7时，片山亲自赶到第一线，召集第10、第12中队长及机枪中队长开会，命令他们当晚以夜袭的方式夺取刘湖。日军夜袭部队（第10、12中队）完成各项准备后，片山即于10时30分向其下达出发命令。

然而，令片山没想到的是，第10、12中队刚摸进村，就被守军发觉了。第28师部队随即将其包围，而且还驱逐了留在村落入口的日军警戒兵，封闭了入口。片山和夜袭部队失去了联系，遂派遣传令兵以及大队本部书记，前去和夜袭部队联络。但是，他们在枪林弹雨中，怎么也冲不进村里，被迫返回。

不久，第28师在包围日军夜袭部队的同时，还以一部冲出刘湖，迫近到第3大队本部及机枪主力的两侧，向其猛烈射击，并大量地投掷手榴弹。片山见状，赶紧将预备队派往两侧，同时还使用了发烟筒，终将第28师部队击退。

侵入刘湖的日军夜袭部队受到第28师部队包围后，就地转为防御，第10中队向西南面、第12中队向东面占领阵地。同时，他们还不断派人出村，试图和大队本部恢复联络，但均告失败。派去的人不是在途中被击毙，就是被迫折回。随后，他们又听到从村外的大队本部方向传来激烈的枪声、手榴弹的爆炸声。第12中队长判断，大队本部受到夜袭了，同时他也明白，其在数十倍的守军包围下，随时都有全军覆灭的可能。为此，第10、12两中队长达成一致，决心在拂晓以前突出重围。2个中队随即在突击发起点集结兵力，准备突围。

30日凌晨5时30分，日军夜袭部队主力终于杀开一条血路，回到第3大队本部位置。当时，该部成功突围的只有第10中队长以下13人和第12中队长以下13人，其他的人还留在守军包围圈内。片山得知情况后，命副官指导发烟班射击，使残留在包围圈内的日军容易摆脱守军。然而，他们在发烟射击的时候，正好遇上了强劲的北风，以至于副官及传令兵的脸都被火烧伤。这之前，片山在视察第一线的时候，也被子弹打穿1只耳朵。6时30分，片山将上述情况报告山田联队长。此后，陆续有日军的散兵游勇逃出刘湖，返回原部队，但仍有一部日军未能逃出，被守军

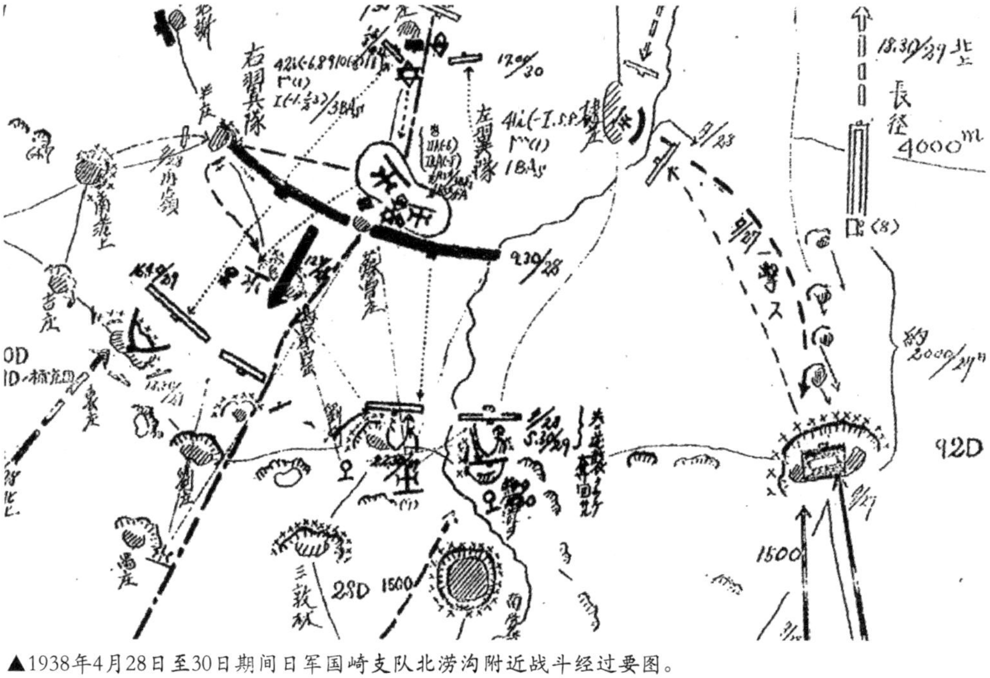

▲1938年4月28日至30日期间日军国崎支队北涝沟附近战斗经过要图。

消灭。其中，约有十五六名日军钻入1所房屋穿枪眼死守，守军打了3天3夜之后，把屋顶揭开，丢下手榴弹，才将其歼灭。

上午10时，刘湖的第28师部队转入攻势，包围了第3大队的两翼。此时，第3大队弹药不足，只有收集伤员的弹药使用。而后，第28师部队利用第3大队正面麦田的凹道掩护，反复实施突击。日军速射炮、大队炮因为距离过近及地形的原因，射击困难。这样，该大队只能依靠军刀、刺刀以及联队炮迎击守军的攻势，好不容易才将其击退。

国崎支队转为防御

29日深夜，国崎支队长鉴于守军兵力逐次增大，而该支队的步兵兵力却在递减的现况，认为以主力全线突破守军阵地是不可能的，只有逐次蚕食守军据点，同时为了防备守军对其侧面及背后的攻击，应迅速夺取南涝沟。据此，该支队于晚12时作出如下部署：

（一）支队依然对当面之敌继续进行攻击，先夺取刘庄东北方无名村落，接着攻占南涝沟。

（二）右翼队以一部担任袁庄的守备，准备以主力对刘庄东北方无名村落攻击。

（三）左翼队在北涝沟及刘湖的扫荡完毕后，准备对南涝沟攻击。

（四）当一翼队在其他翼队的攻击期间，以一部担任占领地的守备，主力集结兵力，准备应情况的变化，转用于其他方面。

此夜，日军两翼队的第一线到处都受到中国军队的反击，全线枪声大作。右翼队第42联队于当日黄昏占领袁庄后，受到第180师部队的持续反击，根本抽不出兵力进攻刘庄东北方村落。而左翼队第41联队的第2大队占领北涝沟的西北角后，则与兵力占优势的守军在近距离对峙。刘湖的情况也好不到哪里去，第3大队一部突入该地后，即陷于守军的重围。（随后虽然大部突围，但仍有一部未能逃出，被守军歼灭。）这样，国崎支队各部只好一边迎击守军的反击，一边准备30日的攻击。

30日，第41、42联队分别以北涝沟、袁庄的一角作为据点，极力扩张战果，但在守军顽强抵抗下，毫无进展。这期间，第46军第92师一部迂回到日军的侧后方，占领丁家沟、南哨、西北拐等地。该军由此对国崎支队形成南北夹击之势。第46军趁势以第28、92师担任正面主攻，以第49师包围日军左翼，以第13师为总预备队，转入全面攻势。同时，第五战区还另以第69军为挺进军，向郯城、马头镇方面挺进，切断了国崎支队的后方交通。而后，不仅国崎支队的正面及侧后方持续不断地受到第46军的猛攻，其后方联络线也被第69军切断，弹药、粮秣缺乏，并呈现补给完全没有希望的状况。而且由于不断伤亡，该支队战斗力锐减。其第41、42联队，自攻击临沂以来截至当日，没有补充过兵员，各步兵中队的伤亡累计达60%－75%，甚至出现了军曹以下30多人的中队。这时，该支队12个步兵中队的实力，还达不到1个大队。

为此，国崎支队于当日下午决定调整战线，中止北涝沟方面的阵地攻击，转入全面的守势，以一部保持现在的第一线，同时以尽可能多的兵力集结于后方，对来自各方面反击之敌给予各个击败，准备而后之攻击。据此，该支队于5时30分下达国作命第337号命令：

（一）支队于现在线整理战线，准备而后的攻击。

（二）两翼队以一部守备现在占领线，利用本夜天黑以尽可能多的兵力集结于冯家窑（右翼队）、苏曹庄（左翼队），准备而后的攻击。

该支队各部奉命后，即按照部署行动。国崎支队长以支队预备队尾川中队确保大王庄。右翼队第42联队将1个中队及机枪1个小队留在袁庄的一角担任守备，该联队主力前往冯家窑附近集结，另以一部配置在北谢及苏家楼。左翼队第41联队以第7中队（约50名）留在北涝沟一角担任守备，以第3大队的一部占领北涝沟西北白马河右岸附近，以第3大队其余部队（大队本部、步兵约2个中队、机枪、大

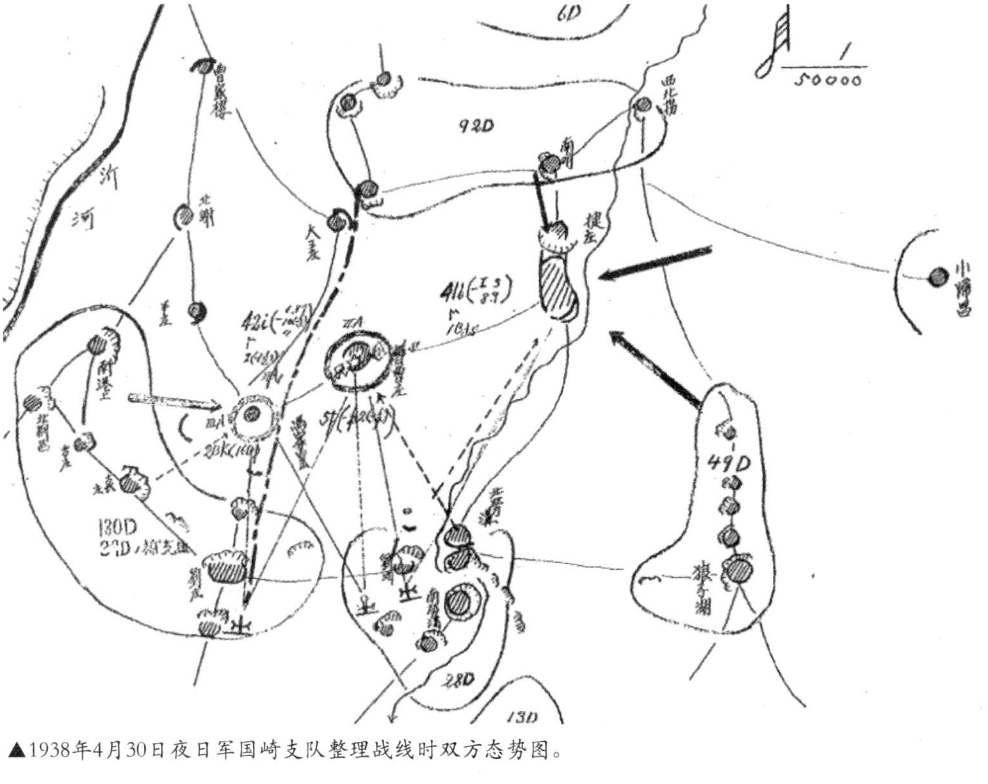

▲1938年4月30日夜日军国崎支队整理战线时双方态势图。

队炮各1个小队，配属联队炮、速射炮各1个小队）及山炮兵中队守备捷庄；该联队主力前往苏曹庄集结。至5月1日凌晨，各部相继到达指定位置。

郯城的第5师团司令部的参谋们得知国崎支队的状况后，也起草了一份师团命令，命令写着“师团决心坚决死守当前态势，等待增援”。随后，他们将这份命令呈报给第5师团长板垣征四郎批准。但是，当板垣看到这份命令，却勃然大怒，向其参谋怒喝道：“能发这种命令吗？只能进攻前进！”参谋们赶紧重写了一份令国崎支队进攻的命令，终于获得批准。

可是，由于第69军截断了国崎支队的后方联络线。命令无法传达到国崎支队各个部队，于是参谋们只得搭乘从第2军军部借来的蚊式飞机，一个部队一个部队地空投。这种蚊式飞机，除驾驶员外，只能乘1人，而且马力又小，飞不很高，最高只能飞300米，飞高了，又害怕空投的通信筒落在中国军队手中。因此只飞200米左右的高度。飞机安全返航后，一检查，发现飞机的机翼和机身上都留下了几发步枪子弹的弹痕。

尽管板垣下了进攻命令，但国崎支队因伤亡过大，粮弹匮乏，短期内根本无法发起攻势。国崎只能寄希望于临沂（约2个中队）以及胶济沿线（约4个中队）担任警备的部队归还建制后，再转入进攻。

此前，日军第2军为争取第5师团方面的战况有所进展，于4月27日将第150联队的约1个大队、30日将大槻部队（步兵第38联队第3大队（欠1个中队）、野炮1个中队为基干）配属给第5师团。这期间，该军还于4月29日将胶济沿线等山东北部的警备，完全交给独立混成第5旅团担任，并将第5师团留下的兵力（约4个中队）调往前线。

周士冕抗战简历

陆军中将。原名十城，别字民铎，别号功九，江西永新人。1903年出生，1953年亡故。黄埔军校第1期毕业。陆军大学将官班甲级第2期毕业。全面抗战爆发时，任第49师师长。

1940年春	第34集团军第1军第167师师长
1941年6月	第36军副军长
1943年6月	第91军军长兼西北军官训练团教育长
1944年1月起	相继任第八战区第27军军长，军事委员会西北行营政治部主任，军事委员会西北战时干部训练团（第4团）教育长
1945年	第十战区政治部中将主任，联勤总司令部第7补给区司令

他参与的战役有徐州会战等。

这样，当国崎支队陷入困境时，第5师团便以第150联队的1个大队接替临沂警备，同时命令原警备该地的第41联队第1大队（约2个中队）以及原警备胶济沿线的约4个中队（这些部队以下称为后续部队）立即追上国崎支队，并以大槻部队向郯城前进。

5月1日下午，国崎支队长担心后续部队逐次投入战场，会白白地损耗兵力，便于3时24分向第5师团提出意见：鉴于目前的状况，所有后续部队应在郯城附近集合完毕后，一同向战场前进，逐次前进将会白白地损耗兵力。

捷庄附近的战斗

4月30日，第59军奉命将袁庄附近的防务完全移交给第46军部队，随即经由新安镇转至大徐家车站待命。当晚，第46军部队即向袁庄日军发起攻势。战至5月1日凌晨，守备该地一角的第42联队的1个中队及机枪1个小队抵挡不住，被迫从村端后退300米。该中队除2名伍长以外，中队长以下干部已全部死伤。此时，第41、42联队除留一部守备北涝沟、捷庄、白马河、袁庄等地以外，其主力已分别集结于苏曹庄、冯家窑，两联队主力的兵力有4个步兵中队，约200人。

天亮后，国崎支队长得知大王庄昨夜也受到中国军队的包围，便于7时30分命第42联队的福永中尉指挥部下1个小队及第41联队第6中队、机枪1个小队及大队炮小队，向包围该地的中国部队发起攻击。这支中国部队在迫击炮的火力支援下，给予福永部队沉重打击。福永中尉于10时30分战死，尾川中尉、河部准尉也身负重伤。

下午3时许，约两三百名中国官兵进入北涝沟北侧一处独立民房附近，就地构筑工事，切断了据守北涝沟西北角的第7中队的后方联络线。第41联队长山田得报，命令捷庄的第3大队先以主力夺取该地，而后以一部确保该地。

第3大队主力奉命后，以第10中队及山炮中队留守捷庄，其余部队全部参加此次攻击。6时40分，该大队的第一线第12中队（附第11中队的1个小队）展开于捷庄西南端之线，开始进攻独立民房的守军。由于该中队得到野炮兵1个大队、联队炮1个小队、大队炮小队以及机枪中队（欠2个小队）的火力掩护，因此其攻击较为顺利，于当晚7时10分击退守军，完全占领独立民房。随后，片山大队长命水木大尉率第11中队（欠1个小队）及机枪中队（欠2个小队）留守该地，他自己则亲率主力返回捷庄。

这之前，第3大队与北涝沟西北角的第7中队失去了联系。片山便于当晚10时派遣第12中队的白根军曹指挥的步枪、轻机枪各1个分队，去和该中队联络。但白根一行抵达北涝沟东北方地区时，发现附近有中国大部队，遂未能达到目的，被迫返回。

5月2日凌晨4时，约300名中国官兵

在轻重机枪火力的掩护下，吹起冲锋号，从东面及南面向捷庄发起夜袭，双方激战30分钟后，第3大队主力将其击退。此战之后，鉴于该大队第一线兵力过少，山炮兵中队长命令中队里手持步枪的人全部参与守备，片山也将大队大小行李的特务兵增加到第10中队的正面。这些特务兵使用的武器主要是缴获的步枪及捷克式轻机枪，没有分到枪的人则将刺刀安在木棍的尖端做成武器。这时，第10中队仅剩藤井军曹以下约60名，第12中队仅剩平田少尉以下约80名。此时，约500名中国官兵在第3大队正面的捷庄南方及东方约六七百米附近构筑工事。而该大队因缺乏弹药，不能向其射击，只能干着急没办法。此外，还有另一支中国部队已将独立民房的日军团团包围，并以迫击炮向其猛轰。第3大队完全陷入困境。

此日下午，国崎支队长得知北涝沟西北角的第7中队被优势的中国军队包围，并连日连夜地处于中国军队猛烈的步炮火力之下，而且还要对抗其执拗的反击。他认为在主力再兴攻势以前，不能有无谓的死伤，而且随着时日的迁延，第7中队很可能会全部覆灭。为此，他令左翼队第41联队使其安全撤出。

山田联队长奉命后，命第3大队主力前去救援第7中队。片山即命第12中队小林准尉指挥部下30名（附轻机枪1挺）至北涝沟，将第7中队（包括配属部队）救出，并护送至苏曹庄。

当晚，小林小队出发后，第46军部队以步机枪从北、东、南三面向捷庄日军第3大队大举射击。这样，该大队官兵整个晚上都不敢合眼，严阵以待。3日拂晓，小林小队将第7中队伤员成功护送到苏曹庄后，返回捷庄。第7中队其余人员则退到独立民房附近。

不久，中国炮兵即开始大举炮击捷庄。7时30分，约三四百名中国官兵在步机枪火力的掩护下，向捷庄迫近。他们在大量地投掷手榴弹之后，从东、南、北三个方向突入该地。第3大队主力经过约1个小时的激战，将其击退，却付出了约30人的伤亡代价。而且，马匹也死伤大半。另外，此次炮击还在村内引起火灾，火借风势，将民房几乎完全烧毁。

入夜，第46军部队又从东方进攻捷庄，第3大队主力又通过第一线部队的顽抗及山炮的零距离射击，将其击退。战斗中，1门联队炮被中国炮弹击毁。

4日凌晨2时，约30名中国兵向第10中队正面实施突击，被击退。4时30分，第46军部队又以迫击炮向第10中队正面集中射击，随后第46军部队在机枪火力掩护下，向该中队阵地迫近，并投掷手榴弹。双方交战约1个小时，第46军部队被迫撤退。

此日上午，约100名中国官兵往南哨东北侧地区移动，威胁捷庄、苏曹庄日军之间的联络线。为此，第41联队第2大队以其主力攻击该部队。片山为配合该大队的攻击，于10时30分开始以第10中队（配属机枪1个小队）展开于捷庄西北端附近，和第2大队联系，攻击捷庄西北方树林的第46军部队。下午1时，第10中队在大队炮小队的配合下，将其对面的守军击退到东北方，而后于薄暮时分返回捷庄，回到原来的配备。

截至当日，国崎支队毁损主要兵器有：野炮1门、弹药车1辆、联队炮1门、重机枪3挺、轻机枪22挺、掷弹筒16具，另外还死伤马433匹。

5日凌晨，第46军部队两次以小部队袭扰第10中队。从7时许，中国炮兵向捷庄猛轰。一发发炮弹落在日军阵地上，剧烈的爆炸声震耳欲聋，一个个烟柱冲天而起，掀起的沙土碎石飞溅。约200名中国官兵利用炮击效果，从东南方攻击日军阵地。日军用山炮直射，将其击退。

下午3时，又有约200名中国官兵在炮火掩护下，向第12中队正面攻击过来，其中一部还突入第10中队正面的东北角。日军又是依靠山炮的直射，才将其打退。但在战斗中，日军1门速射炮被中国炮火击毁。

此后一直到9日晚，第46军部队又向捷庄第3大队阵地发起多次进攻，但在日军的拼死顽抗下，均无功而返。

当时，第五战区有个计划，即为了消灭日军第5、10师团主力，拟以鲁南兵团向左旋回攻击该敌，并与鲁西兵团相策应，围困其于峄县附近山地而逐次击破之。但鲁南兵团须待第46军先将郯城以南的国崎支队肃清后，始能向左旋回。于是，第46军对国崎支队发起的攻势就显得非常关键，使中国统帅部也对第46军的攻势寄予厚望。然而，该军的攻击却始终没有大的进展，第五战区及统帅部甚为焦急。一日，军事委员会副参谋总长白崇禧亲自打电话给第46军军长樊崧甫，问："你军当面之敌残留多少？"樊回答说约2000多人，白即限樊三日内肃清余敌。樊说："谁都愿意早日把敌肃清，但是敌兵很顽强，利用所筑石碉防御，三天肃清恐难办到。"白厉声说："你以两师之众，两千余敌人三天都消灭不了，是何缘故？"樊力辩道："照副参谋总长的话，上海、南京都不会失守，敌军也不会打到徐州来了。怪只怪连年内战，军队没有训练，战斗技能差，打不过人家。在石碉之前攻击，只会多送些官兵去死，是不中用的。"但是白仍坚持限三天肃清，否则严处。樊也忍耐不住了，大声对白说："请副参谋总长来。我把军队交给你去攻，三天内肃清了，把我斩首示众，肃清不了，你也给我作个交待。"气得白光哼哼，却说不出话来。樊接着又说："副参谋总长是身经百战的人，是不会怕死的。若要我死，我明天就亲自到第一线硬冲，拼一死报国，肃清不肃清，我也不管了。"白只好说："你不要自己去冲。"樊见他语气有所缓和，便转了个话题说："我的士兵是努力作战的，这次打死敌联队长两名（此为不实之言），缴获的战刀已送上来了。这刀很锋利，我想奉上一把给副参谋总长，不晓得副座要不要？"白忙说："谢谢。我派员来领。"樊说："我派员给副座送去。”双方争执一场，却以献刀和解，此后白再不谈期限的事了。

国崎支队艰难的补给

自1938年4月26日至5月2日，日军国崎支队在黄村、北涝沟附近的战斗中损失惨重。据日军当时的战报，这期间，该支队“战死将校12人，准士官以下220人；战伤将校17人，准士官以下644人。死伤合计893人”。再加上此前战斗的伤亡，该支队减员甚大，几乎丧失了进攻能力。然而，对他们来说，更雪上加霜的是，该支队的后方联络线也被第69军切断。国崎支队长考虑到中国军队约2个师（第69军）进入该支队的背后，占据着马头镇、南涝沟之间的许多村落。这些村落分布得比较密集，而且几乎每个村落都有围墙，还有树林环绕，增大了防御力。这样以少数兵力突破中国军队的重围进行补给是非常困难的。国崎希望凭借空投补给步机枪子弹。

正当国崎支队为补给问题犯愁的时候，坂本支队的门谷军官侦察员前来该支队本部联络。国崎根据门谷的通报，得知重坊并无中国守军，另外通往四户镇的道路良好，该地集积了可观的军需品，可从该地补给弹药粮食。据此，国崎决心将后方联络线变更到四户镇方面，并确保该线，同时对第5师团司令部报告了此状况。他命令从集结于马头镇的后续部队中，抽出步兵1个中队，派往重坊，以中队主力占领该地，以一部占领沂河对岸埠村，确保后方联络线。

日军后续部队奉命后，即编组了重坊派遣部队（步兵1个中队、机枪1个小队、辎重2个中队）。3日，日军工兵中队接到“重坊派遣部队将于4日上午10时从马头镇出发，沿沂河右岸向重坊前进”的通报后，为了配合该部队的行动，先对重坊附近进行了细致的侦察。当晚9时，该中队向国崎支队发去如下报告：

（一）根据下午6时的侦察，重坊已被敌人占领。（二）重坊河岸地区目前正在大举构筑工事，其兵力约三四百。（三）未能和重坊占领部队取得联络。（四）至重坊附近，辎重车辆不容易通过，水深50厘米以下。（五）迅速以有力的部队占领重坊。（六）中队以一部占领埠村，主力本日在曹家楼位置，继续监视重坊附近的敌情及和重坊占领部队联络。

国崎得报，不禁大吃一惊，立即要求第5师团将在马头镇集结的后续部队主力（步兵1个大队、炮兵1个中队）迅速派往重坊。但此前，配属该师团的大槻部队已于5月2日到达郯城。这样，板垣师团长接到国崎的意见后，决定以大槻部队攻占重坊。

4日早晨8时，大槻部队（以第38联队第3大队（欠1个中队）、野炮1个中队为基干，辎重兵2个中队同行）从郯城出发，向重坊前进。5日早晨，该部队几乎没有遇到任何抵抗即占领重坊。和该部队同行的立神辎重兵少佐立即和国崎支队联络补给的相关事宜。国崎为避免其受到炮火的伤害，要求其于日落时到达大王庄。

黄昏时分，立神指挥的辎重2个中队到达大王庄，给国崎支队补给弹药、粮秣。其中1个中队还在日落时进入苏曹庄卫生队的位置附近，搭载伤员，向四户镇后送。

但是，这次补给的弹药数量，尤其是野山炮榴弹及重机枪子弹的数量还是略显不足。这样，国崎又命野炮兵第5联队的广中少尉前往四户镇兵站联络。6日，广中到达四户镇后，非常卖力地和该地兵站交涉弹药补充的问题，却碰一鼻子灰，接着又到兰陵镇，还是同样的状况。后来再和峄县兵站交涉，对方终于答应向国崎支队补给所需的弹药，遂完成任务返回，这时已是9日下午2时20分。

这期间，国崎支队的补充员也于6日下午到达重坊，其中第41联队477人，第42联队693人，野炮兵第5联队163人，工兵第5联队119人。该支队经过研究，决定不立即将补充员注入第一线，先集结于后方。同时还要求第一线守备兵员尽可能避免损失。

而大槻部队完成占领重坊的任务后，即准备返回郯城，编入片桐支队长指挥下。国崎得知情况，便以第41联队第4中队（附旅团无线1机）接替重坊的守备。

当时，在国崎支队原来的后方联络线被切断的情况下，重坊成了该支队与后方联络的咽喉要地。不仅大量物资经由该地运抵前线，而且还有大量的补充人员和后续部队经该地到达战场。

丁家沟、南哨战斗

5月5日晚，国崎支队获得了粮秣、弹药的补给。6、7日，其后续部队第41联队第11大队（第1中队、第2中队的1个小队、机枪1个小队、大队炮）、第8、9中队，第42联队第6、8中队及野炮兵第5联队第6中队、大行李、小行李也相继经重坊抵达战场。于是，该支队的实力有所恢复。

这期间，该支队还于6日晚7时30分接到板垣的电报，得知“（第5）师团以第9联队长指挥的步兵3个大队、炮兵1个大队9日黎明从郯城开始行动，至迟从10日拂晓起攻击小归昌。而后经饮马庄（南涝沟东方5公里）附近，攻击贵支队前面之敌的右后侧。”

这样，国崎支队为使片桐支队将来攻击小归昌容易，决定先以一部夺取丁家沟及南哨，并于当晚9时向左翼队第41联队下令，“左翼队为使支队将来再兴攻势容易，明7日下午在炮兵的准备完毕时，先攻击十字沟（即丁家沟），接着攻击南哨，夺取两地”。

7日下午6时30分，第41联队第2大队（欠第5、7中队）及第9中队，在野炮兵第2大队的配合下，开始攻击丁家沟。防守该地的第92师第276旅第552团，事前在阵地附近设置了机枪侧防。这样，当日军向守军阵地迫近时，即受到密集的侧防火力射击，加上前方还有壕沟和围墙拦阻，被迫中止突击。

8日拂晓，日军炮兵先向丁家沟轰击了近1个小时，将该地炸得一塌糊涂。接着，第41联队部队利用炮击效果，突破第552团西北角阵地。该团第3营溃退下来，日军趁机突入村内。团长张新和副团长李以劻分道督战，终于将侵入村内的日军打退。8时以后，日军后续部队相继侵入村内，与第552团展开巷战。随着时间的推移，该团伤亡人数越来越多，第3营营长杨某的胸部被子弹打穿，第1营营长潘又新、第2营营长王介岩相继负伤，少校团附陈业桓在传达死守待援命令时，于途中中弹殉国。张新团长在督战中也腿部中弹，被抬出战场。李以劻受命担任代理团长，继续率部在村内抵抗。当时该团的营、连长伤亡殆尽，经李调整后继续与日军对峙于寨内。而后，日军又以炮火作纵深射击，以阻击守军后续部队增援，同时施放烟幕，掩护其部队前进，但均被守军阻止未能得逞。战至下午6时，李以劻头部与左脚被炮弹打伤，但仍坚持指挥。至夜，该团残部才退出阵地。丁家沟一役，第552团伤亡800余人。

当晚，国崎支队长已掌握全部的后续部队及各部补充人员。当他得知占领丁家沟后，又打算占领南哨，为此决心利用8

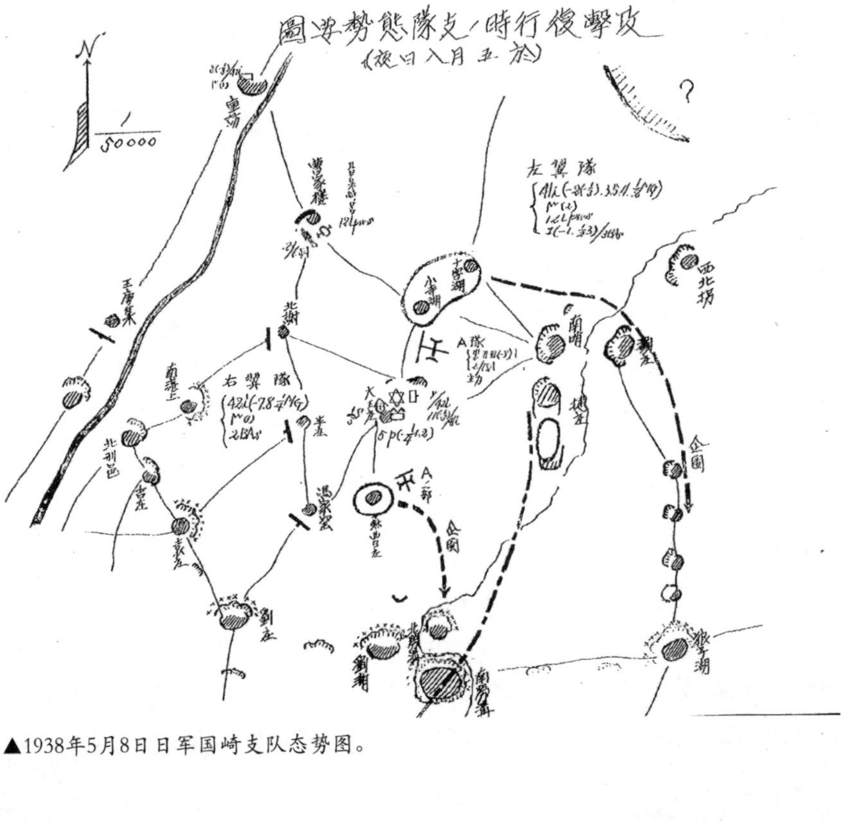

▲1938年5月8日日军国崎支队态势图。

日夜暗整理战线，9日拂晓起开始攻击该地。

9日拂晓，第41联队部队的第一线在守军阵地前500米之线完成攻击准备。7时，日军炮兵开始射击。中国炮兵也向日军炮兵阵地开火。10时05分，第41联队部队在炮火掩护下，占领南哨一角，但随后受到守军的反击，被迫转为防御。入夜，第41联队又将第1大队投入战斗。日军获得生力军增援，而守军已经过1天1夜不眠不休的战斗，极为疲劳，战至10日凌晨5时20分，就再也顶不住了，其大部分被迫向东方及南方撤退。日军趁势于8时完全占领南哨。

8时30分，第41联队又以第1大队攻击南哨南方无名村落，并搜索颜庄及西北拐方面之敌情。日军通过侦察，发现颜庄没有中国部队据守，便趁机于11时20分占领该地。

这之前，捷庄的第41联队第3大队为策应该联队主力攻击南哨，也向捷庄北方地区的第46军部队进攻。该部稍作抵抗，即撤离该地，第3大队趁势于10时30分完全占领捷庄北方地区。

大埠子、北涝沟战斗

5月10日上午，第41联队相继攻占南哨、捷庄北方地区以及颜庄等地。这期间，国崎支队长于8时接到第5师团司令部的通报，得知片桐支队已于当日凌晨2时占领小归昌。这样，国崎在中午12时10分下达国作命第362号命令，令第41联队以一部对西北拐、以主力接着攻略颜庄以南的无名村落，准备对前狼子湖攻击。

此日下午，国崎支队通过侦察，发现北涝沟以西的敌情没有大的变化。而且前狼子湖北方无名村落并无中国军队据守。4时50分，国崎又接到通报，得知“片桐支队以一部向饮马庄急追，主力10日12

黄国梁抗战简历

陆军中将。号日如，广东增城县人。1900年7月1日出生，1978年5月11日病逝。1919年毕业于云南讲武堂第12期步兵科。后毕业于保定陆军军官学校。全面抗战爆发时，任第67师副师长。

1937年10月　第67师师长

1937年底　第92师师长

1938年6月　第37军军长

1939年11月　第65军军长

他参与的战役有淞沪会战、徐州会战、武汉会战、冬季攻势作战、汀粤赣边区作战等。

时30分开始行动，向北湖头（小归昌西南4公里）前进”。据此，他于5时45分下达了继续攻击的命令（国作命第363号），其要旨如下：

（一）支队接着对当面之敌继续进行攻击。

（二）右翼队联系左翼队的狼子湖（即前狼子湖）攻击，以主力攻击刘湖、北涝沟及南涝沟之敌。

（三）左翼队突破狼子湖之敌，接着从其右侧背攻击南涝沟。

（四）炮兵队随着左翼队的前进，逐次变换阵地，以主力协力左翼队的攻击。

而在这之前，一些部队就已经开始行动了。第41联队第3大队在5时将捷庄防务移交给第1大队后，即向前狼子湖攻击前进，在几乎没有受到抵抗的情况下，于6时占领该地，接着又准备攻击该地以南偏西的大埠子（日军称为狼子湖西南方无名村落）。

11日凌晨3时30分，第3大队长片山在前狼子湖下令，以第10中队（配属机枪1个小队）作为右第一线，展开于前狼子湖南端之线，攻击大埠子之敌。以第9中队（欠1个小队，配属机枪1个小队）作为左第一线，展开于第10中队的左方，攻击大埠子之敌。机枪中队、联队炮小队、速射炮小队主要配合第9中队的战斗，大队炮小队主要配合第10中队的战斗。第12中队作为预备队在第9中队的后方前进。

因为大埠子位于中国军队阵线的凹角，第3大队无法实施放胆的包围攻击，只得采用正面攻击法。

5时30分，第3大队第一线部队展开于指定位置，完成进攻准备。半个小时后，其各部在炮火掩护下，开始一齐向大埠子攻击前进。该地守军第92师第274旅第547团以轻重机枪向日军猛烈射击。中国炮兵也向日军炮兵实施炮火压制。加上附近为一片麦田，没有可利用的地物，这样日军在枪林弹雨中，死伤迭出，前进迟缓，直到7时许好不容易才前出到守军阵地前150米的壕沟之线。

日军左第一线第9中队甚至还弄错了前进方向，其位置渐渐偏左，和大队本部的联络时断时续。9时，约200名中国官兵从左前方的汪涯方向往第9中队正面反击过来。片山得报，即命机枪及联队炮向其射击，还要求野炮实施炮火压制，以配合该中队的战斗。而这支中国部队与第9中队交战约30分钟后，渐渐向东方移动，并再次发起反击，逼近到第3大队的侧方。这时，该部队又得到来自后方的约1个连的增援。第9中队受到其交叉火力的射击，中队长以下多人相继死伤。

战至11时，第3大队在联队炮、野炮的炮火支援下，才将这支中国部队击退。此时，第9中队因伤亡过大，攻击乏力。于是，片山只得督促右第一线第10中队加紧进攻。中午12时，第10中队一部在炮火掩护下，突入大埠子，并继续扩张战果。片山得报，就将大队预备队第12中队（欠1个小队）增加到第10中队正面。下午1时，联队预备队第11中队归还第3大队建制。这样片山又将该中队增加到第10中队的右方，企图从右正面扩张战果。

下午2时，日军右正面各队占领大埠子的一角，而守军仍凭借村内坚固的碉楼顽强抵抗，使日军进攻受阻。片山遂要求山炮对各碉楼实施破坏射击，但并无多大效果。

山田联队长见第3大队进展迟缓，于下午4时将第1大队增加到第3大队的右方。随后，两大队一齐开始攻击前进。可是，当其推进了200米后，又在守军的密集火力拦阻下，无法前进。片山鉴于守军的顽强，决定次日以工兵对守军各要点实施爆破。

当第41联队部队进攻大埠子的时候，第42联队部队也向北涝沟发起攻击。11日早晨8时30分，该联队左第一线在工兵、炮兵的配合下，占领北涝沟的一角，但随后受到中国野山炮及迫击炮的集中轰击，伤亡很大。黄昏时分，其被迫放弃新占领的阵地，退出北涝沟。

此日，国崎支队两翼队的攻击均受到挫折。国崎却急于尽快取得进展，于晚8时命令各部继续攻击其对面的守军，取得突破后，将攻击的重点指向南涝沟东北角。12日拂晓，他得知两翼队的攻击仍无进展，遂命令延迟对南涝沟东北角的攻击。

南、北涝沟附近的战斗

12日上午，日军工兵逐次爆破大埠子各碉楼及坚固民房，日军第41联队第1、3大队趁机发起猛攻，于11时30分占领该村的一半。但守军依然毫不动摇，以密集的机枪步枪的火力，织成一张火网，顽强地阻击着日军前进。下午2时，守军又以迫击炮向日军轰击，并在日军占领的区域内引起火灾，当时风向正好朝着日军方向。顿时，日军占领的区域内浓烟滚滚，火焰冲天，日军狼狈不堪地四处乱窜。当第41联队在大埠子与第547团激战的时候，第42联队也对北涝沟守军的侧防火力点进行了细致的侦察，并准备次日攻击该地。

国崎正急于进攻南涝沟，他见第41联队部队迟迟不能夺取大埠子，终于失去了耐心，于是命令该联队以一部留下牵制该地守军，以主力攻击南涝沟。同时令第42联队于次日进攻北涝沟。当晚，第41联队第3大队将阵地全部移交给第1大队后，集结于前狼子湖北方无名村落，准备向南涝沟前进。

13日凌晨，第42联队第一线部队展开于北涝沟北端附近，准备进攻北涝沟；第41联队第一线部队则展开于南涝沟东北侧麦田中，准备进攻南涝沟。

9时，日军的150毫米重型榴弹炮开始向南、北涝沟猛烈射击。其105毫米轻型榴弹炮也向南涝沟东北角城墙猛轰。顿

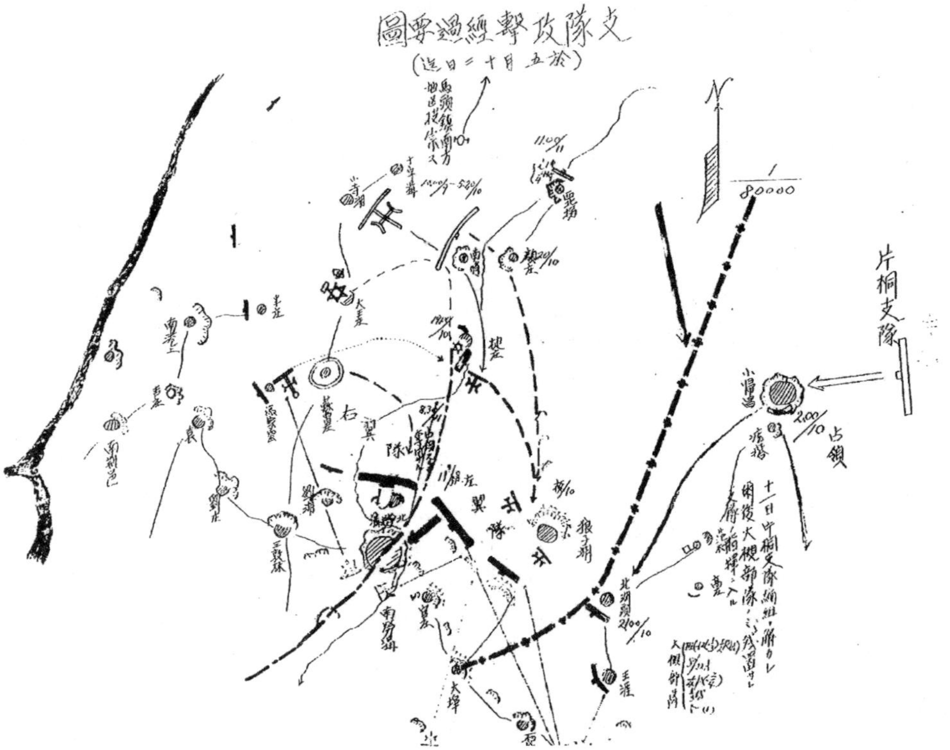

▲1938年5月12日日军国崎支队攻击经过要图。

时，守军阵地上一股股烟柱冲天而起，剧烈的爆炸声震耳欲聋。第42联队左第一线大队（第1大队）利用炮击效果，首先突入北涝沟的一角，不久却受到中国炮兵的集中射击，死伤迭出，连忙就地隐蔽起来，不敢轻举妄动。天黑以后被迫退回原阵地。

14日凌晨，第42联队第1大队长决定变更部署，改向北涝沟东南角发起突击。5时，日军突击队在夜幕掩护下，迫近目标。6时，日军从北涝沟东南角冲入村内，与守军展开了激烈的巷战。双方都打红了眼，甚至每一个民居都要反复争夺易手好几次。战至11时，守军因伤亡过大，无法支撑下去，被迫撤离，日军趁势完全占领北涝沟。

第42联队第1大队攻击北涝沟期间，第41联队部队也准备伺机进攻南涝沟，但一直没找到突击的时机。而国崎支队在夺取北涝沟以后，决定于15日拂晓以主力一举攻占南涝沟，为此命令各部做好相关准备。

14日晚，第46军军长樊崧甫奉李宗仁的命令，率部撤出洵楼、南涝沟、大埠子阵地，向碾庄附近转移。而日军却毫无察觉。15日凌晨3时10分，第42联队的军官侦察员到达南涝沟北门时，意外发现守军已撤退。于是，第5师团立即转向追击，15日傍晚各支队已进抵大运河左岸。15日傍晚板垣下令："师团即以现在的态势，一举向徐州东南侧之敌急追。"

日军战报记载，1938年4月26日至5月15日期间，国崎支队（包括第38联队第3大队及第11联队）参加战斗11483人，战死454人，负伤1229人。

另据《中国事变陆军作战史》记载，1938年4月26日至5月15日期间，第41联队参加战斗2501人，战死196人，负伤553人；第42联队参加战斗1889人，战死209人，负伤443人。

表11-3　黄村及北涝沟附近的战斗双方战斗序列（1938年4月26日—5月15日）

中国军队

第59军　　军长张自忠

　　第180师　　师长刘振三

第46军　　军长樊崧甫

　　第28师　　师长董钊

　　第49师　　师长周士冕

　　第92师　　师长黄国梁

第13师　　师长吴良琛

第69军　　军长石友三

　　第181师　　师长石友三

　　新编第6师　　师长高树勋

　　骑兵第9师　　师长郑大章

日本军队

第5师团　　师团长板垣征四郎中将

　　国崎支队　　支队长国崎登少将

　　　　步兵第9旅团司令部（欠旅团无线2个分队）

　　　　步兵第41联队（欠第2中队（欠1个小队）、第3中队、机枪1个小队）

　　　　步兵第42联队（欠第8中队的1个小队、第11中队）

　　　　步兵第11联队（欠第3大队）[1]

　　　　野炮兵第5联队（欠第1大队、第8中队、第4大队（欠第11中队））

野战重炮兵第6联队第2中队

独立山炮兵第3联队（欠第3中队（欠半部）、第2大队、联队段列半部）

独立轻装甲车第12中队

工兵第5联队（欠第1中队的2个小队、第2中队（欠2个小队））

第16师团渡河材料第2中队

第5师团卫生队三分之一

片桐支队[2]　　支队长片桐护郎大佐

步兵第9联队（欠第3大队）

野炮兵第22联队第2大队、第8中队

步兵第38联队第3大队（欠第12中队（欠1个小队），配属联队炮1个小队）

工兵1个小队（欠2个分队）

第16师团卫生队三分之一

[1]第11联队（欠第3大队）及野炮兵第5联队主力（欠第1、2、3大队、联队段列）于5月12日晚转属国崎支队。

[2]第9联队（欠第3大队）及野炮兵第22联队第2大队于5月10日解除配属第5师团，步兵第38联队第3大队（欠第12中队（欠1个小队），配属联队炮1个小队）、野炮兵第22联队第8中队、工兵1个小队（欠2个分队）、卫生队三分之一于5月11日转属国崎支队。

片桐支队的情况

5月3日，第2军将片桐支队〔第9联队（欠1个大队）、野炮1个大队为基干〕配属给第5师团。而后，该支队从兰陵镇附近东进，于6日到达郯城。

板垣师团长为支援国崎支队的攻击，于7日命令片桐支队，8日夜从郯城附近出发，由萧汪方面攻击小归昌，然后向饮马庄方向前进，攻击国崎支队当面之敌的右后侧。8日，大槻部队又返回郯城，编入片桐支队长指挥下。当晚，片桐支队从郯城南下，9日晚进入小归昌附近。经连续攻击后于10日进入北湖头。

日军第2军于10日命令解除片桐支队（大槻部队除外）配属于第5师团，归还第16师团建制。为此，片桐支队于11日撤出战线，为追赶第16师团主力而急行前进。而大槻部队则留在小归昌附近，配属国崎支队。

当日上午9时20分，国崎支队接到第

5师团司令部的电报，得知第9联队（欠第3大队）及野炮兵第22联队第2大队已解除配属第5师团。同时，第38联队第3大队长指挥片桐支队的残余兵力，以主力在小归昌附近位置，配合国崎支队的攻击。

该电报令国崎大吃一惊，因为第9联队（欠第3大队）及野炮兵第22联队第2大队撤走后，第38联队第3大队又后退到小归昌附近，这样该支队的左侧再次受到中国军队的威胁。国崎认为这将对该支队而后的攻击带来很大的影响。为此，他命令左翼队第41联队向北湖头紧急派出步兵1个中队（附机枪1个小队），确保该地，同时还向师团参谋长通报了这个情况。板垣了解情况后，即以大槻部队主力占领北湖头附近。但国崎却不知情。当日下午，第41联队派遣到北湖头的1个中队在前进途中，发现该地已有日军部队据守，遂返回。3时，第5师团参谋奥少佐给国崎打电话，告知：已将大槻部队（第38联队第3大队（欠第12中队（欠1个小队），附联队炮1个小队）、野炮兵第22联队第8中队、工兵1个小队（欠2个分队）、卫生队三分之一）配属给国崎支队，该大队目前的主力在北湖头，其一部正在攻击汪涯。

国崎支队得到大槻部队的配属后，命令该部确保小归昌、大院寺附近，掩护该支队的左侧，并以有力部队在北湖头附近位置，使支队主力的战斗容易。

第11联队等部转属于国崎支队

5月6日，第2军命令坂本支队（连同配属部队）回归第5师团。板垣师团长于7日命令坂本支队继续执行原来任务，同时命令将独立轻装甲车第12中队及野战重炮1个中队从坂本支队转属于国崎支队。12日晚，板垣又将原配属于坂本支队的第11联队（欠第3大队）、野炮兵第5联队（欠第1、2、3大队、联队段列）转属于国崎支队（因为第11联队本来就隶属第9旅团，所以这次算是归还建制）。

第11联队于13日凌晨5时20分到达重坊。国崎得知情况后，即令该联队向南哨及其南方无名村落前进，作为支队预备队。该联队奉命后，于10时50分到达南哨。下午2时，野炮兵第5联队本部以及该联队的第4大队也到达南哨。

当天，第5师团战斗司令部指挥所进入重坊。板垣为视察战况，于14日上午9时50分抵达捷庄，到该地南端炮兵观测所，视察第一线状况后，于12时10分返回重坊。

独立轻装甲车第12中队（附工兵1个小队）于14日7时50分从捷庄出发，为爆破陇海线而挺进，10时左右炸毁瓦窑车站东面三处后，12时20分回到捷庄。

第十二章 徐州突围

日军的徐州会战部署

1938年4月7日，日本大本营陆军部正式决定进行徐州会战，并下达大陆命第84号命令及大陆指第106号指导方案，准备以华北方面军为主，华中派遣军配合，南北夹击徐州附近的第五战区部队。其要领如下：

（一）华北方面军约以4个师团向陇海沿线发动攻势将敌击败，为此，以主力从北面击败徐州附近之敌，约以1个师团从兰封东北方附近向敌退路归德方向进攻。

（二）华中派遣军约以2个师团（其一部担任后方警备），从南面策应华北方面军作战．为此，从津浦沿线地区进击，尤其应力求切断敌之退路。

日军华北方面军根据大本营的命令及指导方案，与华中派遣军联系后，于4月10日制订了徐州会战的指导方案。其方针是先在徐州附近及津浦线以东吸引住第五战区的大部兵力，接着从徐州西面及西南面向其实施包围，并切断其退路，而后攻占徐州，歼灭该地附近的第五战区部队。这样，将会战分为三个阶段：

第一阶段实施抑留作战，以第2军对由台儿庄北进的中国军队进行有限攻势，保持接触，将其抑留于韩庄、峄县、临沂之线。并且，这期间该军还应准备而后的攻击。华中派遣军则以一部迅速从淮阴方面向西北方前进，占据有利地形，将第五战区部分部队牵制在徐州东南地区。以争取时间并掩护主力集中及进行包围徐州的部署。

由于这一阶段第2军的任务最为重大，所以华北方面军将第16师团、第114师团（欠1个大队）、战车第2大队、野战重炮第3、6联队、后备步兵1个大队以及独立工兵联队等配属于该军。

第二阶段实施包围作战，第2军准备就绪后，于4月下旬转入全面攻势，并特别要从微山湖西侧以有力的兵团南下，切断徐州以西及西南面地区中国军队的退路。接着配合华中派遣军一部，将徐州完全包围，攻占徐州，歼灭该地附近的中国军队。华中派遣军以一部配合上述作战，切断徐州东南、南及西南面地区中国军队之退路，接着攻占徐州。第1军以一部（约1个师团）从兰封附近至范县附近之间渡过黄河，急速切断兰封东面附近的陇海线和从郑州以南平汉线方面至归德方面之交通。

第三阶段实施巩固占领区的作战，以第2军占领兰封以东附近陇海线一带，确保既占领区的安全。华中派遣军确保徐州（包括在内）以南津浦沿线。第1军根据情况，以渡河的一部兵力攻占开封及郑州。

4月16、18日，日军第2军的第5、10师团相继在鲁南发动大规模攻势。起初，日军进展较为顺利，鲁南的中国军队第2集团军、第20军团、第40军、第59军等部节节败退。第五战区面对鲁南的危急形势，陆续将由其他战区抽调来的第51、60、46军等部投入到鲁南战场，渐渐使该地区的局势有所改观。随后，第五战区又将谭道源的第22军调到徐州西北微山湖一带的防线；将冯治安的第77军、刘汝明的第68军增调到淮河北岸，加强了这一区域的防御力量。华北方面军发现中国军队正在兰封以东、陇海沿线及其以北增加兵力后，感到紧张，即要求华中派遣军尽快出动兵力，策应该方面军作战。

日军华中派遣军接到大本营命令后，即决定以第9、13师团北上，策应华北方面军作战。4月13日，该派遣军下令，第9师团于凤阳、临淮关地区集结，第13师团于蚌埠、怀远间地区集结，均限于5月3日集结完毕，准备北进。4月24日，该派遣军还制定了《华中派遣军徐州会战计划》，其主要内容如下：

第一 方针

军与华北方面相策应，将徐州附近之敌人捕捉击歼于徐州以西地区。决战时间，概略预定在5月中旬。

第二 指导要点

军预定于5月5日前后开始前进，根据情况，亦准备可能在4月底前开始前进。

军以第9师团、第13师团并列作战，首先击破当面之敌，迅速向赵家集—蒙城一线附近进出，此时的重点保持于左翼师团。

进至赵家集—蒙城一线后，究应向归德、亳县方面还是向砀山、永城方面，或者向徐州方面前进，当视情况发展而决定。但不论何种情况，都必须以一部兵力占领宿县附近。

华中派遣军为保证其主力（第9、13师团）作战，在其主力行动前，就先派出了如下部队：4月21日，令第101师团从现驻长江北岸的部队中，尽可能抽出更多的兵力，向阜宁方面推进，使该派遣军将来之作战有利；4月23日，又令第6师团派出以步兵约4个大队为基干的部队，迅速沿和县－巢县－庐州大道地区作战，牵制合肥方面的中国军队。

畑俊六

1879年7月26日出生于日本福岛县。1900年11月毕业于陆军军官学校第12期炮兵科，1910年11月以首席身份毕业于陆军大学第22期。日本投降后，以甲级战犯身份在远东军事法庭受审，1948年11月被判处无期徒刑。1954年10月假释，1958年赦免。1962年5月10日在出席一个战争亡故人员纪念碑揭幕活动时，突发疾病病故。

1919年4月	陆军大学教官
12月25日	参谋本部作战班长
1921年7月20日	晋升大佐，野炮第16联队联队长
1922年8月15日	野炮学校教导联队联队长
1923年8月6日	参谋本部作战课长
1926年3月2日	晋升少将，野战重炮第4旅团旅团长
1927年7月26日	参谋本部第4部部长
1928年8月10日	参谋本部第1部部长
1931年8月1日	晋升中将，炮兵监
1933年8月1日	第14师团师团长
1935年12月2日	航空本部长
1936年8月1日	台湾军司令官
1937年8月2日	军事参议官
8月26日	兼教育总监
1938年2月14日	华中派遣军司令官
12月15日	军事参议官
1939年5月25日	侍从武官长
8月30日	陆军大臣
1940年7月22日	军事参议官
1941年3月1日	中国派遣军总司令
1944年11月23日	教育总监
1945年4月6日	第2总军司令官（直至二战结束）

中国抗战时期，他指挥的侵略作战有徐州会战、武汉会战、第一次长沙作战（第二次长沙作战）、第二次长沙作战（第三次长沙作战）、浙赣线作战、江南作战、常德作战、一号作战等。

华中派遣军开始北进

台儿庄战役以来，第五战区就陆续将其主要兵力投入到鲁南战场，与第5、10师团作战。至4月23日，第五战区在鲁南战场第一线的部队从西向东为，第22集团军残部、第2集团军（配属第6、93、110师）、第51军、第60军、第20军团（配属第111师第333旅）、第13师、第40军等部。其位于二线位置还有第59军、第75军（欠第6师）、第92军（欠第95师）等部。除此之外还有第46军、第22军之第50师、第132师、第140师等从其他战区抽调的部队，正日夜兼程地向鲁南进发。

此时，虽然第五战区对鲁南地区的防御较强，但对淮北、淮南、苏北及鲁西地区的防守则较为薄弱。第59、51军陆续北上鲁南后，淮北地区仅有桂军第31、48军布防，而且这2个军在此前的淮河阻击战中伤亡过大，战斗力大为削弱。而后，第7军等部陆续赶到该地区，使该地区的防御有所增强。淮南地区也只有第20军及安徽保安第8团布防。其中，该军以第133师在巢县、无为、庐江等地布防；以第134师分驻枞阳、安庆一线沿江岸布防。而后第48军主力及第10军、第199师

▲1938年4月30日，占领巢县县城的日军第6师团坂井支队。

等部陆续赶到该地区，使该地区的防御有所增强。苏北地区的防御更是薄弱，守备该地区的第24集团辖第57军（欠第111师第333旅）、第89军等部。其中，第89军（军长韩德勤）于1938年2月由江苏保安团和警察队编成，战斗力很差。该军负责守备盐城、阜宁附近。第57军战斗力较强。该军以第112师担任东海守备，阻止日军由海上登陆，以主力（欠第111师第333旅及第112师）作为预备队。鲁西地区的部队则为在鲁南反击战中减员甚众的第3集团军。

同日，第五战区调整了部署，将上述各作战地区的部队分别区分为鲁南兵团、淮北兵团、淮南兵团、苏北兵团、鲁西兵团等，此外还以一部作为战区总预备队。

4月23日，第6师团的坂井支队（坂井少将指挥的第13联队、骑兵第6联队和野炮第6联队第3大队为基干）从芜湖出发，到达和县对岸的采石镇，准备渡过长江。24日，该支队在海军的协助下，从和县以东新河口渡江，几乎没有受到任何抵抗就占领了和县。接着，该支队又冲破第20军第133师部队的阻击，于26日占领含山，30日占领巢县。

4月24日，第101师团的佐藤支队（佐藤正三郎少将指挥的步兵5个大队、野炮兵1个大队为基干）从东台出发，开始向盐城方向攻击前进，击败第89军部队的阻击后，于26日占领盐城，28日占领新兴城。

中国最高统帅部得知华中日军各以一部向淮南、苏北进攻，而华北日军在鲁南方面攻势已顿挫（4月27日第5、10师团的攻击没有大的进展）的情况后，决定在鲁南、淮南和苏北等各战场同时采取攻势。为此，蒋介石于4月30日向李宗仁发出训令：

（一）鲁南方面：1.敌之攻势已顿挫。2.决全线转攻势，予敌以更大之打击。3.石友三军不攻郯城、不顾任何敌人之牵制，向敌后方挺进，并以1旅以上兵力向青岛攻击前进。4.樊松甫军避开马关镇据点之攻击，向敌主力后方挺进袭击。5.其余守势正面各军可增加第50、第140两师，全线转移攻势。6.转攻以后无论效果大小，抑或万一顿挫，均须适时抽出损害过重部队至运河后方构筑据点工事并整顿补充。7.其他已到、未到控制部队不得使用。（二）淮南方面：1.敌总兵力不过4万，我占绝对优势。惟敌立内线，如向我任何一点进攻，均感应付困难。2.以打破敌策应鲁南企图，使陷于被动之目的，决制敌机，先采取攻势。3.韩德勤部应集结兵力，迅速攻击突进之敌。4.廖磊部先以一部佯攻，诱敌离开阵地而击破之。5.徐源泉部到达合肥即向当面之敌进攻前进。6.杨森所部主力应开前方，攻击巢湖以南之敌，酌留一部守备安庆及沿江要点。7.已令罗树甲师开合肥，归徐源泉指挥，并令唐式遵抽调两团至安庆增防，归杨森指挥。（三）各方面攻击部署细部由战区决定，务须迅速开始为要。

当统帅部的训令下达到第五战区时，鲁南战场第一线除第46军对国崎支队猛攻以外，其他各部均因伤亡惨重，只能与其对面的日军进行相持的阵地战。第46军奉命后，继续加紧攻击国崎支队，却受到日军的拼死顽抗，迟迟不见进展。

而苏北的守军还没来得及集结兵力攻击日军，就先遭到日军的攻击。日军佐藤支队占领新兴城以后，继续北上，直扑阜

佐藤正三郎

日本德岛县人，1886年10月24日出生。1907年10月24日毕业于日本陆军军官学校第19期，1916年11月25日陆军大学第28期毕业。1978年4月10日亡故。

1917年8月6日	晋升陆军步兵大尉，华中派遣军司令部附
1919年3月19日	参谋本部员
1919年9月9日	陆军省军务局课员
1921年4月20日	步兵第3联队附
1922年8月15日	晋升陆军步兵少佐
1924年4月24日	陆军兵器本厂附兼陆军省军务局课员
1924年12月20日	陆军技术本部附兼陆军省军务局课员
1926年3月2日	参谋本部附，王公族附武官（附属李垠世子）
1926年4月27日	李王附武官（附属李王垠）
1926年8月6日	晋升陆军步兵中佐
1928年9月15日	王公族附武官（附属李王垠）
1929年12月10日	近卫步兵第2联队附
1930年8月1日	晋升陆军步兵大佐，步兵第32联队长
1932年10月26日	第3师团参谋长
1935年8月1日	晋升陆军少将，步兵第1旅团长
1936年7月10日	转为预备役
1937年9月3日	（召集）步兵第101旅团长
1940年2月24日	留守第1师团司令部附
1940年8月1日	晋升陆军中将（召集解除）

中国抗战时期，他参与的侵略作战有上海作战、南京作战、徐州会战等。1939年1月16日获得勋二等瑞宝章。

宁。当时，第89军第351旅守备沟安墩正面，配属山炮3门，常恩多则率1个旅集结于盐阜公路西侧，对北上行进的日军全面出击，形势一度对中国军队有利。但关键时刻，第351旅一触即溃，日军趁机占领沟安墩。而后，第351旅退守阜宁，常恩多率部迂回至日军右侧，激战通宵，未能击败日军，只得撤退。接着，佐藤支队又于5月7日击退第351旅，占领阜宁，对陇海路东侧构成威胁。淮南方面的杨森第20军则因准备不足，一时还不能开始行动，只得暂时和坂井支队对峙。徐源泉的第10军也正向合肥开进途中。

当坂井、佐藤两支队分别攻击淮南、苏北守军的时候，第9、13师团也陆续向指定地点集结，到5月3日前集结完毕，准备向淮北守军大举进攻。

5月1日，为指导徐州会战，华中派遣军司令官畑俊六大将乘飞机前往南京战斗司令部。次日上午10时，畑俊六又偕参谋副长、作战主任等乘飞机由南京故宫机场出发赴蚌埠。第3师团长另机同行，11时20分抵蚌埠，下午听取荻州立兵第13师团长、吉住良辅第9师团长、仪峨飞行团司令官、警备司令官片山省太郎少将的情况汇报。然后就此次会战进行训示（联队长、直属部队长以上干部参加）。

3日，畑俊六在当天的日记中写道："华北方面军发出近乎哀求之电报称，中国军队愈加向徐州附近增派兵力，中央军3个师亦由汉口向该方面增援，而华北方面军第5、10师团兵力缺乏，每中队不过50－60人，故恳求华中派遣军采取积极行动。"对此，畑俊六认为"此事态皆起因于第2军、第10师团过于轻敌转进，而遭敌反击。由台儿庄撤退已使其徒具恶名，且第2军司令部碍于面子，欲擅自收复失地。加之战斗力消耗，根本无压迫敌之力。只能造成铃木率道少将充分暴露其顽固自负之结果。此次徐州会战如获成功，将成为第二次奉天会战。若作战受阻将造成不可收拾之后果。大本营亦指示应断然加以统一控制，然亦无动人力量，令人不胜忧虑。"

5日拂晓，第9、13师团开始向淮北地区进犯。第9师团从北淝河左岸地区向板桥集－赵家集一线攻击前进，第13师团从涡河西岸地区向蒙城攻击前进。10时30分，畑俊六也由蚌埠出发，抵达位于怀远西侧高地的第13师团战斗指挥所观战。

此时，防守淝河北岸之第31军及涡河两岸之第7军，正面甚宽。其中第7军主力（欠第172师）刚开到涡河两岸接防不久，即受到第13师团的攻击。该军第170师的1个团，刚在怀远西支子湖地区布防，正在构筑工事，即遭到第13师团的猛烈攻击，激战1天，营长陈良以下伤亡100余人，退守河溜集。第171师2个团，与日军激战2日，终于不支溃退。日军第13师团主力，趁势沿涡河南岸淮蒙公路，向蒙城进犯。

吉住良辅

日本三重县人，1884年11月27日出生。1905年3月30日毕业于日本陆军军官学校第17期，1916年11月25日陆军大学第28期毕业。1963年2月18日亡故。

1917年4月17日	步兵第3联队中队长
1917年8月6日	陆军士官学校教官
1919年4月15日	第8师团参谋
1921年4月20日	晋升陆军步兵少佐，陆军野战炮兵射击学校附兼陆军步兵学校研究部员
1922年8月15日	陆军野战炮兵学校研究部主事兼该校教官兼陆军步兵学校研究部员
1924年2月8日	近卫步兵第2联队大队长
1924年8月20日	晋升陆军步兵中佐，近卫步兵第1联队附
1925年12月2日	第3师团参谋
1927年3月15日	陆军兵器本厂附兼陆军省人事局课员
1928年3月8日	陆军省人事局课员
1929年3月16日	晋升陆军步兵大佐，步兵第57联队长
1930年8月1日	本乡联队区司令官
1931年8月1日	第1师团参谋长
1932年4月11日	教育总监部庶务课长
1933年12月20日	晋升陆军少将，步兵第36旅团长
1935年12月2日	第1师团司令部附
1937年3月1日	第4师团司令部附
1937年8月2日	晋升陆军中将
1937年8月26日	第9师团长
1939年12月28日	转为预备役

中国抗战时期，他参与的侵略作战有上海作战、南京作战、徐州会战、武汉会战等。1937年10月7日获得勋二等瑞宝章，1940年4月29日获得勋一等旭日大绶章。

蒙城战斗

淮北地区的第21集团军得知津浦路南段日军大举攻击第7军阵地，并有向涡阳、蒙城方面北犯之企图后，即命田家庵以东之洛河附近的第48军第173师第1033团，由副师长周元率领，向蒙城开进，固守该地。

5月6日拂晓前，该团全部到达蒙城。凌云上团长当即率领各主要干部侦察地形，以决定兵力部署。蒙城地形易攻难守，县城狭小，城墙单薄，且大部是土墙，倘容纳过多的兵力，则易招致炮火损伤。东郊附近有小村庄数个，村缘树林浓密，勉强可作防御阵地。城北城西的郊外，地势平坦，村庄离城较远，守城较为有利。北面城垣脚下，有涡河东流，不能徒涉，顾虑较少。据此，凌决定以第3营（营长兰权）的主力，在东门外附近各村庄占领阵地，其一部占领东门内大街两侧街市，并构筑街市的巷战工事；以第1营（营长贾俊优）主力占领南门外小街市及南门城顶；西城郊外地形平坦，村庄离城数里，日军接近较难，由该营酌派少数兵力防守及构筑城上工事，其余在南门内占领阵地并构筑巷战工事；第2营（营长李国文）以第5连占领北城外的河边街及西北角之小北门，向涡河北岸严密警戒，并防止敌人渡河，其主力为团预备队，控制于北城内，并构筑十字街北各街及北城的防御工事；以团搜索队（约70余人，配轻机枪2组，步枪兵30人，驳壳手枪兵30人，每手枪兵配大刀1柄）在涡河北岸之全集与移村间活动，并向龙坑方面警戒。限令各部队占领阵地后，迅速完成立射散兵坑，如时间余裕，应继续加强工事。

上午8时，凌云上部署完毕。随后一面督促各官兵加紧构筑工事，一面派出侦察员向怀远方面侦察敌情。此时，他们发现有大量友军散兵纷纷经过蒙城向西撤退，经询问后得知为第7军失利向涡河南北地区撤退者。凌云上得报，于下午6时派别动队向王家集附近活动。

7日上午8时，侦察员向凌报告说，敌约3000余众，已进抵离蒙城30余里，并向蒙城作大包围之势。凌即令各部严加警戒，准备战斗。

下午1时30分，涡河北岸日军骑兵一百四五十名，到达移村附近。第1033团别动队李队长见状，令官兵在大道两侧麦地隐伏，待日军行进至最近距离，即猛烈射击。日军骑兵遇袭后，一时大乱，纷纷溃退，稍加整顿，即向别动队进攻。别动队利用麦地的掩护，坚决抵抗。入夜后，因日军后续步兵陆续抵达移村附近，而涡河北岸的别动队纯为警戒性质，遂沿涡河北岸撤至小涧集，渡河归还蒙城。当晚，第1033团探知日军步骑2000余，沿涡河北岸直上，经蒙城10余里之李楼附近，渡过南岸。

8日早晨，日军升起系留汽球观察，然后以大量炮兵，向蒙城东门内外各阵地进行猛烈射击，炮弹不断落在守军阵地上

▲第173师副师长周元。

爆炸，一股股烟柱腾空而起。10时左右，日军步兵在轻重机枪及步兵炮掩护下，向东门外及南门外各阵地守军进攻。虽然守军阵地工事在日军炮火下，遭受相当破坏，但士气旺盛，顽强抵抗，在城郊阵地与日军肉搏六七次，打退了其多次攻击。战至下午6时，守军伤亡惨重，如第1营原有战斗士兵400余人，至此时军官已伤亡十之六七，士兵仅剩约130余人。而且，城墙各处也被日军火炮轰毁了10余处。当晚，双方继续在西门外街道、小北门外以西街道、东门外、南门外房屋等地展开激战。

9日凌晨3时，守军各士兵所存弹药每人仅20余发。凌云上团长为节省弹药，命各部官兵，如日军于100米以外切勿射击，应将所余手榴弹准备，沉着待机，静候日军至20米处，即以手榴弹出其不意地袭击。再每人即刻向日军猛烈射击二三发，继以刺刀冲杀。

6时左右，日军以火炮五六门直接瞄准南门城门洞射击。约命中四五十发，南门城楼崩塌，城门工事如沙包、木箱，铁条网等，均被炮火摧毁。6时30分，日军步兵乘机攀登城顶。凌云上见状，即抽调较次要方面之兵力，向侵入南门的日军发起反击，企图将其驱逐于南门之外。双方随即展开激烈的肉搏战，互相冲杀，手榴弹爆炸之声密如爆竹。又经过了1个多小时的混战，守军伤亡很大，而且其所有残部均散置各街，各自为战，指挥不易。至8时，东、南、西三面城墙已布满日军。日军一部还冲至城市中央之十字街。副师长周元与团长凌云上见大势已去，决心杀出一条血路冲出城外，遂于8时40分率第2营营长李国文、第3营营长兰权等100余人，枪70余支，出小北门右转弯，沿河边街向东冲出重围。突围途中，由于受到日军堵截，周元、李国文、兰权等大部官兵相继战死。当凌云上率残部安全到达集合地点时，检查人数，只剩军官3人，士兵13人。而第1营营长贾俊优等一部分官兵，则未能突围，仍在城内与日军展开巷战。至下午3时，留在城内的守军全部殉国。蒙城落入日军手中。

此后，第1033团在凤台县城收容部

荻洲立兵

日本爱知县人，1884年1月24日出生。1905年3月30日 毕业于日本陆军军官学校第17期，1916年11月25日陆军大学第28期毕业。1949年12月22日亡故。

1917年8月6日	陆军步兵学校教官
1918年6月1日	陆军步兵学校研究部主事兼该校教官
1921年4月20日	晋升陆军步兵少佐
1922年7月22日	陆军步兵学校教官兼该校研究部员
1924年8月20日	晋升陆军步兵中佐
1925年4月1日	陆军大学校兵学教官
1927年7月26日	近卫步兵第4联队附
1929年3月16日	晋升陆军步兵大佐，步兵第44联队长
1930年5月16日	第11师团司令部附
1931年10月22日	第1师团司令部附
1932年2月23日	留守第9师团参谋长
1932年4月11日	第1师团参谋长
1933年10月16日	晋升陆军少将，步兵第9旅团长
1935年8月1日	台湾军参谋长
1937年3月1日	晋升陆军中将，第2师团司令部附
1937年4月12日	留守第2师团长
1937年9月10日	第13师团长
1939年8月10日	第6军司令官
1939年11月6日	参谋本部附
1940年1月31日	转为预备役

中国抗战时期，他参与的侵略作战有淞沪作战、南京作战、徐州会战、武汉会战等。1937年10月7日获得勋二等瑞宝章，1939年10月10日获得勋一等瑞宝章，1940年4月29日获得勋一等旭日大绶章。

队，几天内陆续有零星突围的官兵归队，计前后收容官兵共约400余人。

当第13师团攻击蒙城的时候，第9师团也从北淝河左岸地区向板桥集－赵家集一线前进，连续突破第31军数道防线后，于5月10日前出到板桥集附近。

第五战区准备反击淮北日军

当鲁南陷于相持的阵地战而淮北又突然出现日军2个师团的主力北进时，李宗仁感到形势严峻，认为日军“淮北方面所用兵力达2个师团，自必力求猛进，窥伺徐州。且淮北地形开阔，地域广大，阻止困难”；又考虑到“鲁南敌我已成胶着状态，彼此进展均困难”，两相比较，“淮北情况实较鲁南为紧急”，这样决心“集中兵力准备于固镇分设阵地，将敌击破，以解除徐州后顾之忧”，遂将冯治安第19军团、刘汝明第68军及罗奇第95军调归廖磊指挥，先阻止淮北方面的日军北进，然后再部署击破。

5月10日，李宗仁按照中国统帅部的意图，决定向淮北日军发起反攻，并据此下达了第7号作战命令。主要内容为“以先行击破淮北之敌、打破其向北进或西北进、截断陇海路之企图为目的，即向怀远、蒙城攻击前进”，令“第31军之一部固守原阵地。第31军主力联系第77军及罗奇师分为数纵队由现在向怀远至蒙城间

▲日军在台儿庄之战后大举向徐州地区增派部队，企图合围在徐州的中国军队主力。

前进，求敌主力攻击之”；令区寿年“指挥区寿年师、程树芬师应由蒙城附近尾跟敌后以进行攻击，与主力相呼应”；“徐启明师应联系区支队左翼前进”。同时指令“后续兵团俞济时军、李汉魂军于5月15日前向永城附近集中”，归廖磊指挥。

日军第2军准备投入徐州会战

自4月8日至5月7日期间，第5、10师团在鲁南的一系列战斗，被日军称为“南部山东剿灭战第2期”。值得注意的是，日本方面将“南部山东剿灭战”列为单独的一次战役，而非徐州会战的一部分。5月7日以后，日军第2军加入到以徐州为目标的进攻中。这段时期则算作第2军参与徐州会战的时期（日军各军进行徐州会战的时间不一致）。

4月27日以后，第5、10师团在鲁南战场的攻击没有大的进展。这期间，日军第2军开始准备徐州会战。该军的作战设想是：（一）各部准备会战的时期：以第5、10师团确保当前的第一线阵地，并准备进攻；第16师团集结于曲阜、济宁附近准备前进；第114师团及独立混成第5旅团继续执行现在军后方地区的警备任务，同时计划和准备随第一线兵团的前进，而推进警备地区。（二）各部参加会战的时期：以第5师团从当前阵地向徐州东面攻击；以第10师团与第114师团换防后，从5月10日前后向微山湖西面转进，遂即进攻；第16师团从济宁附近南下攻击。第2军各部奉命后，即加紧进行相关的各项准备。

5月7日，新任的第2军司令官东久迩宫到达兖州，正式下达了发动徐州会战的命令：除令第10师团、第5师团继续在鲁南进行抑留作战，并准备分向徐州以西、以东前进外，还令“第16师团5月9日从济宁附近出发，击败当面之敌后，首先迅速进入砀山、唐寨方面”。该师团当日即渡过运河，进至郓城附近。

5月8日，日军第16师团主力于济宁附近集结完毕。5月9日从该地出发南进，攻击第3集团军部队阵地，冲破守军的阻击后，当晚进入胡家集北面地区。接着，于11日进至金乡北面，然后准备攻击金乡地区。这天，第14师团的酒井支队也编入该师团。

第五战区反击鲁西及淮北日军的作战计划

当第16师团开始向鲁西进攻时，由于第五战区当时得到的不准确的报告，称鲁西日军仅有1个旅团。这样，起初中国统帅部并不太重视鲁西方面，只是于10日晚电令李宗仁及第一战区长官程潜，改变两个战区的作战地境，将鲁西划归第一战区，并指示“第五战区应对鲁南残敌暂取战略守势，以优势兵力先行击灭超越淮河之敌；第一战区应集中新锐兵团，击破侵入鲁西之敌”。这时，统帅部仍千方百计地从各方面抽调部队，以反击淮北日军。

但5月12 日凌晨，第1军的第14师团为策应第2军作战，以主力（左翼部队）由彭家楼，以一部（右翼部队）由常家集附近强行渡过黄河，也向鲁西大举进攻。这样，鲁西方面的形势变得极为严峻。中国统帅部决定暂时在鲁南取守势，并以从各方面抽调的部队，同时向鲁西和淮北日军发起进攻。蒋介石即于当日早晨以训令形式致电李宗仁：

（一）国军决先击灭淮北及鲁西之敌。（二）鲁南方面在敌抽调兵力转用鲁西之情况下，除应以有力部队增强右翼防敌包围外，须即刻设法抽出三四师兵力位置徐州，为该战区预备队，必要时用于蒙城方面之攻势。（三）鲁南方面即决心取守势，于必要时可依运河逐次抵抗，至不得已时则固守徐州国防工事线，以获得攻势方面决胜之时间。（四）总之，五战区第一任务在击灭蒙城方面之敌，使全盘态势有利，否则保有鲁南阵地亦属无益。希当机立断，速决实行，具报。

据此，李宗仁于当晚制订了如下内容的“第五战区作战计划”：

一、敌情判断

敌对我鲁南改取攻势，主力由淮北、鲁西两方夹击，有截断我陇海交通、包围徐州之企图。

二、方针

（一）战区拟乘敌兵分离之际集结兵力，击破淮北之敌，再转移兵力于其他方面，施行各个击破。

（二）敌如将会师陇海线，我后方联络线有被敌遮断之虞时，则各以一部攻击永城及蒙城之敌，以主力转移到亳县、涡阳、阜阳以西地区，准备而后之作战。

三、指导要领

（一）敌如尚在分离之状态时，应取下述之指导：

1.淮北兵团之全力与第一战区鲁西兵团之一部呼应，以有力之一部攻永城，主力向蒙城压迫，以截断敌之联络，击破该敌于淮河左岸地区。

2.鲁南、苏北两兵团，应竭力阻止各该方面敌之发展，以取得时间之余裕。不得已时，鲁南兵团撤退至运河西岸，苏北兵团力图存在于运河以东、旧黄河以北地区，准备而后之反攻。

3.淮南兵团一部仍向淮河右岸压迫，主力拒止巢县之敌北进。

4.淮北之敌如被我击破，追击至淮河之线时，应如何转移主力、各个击破他方之敌，均以当时之状况定之。

5.预备兵团控制徐州附近，以适应各方之情况。

（二）淮北之敌，如我未能贯彻击破之方针，而与鲁西之敌将会合时，应采取下述指导：

1.鲁南、淮北两兵团，应各以有力之一部，先占铜山、宿县两地，阻止敌之追击，掩护主力之西撤，其境界为夹沟一濉溪口一临涣集一涡阳一太和之线，线上属淮北兵团。

2.两兵团各以有力之一部袭占或监视永城、蒙城，主力分多数纵队，各由蒙、永间及其附近各道西进，迅速通过敌之包围线，而后在亳县、涡阳间线上各派掩护部队，主力向其以西地区集结，准备反攻。

3.苏北兵团即在苏北、鲁东南地区游击。

4.淮南兵团主力，竭力保持合肥，一部撤至凤台、阜阳，掩护战区之右侧。

5.鲁南兵团向微山湖以西撤退时，务与第一战区鲁西两兵团联系。

6.预备兵团之行动，视敌情况由兵团区处，或增援于最急要之方面。

（三）司令长官部，第一项指导间，仍在徐州；第二项指导间，移至周家口，设指挥所于亳县。

（四）军队区分

鲁西兵团：指挥官孙连仲总司令，率第46军、第60军、第51军、第75军、第2集团军主力、第22集团军残部、第50师、第13师、第132师、第110师、第140师。

淮北兵团：指挥官廖磊总司令，率第31军、第7军、第77军、第48军一部、第68军、第95师。

淮南兵团：指挥官李品仙副司令长官，率第48军主力、第10军、第20军（附第23集团军之一旅）、第199师。

苏北兵团：指挥官韩德勤代总司令，率第57军、第89军、第8游击队。

预备兵团：指挥官汤恩伯军团长，率第2军、第92军、第59军、第4师。

第五战区各部奉命后，即按部署行动。此时，日军各部也从各个方向往徐州猛扑过来。

淮南方面的战斗

当日军攻击蒙城的时候，合肥附近的第48军第176师于5月8日晚奉命驰援蒙城，以解友军第173师第1033团之围。可是，该师在救援途中遇到倾盆大雨，前进迟缓，10日通过凤台后，才得知蒙城失陷的消息。当夜，该团向西北方移动，作大迂回绕过蒙城。天亮后即宿营。而后连续3天其为了隐蔽行动，连续夜行晓宿，直到涡河西南楚店集、蒋町集一带。

日军坂井支队接到合肥附近的守军向北方移动的情报后，准备趁机夺取合肥。11日，该支队从巢县出发，13日进入合肥东南面地区，并从次日早晨开始攻击，很快击退徐源泉部，占领合肥城及其周围。

然而，螳螂捕蝉，黄雀在后。坂井支队主力刚离开巢县不久，川军第20军军长杨森就计划收复巢县，接着和合肥友军夹攻巢县西边的日军。5月13日黄昏，杨森令师长杨汉忠率守护淮南铁路的第133师，向留守巢县的日军发起袭击。当该师到达巢县附近时，有一位当地的老百姓来报：巢县城干墙有一个洞，扛着机枪都可以通过。该师师部决定组织2个营的突击

▲1938年5月13日，日军经大蜀山向合肥进攻。

队，于深夜潜入城内打击日军。巢县城下有条护城河，工兵连长彭世昌为了方便部队能顺利渡过小河，将制成的浮桥亲自搭在护城河上。部队过河后由城洞钻进城去，将城门大开，以便袭击后能尽快撤走。川军突击队入城后，即向日军发起夜袭。但日军占据巢县城内卧牛山等各要点拼死顽抗。突击队向其反复冲锋10余次，也未能奏效。

坂井得知后方的巢县守备队受中国军队之攻击，立即派遣第13联队第1大队前去救援，支队主力担任合肥的警备。第133师发觉日军援军即将赶来后，便停止攻击巢县，向巢湖南面撤退，营长张运辉在撤退中阵亡。

淮北方面的战斗

第9、13师团占领板桥集及蒙城以后，日军华中派遣军开始研究下一步的前进方向。当时，第五战区用于反击淮北日军的多数部队还未赶到，该战区的主力仍在鲁南。淮北方面仅有第21集团军占领永城、浍河北岸亘固镇之线，阻止日军北

坂井德太郎

日本爱知县人，1885年2月17日出生。1905年3月30日毕业于日本陆军军官学校第17期。1971年3月2日亡故。

1905年4月21日	晋升陆军步兵少尉，步兵第20联队附
1907年12月21日	晋升陆军步兵中尉
1910年3月2日	步兵第20联队大队副官
1912年12月6日	步兵第20旅团副官
1915年8月10日	晋升陆军步兵大尉，步兵第20联队中队长
1917年8月6日	步兵第20旅团副官
1919年12月15日	台湾军副官
1921年5月4日	军事参议官副官（附属陆军大将柴五郎）
1922年2月8日	晋升陆军步兵少佐，步兵第6联队附
1922年8月15日	步兵第6联队副官
1923年8月6日	步兵第6联队大队长
1925年5月1日	步兵第5旅团副官
1926年3月2日	晋升陆军步兵中佐，步兵第3联队附
1931年8月1日	晋升陆军步兵大佐，第1师团司令部附
1933年8月1日	步兵第21联队长
1935年12月2日	第11师团司令部附
1936年3月7日	晋升陆军少将
1936年12月1日	步兵第11旅团长
1938年7月7日	第1独立守备队司令官
1939年3月9日	晋升陆军中将
1939年8月1日	留守第6师团司令部附
1939年8月31日	转为预备役
1945年3月31日	名古屋联队区司令官兼名古屋地区司令官

中国抗战时期，他参与的侵略作战有平汉线作战、南京作战、徐州会战等。1938年10月13日获得勋二等瑞宝章。

进。于是，华中派遣军便把目光对准了第五战区背后的主要联络线——陇海线及徐州－永城－亳县大道地区。该军企图侵入百善－永城一线，切断鲁南以及徐州附近中国军队的退路，便于5月11日命令第9师团以有力的一部（第18旅团长井出宣时少将指挥的第19联队、山炮1个大队为基干的右侧支队）针对宿县方向的中国军队，掩护该派遣军的右侧，而以师团主力进入百善附近；第13师团则进入永城附近切断中国军队的退路。又命令正在蚌埠及怀远地区集结的第3师团，进入大营集附近。

12日，第9、13师团开始继续攻击前进。由于奉命守备永城的罗奇第95师1个团未能及时到达，次日第13师团即占领永城，第9师团占领百善。担任第9师团右侧翼掩护的右侧支队，也于14日占领南坪集及其附近的赵家集、芦沟集。

此前，第77军第37师第109旅旅长吉星文，率部从宿县出发，向赵家集、芦沟集急进，迎战向北进犯的日军。虽然吉星文旅连夜急行军，但仍赶不上日军的进度，被日军右侧支队抢先占领了这2个集镇。吉星文为完成阻击日军之任务，将全旅及配属的1个团分成两路投入战斗，并亲自指挥一路进攻赵家集。日军右侧支队在吉星文旅的反击下，被迫停止前进，转为防御。

华中派遣军12日判断第五战区部队大部已开始撤退，于是部署在徐州以西地区将其捕捉歼灭，决定以该派遣军主力向萧县及其以北地区前进，并切断陇海线。14日下午3时30分，第13师团编成的岩仲挺进队（战车第1大队长岩仲大佐指挥的战车第1大队、独立轻装甲车第7中队，第104联队的约半个大队、工兵1个中队为基干）进至汪阁以东地区，炸毁这里的铁桥，切断了陇海铁路。这期间，第3师团也向大营集附近的第31军进攻，冲破守军的阻击后，于15日前出到该地附近。

15日，第9师团将一部（第35联队主力）留在百善，主力开始向萧县攻击前进。因萧县告急，李宗仁令徐州附近的第139师开往萧县，担任守备，以待援军。并限当日下午6时到达。下午5时，该师第2旅全部抵达萧县。因为该城四面环山，欲保城垣，非守城外高山不可，所以该旅即以补1团守卫县城，以第726团向帽山店、丁里寨东西之线推进，以期阻敌于远方。然而，第726团行抵中途，突然与日军搜索分队遭遇，遂在凤凰山、龙山及萧县南郊各村落之线占领阵地。当晚10时，该师第1旅也抵达萧县，即以第724团守备城内，以第717团分向段家花园亘三里屯之线占领阵地。

16日早晨，第139师接到白崇禧的电话：增援萧县之第180师及第21师，至迟筱（17日）晨定可到达，该师如能苦撑至援军到达，赏洋5万元。这天，第9师团主力陆续到达萧县附近集结，并准备攻城。

17日上午，第180师到达萧县东南地区，即向张二庄左右之线攻击。因受到日军顽抗，进展不易。第21师也在姚楼、鲁

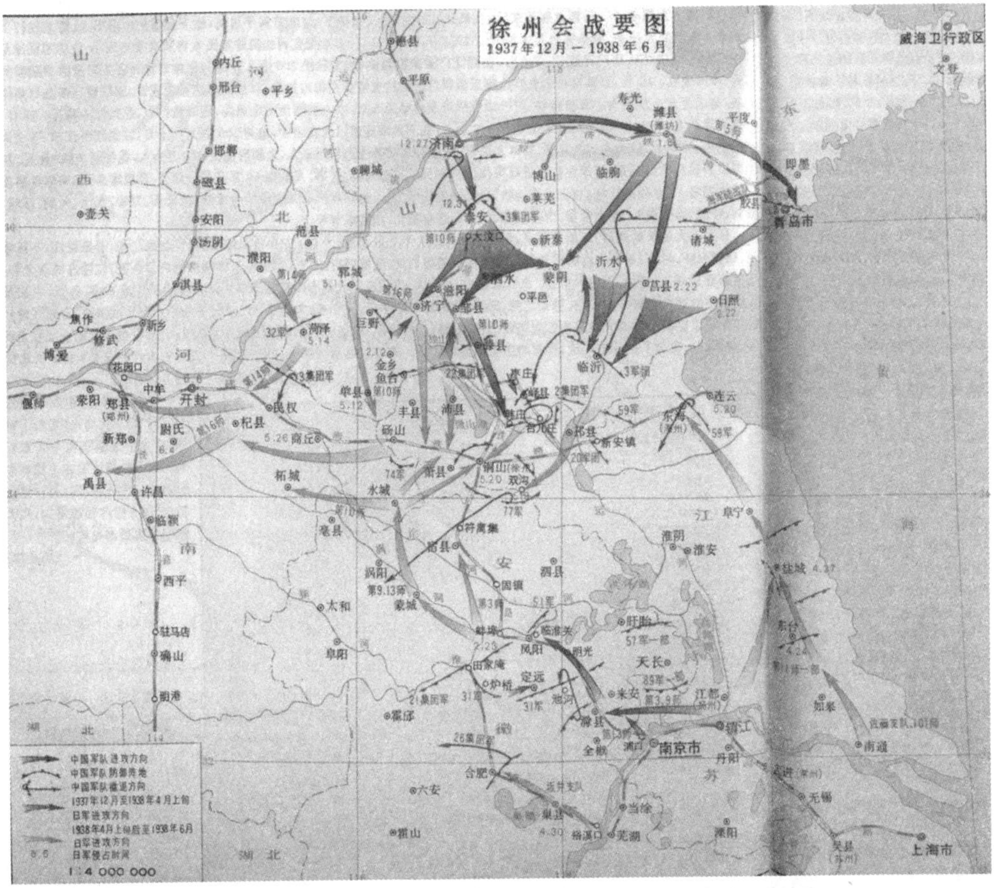

▲中国军队绘制的徐州会战要图。

山一带占领阵地，相机支援萧县。但没过多久，该师就因徐州以西的霸王山失守，又被调回徐州附近。

此日，日军以各型火炮持续轰击萧县城外各高地以及四关，致城外与城内之联络设施均被炮火摧毁，该地与徐州方面之交通也被切断。下午，日军步兵在炮火掩护下，开始进攻守军城外各部队阵地。战至当晚，城外各高地及四关先后均入日军手中，萧县城遂陷入重围。

18日拂晓，第9师团开始向萧县城发起总攻。日军炮兵先进行了炮火准备，以猛烈之炮火，向城内实施了约2个小时的轰击，将城内房舍焚毁殆尽，工事、通信设施几乎全被破坏。接着，日军炮兵又集中炮火，向北城猛烈射击，城上守军伤亡殆尽，城上工事多被破坏。日军步兵利用炮击效果，登上北城。第139师得知情况，即以预备队向其发起反击，但未能奏效。随后，第9师团趁势以北城为据点，向城内扩张战果。其后续部队经过北城，源源不断地冲入城内，与守军展开巷战。战至中午，守军伤亡惨重，师长黄光华在督战时受了轻伤。少将参谋长邓佐虞、上校副旅长吕汝爽、马骥德、中校团附陈芳荣、少校营长李彦文，均于巷战时先后殉国。下级干部伤亡更重。而且这时城内阵地仅余东门一隅。黄光华见战局已无法挽回，遂率残部冒着弹雨冲出重围。

这之前，第13师团也从永城附近向东北前进，突破徐州西南第92军在霸王山一带的阵地以后，又从萧县北面地区向徐州突进，17日占领霸王山。18日，第五战区司令长官部撤出徐州，移至宿县。

当第9师团进攻萧县的时候，第3师团按照华中派遣军的命令，一并指挥第9师团的右侧支队（井出支队，驻在南平镇），从17日起从南平镇西侧地区渡过浍河，突破宿县西南第77军在朱家口的阵地后，又于18日夜进攻宿县，战至19日拂晓，守备县城的第7军第171师撤走，宿县被占，第五战区司令长官部亦被冲散。而后，第3师团以一部占领符离集北面高地，主力在宿县附近集结。

鲁西方面的战斗

第16师团主力于5月14日击退第3集团军第74师后，占领金乡。其今田支队（战车第2大队长今田大佐指挥的战车第2大队、第9联队第1大队、野炮兵1个中队，工兵1个小队为基干，乘车）于15日上午深入至汪阁东面的陇海线，在8时40分－10时期间炸毁铁路3处，切断了陇海线。接着，该支队又于17日占领唐寨。

第16师团主力占领金乡后，继续南下，18日前出到谢场，准备攻击徐州，19日攻占九里山，然后经徐州北侧向徐州东北追击。该师团配属的酒井支队与守卫郓城的第23师激战后，于11日夜攻占郓城。而后又向金乡方面南下，13日侵入柳林集东北地区，14日侵入大田集，15日侵入城武东南地区。15日，该支队奉命回归第14师团长指挥。

12日早晨，第14师团主力渡过黄河后，以右翼部队占领邓庄、董口一线，以左翼部队占领军庄、车庄一线，准备而后的进攻。次日早晨，该师团自董口东西一线出发，成二路纵队向菏泽推进，14日先夺取菏泽第23师外围阵地，接着继续进攻第23师主阵地，下午6时占领菏泽。骑兵第18联队则于15日早晨7时20分在内黄附近，炸毁并切断陇海线。16日，第14师团主力又由菏泽附近出发，成二路纵队向马头镇东西一线前进。17日，其一部抵达圈项及刘岗，分别切断陇海线，主力集结于宋集附近。而后，师团还以一部陆续攻占内黄、吕馆、白口等地，19日晚将主力集结于内黄附近。

鲁南方面的战斗

从5月14日起，第10师团除把在台儿庄以东的部队（第40联队长西大条大佐指挥的第40联队、野炮1个大队为基干，称之为西大条支队）留在原地，交由第5师团长板垣指挥以外，其主力开始向第114师团的奥地区队（步兵第128旅团长奥保夫少将指挥的步兵6个大队、师团炮兵及工兵联队主力为基干）移交台儿庄以西阵地的防务。双方交接完毕后，第10师团主力（欠西大条支队）集结于临城附近，准备渡过微山湖，从西北面进攻徐州。

5月15日晚，第10师团的先头部队第39联队开始渡湖。其第3大队、第1大队分别作为第一线攻击部队、第二线攻击部队。第2大队（欠第6中队）、第4中队作为预备队，紧跟在第二线攻击部队的后方行进。

晚11时许，第3大队于老坝附近上船，开始向对岸前进。当天风声很大，掩盖了小船的橹声。可是，由于湖水深浅不一（深50厘米至1米），加上芦苇丛生，日军行船困难，只得下船徒涉。第12中队在水中前进2000米左右，即爬上对岸，以奇袭的方式，占领王楼，并发出信号弹。接着，第3大队主力继续前进，于16日凌晨5时以前相继占领吴楼、马家楼、韩坝等地。第1大队超越第3大队前进，于9时向大闸附近攻击，却受到中国军队的反击，陷入苦战，被迫转为防御。其第2中队还受到三面包围。沼田联队长为支援第1大队，以山炮中队、联队炮中队对大闸南部的守军实施集中射击。接着，该联队又以第11中队增援第1大队。但日军在守军的坚强抗击下，一直打到当晚8时，才击退守军，占领大闸。

据《第39联队战斗日志》记载，该联队在渡湖战斗以及大闸战斗中战死步兵中尉伊藤义雄以下22名，战伤步兵少尉山田常以下78名。

第2军于16日判断，中国军队虽全面表现动摇，但其大部仍据守在徐州东面地区。为了使军的主力从徐州西面地区前进

▲日军正向徐州开进。

而后准备攻击，命令第16师团、第10师团迅速向谢场－玉皇岭一线急进。

第10师团的濑谷支队自16日以来攻击沛县，但未能攻占。17日，该支队以一部继续担任攻占沛县的任务（19日占领），主力于18日从沛县东面地区出发南下，19日进入徐州北6公里地区。

18日，长濑支队（欠第40联队）奉命作为左追击队，向玉皇岭、杜楼之线追击。19日，当第39联队前出到宅城之线，正在侦察玉皇岭高地附近敌情地形时，得知第13师团已占领徐州的消息。

15日凌晨，台儿庄以东地区的第5师团（包括西大条支队）发现南涝沟附近的守军已后撤，立即转入全面追击，当日傍晚其各支队已进抵大运河左岸。板垣下令："师团即以现在的态势，一举向徐州东南侧之敌急追。"

然而，第5师团3个支队在渡河时，受到中国第2军等部的顽强抵抗，一度前进受阻。而后，日军经过较为充分的准备后，再兴攻势。国崎支队于17日夜、坂本支队及西大条支队于18日，分别击退其当面守军，成功渡过运河，向徐州东南面追击。

国崎支队渡过运河后，派第42联队第3大队长铃木少佐指挥快速部队（第42联队第3大队、中国驻屯战车队、独立轻装甲车第12中队、野炮1个中队为基干），向宿县地区挺进。20日，铃木快速部队急袭了在尹集的第22军军部，该军军部大部分的高级军官以及勤杂人员，不是战死就是被俘，仅军长谭道源和军参谋长李家白等少数人逃脱。谭道源的副官被俘后死去，日军将他误认为谭道源。

19日，第5师团主力进入双沟地区，随即奉命向宿县东北面地区急追。

18日，第114师团的奥部队（第102联队主力、第115联队（欠第3大队）、第66联队第3大队主力、炮兵联队主力、工兵联队主力）也奉命从峄县地区攻击前进，当晚到达台儿庄西面的大运河北岸，立即以轻架桥开始渡河，随即向大泉附近追击。

日本大本营为加强华北方面军进行徐州会战的攻击力量，从关东军增调混成第3旅团和混成第13旅团至徐州，配属第2军。这两个旅团抵达战场时，第13师团已占领徐州。而后，混成第3、13旅团分别配属第16、10师团，并分别攻击了虞城和涡阳。

徐州的陷落

5月16日，日军第9师团已进至萧县附近；第16师团也逼近谢场，徐州已直接受到威胁。李宗仁为避免在不利形势下进行决战，决定放弃徐州作战略转移，遂令张自忠指挥徐州西北的第59军、第92军的第21师及第27师增援第139师，在萧县、郝寨阻击敌人，掩护主力集结。同时下达了转进命令。主要内容为：

（一）第2集团军、第22集团军及第

51军、第60军、第48军、第22军、第75军之第6师、第93军之第132师和140师为鲁南兵团，以孙连仲为总指挥，于学忠为副总指挥，守备徐州，掩护大军转移。

（二）第20军团（第110师、第4师）及第2、第68、第59、第92各军，与第95师为陇海兵团，以汤恩伯为总指挥，刘汝明为副总指挥，由徐州西南转进亳县、柘城、太康、鹿邑、淮阳、涡阳一带。

（三）第21集团军、第31军及第77军为淮北兵团，以廖磊为总指挥，由宿县、固镇一带向太和、阜阳、颍上、凤台、寿县、正阳关之线转进。

（四）第26、第27集团军为淮南兵团，以李品仙为总指挥，确保官亭、舒城、怀宁之线。

（五）第24集团军为苏北兵团，以韩德勤为总指挥，仍确保淮阴、东海一带。

（六）挺进军（第69军）应在费县附近鲁南山区经营根据地，进行游击作战。

张自忠奉令后，以第27师占领徐州东北的九里山阵地，以第59军（欠第180师）占领郝寨、夹河集一带阵地，以第92军（附第180师）占领萧县及霸王山一带阵地，掩护主力集结。其他各部奉命后，则相继按上述部署转进。18日，第五战区司令长官部撤出徐州，移至宿县。

19日早晨，第13师团占领卧牛山。接着，其第65联队又于上午9时夺取徐州西南角，11时进占徐州中央附近，下午进占徐州东端。至此日军完全占领徐州。第16师团也于傍晚进占徐州东站附近。而第9师团仍被张自忠部阻击于徐州南方山间。

▲中国军队正在向西突围。

▲1938年5月19日，日军攻占徐州。图为日军装甲车进入徐州市区。

20日正午，第13师团在徐州举行入城式。

此日下午5时左右，奉命掩护主力撤退的张自忠，见第五战区大军完全脱离战场，也下达了撤退命令：军部直属队及第38师李旅于6时半开始撤退，第180师待军部及第38师撤退后，先用预备队向敌侧前佯攻，掩护现交战部队撤退，各部反复对敌作佯攻，迷糊交战之敌，于晚10时完全脱离战场，到达陈集才与军部会合。随后，该军按战斗序列向鹿邑前进。21日，全军抵鹿邑北贾滩地区，随即经柘城、太康到许昌以西地区休整补充，于5月30日到达许昌集结。

徐州突围后，第五战区各兵团的行动为：

（一）鲁南兵团：第2集团军大部、第60军、第95师随第五战区司令长官部之后，向西南转移；第2集团军一部、第22集团军、第46军、第51军、第75军、第140师和第132师、独立第44旅向泗县、灵璧间地区转进。

（二）陇海兵团：随司令长官部向亳县、涡阳附近及其以西地区转进。

（三）淮北兵团：向太和、阜阳及涡阳南岸地区转进。

（四）淮南兵团：仍在怀宁、舒城、北卢桥概略之线与日军对峙。

（五）苏北兵团（第24集团军）：仍在苏北淮阴、东海一带。

（六）挺进军（第69军）及海军陆战队：在鲁南、鲁中分别建立游击根据地，在胶济、津浦及台潍路沿线袭扰日军，进行游击作战。

表 12-1　1938 年上半年日军第 2 军主要战役弹药消耗量（平均每支枪每门炮的消耗量）

（华北方面军参谋部第 3 课制作）

区　分	第 10 师团蒙阴、曲阜附近战斗（1937 年 12 月 29 日至 1938 年 1 月 11 日）	第 10 师团邹县、济宁、泗水附近战斗（1938 年 1 月 12 日至 3 月 10 日）	第 10 师团滕县、峄县、台儿庄附近战斗（1938 年 3 月 11 日至 4 月 29 日）	第 5、10、16、114 师团徐州作战（1938 年 5 月 1 日至 30 日）
步枪	18	34	173	43
轻机枪	443	901	4362	1098
重机枪	3206	3920	18716	9832
掷弹筒	58	73	374	128
手榴弹	18	58	286	112
速射炮	49	100	523	292
步兵炮	80	158	682	220
联队炮	78	175	584	304
独立山炮				139
野（山）炮	154	291	997	333
十榴	50	94	619	249
十五榴	77		617	63
90 式野炮	205	208	421	
96 式十五榴	12	246	820	

表12-2　徐州会战中国军队战斗序列（1938年5月12日）

第五战区	司令长官李宗仁
鲁南兵团	指挥官孙连仲
第2集团军	总司令孙连仲
第30军	军长田镇南
第30师	师长张金照
第31师	师长池峰城
第42军	军长冯安邦
第27师	师长黄樵松

独立第44旅	旅长吴鹏举
第22集团军	总司令孙震
第41军	军长孙震（兼任）
第122师	师长王志远
第124师	师长王士俊
第45军	军长陈鼎勋
第125师	师长陈鼎勋（兼任）
第127师	师长陈离
第51军	军长于学忠
第113师	师长周光烈
第114师	师长牟中珩
第60军	军长卢汉
第182师	师长安恩溥
第183师	师长高荫槐
第184师	师长张冲
第75军	军长周碞
第6师	师长张珙
第46军	军长樊崧甫
第28师	师长董钊
第49师	师长周士冕
第92师	师长黄国梁
第22军	军长谭道源
第50师	师长成光煜
第13师	师长吴良琛
第110师	师长张轸
第132师	师长王长海
第140师	师长王文彦
第93师	师长甘丽初
淮北兵团	指挥官廖磊
第21集团军	总司令廖磊

第7军	军长周祖晃
第170师	师长徐启明
第171师	师长杨俊昌
第172师	师长程树芬
第48军	军长廖磊
第173师	师长贺维珍
第31军	军长刘士毅
第131师	师长覃连芳
第135师	师长苏祖馨
第138师	师长莫德宏
第68军	军长刘汝明
第119师	师长李金田
第143师	师长李曾志
第77军	军长冯治安
第37师	师长柴达瑞
第179师	师长何基沣
第95师	师长罗奇
淮南兵团	指挥官李品仙
第48军	军长韦云淞
第174师	师长张光玮
第176师	师长区寿年
第26集团军	总司令徐源泉
第10军	军长徐源泉（兼任）
第41师	师长丁治盘
第48师	师长徐继武
第199师	师长罗树甲
第27集团军	总司令杨森
第20军	军长杨森（兼任）
第133师	师长杨汉域
第134师	师长杨汉忠

苏北兵团	指挥官韩德勤
第24集团军	总司令韩德勤（兼任）
第57军	军长缪澄流
第111师（欠第333旅）	师长常恩多
第112师	师长霍守义
第89军	军长韩德勤（兼任）
第33师	师长韩德勤
第117师	师长李守维
预备兵团	指挥官汤恩伯
第2军	军长李延年
第3师	师长李玉堂
第9师	师长郑作民
第92军	军长李仙洲
第21师	师长侯镜如
第59军	军长张自忠
第38师	师长黄维纲
第180师	师长刘振三
第4师	师长陈大庆
第五战区直辖	
第69军	军长石友三
第181师	师长石友三（兼任）
新编第6师	师长高树勋
骑兵第9师	师长郑大章
骑兵第13旅	旅长姚景川
已转给第一战区的部队	
第3集团军	副总司令孙桐萱
第12军	军长孙桐萱（兼任）

第20师	师长张测民
第22师	师长时同然
第81师	师长展书堂
独立第28旅	旅长吴文化
第55军	军长曹福林
第29师	师长曹福林（兼任）
第74师	师长李汉章
此前开往后方整补的部队	
第85军	军长王仲廉
第89师	师长张雪中
第52军	军长关麟征
第2师	师长郑洞国
第25师	师长张耀明
第40军	军长庞炳勋
第39师	师长马法五
第111师第333旅	旅长王肇治

表12-3　徐州会战日军战斗序列

华北方面军	司令官寺内寿一大将
第2军	司令官西尾寿造中将
第5师团	师团长板垣征四郎中将
步兵第9旅团	旅团长国崎登少将
步兵第11联队	联队长长野佑一郎大佐
步兵第41联队	联队长山田铁二郎大佐
步兵第21旅团	旅团长板本顺少将
步兵第21联队	联队长片野定见大佐
步兵第42联队	联队长大场四平大佐
步兵第40联队（配属）	联队长西大条胖大佐

骑兵第5联队	联队长小堀是繁大佐
野炮兵第5联队	联队长武田馨大佐
工兵第5联队	联队长和田孝次大佐
辎重兵第5联队	联队长原田真一大佐
通信队	
卫生队	
第1至第4野战医院	
第10师团	师团长矶谷廉介中将
步兵第8旅团	旅团长濑武平少将
步兵第39联队	联队长沼田多稼藏大佐
步兵第33旅团	旅团长濑谷启少将
步兵第10联队	联队长赤柴八重藏大佐
步兵第63联队	联队长福荣真平大佐
骑兵第10联队	联队长桑田贞三中佐
野炮兵第10联队	联队长谷口春治中佐
工兵第10联队	联队长须磨学之大佐
辎重兵第10联队	联队长前野四郎大佐
通信队	
卫生队	
第1至第4野战医院	
第16师团	师团长中岛今朝吾中将
步兵第19旅团	旅团长草场辰巳少将
步兵第9联队	联队长片桐护郎大佐
步兵第20联队	联队长大野宣明大佐
步兵第30旅团	旅团长筱原次郎少将
步兵第33联队	联队长山田喜藏大佐
步兵第38联队	联队长近藤元大佐
骑兵第20联队	联队长笠井敏松中佐
野炮兵第22联队	联队长三国直福中佐
工兵第16联队	联队长今中武义大佐
辎重兵第16联队	联队长柄泽畔夫大佐

通信队	
卫生队	
第1至第4野战医院	
第114师团奥部队	部队长奥保夫少将
步兵第102联队主力	联队长千叶小太郎大佐
步兵第115联队主力	联队长矢矢崎节三中佐
步兵第66联队第3大队	
野炮兵第120联队主力	联队长大冢升中佐
工兵第114联队主力	联队长野口胜之助少佐
平山支队（配属）	
3个步兵大队	
1个山炮兵中队	
其他配属部队略	
第1军	司令官香月清司中将
第14师团	师团长土肥原贤二中将
步兵第27旅团	旅团长丰岛房太郎少将
步兵第2联队	联队长横山静夫大佐
步兵第59联队	联队长那须弓雄大佐
步兵第28旅团	旅团长酒井隆少将
步兵第15联队	联队长井上靖大佐
步兵第50联队	联队长远山登大佐
骑兵第18联队	联队长安田兼人中佐
野炮兵第20联队	联队长宫川清三大佐
工兵第14联队	联队长岩仓卯门大佐
辎重兵第14联队	联队长今村武雄中佐
通信队	
卫生队	
第1至第4野战医院	
配属部队略	

华中派遣军	司令官畑俊六大将
第9师团	师团长吉住良辅中将
步兵第6旅团	旅团长秋山义允少将
步兵第7联队	联队长伊佐一男大佐
步兵第35联队	联队长富士井末吉大佐
步兵第18旅团	旅团长井出宣时少将
步兵第19联队	联队长人见秀三大佐
步兵第36联队	联队长胁坂次郎大佐
骑兵第9联队	联队长森亚吾六大佐
山炮兵第9联队	联队长芹川秀大佐
工兵第9联队	联队长野中利贞大佐
辎重兵第9联队	联队长三田村正之助大佐
通信队	
卫生队	
第1至第4野战医院	
第13师团	师团长荻洲立兵中将
步兵第26旅团	旅团长沼田德重少将
步兵第58联队	联队长仓森公任大佐
步兵第116联队	联队长添田孚大佐
步兵第103旅团	旅团长山田栴二少将
步兵第65联队	联队长两角业作大佐
步兵第104联队	联队长田代元俊大佐
骑兵第17大队	大队长小野良三中佐
山炮兵第19联队	联队长横尾阔中佐
工兵第13联队	联队长岩渊经夫少佐
辎重兵第13联队	联队长新村理市少佐
通信队	
卫生队	
第1至第4野战医院	
第101师团佐藤支队	支队长佐藤正三郎少将
5个步兵大队	

1个野炮兵大队	
第6师团坂井支队	支队长坂井德太郎少将
步兵第13联队	联队长中野英光大佐
骑兵第6联队	联队长猪木近太大佐
野炮兵第6联队第3大队	
第3师团主力	师团长藤田进中将
6.5个步兵大队	
2个野炮兵大队	
1个山炮兵大队	
工兵第3联队主力	
配属部队略	

参考书目

一、中文书

（1）中国人民政治协商会议云南省委员会文史资料研究委员会：《云南文史资料选辑》第20辑，云南人民出版社1982年版。

（2）中国人民政治协商会议云南省委员会文史资料研究委员会：《云南文史资料选辑》第25辑，云南人民出版社1985年版。

（3）中国人民政治协商会议云南省委员会文史资料研究委员会：《云南文史资料选辑》第27辑，云南人民出版社1986年版。

（4）中国人民政治协商会议云南省委员会文史资料研究委员会：《云南文史资料选辑》第32辑，云南人民出版社1988年版。

（5）中国人民政治协商会议云南省委员会文史资料研究委员会：《云南文史资料选辑》第47辑，云南人民出版社1995年版。

（6）中国人民政治协商会议云南省委员会文史资料研究委员会：《云南文史资料选辑》第50辑，云南人民出版社1997年版。

（7）台儿庄战役资料选编编辑组：《台儿庄战役资料选编》，中华书局1989年版。

（8）日本防卫厅防卫研究所战史室著，田琪之译：《中国事变陆军作战》第2卷第1分册，中华书局1979年版。

（9）桑田悦，前原透著：《简明日本战史》，军事科学出版社1989年中译本。

（10）日本防卫厅战史室编纂：《日本军国主义侵华资料长编——大本营陆军部摘译》上卷，四川人民出版社1987年版。

（11）蒋纬国：《抗日御侮》第5卷，台湾黎明文化事业公司1978年版。

（12）全国政协文史委《徐州会战》编写组：《徐州会战》，中国文史出版社1985年版。

（13）郭汝瑰，黄玉章著：《中国抗日战争正面战场作战记》，江苏人民出版社2002年版。

（14）中国第二历史档案馆：《抗日

战争正面战场》，凤凰出版社2005年版。

（15）章伯峰等编：《抗日战争》第2卷（《正面战场与敌后战场》）上册，四川大学出版社1997年版。

（16）中国社会科学院近代史资料编辑部：《近代史资料》总第85号，中国社会科学出版社1994年版。

（17）刘汝明：《刘汝明回忆录》，传记文学出版社1979年版。

（18）耿成宽，韦显文编：《抗日战争时期的侵华日军》，春秋出版社1987年版。

（19）掘场一雄：《日本对华战争指导史》，军事科学院中译本1988年版。

（20）童铁：《军法从事——国民党将领抗战失机被处死揭秘》，漓江出版社1994年版。

（21）张德良，周毅：《东北军史》，辽宁大学出版社1987年版。

（22）马宣伟，温贤美：《川军出川抗战纪事》，四川省社会科学院1986年版。

（23）戴澄东：《戴安澜传》，安徽人民出版社1998年版。

（24）天津编译中心编：《日本军国主义侵华人物》，中国文史出版社 1994年版。

二、中文期刊

（1）马仲廉：《关于徐州会战时间之我见》，《抗日战争研究》1998年第1期。

（2）曾景忠：《蒋介石与徐州会战》，《近代史研究》1994年第6期。

（3）李占才：《徐州会战与铁路运输》，《苏州科技学院学报（社会科学版）》1993年第4期。

三、未正式出版的文献（包括档案、私人日记等）

（1）坂本少将：《第5师团坂本支队徐州会战战斗详报》（1938年5月8日至5月21日）。

（2）第10师团司令部：《矶谷部队（第10师团）小队长以上职员表》（1938年4月15日）。

（3）步兵第9旅团：《沂州附近战斗详报（第11号）》（1938年4月16日至4月20日）。

（4）步兵第9旅团：《郯城及马头镇附近战斗详报（第12号）》（1938年4月22日至4月25日）。

（5）步兵第9旅团：《黄村及北涝沟附近的战斗及向大运河追击战战斗详报（第13号）》（1938年4月26日至5月15日）。

（6）步兵第10联队：《界河西方地区战斗详报（第10号）》（1938年3月8日至3月15日）。

（7）步兵第10联队：《滕县附近战斗详报（第11号）》（1938年3月16日至3月18日）。

（8）步兵第10联队：《郭里集附近战

斗详报（第12号）》（1938年3月24日至3月29日）。

（9）步兵第10联队：《台儿庄附近战斗详报（第13号）》（1938年3月30日至4月8日）。

（10）步兵第10联队：《峄县南方地区（防御）战斗详报（第14号）》（1938年4月9日至4月18日）。

（11）步兵第10联队：《峄县东南方地区（攻击）战斗详报（第15号）》（1938年4月19日至5月15日）。

（12）片野支队：《莒县附近的战斗》（1938年2月21日至2月23日）。

（13）片野支队：《汤头镇附近的战斗》（1938年3月2日至3月5日）。

（14）片野支队：《西水湖崖附近的战斗》（1938年3月6日至3月19日）。

（15）片野支队：《沂州北方沂河左岸地区的战斗》（1938年3月20日至3月29日）。

（16）步兵第39联队第3大队：《汶上附近的战斗》（1938年2月13日至2月17日）。

（17）步兵第39联队第3大队：《枣庄东方地区的战斗详报》（1938年4月18日至4月20日）。

（18）步兵第39联队第3大队：《胡山附近的战斗详报》（1938年4月23日至5月5日）。

（19）步兵第39联队：《步兵第39联队阵中日志》（1932年7月2日至1939年3月18日）。

（20）步兵第41联队第3大队：《黄村及南涝沟附近及向大运河追击战斗详报（第12号）》（1938年4月26日至5月16日）。

（21）步兵第63联队本部：《步兵第63联队台儿庄攻略战斗详报》（1938年3月2日至4月6日）。

（22）步兵第63联队第1大队长 陆军步兵少佐 中川廉：《兰城店附近战斗详报（第10号）》（1938年4月25日至4月27日）。

（23）留守第10师团司令部：《附表·各期战斗死伤表》（1937年8月20日至1939年3月13日）。

（24）第2军司令部：《第2军状况概要》（1938年12月10日）。

（25）甲集团参谋长：《关于损耗补充之件》（1938年4月14日）

（26）华北方面军参谋部第3课：《第2军方面参考诸表》（1938年6月）。

（27）步兵第11联队第3中队：《步兵第11联队第3中队阵中日志》（1938年3月1日至5月31日）。

（28）华北方面军司令部：《战时旬报送付之件》（1938年11月14日）。

（以上资料均来自日本国立公文书馆亚洲历史资料中心）

（29）胡博编著：《国民革命军将官总览》，未刊稿。

四、日文文献

（1）步二一會：『濱田連隊史』，步二一會1973年。

（2）鳥取綜合聯隊史編纂委員会編：『鳥取綜合聯隊史』，鳥取綜合聯隊史刊行委員会1983年4月。

（3）森山康平（著），太平洋戦争研究会（編）：『日中戦争の全貌』，河出書房新社2007年。

（4）土門周平，入江忠国：『激闘戦車戦－鋼鉄のエース列伝 』，光人社1999年。

（5）佐山二郎：『機甲入門』，光人社2002年。

（6）秦郁彦編：『日本陸海軍総合事典』，東京大学出版会2005年（第2版）。

（7）福川秀樹：『日本陸軍将官辞典』，芙蓉書房2001年。

（8）外山操編：『陸海軍将官人事総覧·陸軍篇』，芙蓉書房1981年。